Neujahrsblätter

Herausgegeben von der
Gesellschaft für Fränkische Geschichte

XI.

Friedrich Adolph von Zwanziger,
Gräflich Castellscher Geheimrat und Kreisgesandter
1745—1800.

Von

Karl Hermann Zwanziger

München und Leipzig
Verlag von Duncker & Humblot
1916

Friedrich Adolph von Zwanziger,

Gräflich Castellscher
Geheimrat und Kreisgesandter
1745—1800.

Von

Karl Hermann Zwanziger,
k. Studienrat, Gymnasialprofessor a. D.

München und Leipzig
Verlag von Duncker & Humblot
1916

Alle Rechte vorbehalten.

Altenburg
Pierersche Hofbuchdruckerei
Stephan Geibel & Co.

Als erstes ihrer Neujahrsblätter hat die Gesellschaft für Fränkische Geschichte für 1906 den Vortrag zum Abdruck gebracht, den Prof. Dr. Richard Fester am 26. September 1905 auf der Hauptversammlung der deutschen Geschichts= und Altertumsvereine zu Bamberg über Franken und die Kreisverfassung gehalten hat. Fester hat in dieser Abhandlung eine der Hauptaufgaben der Gesellschaft in Angriff genommen und über den Zweck und Umfang derselben zu orientieren gesucht; dabei hat er es ausgesprochen, daß diese Aufgabe bei der Fülle des vorliegenden Materials die Tätigkeit der Gesellschaft wohl auf lange Jahre in Anspruch nehmen werde. Er selbst hat zu ihrer Bewältigung schon eine Vorarbeit geliefert, indem er in dem Anhang zu seinem Vortrag eine summarische Übersicht der in den verschiedenen Archiven vorhandenen Kreisakten gegeben hat. Die eigentliche Lösung der Aufgabe hat Fritz Hartung begonnen, indem er als ersten Band der Geschichte des fränkischen Kreises die Geschichte desselben von 1521 bis 1559 bearbeitete. Fester hat in jenem Vortrag auch bemerkt, es handle sich hierbei nicht nur um die Erforschung der Institutionen, sondern auch um das Wiederaufleben der Persönlichkeiten, die unter ihnen und an ihnen gewirkt haben. Zur Begründung seiner Meinung weist er auf die stattliche Zahl von Porträtbüsten hin, die Süßheim aus jener Zeit entdeckt habe, darunter einen so ausgeprägt fränkischen Charakterkopf wie den Kreisgesandten von Zwanziger[1].

Wenn wir nun daraufhin Süßheims treffliches Werk zur Hand nehmen, so lernen wir in der Tat in Zwanziger eine hervorragende Persönlichkeit kennen; echt fränkisch dürfen wir vielleicht seine Fähigkeit nennen, sich in die verschiedenartigsten Verhältnisse

---

[1] Süßheim, Preußens Politik in Ansbach=Bayreuth 1791—1806. Berlin 1902.

hineinzufinden und die die Zeit bewegenden neuen Ideen in sich auf=
zunehmen. Mehr noch aber als seine unleugbar politische und
administrative Begabung, die selbst sein Gegner Hardenberg an=
erkennen mußte, nimmt der Umstand unsere Aufmerksamkeit in
Anspruch, daß seine Wirksamkeit aufs engste verflochten ist mit dem
Endausgang der Selbständigkeit des fränkischen Kreises und der
fränkischen Lande überhaupt. Für die Erhaltung der von Urzeiten
überlieferten Ordnung hat er seine ganze Kraft eingesetzt, und wenn
ihm auch bei der ungleichen Verteilung der sich hier entgegenstehenden
Kräfte und gegenüber der übermächtigen, auf Schaffung größerer
Staatsgebilde drängenden Zeitströmung kein Erfolg beschieden sein
konnte, so erweckt eben dieses verzweifelte Ringen mit allen Mitteln
doch unsere Teilnahme in hohem Grade.

Dabei betreten wir ein weiteres Arbeitsfeld der Gesellschaft
für Fränkische Geschichte, indem wir einen Blick werfen in die
inneren Verhältnisse und die Verwaltung der uralten Grafschaft Castell,
eines jener fränkischen Territorien, die, räumlich gemessen, uns heut=
zutage unbedeutend erscheinen, die aber an ihrem Teil redlich zu
der reichen fränkischen Kulturentwicklung beigetragen haben. Noch
heute bilden ihre alten Burgen und Herrschaftssitze eine Zierde des
fränkischen Landes. Gerade in diesem Zeitraum, in dem die Grafschaft
ihrer Auflösung entgegensieht, sehen wir hier auf diesem sonst so
konservativen Boden moderne soziale Ideen sich Eingang verschaffen
und Wirkungen erzielen, die noch in der Gegenwart Segen bringen.

So hoffen wir, daß der Versuch, ein Lebensbild des Kreisgesandten
von Zwanziger zu entwerfen, bei den Freunden der fränkischen
Geschichte eine freundliche Aufnahme findet.

Friedrich Adolph von Zwanziger war geboren zu Billingshausen im jetzigen bayerischen Bezirksamt Marktheidenfeld am 16. März 1745 als Sohn des damaligen gräflich Castellschen Verwalters zu Urspringen, Johann Michael Zwanziger. Die Familie entstammte dem fränkischen Bauernstand. Der erste urkundlich bezeugte Vorfahre Johann Erhard Zwanziger war Schultheiß zu Kirchschönbach bei Gerolzhofen. Er war Protestant und brachte deshalb seinen Sohn Erhard zur Taufe nach dem nahegelegenen Prichsenstadt am 19. August 1644. Dieser zog dann der Religion wegen nach Abtsmind in der Grafschaft Castell am Fuße des Steigerwaldes. Hier in Abtsmind scheint die eigentliche Heimat der Familie zu sein, denn fast alle in Bayern lebenden Familien dieses bei uns seltenen Namens sind von dort ausgegangen. Er wurde dort freundlich aufgenommen und wurde Senior des Siebenergerichts. Sein zu Abtsmind am 8. April 1677 geborener Sohn Johann Erhard studierte zu Altdorf protestantische Theologie, wo er am 23. Juni 1701 immatrikuliert wurde, wurde zuerst 1708 Pfarrer zu Ippesheim bei Uffenheim als Nachfolger seines Schwiegervaters Wolf, tauschte dann mit seinem Schwager Lampert und übernahm die Pfarrei Billingshausen bei Würzburg 1712. Dort im Hause seines Sohnes starb, 69 Jahre alt, Erhard Zwanziger am 31. Januar 1714. Wenige Jahre darauf, am 28. Mai 1721, folgte der Sohn als Opfer einer daselbst herrschenden heftigen Seuche und hinterließ sein am 3. Januar 1716 geborenes Söhnlein Johann Michael als Doppelwaise ohne jedes Vermögen. Der Knabe kam zuerst zu einem Schuhmacher in die Lehre, wurde aber dann auf Fürsprache der Gemeinde, die bei der gräflichen Herrschaft in Castell vorstellig wurde, „daß er einen so guten Kopf habe und es eine Schande sei, daß der Pfarrsohn ein Schuster werden solle", auf Kosten der Herrschaft in Castell bei dem Oberpfarrer

Bauer erzogen. Er wurde gräflich Castellscher Verwalter zu Urspringen bei seinem Geburtsort Billingshausen, heiratete schon am 27. September 1740 Justine, die Tochter des Diakonus Johannes Gebhart zu Mainbernheim, und gelangte dadurch in gute Verhältnisse. Wegen der religiösen Erziehung seiner zahlreichen Kinderschar nahm er seinen Wohnsitz zu Billingshausen, wurde dann Amtmann zu Remlingen. Als Pensionist siedelte er nach Castell über. Bei seinem dort am 3. Januar 1790 festlich begangenen 75. Geburtstag umgaben ihn zwei Söhne, drei Töchter und Schwiegersöhne und zwanzig Enkel. Seit 1774 hatte er die Freude seinen älteren Sohn Friedrich Adolph an der Spitze der gräflichen Verwaltung zu sehen. Er starb als gräflich Castellscher Hofrat am 19. Juni 1791 zu Castell.

Friedrich Adolph besuchte zunächst die Schule zu Wertheim, damals der Sitz der Gräflich Löwenstein=Wertheim=Freudenbergschen Regierung. Die Schule befand sich noch bis in die neueste Zeit in der alten Kilianskapelle gegenüber der Stiftskirche. Auch sein nur wenige Jahre jüngerer Bruder Johann Heinrich, später gräflich Castellscher Amtmann zu Remlingen, genoß hier seine erste Ausbildung. Michaelis 1764 bezog er die Universität Jena, um Jurisprudenz zu studieren.

Die Universität Jena[1]) erfreute sich damals keiner glänzenden Namen. Es war in ihrer Entwicklung ein Stillstand eingetreten, wenn es auch Gelegenheit gab, etwas Tüchtiges zu lernen. In der juristischen Fakultät wurde das öffentliche Recht nach J. J. Moser, das deutsche Recht nach Heineccius, die Institutionen nach Schmauß, das Feudalrecht nach Struve, das Kirchenrecht nach Böhmer, der Reichsgerichtsprozeß nach Pütter, das Natur= und Völkerrecht nach Thomasius vorgetragen. Ein paar jüngere Juristen, Scheidemantel und Mayer, lasen wohl auch nach eigenen Lehrbüchern allgemeines und deutsches Staatsrecht, der letztere gibt zugleich Anleitung zur Kenntnis und Benutzung der Reichstagsakten aus dem Archiv zu Weimar. Es kommen ferner juristische Relationen und sonstige Praktika vor, und die Kameralwissenschaften nehmen eine immer breitere Stelle ein. Dagegen ist nach Buders Rücktritt 1760 die Geschichte eine Zeitlang ziemlich dürftig vertreten.

---

[1]) K. Biedermann, Die Universität Jena nach ihrer Stellung und Bedeutung in der Geschichte des deutschen Geisteslebens. Beiblatt zur Minerva 1858.

Es war auch wohl weniger der Ruf der Universität, der den jungen Zwanziger nach Jena zog, als das für die damalige Zeit bedeutende Stipendium von 74 Talern und 14 guten Groschen, das der weiland kurfürstlich sächsische Kanzlei-Verwandte Hieronymus Schmidt, aus Kitzingen gebürtig, gestiftet hatte, das ihm in Aussicht stand. Doch bekam er es nur zur Hälfte und erst 1765.

Wir finden hierüber folgende Notiz:

„Johann Friedrich Adolph Zwanziger, Studiosus juris Jenensis, aus Urspringen in Franken gebürtig, bekommts auf drei Jahr, als Michaelis 1765 den ersten und jetzo Ostern 1768 den letzten halben Jahresantheil."

Damit wird auch Süßheims wiederholte Behauptung, er sei von Haus aus Kaufmann gewesen, widerlegt.

Wahrscheinlich hatte schon sein Vater dies Stipendium genossen.

Im Spätherbst 1764 also bezog er die Universität, logierte mit seinem Vetter Johann Sixt aus Schweinfurt, dem nachmaligen Professor der Theologie zu Altdorf, im Walchschen Hause auf einer Stube und ging sofort mit Eifer an sein Studium. Als Sohn eines gräflichen Beamten war er selbstverständlich ebenfalls zum Dienst der Herrschaft bestimmt, doch winkte ihm noch eine besonders günstige Aussicht: Graf Christian Friedrich Karl zu Castell-Remlingen hatte ihn, da sein Vater vom Urspringer Amt nach Remlingen als Amtmann befördert worden war, dort kennengelernt und ihn lieb gewonnen. Die hervorragende Begabung des jungen Mannes war ihm nicht entgangen, und er gedachte mit seiner Unterstützung die schlechten finanziellen Verhältnisse des gräflichen Hauses, unter denen er selbst schwer litt, die Folge früherer unordentlicher Haushaltung, zu bessern. Er stand sogar während des Aufenthalts auf der Universität mit seinem Günstling in Briefwechsel. So lag er ihm auch brieflich an, seine Studien bald zu beendigen, mit dem Versprechen, ihn dann sofort in Dienst zu nehmen. Diese Aussicht spornte ihn denn zur fleißigsten Benutzung seiner Universitätszeit an. Er hatte in Jena einen jungen Juristen aus der dem Castellschen benachbarten Herrschaft Schwarzenberg getroffen, mit dem er bald näher befreundet wurde, Brüderschaft machte und mit ihm gemeinsam studierte. Dieser, Johann Heinrich Müller hatte ebenfalls das Schmidtsche Stipendium erhalten, was so ziemlich seine einzige Einnahme war, mit der er aber bei seinem sparsamen und genügsamen Sinn auskam. Sonst scheinen die beiden

Jünglinge wenig Gesellschaft gehabt zu haben als noch einige Franken, darunter der nachmalige Pfarrer und Dekan Pflüger zu Burghaslach. Bezüglich der Kollegien, die sie hörten, finden wir nur die Angabe, daß sie gemeinsam bei Professor Walch deutsches Recht hörten. Bei der Lehre von der Einkindschaft hatten sie aber beide Zweifel bekommen und dieselben anonym dem Herrn Professor auf einem Zettel auf den Katheder gelegt, der aber ihre Zweifel nicht zu lösen vermochte. Von dem eingezogenen Leben, das sie damals führten, gibt der Vorfall einen Begriff, daß Zwanziger von seinem Vater aus Remlingen damals einen Brief bekam, worin dieser besorgt fragte, warum er denn so lange kein Geld verlange. Er besorge, er möchte zu genau leben und darüber an seiner Gesundheit leiden. Ein allerdings seltener Brief, wie der Sohn selbst fand. Er antwortete, daß er noch keines brauche und dabei wohl und vergnügt sei. Müller verließ aber schon Michaelis 1765 die Universität und praktizierte vorerst zu Windsheim, wo seine Mutter als Witwe lebte.

Herbst 1768 verließ auch Zwanziger die Universität, nachdem er die Zeit wohlangewendet hatte, und begab sich nach Haus nach Remlingen. Sein Gönner machte sein Versprechen wahr und ernannte ihn sogleich zum Regierungssekretarius. Zwei Jahre später, am 8. Oktober 1770, vermählte er sich zu Nürnberg mit Marie Salome Günther, Tochter des gräflich Wertheimschen Pfarrers Johann Philipp Günther zu Willbrunn im jetzigen hessischen Odenwald. Sein Freund von Jena her, den er ebenfalls in Castellsche Dienste gebracht hatte, jetzt Regierungssekretarius Johann Heinrich Müller, verfaßte hierzu ein Hochzeitskarmen, das aber mehr dem guten Willen als dem dichterischen Talent seines Verfassers Ehre macht.

Müller heiratete dann eine Schwester Zwanzigers; als ein sehr brauchbarer und fleißiger Beamter wurde er zuletzt, nach dem Tode seines Schwagers, Kanzleidirektor in Castell und vollzog 1806 die Übergabe der Grafschaft an die Krone Bayern. Sein Enkel war der hervorragende Professor der Physiologie an der Universität Würzburg, Dr. Heinrich Müller. Mit seinem Urenkel, dem Direktor der Universitätsbibliothek zu Jena, Dr. K. K. Müller, ist die Familie im Mannesstamm ausgestorben.

Wenige Jahre nach Zwanzigers Eintritt in den Dienst gingen im gräflichen Hause große Veränderungen vor sich: Graf Ludwig, genannt Lutz, der Pietist, starb kinderlos 1772, und so fiel die obere Grafschaft an Remlingen, was die Verlegung der Remlinger Regierung und Hofhaltung nach Castell zur Folge hatte. Im Jahr darauf starb auch das Haupt dieser Linie, Graf Christian Friedrich Karl, Zwanzigers Gönner, erst 43 Jahre alt. Er hinterließ zwei Söhne im zartesten Alter, Albrecht Friedrich Karl, geboren 1766, den Stifter der neuen Linie Castell-Castell, und Christian Friedrich, erst ein Jahr alt, den Stifter der neuen Linie Castell-Rüdenhausen, der erst 1850 in hohem Alter starb. Die Vormundschaft und Regierung übernahm zunächst die Gräfin-Witwe Katharina Hedwig, die Zwanziger dasselbe unbeschränkte Vertrauen schenkte wie ihr verstorbener Gemahl. Nach ihrem Tode, 1783, übernahm die Vormundschaft Fürst Eberhard Friedrich von Hohenlohe-Kirchberg, der Gemahl der Gräfin Albertine Renate von Castell. Auch von dieser Seite wurde ihm beständiges Wohlwollen zuteil, und er verkehrte wiederholt an den Hohenloheschen Höfen.

Schon am 9. September 1774 war er durch das Vertrauen der Gräfin-Witwe an die Spitze der Castellschen Verwaltung gelangt; indem er zum Justiz-Kanzleidirektor in Castell ernannt war. So wurde er, wie schon erwähnt, auch der Vorgesetzte seines Vaters, der zunächst in seiner alten Stellung verblieb, und später auch seines Bruders, des Amtmanns zu Remlingen.

Sofort ging er mit jugendlicher Tatkraft an die Reorganisation der Verwaltung in allen ihren Zweigen. Namentlich den ökonomischen und finanziellen Fragen wandte er seine Aufmerksamkeit zu. Bereits im ersten Jahre seiner Amtstätigkeit faßte er den Plan zur Gründung der noch heute bestehenden und segensreich wirkenden gräflich Castellschen Kreditkasse.

Wir entnehmen einem Artikel der Neuen Würzburger Zeitung Nr. 133 vom 21. März 1894 darüber folgendes[1]):

„Die Entstehung und Einrichtung dieser Anstalt reicht bis in die Jahre 1774/75 zurück. Der damals in der früheren reichsunmittelbaren Grafschaft Castell stark überhand genommene Wucher — die Darlehnsucher mußten 6 % Zinsen bezahlen und hatten unter sonstigen

---

[1]) Vgl. Sieger, Kurzer Rückblick auf die Gründung und Entwicklung der gräflich Castellschen Kreditkasse 1894.

wucherlichen Bedrückungen zu leiden — brachte den damaligen gräflichen Geheimrat und Regierungsdirektor Zwanziger auf die Idee, zur Steuerung dieser Mißstände eine Leih- und Kreditkasse zunächst zum Gebrauch für die herrschaftlichen Untertanen zu gründen.

Im Jahre 1775 genehmigten die erlauchten Grafen und Herren zu Castell, nachdem sie sich von der wohltätigen und gemeinnützigen Wirkung eines solchen Instituts überzeugt hatten, die Führung desselben als ein öffentliches Institut unter dem Namen Castell-Remlingensche Landeskreditkasse, indem sie das Kassawesen, die Rechnungsstellung sowie die Revision herrschaftlichen Beamten übertrugen.

Bei zunehmendem Wachstum und Gedeihen dieser Anstalt erließ die gräfliche Herrschaft zur allseitigen Sicherung der Interessen und zur Regelung der Verwaltung der Kreditkasse unterm 31. März 1794 ein Grundgesetz. Den Hauptbestimmungen desselben zufolge wurde die Kreditkasse wiederholt als ein öffentliches, für sich bestehendes, von allen anderen herrschaftlichen Kassen ganz unabhängiges Institut erklärt, und die Herrschaft verzichtete auf alle aus dem Institut zu ziehenden Privatvorteile. Auch wurde festgesetzt, daß die Hälfte des sich jährlich ergebenden Geschäftsgewinnes zur Bildung eines Reservefonds verwendet werden, und die weitere Hälfte bestimmten wohl tätigen und gemeinnützigen Zwecken dienen soll.

Im Jahre 1800 erfolgte die kaiserliche Bestätigung der Anstalt, deren Fortbestand auch nach der Mediatisierung, im Jahre 1806, von der königl. bayerischen Regierung genehmigt wurde.

Seit dem Jahre 1854 besteht auch in Remlingen eine mit dem dortigen Domänenamt verbundene Filialkreditkasse für die in den jetzigen Amtsgerichtsbezirken Marktheidenfeld und Würzburg II gelegenen ehemals Castellschen Gemeinden.

„So ist dieses Kreditinstitut, dessen Aktiva und Passiva zurzeit (1894) mit 11 283 871,20 Mk. bilanzieren, und dessen reiner Vermögensstand inklusive des Reservefonds 1 039 963,40 Mk. beträgt, wenn auch mehr von lokaler Bedeutung, doch wirtschaftlich gewiß eine sehr erfreuliche Erscheinung, und der erlauchten Grafen und Herren zu Castell hohes Verdienst ist es, daß durch Gründung und Fortführung dieser Anstalt ihren ehemaligen Untertanen bzw. den Bewohnern der zum ehemaligen Grafschaftsbezirke gehörigen Orte große Wohltaten und Segnungen zugeflossen sind und noch zufließen."

Wenn die Grafschaft Castell bei ihrem Übergang an die Krone

Bayern sich im Gegensatz zu vielen anderen kleinen Staatsgebilden in recht guten Verhältnissen befand, wenn sie sich einer besseren, unparteiischen Rechtspflege, einer den neueren Zeiten angemessenen Gesetzgebung, eines durch unabweichliche Grundsätze festgestellten Finanzwesens erfreute, wenn ein obgleich geringer, doch im Verhältnis gegen die ehemaligen Zeiten hoher Grad von Wohlstand erreicht worden war, wozu eben die Gründung der Landeskreditkasse wesentlich mitgewirkt hatte, so ist das in erster Linie das Verdienst Zwanzigers, der in jahrelanger, planmäßiger, umsichtiger Arbeit diese Ergebnisse erzielt hat. Vielleicht hat er die Anregungen hierzu seiner Jenaer Universitätszeit zu danken, wo die kameralistischen Studien, wie oben erwähnt, besondere Pflege fanden.

Bei seinen Reformbestrebungen erfreute er sich der willigen Unterstützung durch die übrige Castellsche Beamtenschaft, voran seines Schwagers Müller. Außerdem wurden noch Kräfte von außen beigezogen: Georg Friedrich Ernst Braun, der aus dem Hohenlohe-Langenburgschen Dienst 1782 in den Castellschen als Regierungsrat übertrat, speziell mit der Bestimmung, die Heranbildung des älteren Grafen Albrecht zu überwachen, namentlich für die Erlernung des Französischen zu sorgen und ihn dann später zur Universität und auf Reisen zu begleiten. Braun nahm 1784 als zweiter Kreisgesandter seinen dauernden Wohnsitz in Nürnberg, wurde später dort Zwanzigers Nachfolger. 1808 erhielt er den bayerischen Adel; dann Johann Christian Karl von Jan aus Frankfurt a. M., später Hofrat, dann Kanzleidirektor in Castell. Beider Nachkommen wirken im bayerischen Staatsdienst.

Wir schließen diesen Abschnitt, indem wir aus dem Gutachten der Castellschen Hofkammer bei Gelegenheit der Neuregulierung der Gehalte der Castellschen Beamten von 1797 die dort gegebene Schilderung der Tätigkeit und Wirksamkeit Zwanzigers, den übrigen Ereignissen vorgreifend, herausheben. Das Gutachten ist erstattet unter dem 2. Juni 1797 und trägt die Unterschrift von Christian Zeller, Georg Knapp und Städel[1]). Nach den einleitenden Worten heißt es hier:

„Indessen kann man nicht unberührt lassen, wie es seine Schöpfung sei, daß die Grafschaft Castell aus den anfänglichen mißlichen und

---

[1]) Fürstl. Castellsches Archiv zu Castell.

beschwerlichen Verhältnissen zu dem jetzigen hohen Grad von Flor und Glanz emporgehoben worden, daß es sein Werk sei, daß die Revenuen während der Vormundschaft ums alterum tantum vermehrt, daß man es ihm zu verdanken hat, daß so äußerst beträchtliche Akquisitionen gemacht worden sind, welche sich nicht nur durch die damit verbundenen Avantagen in Absicht besonders auszeichnen, sondern auch von der Seite eines höchst wünschenswerten Arrondissements Vorteile, die gar nicht zu berechnen sind, gewährten, daß man die Beilegung unendlich vieler Strittigkeiten mit mehr oder minder mächtigen Nachbarn, und zwar auf solche Art, daß immer das Vorteil unverkennlich auf der Castellschen Seite gewesen, ihm zu verdanken, daß ferner der blühende Wohlstand der vorher verarmten Untertanen, welcher für das herrschaftliche Interesse so äußerst wichtig und mit solchem unzertrennlich verbunden ist, als eine Folge und Wirkung seiner weisen Ratschläge und Anstalten zu betrachten sei, daß das vortreffliche Institut der hiesigen Kreditkasse sein Dasein und seine jetzige ungemein ersprießliche Ausdehnung mit dem sehr beträchtlichen Erwerb ganz allein ihm zu verdanken hat, ein Institut, welches nicht nur das Beste des Landes bezielt, sondern auch unmittelbar für das herrschaftliche Interesse besonders wichtig ist, indem es viele Ausgaben aus seinen eigenen Mitteln bestreitet, die außerdem dem herrschaftlichen Aerario zukämen, der vielen anderen Beispiele gar nicht zu erwähnen.

2. Alles, was der Herr Geheimrat von Zwanziger für das hiesige Hochgräfliche Haus und Land getan hat, hat er nicht nur mit der höchsten Uneigennützigkeit getan, sondern er hat sogar nicht einmal bei den desfallsigen vielen Reisen weder Diäten noch Pferde- und Chaisenwerte, wenn er seine eigene Equipage dabei gebrauchte, verrechnet, viel weniger dasjenige, was er öfters aufwenden mußte, um die erforderlichen Konnexionen anzuspinnen und zu unterhalten. Es ist mithin in dem Fall, daß von einer Schadloshaltung vorerst insofern die Rede ist.

3. Ist Euer Hochgräflichen Exzellenzien von selbst bekannt, daß sich der Herr Geheimrat von Zwanziger mit dem bloßen Regierungsratsgehalt, in den er anfangs eingetreten ist, fortwährend und bisher begnügt, jedes gerechte und billige Anerbieten zu einer angemessenen Vermehrung standhaft abgewiesen, und so wie er niemals irgendeine Belohnung für die mannigfaltigen, großen und außer-

ordentlichen Geschäfte angenommen oder erhalten hat, alles lediglich darauf ausgesetzt habe, ob und inwiefern Hochdieselben seine Dienste gegen ihn und die Seinigen aus eigner Bewegung erkennen würden.
4. Kann keinen wesentlichen Unterschied machen, daß der Herr Geheimrat nun schon seit geraumer Zeit mehrenteils von hier abwesend ist und in Nürnberg sich aufhält. In dem wichtigen Zusammenhange, den er sich dadurch zu verschaffen Gelegenheit hatte, lagen wieder wesentliche Ressourcen, die seine Bemühung für das Hochgräfliche Haus und Land unterstützten und beförderten, und was er auf der einen Seite weniger an den laufenden und minder beträchtlichen Geschäften unmittelbaren Anteil nehmen konnte, hat er offenbar überschwenglich auf der anderen Seite wieder hereingebracht, indem er neben der allgemeinen Direktion, die doch immer die Seele jeder Staatsverwaltung ausmacht, für die größeren Geschäfte dafür mehr ausrichten konnte und auch wirklich ausgerichtet hat."
Folgen 5. die Vorschläge: eine einmalige Remuneration von 2000 Dukaten in fünf Jahresterminen zahlbar und eine Gehaltserhöhung, was beides die Herrschaft genehmigte.

Mit dem Kanzleidirektorium übernahm Zwanziger auch die Stelle des Kreisgesandten in Nürnberg, ein Amt, das in friedlichen Zeiten eine angenehme Abwechslung bieten mochte. Neben Schwaben war Franken das einzige Land, wo die Kreisverfassung sich bis zur Auflösung des Reichs erhielt, ja sogar ihre Kompetenz noch ausdehnte. Die Zersplitterung in etwa 21 Territorien, deren Grenzen ineinander liefen, machte gerade hier einen übergeordneten Verband für Aufgaben von allgemeinem Interesse nötig. Waren auch die Leistungen des Kreiskonvents auf militärischem und finanziellem Gebiete wenig erfreulich, so hat er doch auf dem Gebiete der allgemeinen Wohlfahrtspolizei besseres geleistet[1].
„Er hatte 1787 alle Glücksspiele verboten, befahl 1791 durch eine Verordnung, jede Gemeinde solle ihre Armen selbst ernähren, nicht über die Grenze abschieben; er versuchte 1796 ein gemeinsames Vorgehen aller Kreisstände zu einer Getreidesperre zustande zu bringen, er beriet über gemeinsame Maßregeln zur Abwehr der Seuchengefahr.

---

[1] F. Hartung, Hardenberg und die preußische Verwaltung in Ansbach-Bayreuth 1792—1806. Tübingen 1906. S. 10 ff.

Es war klar, daß die Vorteile des Kreisverbandes mehr den kleinen als den großen Ständen zugute kamen. Da auf dem Kreistag trotz der Einteilung in drei Bänke viritim abgestimmt wurde, so waren die Hohenlohe, Castells usw. an und für sich im Übergewicht gegen Bamberg, Würzburg und die Markgrafschaften, da letztere von 26 Stimmen nur zwei führten. Dazu kam, daß die geistlichen Fürstentümer von dem niederen Reichsadel beherrscht waren und ihre Stimmen also auch zugunsten der kleineren Stände ins Gewicht fielen."

Da die kleineren Herrschaften und die Reichsritterschaft gegenüber den Übergriffen der mächtigeren Stände bei Kaiser und Reich ihren Schutz suchten, so war, wie in Franken überhaupt, so auch auf dem Kreistag der kaiserliche Name noch mächtig und beeinflußte die Beschlüsse der Versammlung. Die kaiserliche Politik fand hier eine willige Unterstützung und eifrige Vertretung. Bis in die neuesten Zeiten hat ja der fränkische Adel seine Söhne mit Vorliebe in dem österreichischen Heere dienen lassen und Österreich seine Sympathien zugewendet.

In dieser erlauchten Versammlung wußte sich Zwanziger sehr bald heimisch zu machen. Seine Gewandtheit im Umgang erwarb ihm Freunde, und seine hervorragende Begabung und Arbeitskraft verschafften ihm bald einen dominierenden Einfluß. Bis zu seinem frühen Hinscheiden blieb er die treibende Kraft der Versammlung, und ihm ist es wohl in erster Linie zu danken, wenn auch unter den erschwerten Verhältnissen die Tätigkeit der Kreisversammlung auf dem Gebiete des Handels nicht ohne Nutzen blieb. Er galt als ein entschiedener Anhänger der bestehenden Ordnung und der kaiserlichen Politik. Auf dem Reichstag zu Regensburg bekleidete er die Stelle eines Komitialgesandten, er vertrat die fränkischen Grafschaften.

Seine Wirksamkeit wurde ihm dadurch erleichtert, daß er mit mehreren hervorragenden Mitgliedern des Konvents in freundschaftliche Beziehungen trat. Es waren dies vor allem der brandenburgische Kreisgesandte Graf Julius von Soden und der Vertreter von Schwarzenberg, Herr von Rhodius.

Von diesen drei bedeutendsten Mitgliedern der Versammlung gibt Süßheim in seinem schon erwähnten Werke folgende eingehende Schilderung:

„Friedrich Adolph von Zwanziger war eigentlich Kaufmann. (Diese Angabe ist, wie schon erwähnt, unrichtig.) Er besaß ein ausgebreitetes Wissen und eine gewisse Weite des Blickes. Infolge einer diplomatischen Veranlagung wurde ihm die Vertretung mehrerer Stände am Kreistag übertragen. Dank seiner Gewandtheit konnte er endlich als Gesandter von sieben Ständen erscheinen: der fürstlichen und gräflichen Häuser Hohenlohe-Neuenstein, Castell, Wertheim, Erbach und Limpurg. Joseph II. stattete ihn mit dem Adelsbrief aus. Immer höher stieg das Ansehen Zwanzigers. Sein klares Urteil, der leichte Fluß seiner Rede, sein entgegenkommendes Benehmen wiesen ihm inmitten der schwerfälligen fränkischen Politiker eine überragende Stellung zu. Wurde zur Untersuchung irgendwelcher Angelegenheiten eine Deputation niedergesetzt, so wurde er in dieselbe gewählt. Sein Hauptfach waren Finanzfragen. Hier fand er das seinem Beruf (?) angemessenste Feld der Tätigkeit. Die Stände gaben willig seiner Erfahrung anheim, ihnen dabei mit Rat zur Seite zu stehen. Das Budget — Kreisoperationsplan nannte man dasselbe — rührt in dieser Zeit von ihm her. Seine Referate sind lichtvolle Darstellungen und heben sich dadurch vorteilhaft von den Arbeiten ab, die sonst von der Versammlung ausgehen. Seine Stellung wurde dadurch noch bedeutender, daß er mit dem anderen Kreisgesandten, der mehrere Stimmen hatte, eng befreundet war.

„Philipp Franz Joseph von Rhode, genannt Rhodius auf Gnadenegg, nach Kaiser Josephs II. Tode unter dem pfalzbayerischen Vikariat zum Reichsritter kreiert, bekleidete im Fürstentum Schwarzenberg mit dem Titel eines geheimen Rats das Amt eines Kanzleidirektors; auf dem Kreistag gebot er im ganzen über vier Stimmen: Schwarzenberg, Seinsheim, Reichelsheim, Schönborn. Da er sich, persönlich nicht hervortretend, soweit es auf ihn ankam, an Zwanziger anschloß, konnte dieser zuweilen elf Stimmen in die Wagschale werfen, so daß ihm in diesem Fall nur drei zur absoluten Mehrheit fehlen."

Ebenso bestand, wie erwähnt, ein enges freundschaftliches Verhältnis zwischen Zwanziger und dem markgräflichen Kreisgesandten Julius Reichsgrafen von Soden, das seinen Ausdruck auch darin fand, daß Soden und seine Gemahlin Juliane bei dem 1781 geborenen Töchterchen Zwanzigers die Patenstelle übernahmen.

Von Soden entwirft Süßheim folgendes eingehende Bild:

„Soden war zu Ansbach geboren; den Studien lag er zu Erlangen ob, zu Jena und Altdorf. Schon in jugendlichem Alter widmete er sich dem markgräflichen Dienst. Eine weiche Natur, gestand er in früheren Jahren, der Richtung der Zeit folgend, den Gefühlen einen weiten Spielraum im Dichten und Trachten zu. Was der Jüngling schaute, reflektierte sich in seinem Innern. Noch als er Beamter war, beschäftigte er sich gern mit der Frage, wie die Handlungen der Regierung auf den Sinn der Bevölkerung wirkten. Wenn auch das Aufgehen in die Welt der Empfindungen mit der Zeit einer kräftigeren Anschauung Platz machte, wenn auch die praktische Tätigkeit ihn seinen ehemaligen Idealen mehr und mehr entrückte, er hatte die Auffassung, die ihn als Jüngling in ihren Bannkreis gezogen hatte, auch in späteren Jahren nicht abgestreift. Jene Empfindsamkeit kam in der Form der Empfänglichkeit für die mannigfachsten Eindrücke seinem Geistesleben zugute. Leicht nahm er das Wissenswürdige aus den verschiedensten Gebieten in sich auf und verfügte so über ein nicht gewöhnliches Maß von Kenntnissen. Nicht ohne Einfluß auf die Art seines Denkens blieb die Wolffsche Philosophie, deren Anhänger in Sodens Jugendjahren noch die Katheder der Universitäten beherrschten: seinen Ausführungen liegt eine scharfe Scheidung der Begriffe, eine strenge Gliederung der Argumente zugrunde. Da bei ihm sich der Bildung ein starkes Pflichtgefühl und ein reger Eifer zugesellten, durchmaß er rasch die unteren Stellen der Beamtenlaufbahn, wurde mit 28 Jahren zum zweiten brandenburgischen Bevollmächtigten ernannt, bis er schließlich allein den Markgrafen vor der Versammlung vertrat. Hier war der liebenswürdige Kavalier gern gesehen, mit allen Kreisgesandten stand er, was er mit Befriedigung betont, auf freundschaftlichem Fuße. Mit Zwanziger lebte er in den besten Beziehungen; trotz des so verschiedenen Bildungsstandpunktes hält die entgegenkommende Natur beider Hader zwischen ihnen fern. Auch als Gesandter gab Soden seinen Kollegen an Arbeitsfreudigkeit nichts nach; neben Zwanziger ist er die hervorragendste Kraft des Konvents."

Diese angenehmen Verhältnisse in seiner amtlichen Stellung, wozu noch Verwandtschaft in Bürgerskreisen kam, und das Bildungsbedürfnis der heranwachsenden Kinder bewogen Zwanziger dazu, 1782 (?) seinen Wohnsitz von dem abgelegenen Castell gänzlich nach Nürnberg zu verlegen, wo er sich ein stattliches Haus und in der

Johannisvorstadt einen großen Garten erwarb. Seit 1783 war ihm auch der 1782 geborene Graf Christian Friedrich von Castell=Remlingen, der schon im darauffolgenden Jahre seinen Vater verloren hatte, zur Erziehung anvertraut worden.

Am 3. April 1784 wurde Zwanziger vom Kaiser Joseph II. in den erblichen Adelsstand erhoben. Das ihm dabei an Stelle des alten Zwanzigerschen Familiensiegels mit den beiden römischen Zehnern verliehene neue Wappen zeigt einen mit fünf goldenen „Zwanzigern" belegten roten Wellenschragen[1]).

Das Stilleben des fränkischen Kreises wie überhaupt des deutschen Staats= und Volkslebens wurde jäh unterbrochen durch den Ausbruch der Französischen Revolution, die in ihrer Weiterentwicklung den morschen Bau des alten Deutschen Reiches in Trümmer schlug und namentlich auch im fränkischen Kreise die größten Umwälzungen und Besitzveränderungen herbeiführte.

Den Anfang der Veränderungen im fränkischen Kreis machte jedoch der Übergang der fränkischen Markgrafschaften an die Krone Preußen und die Übertragung der Leitung dieser Fürstentümer an den Minister Karl Friedrich von Hardenberg.

„Dem festen Gefüge der fränkischen Kreisverfassung konnte nur ein Moment lebensgefährlich werden, der Eintritt einer Großmacht in den Kreisverband. Das Erstarken und Wachstum der Territorien hat namentlich in Norddeutschland die Kreisverfassung gesprengt. Auch in Franken haben durch das Aussterben älterer Grafenhäuser größere Territorien, wie Hessen=Kassel, Kursachsen, die Ernestiner und zuletzt noch Württemberg, Fuß gefaßt; in der Hauptsache blieb der Territorialbestand unverändert und bildete eben deshalb eine Gewähr des Beharrens. Erst der Eintritt Preußens in den Kreis sollte die Jahrhunderte alte Genossenschaft sprengen. Nicht umsonst hat schon zu Anfang des Jahrhunderts Franz Lothar von Schönborn als Kreisdirektor den drohenden Anfall von Bayreuth und Limburg an die norddeutsche Großmacht mit allen Kräften abzuwenden gesucht"[2]).

Bedeutete also schon der Erwerb der Markgrafschaften durch Preußen eine Gefahr für den Kreisverband, so wurde diese dadurch

---

[1]) Grützner, Standeserhebungen und Gnadenakte, S. 373. Heinr. Siebmacher, II, 1, S. 126, Tafel 156.
[2]) Fester a. a. O., S. 27.

gesteigert, daß an die Spitze der neuen preußischen Verwaltung in Ansbach-Bayreuth ein so befähigter, tatkräftiger und ehrgeiziger Mann wie Hardenberg trat, der seine Ziele mit ebensoviel Zähigkeit wie Rücksichtslosigkeit verfolgte. Sein Plan ging darauf hinaus, die fränkischen Fürstentümer, deren Wert er wohl erkannte, zum Stützpunkt der preußischen Macht in Süddeutschland zu machen und dadurch den hier dominierenden Einfluß Österreichs und des kaiserlichen Namens zurückzudrängen.

Als Vorbedingung hierzu erschien ihm zunächst die Durchsetzung der Landeshoheit in den Fürstentümern, Unterwerfung der Ritterschaft, Aufhebung der Vermischungen, d. h. fremder Hoheitsrechte im preußischen Gebiet, schließlich Erweiterung des preußischen Gebietes auf Kosten schwächerer Nachbarn. Um diese Annexionen rechtlich zu begründen, stellte man die Theorie auf, daß dem König von Preußen auf Grund der brandenburgischen Hausgesetze als Nachfolger der Markgrafen das Recht zustehe, alle von diesen abgeschlossenen Tauschverträge und Abtretungen einer Durchsicht und Prüfung zu unterwerfen und nach Umständen zu annullieren. Uralte Rechte waren dadurch in Frage gestellt. Es begannen die Revindikationen.

Der Kreis stellte sich natürlich auf die Seite der Betroffenen, und so begann auch der Kampf gegen diesen, der bis zu Hardenbergs Abgang aus Franken dauerte. So selbstverständlich vom preußischen Standpunkt aus gesehen die von Hardenberg betriebene rücksichtslose Schließung und Abrundung der neugewonnenen Territorien erscheinen mochte, so selbstverständlich erscheint anderseits der verzweifelte Widerstand der Geschädigten und in ihrer Selbständigkeit Bedrohten.

In diesem Kampfe war Zwanziger der geborene Führer der Stände und der Organisator des Widerstands gegen Hardenbergs Bestreben, den Kreiskonvent zu einem Werkzeug seiner Politik herabzudrücken. Mit allen zu Gebote stehenden Mitteln suchte er die den kleineren Ständen drohende Gefahr der Mediatisierung abzuwenden. Dadurch wurde er selbst auch in das Getriebe der großen Politik hineingezogen und fand Anlaß, seine politische und diplomatische Begabung zu entwickeln und zur Geltung zu bringen, obwohl er sich wohl selbst nicht der Einsicht verschließen konnte, daß er hier für eine verlorene Sache kämpfte.

Auf die Einzelheiten dieses Kampfes, der namentlich von Süßheim in dem oben angezogenen Werke dargestellt ist, gehen wir hier nur so weit ein, als Zwanzigers Eingreifen dabei in Frage kommt.

Hardenberg und Zwanziger kannten sich bereits; sie waren beide Mitglieder der Loge Alexander zu den drei Sternen, einer Tochter der hochwürdigen großen National-Maurerloge zu den drei Weltkugeln in Berlin. Anfänglich schien sich auch das gegenseitige Verhältnis gut anzulassen.

Hardenberg[1]) hoffte in der Tat anfangs, Zwanziger in das Lager des Königs herüberzuziehen. Die Vollmacht des neuen Souveräns für den preußischen Gesandten bezeichnete denselben, nachdem der König den Verzicht des Fürsten von Ansbach auf die Leitung der Kreisgeschäfte nicht anerkannt hatte, als Direktorialgesandten. Da der Anspruch eine schwere Schädigung Bambergs bedeutete, ließ das Hochstift zuerst sich zu keiner Nachgiebigkeit herbei. Da gelang es der Vermittlung Zwanzigers, der eigens zu diesem Zweck nach Bamberg reiste, daß der Bischof, wenn auch unter Verwahrung der eigenen Rechte, das Beglaubigungsschreiben entgegennahm. Schon rühmte Hardenberg an dem Gesandten den Eifer und die Anhänglichkeit an das hohe Haus Brandenburg, das Kabinettsministerium schickte für ihn entsprechend Hardenbergs Vorschlag eine goldene Medaille mit dem Brustbild des Königs. Auch aus einigen der von Graf Carl von Soden herausgegebenen Briefe des Staatsministers Freiherrn Carl August von Hardenberg an den Reichsgrafen Julius Heinrich von Soden 1791—94 geht das deutliche Bestreben hervor, Zwanziger für seine Politik zu gewinnen. Allein das Umsichgreifen Preußens, mit der Patentanschlagung beginnend, erfüllte die kleinen Höfe mit Besorgnis. Zwanziger konnte fortan nicht mehr für den Staat sprechen, der eine neue Ordnung in Franken einführen wollte.

Schon 1792 beginnt der Kampf: Der preußische Gesandte am fränkischen Kreistag, von Bories, beschwert sich zunächst bei dem Fürsten von Hohenlohe-Ingelfingen, dessen Sohn preußischer General war, dann bei dem Fürstbischof von Bamberg und Würzburg, Franz Ludwig von Erthal, daß der gräflich Castellsche Kreisgesandte Geheimrat von Zwanziger gegen die preußischen

---

[1]) Süßheim, S. 100 f.

Vorschläge in bezug auf die Teilnahme des Kreises an den auswärtigen Angelegenheiten intrigiere und eine Partei gegen sie zu werben suche. Es handelte sich um die von Frankreich nachgesuchte Neutralität des Kreises bei dem Kampf gegen Frankreich, dem Preußen und Hannover den Krieg erklärten. Zwanziger verwahrt sich energisch gegen die ihm gemachten Vorwürfe, der Fürstbischof versichert ihn auch in den ehrenvollsten Ausdrücken seines vollen Vertrauens und sucht die Sache zu vermitteln[1]). Wir erfahren aus diesem Reskript, daß Zwanziger von preußischer Seite zum Vorwurf gemacht wurde, daß er sich ein Geschäft daraus mache, wider den Antrag beider königlichen Höfe und dagegen für die gesuchte Neutralität zu sprechen und mit geflissentlicher und böswilliger Mißdeutung außer den ihm obliegenden Stimmen andere spreche und wider solche den Parteiwerber zu machen suche. Auch wird ihm schon damals der Vorwurf der Franzosenfreundschaft gemacht.

Als sich Zwanziger bei der ersten Erklärung noch nicht genügend beruhigte, wies der Fürstbischof seinen Gesandten in einem neuen Reskript vom 12. Juli 1792 an, die Ehre dieses um den Kreis so sehr verdienten, patriotischen und tätigen Mannes zu schützen.

Zwanziger reiste auch nach Neuenstein, um sich dort bei dem Fürsten von Hohenlohe gegen die ihm gemachten Vorwürfe zu verteidigen. Hardenberg erreichte seinen Zweck nicht, denn nach wie vor sehen wir in den nächsten Jahren Zwanziger als Führer der Opposition gegen Hardenbergs Gewaltpolitik. Es ist aber klar, daß diese Art und Weise, einen politischen Gegner zu bekämpfen, die Beziehungen Zwanzigers zu Hardenberg nicht freundlicher gestaltete.

In eben diesem Jahre, am 8. April 1792, schrieb Zwanziger in einem Brief an Stephani, den Erzieher des jungen Grafen:

„Wie lange es überhaupt mit unserem allgemeinen und besonderen alten Staatsrecht noch halten kann, wird täglich zweifelhafter. Auch darüber habe ich Ihnen viel zu erzählen. Offenbar lenkt die göttliche Vorsehung alles nach und nach in den Weg einer deutschen Revolution, wobei nur diejenigen einbüßen können, die vom gemeinen Besten nur annehmen und nichts dafür geben wollen. Auch in hiesigen Gegenden regt sich der Verfolgungsgeist gegen die

---

[1]) Reskript vom 2. Juni 1792. Kreisarchiv Würzburg.

der letzterwähnten, Gefahr laufenden Klasse so verhaßte Demokratie, und dadurch wird das Maß voll gemacht. Hier in Nürnberg (inauditum dictu) stehet der Aristokratismus im Begriffe, von seinem Throne herunter zu steigen und die Volksrechte dagegen aufkommen zu lassen. In der Absicht, dieses mathematisch begreiflich zu machen, habe ich mich mit einer Untersuchung des hiesigen unglaublich verworrenen Stadtwesens eingelassen und habe gegründete Hoffnung, bald den größeren Teil des Patriziats auf der Seite zu haben."

Der Anstoß zu der großen Umwälzung in Deutschland kam aber nicht von innen, sondern von außen. Nur wenige Tage, nachdem er dies niedergeschrieben hatte, am 12. April 1792, erfolgte Frankreichs Kriegserklärung an Österreich, und damit begann die Reihe der Kriegsjahre, die über Deutschland und namentlich auch Franken soviel Elend bringen sollten. Neue und immer schwerere Aufgaben erwachsen der Kreisversammlung in Nürnberg und ihren Führern.

Doch auch in diesen Zeiten ließ Hardenberg sein Ziel keinen Augenblick aus den Augen und suchte bald durch scheinbare Nachgiebigkeit einzelne Stände auf seine Seite zu ziehen, bald andere durch Drohungen und Gewaltmaßregeln einzuschüchtern, unbekümmert um das im Westen aufsteigende schwere Gewitter. Das Jahr 1793 verstrich unter vergeblichen Verhandlungen. Zwanziger war ihnen durch Krankheit längere Zeit entzogen.

Ebenso fruchtlos waren Hardenbergs Bemühungen, die Verpflegung der preußischen Truppen durchzusetzen, obwohl er zu diesem Zweck eigens nach Nürnberg gereist war und dort mit den einflußreichsten Deputierten, darunter auch Zwanziger, verhandelt hatte, denn das Mißtrauen gegen Hardenberg war schon zu tief eingewurzelt. Als nun Preußens Bemühungen für einen Reichsfrieden mit Frankreich, wozu in Franken namentlich bei den kleineren Ständen große Geneigtheit bestand, an Österreichs Widerstand gescheitert waren, schloß König Friedrich Wilhelm durch Hardenberg mit Frankreich den Separatfrieden zu Basel am 5. April 1795. Die Majorität des fränkischen Kreises scheute trotz aller Sehnsucht nach Frieden auch jetzt vor dem Anschluß an Preußen und den ihm von diesem angebotenen Beitritt zum Frieden zurück. In dieser Frage hatten die fränkischen Grafschaften auf dem Regensburger Reichstag Preußens Vorschlägen gegenüber größere Geneigtheit gezeigt. Schon vorher, bei Gelegenheit der Verhandlungen Hardenbergs mit dem

Bamberger Domkapitel über die Rechte desselben bei der Sedisvakanz im Falle des Ablebens des Fürstbischofs Franz Ludwig von Erthal hatte Zwanziger in versöhnlichem Sinne mitgewirkt und war schon am Tage nach dem Ableben des Bischofs vom Konvente zur Herbeiführung des Vergleichs nach Bamberg entsendet worden. Auch der Löwenstein-Wertheimsche Antrag an die Kreisversammlung im Juli 1795 zur Wiedererlangung der von den Königen von Frankreich noch aus dem Siebenjährigen Krieg dem Kreis geschuldeten Gelder, außer dem Kaiser auch den König anzugehen, zeigt Zwanzigers Bereitwilligkeit zu einem freundlichen Verhältnis. Doch war Hardenberg nach dem Basler Frieden und der Weigerung des fränkischen Kreises erst recht nicht mehr geneigt, irgendwie nachzugeben, sondern erlaubte sich einen Übergriff nach dem andern, gegen die der Kreiskonvent unaufhörlich zu protestieren hatte.

Im April des folgenden Jahres, 1796, war Hardenberg mit umfassender Vollmacht von Berlin nach Franken zurückgekehrt, den Widerstand gegen die preußischen Ansprüche unter Nichtbeachtung von Protesten und Reklamationen mit Waffengewalt durchzusetzen. Damit in engem Zusammenhang stand die Enthebung des seitherigen Kreisgesandten von Soden von seinem Posten und seine Versetzung in den Ruhestand. Diese Maßregel war von Hardenberg von langer Hand vorbereitet, da Soden ihm zu wenig energisch war und gegen Hardenbergs Vorgehen allerlei Bedenken hatte. Schon 1794 hatte Soden, der immerwährenden Befehdung durch Hardenberg müde, sein Entlassungsgesuch unmittelbar eingereicht, das, damals abschlägig beschieden, jetzt genehmigt wurde, nachdem er noch 1795 wesentlich mitgeholfen hatte, die staatsrechtliche Streitigkeit, die seit Jahrhunderten zwischen dem Hochstift Bamberg und den beiden brandenburgischen Fürstenhäusern wegen des Kreisdirektoriums bestanden hatte, durch einen Staatsvertrag, der von ihm im Namen des Königs am 23. Februar unterzeichnet wurde, zu erledigen.

Soden selbst spricht sich in seiner Selbstbiographie über dieses für sein Leben so bedeutungsvolle Ereignis folgendermaßen aus:

„Längst schon hatte Soden gefühlt, daß seine Ansichten von dem System, welches die preußische Monarchie in Absicht Deutschlands zu beobachten habe, mit den Grundsätzen der damaligen Regierung nicht einpaßten. Soden betrachtete die preußische Monarchie nach dem System Friedrich II. und des geistvollen Herzberg als den natürlichen Protektor der kleineren Staaten Deutschlands und ihre Verfassung notwendig zur Erhaltung des preußischen Staates.

Die Erwerbung der fränkischen Fürstentümer schien dieses System verrückt zu haben. Man benutzte die Gewalt zur Ausdehnung, regte allenthalben Eifersucht, Unmut und Mißtrauen auf und gab das Beispiel, die Macht an die Stelle des Rechts zu setzen. Sodens Ansichten mögen unrichtig gewesen sein, indes scheinen die Vorfälle des Jahres 1806 seine zehn Jahre vorher geäußerten Besorgnisse gerechtfertigt zu haben. Er muß der preußischen Staatsverwaltung die Gerechtigkeit widerfahren lassen, daß sie früher alles mögliche versuchte, um die Kollisionen gütlich zu enden, die nach den eigentümlichen Verhältnissen Frankens entstehen mußten, sobald ein großer, unabhängiger Monarch den Besitz der fränkischen Fürstentümer erhielt. Soden, der mit diesen Unterhandlungen beauftragt war, ließ zu diesem Zweck kein Mittel unversucht, und manche der nachher amalgamierten Reichsstände mögen zu spät bereut haben, daß sie seinem Rate nicht folgten. Doch das Fatum hatte es anders beschlossen. Deutschlands Stunde schien geschlagen zu haben. Als alle Unterhandlungen fruchtlos blieben, legte Soden dem Hofe einen neuen Plan vor, wie er ihm der Würde und der Großmut eines Monarchen und der Rolle, die nach seiner, vielleicht irrigen Ansicht, Preußen im europäischen Staatenbunde zu spielen habe, angemessen war. Er erhielt keinen Beifall, und Soden fühlte mehr denn je, daß seine Entfernung nötig sei. Er bat also wiederholt um seine Abberufung und erhielt sie."

Am 29. Mai 1796 verabschiedete sich Soden in einem gerührten Promemoria von seinen langjährigen Kollegen im Kreiskonvente. Fortan lebte Soden ausschließlich seinen literarischen Neigungen, die schon bisher seine Mußestunden ausgefüllt hatten.

Er war ein äußerst fruchtbarer und vielseitiger Schriftsteller und versuchte sich auf den verschiedensten Gebieten. Seine zahlreiche Bände füllenden Werke enthalten juristische, staatswissenschaftliche, politische, philosophische, geschichtliche, erzählende und vor allem eine große Zahl dramatischer Arbeiten. Namentlich die letzteren entsprachen dem Geschmack der damaligen Zeit ungemein und wurden häufig und fast an allen größeren Bühnen aufgeführt. Zur Beförderung der dramatischen Kunst gründete er selbst die noch bestehenden Theater in Bamberg und Würzburg und übernahm auch zeitweise ihre Leitung. Von seinen wissenschaftlichen Werken sind am meisten bekannt geworden sein „Geist der peinlichen Gesetzgebung Deutschlands" und seine neunbändige „Nationalökonomie". Daneben unterhielt er einen ausgebreiteten Briefwechsel mit vielen bedeutenden Männern der damaligen Zeit. Er starb zu Nürnberg am 13. Juli 1831.

Sein Weggang bedeutete für Zwanziger einen empfindlichen Verlust.

Nach Sodens Entfernung schritt Hardenberg unverzüglich zu Gewaltakten gegen widerspenstige Stände. Zunächst bekam die freie Reichsstadt Dinkelsbühl das neue System zu fühlen. Sie mußte der Gewalt weichen, und ihr Gebiet wurde der preußischen Hoheit unterstellt. Nachdem mit Hohenlohe-Neuenstein eine friedliche Einigung erzielt war, ging Hardenberg gegen Nürnberg selbst vor. Eine starke Truppenmacht rückte mitten im Frieden in das Nürnberger Gebiet ein, allenthalben wurde die Landeshoheit des Königs von Preußen proklamiert und die Einwohner zur Huldigung gezwungen. Dem Kreiskonvent und der Stadt blieb nichts übrig, als gegen diese Gewaltakte zu protestieren.

Inzwischen hatte die französische Armee unter Jourdan den Rhein überschritten, am 16. Juli Frankfurt eingenommen und bedrohte den fränkischen Kreis. In dieser Not beschloß der Kreistag nach dem Vorbild Schwabens direkt mit dem Feinde zu unterhandeln. Am 30. Juli ging eine Deputation nach Würzburg ab; sie bestand aus Overkamp, Zwanziger, Rhodius, und als Vertreter Nürnbergs begleitete sie Harsdorf. Der Waffenstillstand, den die Deputation mit Jourdans Generalstabschef, dem General Ernouf, abschlossen, kam unter verhältnismäßig billigen Bedingungen zustande. Jourdan unterzeichnete jedoch den Vertrag nicht, da ihm die darin stipulierte Kontribution nicht genügte, und erklärte ihn am 11. August für nichtig.

Auch Preußen hatte gegen das Übereinkommen, welches die erst neuerdings reunierten Gebiete zur Zahlung herbeiziehen wollte, auf Grund des Basler Friedens Einsprache erhoben.

In dieser Not beschloß der Konvent sich direkt an die Machthaber in Paris zu wenden, um die Genehmigung des Vertrags vom 7. August durchzusetzen. Zwanziger und Rhodius reisten nach Paris. Mit ihnen reiste als Mittelsmann ein Herr von Reibelt, der sich längere Zeit in Nürnberg aufgehalten hatte.

Zwanziger blieb bis gegen Oktober in Paris, während Rhodius etwas früher zurückreiste. Es gelang Zwanziger, mit den Mitgliedern des Direktoriums, besonders Carnot und dem General Clarke, der unter Carnots Leitung im Kriegsministerium beschäftigt war, in nähere Beziehungen zu treten. Das Vertrauen, das man ihm schenkte, ging so weit, daß man ihn sogar als Vermittler am Wiener Hofe zu gebrauchen wünschte und ihm, als er zurückkehrte, eine Grundlage der Friedensbedingungen übergab[1]). Auch gelang es ihm, den Minister der auswärtigen Angelegenheiten, Delacroix, zugunsten der Aufrechthaltung der Selbständigkeit des fränkischen Kreises und der Stadt Nürnberg zu beeinflussen, indem er die deutschen Reichsstädte als Schwesterrepubliken hinstellte. Während Carnot am 31. August dem preußischen Gesandten Sandoz-Rollin erklärte, daß das Direktorium gegen die Einverleibung Nürnbergs in Preußen nichts einzuwenden habe, vorausgesetzt, daß dieselbe mit dem freien Willen der Bevölkerung erfolge, erklärte sich Delacroix dagegen. Er machte allerlei Bedenken dagegen geltend. Er betrachtete die deutschen Reichsstädte als kleine Republiken, deren Freiheit man nicht unterdrücken dürfe. Ja er sprach sogar Sandoz gegenüber davon, daß man eine große Anzahl von Fürstentümern in unabhängige Republiken umwandeln müsse, die dann als Schranke zwischen Österreich und Frankreich dienen sollten[2]). Diese Äußerungen gehen sicher auf Zwanzigers Einwirkung zurück. Allerdings erwies sich Frankreich in der Folge nicht als zuverlässiger Bundesgenosse.

Bei seinen Bemühungen um die Gunst des Direktoriums stieß Zwanziger aber auf Gegenwirkung von preußischer Seite. Schon am 19. August hatte Hardenberg den geheimen expedierenden Sekretär am fränkischen Landesministerium Bayard nach Paris zu Sandoz-Rollin geschickt, um diesen von dem Vorhaben der fränkischen Kreisdeputation zu unterrichten. Sandoz' Berichte zeigen, wie genau Zwanzigers Tätigkeit in Paris beobachtet wurde. Danach zeigte er sich dort als ausgesprochener Republikaner. Um das Wohlwollen der Machthaber zu gewinnen, habe er einen

---

[1]) Hüffer, Diplomatische Verhandlungen aus der Zeit der Französischen Revolution. Erster Band: Bonn 1868, S. 219.

[2]) Bailleu, Preußen und Frankreich von 1795—1807. Erster Teil. Leipzig 1881, S. 87.

Plan zu Umwandlung des fränkischen Kreises in eine Republik unter Frankreichs Schutz vorgelegt. Auch seine Intimität mit dem Finanzminister Fappoult wurde bemerkt. Man mutmaßte sogar, daß dieser sich der Finanzkenntnisse des fränkischen Kreisgesandten bedienen wolle, um den französischen Finanznöten zu steuern.

Die letzte Bemerkung findet sich in dem ausführlichen Bericht, den der obengenannte Sekretär Bayard nach seiner Rückkehr nach Ansbach am 12. Oktober 1796 verabfaßte und den Bailleu nach dem Wortlaut mitteilt.

Am Schlusse dieses sehr lesenswerten Berichtes kommt Bayard unter dem Titel: „Frankreich in Hinsicht auf Deutschland" auch auf die Deputation der fränkischen Stände nach Paris zu sprechen: „Deutschland steht überhaupt in einem hohen Grade von Achtung in Frankreich, und die Gesandten mehrerer Stände, namentlich auch des fränkischen Kreises, haben gewiß Ursache, über die Art zufrieden zu sein, mit welcher sie im ganzen Land aufgenommen wurden. Der gehorsamst Unterzeichnete kann nicht umhin, hier einen Seitenblick auf einen Plan der fränkischen Kreisdeputation zu werfen, der nichts weniger bezielte, als aus dem fränkischen Reichskreis eine förmliche, unter französischem Schutz stehende ständische Rupublik zu bilden. Nach diesem Plänchen, das vorläufig mit einem geheimen französischen Agenten Namens von Reibelt, so sich unter dem Titel eines geflüchteten deutschen Edelmanns lange in Nürnberg aufhielt, entworfen worden war, und die Zustimmung mehrerer reichsritterschaftlichen Glieder erhalten haben soll, hätte der fortwährende Kreiskonvent die eigentliche Souveränität erhalten und sich in eine konstituierende Versammlung formiert, um sowohl eine schöne systematische Konstitution, als auch die Bestimmungen zu entwerfen, nach welchen die bisherigen Landesherren und Stände ihr Dominium utile zu genießen und zu Formierung des repräsentativen souveränen Senats zu konkurrieren hätten. Wider Erwartung der deutschen und affiliierten Pariser Républicaniseurs soll dieser Vorschlag jedoch keinen Eingang gefunden haben."

Neben diesem offenen Angriff auf die fränkische Kreisgesandtschaft findet sich aber schon vorher in dem Abschnitt: „Die Hauptstadt" ein versteckter. Er schildert hier die politischen Hauptparteien Frankreichs und fährt dann fort:

„Nebst diesen Hauptparteien gibt es noch eine, die Partei der Républicaniseurs eine Corporation, die schon unter der königlichen

Regierung mit dem Namen Académiciens bezeichnet wurde und zu der sich schon von jeher die besten Köpfe Frankreichs bekannten. So wie ehehin der Jesuitenorden teils aus Eigennuß, teils aus Sektirsucht, die päpstliche Religion in allen Theilen der Welt zu verbreiten bemüht war, ebenso suchen auch diese Herren unter der Decke von Kosmopolitismus, Philanthropie und Maurerei, aber aus den nämlichen obenerwähnten Gründen, ihre metaphysischen Ideen von Volkssouveränität, republikanischer alleinseligmachender Verfassung, ewigem Frieden u. s. w., in allen benachbarten Staaten in Umlauf zu bringen. Gefährlicher als die Jakobiner, die, von der allgemeinen Verachtung gebrandmarkt, zu unsinnig handeln, um eine andere als correktionelle Polizei-Aufsicht zu verdienen, haben sie in allen Gegenden zahlreiche Affiliationen, und die Regierungen dürfen um so mehr gegen diese Sekte auf ihrer Hut sein, als sie auch im Auslande aus Leuten besteht, die Genie und äußerliche populäre Probität mit rastloser Intrigue verbinden, und viele Glieder unter ihnen, die aus Bonhomie und einer Art fanatischer Philosophisterei wirklich das Glück des Orbis terrarum zu bewirken glauben."

Daß diese Ausfälle gegen die Affiliierten dieser Républicaniseurs im Ausland auf niemand anderen als auf Zwanziger zielen und daß sie von Hardenberg selbst stammen, geht klar daraus hervor, daß Hardenberg in seinem im folgenden Jahr von Berlin aus erstatteten Generalbericht über seine Wirksamkeit in Franken bei der Schilderung seines Hauptgegners dieselben Wendungen gebraucht.

Von der Sendung Bayards nach Paris hat er erst am 3. September an König Friedrich Wilhelm berichtet und die nachträgliche Genehmigung erbeten. Auch dieser Bericht enthält heftige Ausfälle gegen Zwanziger, „daß es dem von Zwanziger, welcher die ganze Kreisversammlung regiert, teils durch überwiegende Einsicht und Tätigkeit, teils durch die Mittel, die ihm ein großes Vermögen und die von ihm geführt werdenden Stimmen, darunter die Hohenloheschen mit sind, geben, dennoch gefiel, die Sache nach seinem Kopf zu leiten". Im weiteren Verlauf des Berichts spricht er von Zwanzigers „ganz bekannten Plan, aus Franken und Schwaben Republiken zu bilden, „da die Verbindungen und Gesinnungen des von Zwanziger ganz bekannt sind".

Schon am 9. September erläßt der König an Sandoz-Rollin in Paris folgende Ordre: »Le baron de Hardenberg nous ayant envoyé pour ce sujet le secretair privé Bayard avec une lettre rentressante un nouvel exposé de tout ce que s'y rapporte, je ne doute pas, que vous ne surveilliez attentivement les intrigues de ss. de Zwanziger et de Rhodius et je serai charmé que vous parveniez à en écarter l'effet.«

Doch schon am 8. September hatte Sandoz nach Berlin berichtet: «Le mr. de Zwanziger est un démagogue enragé et un Autrichien identifié.«

Die Verhandlungen der Deputation mit dem Direktorium schritten infolge der Gegenwirkung von preußischer Seite und der auseinandergehenden Ansichten innerhalb der französischen Regierung nur mühsam vorwärts. Noch am 4. September berichtet Sandoz: »La Croix versichert mich, daß in die Abmachungen mit dem fränkischen Kreis nichts kommen soll, was den Interessen E. M. widerstreitet, Le s^r de Rhodius, un des députés est parti et l'autre, Zwanziger, se plaint et se lament du peu d'accueil, qu'il épreuve dans ses negociations.«

Rhodius war also schon in den ersten Tagen des September von Paris abgereist, da er an dem Zustandekommen eines neuen Vertrags verzweifelte, während Zwanziger noch dort verblieb. Es gelang ihm auch unter dem Eindruck der neuen Niederlage Jourdans in der Schlacht bei Würzburg am 3. September billigere Bedingungen durchzusetzen. Der neue Vertrag wurde am 16. September abgeschlossen, dann schickte auch er sich zur Heimreise an. Nach Hüffer war er schon am 5. Oktober nach einer mühevollen Reise in Wien angekommen, um den von der französischen Regierung übernommenen diplomatischen Auftrag zu erfüllen, fand aber hier keine Geneigtheit, auf die französischen Vorschläge einzugehen, da diese von einer unziemlichen Drohung begleitet waren, und mußte unverrichteter Sache wieder abreisen.

Beinahe hätte er sein Nürnberg als preußische Stadt angetroffen, wäre Hardenbergs Lieblingsplan inzwischen zur Ausführung gelangt.

Die einst so blühende und mächtige Reichsstadt war schon seit Jahrhunderten in unaufhaltsamem Rückgang begriffen. Der Dreißigjährige Krieg hatte den Verfall beschleunigt. Handel und Gewerbe litten unter den Schutzzöllen der sich immer mehr abschließenden benachbarten Territorien. Schulden und Steuern wuchsen ins Ungeheure.

Nach Zwanzigers Aufstellung aus dem Jahre 1792, der ersten zuverlässigen, betrug damals die Schuldenlast über 9 Millionen Gulden bei einem ständigen Defizit. Dazu kamen innere Zwistigkeiten, Streitigkeiten zwischen dem Patriziat, das das Regiment führte, und der in dem genannten Kollegium vertretenen Bürgerschaft. Jourdans Einfall in Franken und seine unerhörten Bedrückungen zeigten die ganze Ohnmacht der auf sich selbst angewiesenen Stadt. Alle diese Zustände ließen den Wunsch nach Anschluß an einen größeren, mächtigeren Staat immer reger werden. Namentlich die Kaufmannschaft war naturgemäß dafür. Es wurden Verhandlungen mit Hardenberg eingeleitet, der damit die Verwirklichung seiner Pläne in unmittelbare Nähe gerückt sah. Die von ihm verlangte Abstimmung ergab eine überwiegende Mehrheit für den Anschluß an Preußen. Auf Grund dieser Abstimmung schritt er zu einem förmlichen Vertrag, der am 2. September von beiden Seiten unterzeichnet wurde. Auch die Reichsstädte Weißenburg und Windsheim begaben sich, um den französischen Bedrückungen zu entgehen, ebenfalls unter preußischen Schutz.

Doch wider Erwarten stieß der Vertrag in Berlin auf Hindernisse von seiten des Ministeriums und fand nicht die Genehmigung Friedrich Wilhelms.

Außer der Verstimmung über die hier wiederum bewiesene Eigenmächtigkeit Hardenbergs, der die ganze Sache auf eigene Faust betrieben hatte, waren es Erwägungen hochpolitischer Natur. Der König sah seine polnischen Vergrößerungspläne durch hieraus zu befürchtende Verwicklungen mit Rußland und Österreich bedroht. So versagte er die Genehmigung des Vertrags, wollte auch nicht, daß auf die Angelegenheit zurückgekommen werde. Die Siege der Österreicher unter Erzherzog Karl bei Amberg und am 3. September bei Würzburg machten den Bedrückungen der Franzosen und den Unterhandlungen ein Ende.

In Nürnberg erfolgte darauf schon im September ein jäher Umschlag der Volksstimmung, die sich von Preußen ab und wieder Österreich zuwandte. Zwanziger reiste nach Regensburg und Wien, um dort Schutz gegen Preußens Willkür zu erbitten. Die Reichsunmittelbarkeit Nürnbergs war für einige Jahre wieder gefristet.

Die Nichtgenehmigung des Vertrags mit Nürnberg hatte Hardenbergs Ansehen in Franken einen schweren Schlag versetzt. Der Tod

Friedrich Wilhelms II. und die Thronbesteigung Friedrich Wilhelms III. machten seiner allmächtigen Stellung in Franken ein Ende. Die fränkischen Fürstentümer wurden dem Ministerium in Berlin direkt unterstellt, Hardenberg selbst in dieses berufen. In den ihm unterstellten Fürstentümern, die er um 26446 Seelen vergrößert hatte, hinterließ er den Ruf eines einsichtigen und wohlwollenden Verwalters. Im übrigen Franken dagegen hat seine gewalttätige Politik dazu beigetragen, die Abneigung gegen Preußen noch zu erhöhen.

Im Sommer 1797 verließ er Franken; in Berlin verfaßte er eine Denkschrift über seine Verwaltung in Franken. Sie ist datiert vom 7. Junius, befindet sich im dortigen Staatsarchiv und ist in ihrem ganzen Umfang erstmalig von Christian Meyer 1892 herausgegeben.

In dieser äußerst interessanten Denkschrift kommt er auch auf seine Streitigkeiten mit dem fränkischen Kreiskonvent zu sprechen und macht dabei seinem tiefen Groll gegen seinen Gegner Zwanziger in charakteristischer Weise Luft. Wir geben die ganze Ausführung wörtlich wieder. Es heißt dort im § 33: "Die Kreisverfassung ist in den fränkischen und schwäbischen Kreisen unter allen deutschen Reichskreisen fortwährend in der lebhaftesten Tätigkeit geblieben. Die Kreistage sollten jährlich einmal in Nürnberg gehalten werden und höchstens nur sechs Wochen dauern, allein seit dem Jahre 1790 ist die Kreisversammlung permanent geblieben, teils weil die durch den Krieg herbeigeführten Umstände solches zu erfordern schienen, teils weil es System einiger Kreisgesandten ist, dem selbst der ehemalige brandenburgische Graf von Soden zugetan war, aus dieser Versammlung eine Art von fränkischem Nationalkonvent zu bilden, solchem die allgemeinen Souveränitätsrechte über den ganzen Kreis zuzueignen, wenn die Gelegenheit günstig wäre, die teutsche Verfassung auf metaphysische Sätze der Menschen- und Staatsrechte mittels der unité et indivisibilité à la française neu zu erbauen und insonderheit dem Emporkommen des Hauses Brandenburg durch seine Einheit und Gesamtheit auf alle ersinnliche Weise entgegenzustreben. Zur Ausführung dieses Plans finden sie die besten Waffen in den Grundsätzen der Ritterschaft und der geistlichen Höfe von zerstreuten und vermischten Hoheitsrechten und ungeschlossenen Territorien. Daher hat sich auch der ganze Kreis vereinigt, gegen das brandenburgische

Prinzip eines geschlossenen Gebiets gemeinschaftlich und aus allen Kräften zu kämpfen. Die Seele dieses Systems und der Diktator der ganzen Kreisversammlung ist ein gewisser Geheimer Rat von Zwanziger, ein Mann von Kopf, Vermögen und Intrige. Er selbst ist Stimmführer der gräflichen Häuser Hohenlohe-Neuenstein, Castell, Wertheim, Erbach, Limburg. Dieses gibt ihm 7 Stimmen. Schwarzenberg, deren Gesandter von Rhodius ganz von ihm abhängig ist, führt deren 4, und diese 11 Stimmen, deren jede für einen unbedeutenden Fleck Landes soviel gilt als die von Bamberg, Würzburg oder Ansbach und Bayreuth, machen die Mehrheit aller Kreisstimmen aus. Daher verfuhr auch der von Zwanziger bei den Unterhandlungen mit Frankreich im vorigen Sommer ganz eigenmächtig, war die Haupttriebfeder der feindseligen Artikel, welche die Kreisbevollmächtigten ohne Vollmacht ihrer Kommittenten in die Übereinkunft des französischen Generals brachten, und reiste hierauf ohne Autorisation nach Paris und nach Wien, um die Unterhandlungen nach seinem Sinne fortzusetzen. Diese Unterhandlungen und die obenerwähnten Artikel waren die Ursachen, daß der brandenburgische Direktorial-Gesandte im Sommer 1796 den Kreiskonvent verließ, weil dieser nicht dahin zu bewegen war, eine beruhigende Erklärung zu geben.

„Vorzüglich aber bemächtigte sich der von Zwanziger des Kreisfinanzwesens ganz, in dem itzt eine Verwirrung herrscht, die nicht zu übersehen ist. Die Schulden des Kreises betrugen am Ende des Jahres 1790 1 666 381 fl. rhein. Währung. Zur Abtragung derselben ist im Jahre 1788 ein Amortissements-Plan auf 92 Jahre gemacht und die Aufbringung von 5 Kreis-Römermonaten beliebt worden. Allein seitdem ist der Schuldenstand gewiß beträchtlich vermehrt worden, der Krieg hat großen Aufwand erfordert, zu dem aber Brandenburg seit dem Basler Frieden nicht beitragen zu wollen sich erklärt hat. Des Widerspruchs mehrerer Stände ohngeachtet sind die Fonds zu den gewöhnlichen Zahlungen, dazu jährlich 25 Römermonate erforderlich sind, die sonst 94 950 fl. ausmachten und die des Schulden-Abtrags mit dem, was zu dem außerordentlichen Aufwande aufgebracht wurde, zusammengeworfen worden und zu einer Übersicht des Finanzzustandes, geschweige denn zu einer Rechnung ist nicht zu gelangen gewesen. Ein Römermonat ist nach der während des spanischen Successionskriegs vorerst angenommenen und seitdem jedoch unter den Klagen mehrerer Stände über Prägravation beibehaltenen runden Summe von 4050 fl. für den ganzen Kreis, dazu Brandenburg-Onolzbach oder Ansbach und Bayreuth oder Culmbach 329 fl. beiträgt, also von 30 Römermonaten, die aber in der Folge gewiß nicht hinreichen werden, 19950 fl. jährlich. Daß der Kreiskredit unter solchen Umständen sehr schlecht sein müsse, springt in die Augen. Es würde die ernstlichste Hilfe und die ernstlichste Ordnung erfordern, ihn wieder emporzubringen. Zwar hat der Kreis noch ansehnliche Aktivforderungen, die vor dem Krieg 9 Millionen betrugen, von denen aber nichts zu hoffen ist."

Bei dieser Schilderung der Persönlichkeit Zwanzigers fällt vor allem der gegen die Darstellung vom Jahre vorher verschärfte Ton auf. Dort hatte Hardenberg noch Zwanzigers ausschlaggebende Stellung im Kreiskonvent auf seine überwiegende Einsicht und Tätigkeit neben den Mitteln, die ihm ein großes Vermögen in die Hand gab, zurückgeführt; hier erscheint er wohl auch als Mann von Kopf und Vermögen, aber namentlich auch Intrigue. Dabei wird ihm offenbar der Vorwurf gemacht, daß er die Kreisfinanzen absichtlich in Unordnung gebracht habe, um sich durch seine überragende finanzielle Gewandtheit unentbehrlich zu machen und seine Stellung für die Dauer zu befestigen. Allein die Kreisfinanzen waren schon seit Jahren in Unordnung, der damals chronische Zustand in den meisten deutschen Staaten und Gemeinwesen, und wenn schon im Jahre 1788, also vor Hardenbergs Eingreifen, der Plan zu einer Sanierung gefaßt wurde, so dürfen wir diese Maßregel wohl eher auf Zwanzigers Initiative zurückführen als das Gegenteil.

Der Hauptvorwurf, den Hardenberg nicht müde wird, zu wiederholen, ist der der Franzosenfreundschaft und republikanischer Tendenzen. Nicht nur aus dem fränkischen Kreis habe er eine Republik machen, sondern sogar die ganze deutsche Reichsverfassung nach französischem Muster umwandeln wollen. Wir können unbedenklich annehmen, daß er als Mann der Aufklärung von den revolutionären Ideen nicht unberührt geblieben ist; wir wissen auch aus den schon von ihm mitgeteilten Äußerungen an Stephani, daß er von der Unhaltbarkeit der deutschen Zustände überzeugt war, aber wir können durchaus nicht zugeben, daß er selbst an die Durchführbarkeit dieser republikanischen Verfassungspläne geglaubt hätte, teilen hier vielmehr Süßheims Ansicht, daß er diese geistreiche Verfassungsskizze mehr zu dem Zweck entworfen habe, sich und sein Anliegen in Paris zu empfehlen. Ranke[1]) führt Hardenbergs Anschuldigungen gegen Zwanziger mit der bezeichnenden Wendung ein: „Hardenberg behauptet." Ebendort meint Ranke, daß die fränkische Kreisversammlung gegen Brandenburgs Bestrebungen nach einem geschlossenen Gebiet „einen natürlichen Abscheu hegte".

Nochmals im Jahre 1798 benutzt Hardenberg die Kunde von der angeblichen Republikanisierung des fränkischen Kreises dazu, um dem neuen König Friedrich Wilhelm den Besitz von Nürnberg als notwendig hinzustellen; dabei erklärt er sich von den Zwanziger zugeschriebenen Absichten überzeugt. Doch auch dieser lehnte ab, mit dem Bemerken, die nächste Aufgabe sei Niederhalten des revolutionären Geistes, das große Mittel gegen denselben Friede und Ruhe.

In Nürnberg nahm nach Ablehnung des Subjektionsvertrags die Abneigung gegen Preußen und damit Hand in Hand gehend das Bestreben, die Unabhängigkeit der Stadt aufrechtzuerhalten, immer mehr zu. Nachdem schon mehrmals an das Reichsoberhaupt der Antrag gestellt worden war, die verworrenen Zustände der Stadt zu ordnen, in Wien man aber immer vor den Schwierigkeiten dieser Aufgabe zurückschreckte, entschlossen sich in Nürnberg Patriziat und Bürgerschaft dazu, selbst eine außerordentliche Stadtbehörde zu ernennen. Die Mehrheit der Stimmen fiel auf Zwanziger. Dieser nahm den ihm am 3. April 1797 durch eine Deputation gestellten Antrag an, hatte er sich ja doch schon jahrelang damit beschäftigt, über die trostlose Finanzlage der Stadt ins klare zu kommen. So konnte ihm dieser Antrag, der zugleich ein glänzendes Zeugnis ablegt, welches Vertrauens er sich damals sowohl beim Patriziat als auch bei der Bürgerschaft erfreute, nur gelegen kommen.

Doch die Sache scheiterte an dem kaiserlichen Veto. Der Reichshofrat setzte an Zwanzigers Stelle einen kaiserlichen Prinzen, den Deutschmeister, ein. Vermutlich hatte die Übernahme der Aufträge der französischen Regierung Wien gegen ihn eingenommen.

An dem nun folgenden Rastatter Kongreß hat er als Vertreter mehrerer fränkischer Grafen teilgenommen. Er erschien dort, wie

---

[1]) Ranke, Denkwürdigkeiten des Staatsministers Fürsten Hardenberg. Bd. I, S. 360.

Ritter von Lang erzählt, in Begleitung seines jungen Grafen, um der drohenden Mediatisierung entgegenzuwirken. Eine öffentlich hervortretende Rolle aber hat er dort nicht gespielt, denn Hüffer in seiner ausführlichen Geschichte des Kongresses erwähnt ihn nicht. Müßig ist er aber deswegen dort nicht gewesen. Das geheime Staatsarchiv zu Berlin besitzt eine Anzahl Kopien von Berichten, die er an die gemeinschaftlichen gräflich Limpurgischen Regierungen zu Gaildorf, Sontheim und Mt. Einersheim erstattet hat. Die ersten beiden Berichte sind von Frankfurt a. M. am 23. Dezember 1797 und 5. Januar 1798 datiert, die übrigen von Rastatt aus, reichen bis zum 11. Februar. Sie beweisen, mit welcher Aufmerksamkeit er die Vorgänge auf dem Kongreß verfolgte und zeichnen sich durch klare Auffassung und Darstellung aus. Dort lernte er auch Bonaparte kennen, wie auch seine Persönlichkeit Napoleons Scharfblick nicht entging. Von dem Eindruck, den Bonaparte auf ihn machte, zeugt folgende Stelle in seiner Relation vom 26. Dezember 1797: „Aller Augen warten auf Buonaparte. Sollte dieser, was mir immer noch problematisch scheint, bald wieder kommen, dann dürfte die jetzige totale Stagnation einer wirklichen oder heftigen Bewegung Platz machen. Müßig wird sich dieser Geist zu den übrigen dort befindlichen nicht hinsetzen, vielmehr hat man sich alsdann einer im ganzen durchgreifenden Sprache zu versehen." Bonaparte kam nicht, und der Kongreß endete ohne Resultat.

Die fränkischen Verhältnisse ruhten nun für einige Zeit. Talleyrand, der an Stelle von Delacroix die Leitung der auswärtigen Angelegenheiten übernommen hatte, sprach es in seiner Denkschrift vom 9. September 1798 als Grundsatz der französischen Politik aus, daß weder Österreich noch Preußen im übrigen Deutschland für ihre Verluste auf dem linken Rheinufer entschädigt werden dürften.

Von preußischer Seite drohte also zunächst keine Gefahr, bald aber von einer anderen. Am 16. Februar 1799 war der alte Kurfürst von Pfalz=Bayern Karl Theodor gestorben. Sein Nachfolger Max Josef, seither Herzog von Zweibrücken, beeilte sich, dem französischen Geschäftsträger in München seinen Wunsch nach einem engen Anschluß an Frankreich auszudrücken. In Paris war man darüber sehr erfreut, da man hoffte, in ihm den Fürsten gefunden zu haben, mit dessen Hilfe man das alte Reich zersprengen und einen neuen Rheinbund begründen könne. Ziel der bayerischen Politik war fortan die Gewinnung der fränkischen Lande zur Entschädigung für die Verluste links des Rheins.

In Nürnberg war man sich darüber klar geworden, daß die Entscheidung in dieser Frage in Paris ruhe. Schon 1801 schickte die Stadt eine Abordnung für einige Monate nach Paris, die auch von dem ersten Konsul Napoleon Bonaparte in einer Audienz empfangen wurde und wohlwollendes Gehör fand. Im folgenden Jahr erschien dieselbe Vertretung der Stadt bei dem Reichstag zu Regensburg, wo sie sich sowohl dem französischen Bevollmächtigten, als auch der Reichsdeputation vorstellig machte und ihre Wünsche und Beschwerden vorbrachte. Zu Ende des Jahres begab sich eine neue Deputation der Stadt wiederum nach Paris. Sie erreichte, daß sich Talleyrand ihrer annahm und im Juni 1803 Preußen und Bayern zu Vergleichsverhandlungen einlud, die zu Paris gepflogen werden sollten.

Der Reichsdeputationshauptschluß von 1803 beließ auch Nürnberg noch seine Selbständigkeit, aber schon hatte Bayern durch seinen Anschluß an Frankreich seinen Mitbewerber Preußen überflügelt und die Fürstentümer Bamberg und Würzburg an sich gebracht, und es war nur eine Frage der Zeit, wann auch Nürnberg diesen folgen sollte. Mit dem Untergang des alten Deutschen Reichs kamen Nürnberg und die meisten fränkischen Grafschaften an Bayern. Am 25. September 1806 wurde zu Castell die feierliche Besitzergreifung der uralten Grafschaft durch den bayerischen Kommissär vorgenommen, wobei von Casteller Seite Kanzleidirektor Müller und der Kreisgesandte von Braun als Bevollmächtigte fungierten. Seit 1814 sind ihre Geschicke mit der Krone Bayern unauflöslich verbunden und genießen unter dem milden Zepter der Wittelsbacher die Vorteile eines größeren Staatswesens.

Zwanziger hat diese Endentwicklung nicht mehr erlebt. Schon am 22. Dezember 1800 hat ihn ein unvermuteter Tod aus einer rastlosen Tätigkeit abgerufen.

Er hat nur ein Alter von 55 Jahren erreicht.

Leider fehlen uns nähere Angaben über die Umstände, unter denen sein Ableben erfolgte, ebenso über den Eindruck, den sein frühzeitiger Tod in Nürnberg hervorrief. Wir finden lediglich folgende Angabe im Pfarrbuch von St. Lorenz: P. T. Herr Friedrich Adolph von Zwanziger, mehrerer Fürsten und Stände des Reichs wirklicher Geh. Rath und Kreisgesandter des hochlöblichen Fränkischen Kreises, allhier am Kornmarkt (jetzt Josefsplatz) wohnhaft, 55 Jahre alt, beerdigt am 27. Dezember 1800 im St. Johannisfriedhof (Grab Lit. H No. 4).

Der Eindruck, den diese Trauerbotschaft im Casteller Grafenhaus machte, ist aus dem folgenden Schreiben zu entnehmen, in dem der Senior des Hauses Castell, Graf Friedrich Ludwig von Castell-Rüdenhausen, mit seinen Vettern in Castell den Trauerfall bespricht.

„Hochzuverehrende Reichsgrafen und höchst zu verehrende Vettern und Brüder! Daß ich, beste Freunde! den unvermutheten und allzufrühen töblichen Hintritt des wohlseeligen Herrn Geheim-Raths von Zwanziger mit Ihnen Beiden äußerst bedauere und den empfindlichen Verlust unseres gräflichen Gesammt-Hauses in seinem ganzen Umfang zu schätzen und zu beklagen wisse, wird, liebste Herrn Vettern und Brüder! Dero gegründeter Vermuthung gewiß nicht entgehen, Sie werden vielmehr geneigt sein, meiner Denkungsart im vorliegenden Falle Gerechtigkeit widerfahren zu lassen. — —

„Der Wohlseelige leitete die wichtigen Geschäfte unseres Gesammt-Hauses mit unverbrüchlicher Treue und Sorgfalt für dasselbe. Tiefe Einsicht, Sach- und Menschenkenntniß bezeichneten jeden Schritt dieser geschickten Geschäftsführung, und um kurz zu sein, er war für uns ein großer und nützlicher Mann, dessen Asche wir auch den wärmsten Dank zollen müssen. Nicht allein für Uns war er nützlich und groß, sondern auch für alle, die ihm ihre Geschäfte anvertrauten und seinem klugen Rath Gehör geben wollten. Diesen haben wir nun leider unwiederbringlich verloren." — —

Folgt der Vorschlag, seinen Schwager, den Hof- und Regierungsrath Heinrich Müller, zu seinem Nachfolger zu ernennen.

Rüdenhausen, den 24. Dezember 1800.

Friedrich Ludwig, Graf und Herr zu Castell."

Was seine Familienverhältnisse anbetrifft, so hatte er sich, wie bereits oben berichtet, schon am 8. Oktober 1770 zu Nürnberg mit Marie Salome Günther, einer Tochter des Wertheimschen Pfarrers zu Willbrunn, Johann Philipp Günther vermählt. Auf diese Heirat ist wohl das Zwanziger zugeschriebene große Vermögen zurückzuführen. Günther selbst wird schon 1779 als verstorben aufgeführt. Außerdem erscheint noch eine Schwägerin Marie

Dorothea Sophie Günther als Patin bei einer der Töchter Zwanzigers. Aus dieser Ehe gingen zwei Söhne und drei Töchter hervor. Der ältere Sohn Heinrich Adolph, geboren am 27. Januar 1776, wurde zuerst mit dem gleichalterigen, frühverwaisten Grafen Friedrich Christian zu Nürnberg in dem elterlichen Hause von dem späteren Hofprediger Dr. Stephani erzogen, bezog dann mit dem jungen Grafen unter Stephanis Leitung die Schule zu Kloster Berge bei Magdeburg, später allein die Universität Erlangen, gab aber dann das Studium auf und trat in das bayerische Heer ein. In diesem machte er die Napoleonschen Feldzüge, auch den russischen, mit Auszeichnung mit und war Ritter der Ehrenlegion. Lang führt ihn in seinem Adelsbuch des Königreichs Bayern 1815 als Major im 5. Infanteriebataillon auf. 1823 kam er als Oberstleutnant in das 1. Linieninfanterieregiment „König", wurde am 24. Mai 1825 zum Oberst und Kommandeur desselben befördert. 1834 pensioniert, starb er schon im September des folgenden Jahres durch einen Unglücksfall gelegentlich einer Spazierfahrt im englischen Garten. Er war unvermählt, und so starb mit ihm die Familie von Zwanziger aus.

Der zweite Sohn Johann Friedrich war am 23. April 1777 geboren. Er studierte Jurisprudenz und lebte dann zu Nürnberg, wo sein Vater auf seinen Namen und für ihn 1798 (?) das Bankhaus J. F. von Zwanziger gegründet hatte. Die hohe Begabung seines Vaters scheint er aber nicht geerbt zu haben. Ein sanfter, menschenfreundlicher Charakter wird ihm nachgerühmt. Seine musikalischen Kenntnisse stellte er gerne in den Dienst der Wohltätigkeit. Neben seiner Tätigkeit als Bankvorstand stand er auch in Castellschem Dienst und erhielt den Titel eines Geheimen gräflichen Hofrats. Als nach dem Tode seines Vaters die Stelle des ersten Castellschen wie des Wertheim-Löwensteinschen Kreisgesandten dem seitherigen zweiten Kreisgesandten Geheimrat von Braun übertragen wurde, rückte er in die zweite Stelle nach. Die feierliche Einführung beider in den Kreiskonvent erfolgte in der Sitzung vom 26. Januar 1802. In den hierbei gewechselten Begrüßungs- und Dankreden wurde seines verlebten Vaters in ehrenvollster Weise gedacht, namentlich von seinem Nachfolger, dem Geheimrat von Braun: Innigst gerührt sei er bei diesem am Kreise immer merkwürdig bleibenden Ereignis und mit wahrer Freude durchdrungen, daß ein würdiger Sproſſe weil. des verlebten Geheimrats und Kreisgeſandten von Zwanziger, ſeines geweſenen großen Gönners, ſeines Lehrers und wahren Freundes ihm als zweiter Geſandter an die Seite geſetzt und dadurch das rühmliche Andenken dieſes ihm unvergeßlichen, ſich um den Kreis ſo ſehr verdient gemachten Mannes in deſſen Sohn um ſo mehr unterhalten werde.

Von großer politiſcher Tätigkeit des Sohnes hören wir jedoch weiter nichts. Er ſcheint ſich bei ſeiner ohnehin ſchwächlichen Geſundheit auf die Leitung des Bankhauſes beſchränkt zu haben, das ſeine ganze Kraft und Zeit in Anſpruch nahm.

Dieſes gelangte auch in kurzer Zeit zu erſtaunlicher Blüte. Seine Beziehungen erſtreckten ſich weit über Nürnberg und Franken bis nach Öſterreich und bis nach Schleſien. So ſtand die bedeutende Firma Eichborn in Breslau, wie wir der Geſchichte dieſes Hauſes von Moriz Eichborn[1]) entnehmen, mit ihm in reger Verbindung. Nachdem Friedrich von Zwanziger aus ſeiner am 4. November mit Demoiſelle Eyrich in Nürnberg geſchloſſenen Ehe zwei hoffnungsvolle Söhne bekommen hatte, ſchien das Glück der Familie feſtbegründet. Doch die zu Beginn des 19. Jahrhunderts hereinbrechenden, faſt ununterbrochenen Kriegsjahre und das damit Hand in Hand gehende Sinken des Grundſtückwertes, der Mangel an gemünztem Geld, der ungewiſſe Kurs der Staatspapiere führten eine Stockung der Geſchäfte herbei, die ſich allgemein fühlbar machte. Zu Ende des Jahres 1809 verbreiteten ſich dunkle Gerüchte unbekannten Urſprungs über die mangelnde Zahlungsfähigkeit des Hauſes in der Stadt und riefen eine allgemeine Panik hervor, die zu einem förmlichen Sturm auf die Kaſſe führte. Die Panik war derartig, daß ſie, wie die von der königlichen Bank in Nürnberg aus Anlaß der Feier der vor hundert Jahren erfolgten Verlegung der Bank von Fürth nach Nürnberg herausgegebene Denkſchrift berichtet, auch auf dieſe übergriff, ſo daß ſie kaum dem Anſturm ſtandhalten konnte. So ſah ſich das Haus genötigt, am 24. Januar 1810 ſeine Gläubiger durch ein Rundſchreiben von der Sachlage in Kenntnis zu ſetzen mit dem Beifügen, daß es um ein fünfjähriges Moratorium einzukommen gedenke, innerhalb welcher Friſt die Geſchäftsleitung allen Verbind-

---

[1]) Kurt Moriz Eichborn, Das alte Eichbornſche Geſchäftshaus vor 75 Jahren. Breslau 1903.

lichkeiten gerecht zu werden hoffe und hierzu die Unterstützung ihrer Gläubiger erbitte. Doch die Mehrzahl der Gläubiger verhielt sich unter der Führung ihres Anwalts gegen diese Vorschläge ablehnend. Umsonst suchen wir in der Klageschrift ihrer Vertreter nach einer einigermaßen den Zeitverhältnissen Rechnung tragenden billigen Beurteilung. Auch die bayerische Staatsregierung verweigerte unter dem 10. September die Gewährung der Bitte auf Grund des Berichtes des Appellationsgerichts des Pegnitz- und Nabkreises zu Amberg vom 31. August, obwohl darin ausdrücklich anerkannt wurde, daß weder Verschwendung, noch Leichtsinn oder Nachlässigkeit der Geschäftsführung zur Last liege. Inzwischen hatte sich das von allen Seiten verlassene Bankhaus mit dem Gläubigerausschuß über die Einsetzung einer „kreditorischen Administration" geeinigt, d. h. die Bank sollte zum Zweck der Abwicklung der Geschäfte unter die Aufsicht eines aus Vertretern der Gläubiger und der Bank gebildeten Ausschusses gestellt werden. Ob diese Maßnahme ins Leben getreten ist und wie sie gewirkt hat, wissen wir nicht, jedenfalls war sie von kurzer Dauer, denn schon am 24. November desselben Jahres verstarb der Geschäftsinhaber Friedrich von Zwanziger, erst 33 Jahr alt. Die begreifliche Aufregung hat den Tod des schon schwerkranken Mannes noch beschleunigt. Da das einzige majorenne männliche Glied der Familie, der Bruder Heinrich, Offizier war, so kam es zur Liquidation. Bei vorsichtigerem Vorgehen hätte wohl das Haus erhalten und alle seine Gläubiger befriedigt werden können, denn die Aktiva des Geschäftes betrugen nach der Aufstellung des Gläubigerausschusses 515 705 fl., denen nach ihrer Berechnung 614 777 fl. Passiva gegenüberstanden. Die Geschäftsleitung hatte dagegen noch einen Überschuß von 17 443 fl. herausgerechnet.

Auch nach der ersteren, für das Haus ungünstigen Aufstellung betrug die Überschuldung nur 17 Prozent, eine für heutige Verhältnisse und Anschauungen kaum nennenswerte Summe. So verschlang der nun ausbrechende Konkurs beträchtliche Summen sowohl der Familie als der Gläubiger. Die Sache machte seinerzeit ungeheueres Aufsehen und war noch in den fünfziger Jahren des vorigen Jahrhunderts nicht vergessen[1]).

[1]) Ich verdanke die Mitteilung der klägerischen Schrift der Güte des verstorbenen Ausschußmitglieds unserer Gesellschaft, des Justizrats Freiherrn Georg von Kreß in Nürnberg, dessen ich aus diesem Anlaß in dankbarer Verehrung gedenke.

Die Witwe gab in der Todesanzeige ihrem berechtigten Schmerz einen beredten Ausdruck. Es heißt darin: „Er hat's vollbracht, und ihm ist wohl; aber wir ringen im harten Kampfe mit dem unaussprechlichen Schmerz in unsern ohnehin traurigen Verhältnissen, welche den Tod des theueren Entschlafenen beschleunigt haben." Sie verließ das Geschäftshaus am Josephsplatz und zog in den vor dem Neuen Tor gelegenen Garten. Friedrich Adolph hatte 1784 Haus und Garten von der Handelsfrau Veillodter um 4620 fl. gekauft. Zum Ankauf gerade dieses Grundstücks mag ihn der Umstand bewogen haben, daß das Haus früher im Besitz der Grafen Castell gewesen war. Diese hatten es von dem Grafen Wied gekauft und das schöne Gartenhaus darin erbaut. Die beiden Söhne besuchten das Gymnasium mit gutem Erfolg. Der ältere, G. Heinrich Friedrich, absolvierte 1823 als der Siebente, der jüngere 1825 als der Zweite. Rektor war damals der berühmte Schulmann K. L. Roth. Sie wandten sich beide der Rechtswissenschaft zu. Auf der Universität Berlin gehörten sie zu den ersten Zuhörern des Geheimrats Prof. Dr. Rudorff, der sich noch im Jahre 1868 ihrer als hoffnungsvoller Jünglinge erinnerte. Beide sind früh verstorben.

Außer seinen beiden Söhnen hatte Friedrich Adolph noch drei Töchter: Caroline, Christiane und Juliane, das Patenkind der Frau Reichsgräfin von Soden. Christiane und Juliane blieben ledig. Caroline heiratete den Freiherrn Christoph Friedrich von Drachenfels. Dieser war aus Kurland, wo die Familie noch fortgeblüht hatte, nachdem sie am Rhein und in Meißen erloschen war, nach Sachsen zurückgekommen. Christoph Friedrich starb 1831, seine Gemahlin war ihm schon am 10. Dezember 1824 zu Bautzen im Tode vorausgegangen. Ihr Sohn, geb. am 4. August 1805, nach dem mütterlichen Großvater Friedrich Adolph genannt, trat zuerst in München in das 1. Infanterieregiment, in dem auch später sein Oheim stand, ein, 1815 führt ihn Lang in seinem Adelsbuch als Leutnant auf, 1819 wurde er in den Freiherrnstand des Königreichs Bayern aufgenommen, ging aber dann in großherzoglich hessische Dienste über. Hier war er zuletzt Kammerherr, Generalmajor und a. o. Gesandter und Bevollmächtigter am k. k. Hof zu Wien.

Die Schwester Luise von Drachenfels, geb. 1797, war noch 1870 Ehrenstiftsdame des k. b. Damenstiftsordens von St. Anna zu München. Auch diese Familie ist erloschen.

Wenige Jahrzehnte nach der Katastrophe von 1810 war in Nürnberg von der einst so angesehenen Familie von Zwanziger nichts mehr übrig als eine dunkle, den Sachverhalt wesentlich entstellende Erinnerung an den Zusammenbruch des Bankhauses. Auch der Name des einst so einflußreichen Kreisgesandten selbst war in dem kommerziellen und industriellen Treiben des neueren Nürnbergs völlig in Vergessenheit geraten. Um so mehr sind wir Süßheim zu Dank verpflichtet, daß er uns durch die Hervorhebung seiner Persönlichkeit in seinem Werke die Anregung zu dieser Arbeit gegeben hat, denn ohne Frage zählt der Kreisgesandte von Zwanziger zu den bedeutendsten Männern jener gerade für Franken so ereignisvollen und folgenschweren Zeit und verdient ein dauerndes Andenken in seiner fränkischen Heimat.

Sein Bild ist uns in einem Kupferstich von Hessels Meisterhand aus dem Jahre 1795 erhalten. Der hervortretende Zug dieses ansprechenden Porträts ist ruhige, klare Überlegung, wie sie sich auch in allen seinen Handlungen darlegt. Eine Nachbildung ist diesem Hefte beigegeben.

Außerdem befindet sich in den Sammlungen des Luitpold-Museums in Würzburg eine kleine, sauber gearbeitete und vorzüglich erhaltene Alabasterbüste.

Printed by Libri Plureos GmbH
in Hamburg, Germany

Musik – Pädagogik – Dialoge

Musik | Kontexte | Perspektiven

Schriftenreihe der Institute für Musikpädagogik und Europäische Musikethnologie
an der Universität zu Köln

Band 1

Musik – Pädagogik – Dialoge
Festschrift für Thomas Ott

Herausgegeben von Andreas Eichhorn und Reinhard Schneider

Allitera Verlag

Weitere Informationen über den Verlag und sein Programm unter:
www.allitera.de

Juli 2011
Allitera Verlag
Ein Verlag der Buch&media GmbH, München
© 2011 Buch&media GmbH, München
Umschlaggestaltung: Kay Fretwurst, Freienbrink
Herstellung: Books on Demand GmbH, Norderstedt
Printed in Germany · ISBN 978-3-86906-189-4

Inhalt

Vorwort 9

Georg Auernheimer
»Die Welt gehört allen!« Tagebuchnotizen 1981 bis 2008 – Vermischtes
zum Thema Interkulturalität 11

Andreas Eichhorn
Joseph Haydn und Felix Mendelssohn Bartholdy: 1809/2009.
Reflexionen aus Anlass eines gemeinsamen Gedenkjahres 28

Heinz Geuen / Christine Stöger
Lehren als personale Kompetenz – einige Gedanken zur Bedeutung
der Lehrperson im Musikunterricht 43

Thomas Greuel
Musikalische Autobiografien – eine Aufgabenstellung zur Selbstreflexion
von Studierenden 55

Martin Greve
Studium *Türkische Musik* in Deutschland 63

Frauke Heß
Mit Meki Nzewi in Europa oder Informelles Lernen im Musikunterricht? 75

Bernd Hoffmann
Way down upon the Suwannee River.
»Jazz«-Adaptionen im frühen experimentellen Tonfilm der USA 86

Werner Jank
Verstehen von Musik oder Teilhabe an musikalischen Praxen?
Aspekte eines Paradigmenwechsels 104

Hermann J. Kaiser
Verständige Musikpraxis.
Eine Antwort auf Legitimationsdefizite des Klassenmusizierens 122

Margret Kaiser-el-Safti
Über Wunderkinder im Allgemeinen und das Wunder
Wolfgang Amadé Mozart 148

Oliver Kautny
Migrantischer Hip-Hop in Deutschland.
Ein Problemaufriss für die Musikdidaktik und für die
Hip-Hop Studies 157

Niels Knolle
Wer waren wir, und wenn, wie viele, und vor allem: warum? 187

Heinz von Loesch
Die Hexachordlehre – ein Schreckgespenst einst und jetzt 197

Anne Niessen
Die Bedeutung von Selbstbestimmung im Musikunterricht aus
Schülersicht 204

Günther Noll
Opposition im Neuen Geistlichen Jugendsingen in der DDR –
ein Beitrag wider das Vergessen 217

Gisela Probst-Effah
Barbara, Barbara, komm mit mir nach Afrika.
Das Afrikabild in deutschen Schlagern der Nachkriegszeit 240

Christoph Richter
Musik – ein immer schon fächerübergreifender Gegenstand 252

Wilhelm Schepping
Ein Liederbuch schreibt Geschichte: *die mundorgel* 265

Reinhard Schneider
Musikpädagogik und Präsenzkultur 295

Wolfgang Martin Stroh
Der erweiterte Schnittstellenansatz 307

Jürgen Terhag
Wie interkulturell ist die Musik(pädagogik)?
Launige und spitze Bemerkungen zu einer ungeklärten
Selbstverständlichkeit 318

Jürgen Vogt
Gerechtigkeit und Musikunterricht – eine Skizze 327

Vorwort

Vorliegender Sammelband ist Thomas Ott anlässlich seines 65. Geburtstages im Juli 2010 gewidmet. Nach einer Assistententätigkeit an der Universität Hamburg wurde er zunächst an die Hochschule der Künste Berlin berufen und schließlich an die Universität zu Köln, wo er von 1997 bis 2009 einen Lehrstuhl für Musikpädagogik innehatte.

Das thematische Spektrum der Beiträge dieser Festschrift spiegelt die wissenschaftlichen Arbeitsgebiete (interkultureller Musikunterricht, Musiklehrerausbildung, historische Musikpädagogik) und die weitgefächerten Interessen des Jubilars.

Ein besonderer Dank der Herausgeber gilt allen Kolleginnen und Kollegen, die mit ihren Beiträgen diese Festschrift ermöglicht haben.

Köln, im Juli 2011
Andreas Eichhorn
Reinhard Schneider

Georg Auernheimer
»Die Welt gehört allen!«
Tagebuchnotizen 1981 bis 2008 – Vermischtes zum Thema Interkulturalität

Marburg, 29. November 1981

Die Unheimlichkeit der Fremden: Anne unterhält sich in Stadtallendorf mit einer Bekannten von früher. Sie erzählt der Frau, dass sie in der »Alten Post«, wo inzwischen türkische Familien untergebracht sind, einen Besuch machen will. Die andere ist sichtlich erschrocken. Nein, sagt sie, da ginge sie nie rein. Da würden ja sogar Hammel im Hausflur geschlachtet. Manchmal sei schon das Blut unter der Haustür herausgeströmt.

Marburg, 16. September 1983

Kulturdifferenz als Modernitätsdifferenz: Überlegung nach einem Besuch im anatolischen Dorf: Die noch nicht vollzogene Individualisierung erlaubt mehr körperliche Nähe und erklärt die uns manchmal unverständliche Unbefangenheit hinsichtlich Hygiene – die gemeinsame Schüssel beim Essen, der gemeinsame Waschlappen im Hamam. Privatisierung und Vereinzelung erhöhen wohl die gegenseitige Schranke bis hin zur Neurotisierung in Sachen Hygiene.

Marburg, 15. Mai 1984

Kulturkonflikt: In einem Zeitungsartikel ist wieder einmal vom Kulturkonflikt die Rede. Dabei geht man nicht nur von geschlossenen »Kulturkreisen«, sondern meist auch von dem Phantom einer geschlossenen, einheitlichen Innenwelt aus. Es wird nicht gesehen, dass der »Normalfall« ein Alltagsbewusstsein ist, in dem man vielfältige, auch konträre Ideen nebeneinander findet, nach Antonio Gramsci »Elemente des Höhlenmenschen und Prinzipien der modernsten und fortgeschrittensten Wissenschaft«. Die »zufällige« Weltanschauung des Alltags ist »auf bizarre Weise zusammengesetzt«, schreibt er.

Marburg, 27. Mai 1984

Transkulturalität: Gestern bei der Tagung in Wetzlar ein schönes Beispiel für kulturelle Interferenzen oder Transkulturalität erlebt. Bei einer Szene im aufgeführten Karagöz-Spiel erkennt neben mir Güler das Muster der Erzählung von Johann Peter Hebels *Kan-nit-verstan* wieder. Ganz überrascht zu ihrer Nachbarin: »Du, das ist doch ...!«

Ein anderes kurzes Gespräch mit meinem Nachbarn, der während des Gitarre-Vortrags eines Sinto meint: »Du, das ist doch keine Zigeunermusik«, veranlasst mich darüber nachzudenken, welch vielfältige musikalische Formen sich die Sinti und Roma im Verlauf ihrer Wanderungsgeschichte angeeignet und anverwandelt haben.

Marburg, 28. Mai 1984

Unbewusste Reaktionen auf die Migrationssituation: Manche Kontroversen auf Tagungen zur Ausländerpädagogik wie neulich sind nicht rational fassbar. Unterschiedliche Reaktionsweisen erklären sich vermutlich aus unbewussten Ängsten, aus dem Gefühl der Bedrohung, zumindest der Störung von pädagogischen Routinen. Als Lehrer/in wird man mit einer neuen lästigen Aufgabe konfrontiert. Vielleicht hat mancher auch das lähmende Gefühl der Vergeblichkeit, Aussichtslosigkeit. Bei den einen meldet sich darauf Ärger, Unmut, oder sie richten sich in einer neuen Routine ein und verdrängen manche Probleme. Andere empfinden Mitleid, identifizieren sich in hohem Maße mit den »armen Ausländerkindern«. Als deren Anwälte sind sie leicht verbittert und klagen die deutsche Gesellschaft an. Oft verbindet sich das mit der Mystifikation und Verklärung der Gastarbeiterkultur. Die Kollegin H. benutzte auf der Tagung mindestens dreimal das Wort »Leidensweg«. Die Reaktionsweise der einen verstärkt vermutlich die der anderen, sodass die Kontroversen leicht eskalieren.

Tokio, 14. September 1988

Unser Eurozentrismus: Überlegungen zur Musik nach dem Besuch eines Kabuki-Theaters. Fast alles, was uns im Musikunterricht damals als quasi naturgegeben dargestellt worden ist, wird in Frage gestellt, wenn man japanische Musik hört. Dass außerhalb Europas zum Teil ganz andere Instrumente erfunden worden sind, weiß man ja. Aber alles klingt sehr fremd. Man versucht vergebens, die uns vertrauten Takte oder die Tonleitern zu identifizieren. Stattdessen orientieren sich die japanischen Musiker an etwas, das mit »Stimmungen« übersetzt wird, abhängig vom jeweiligen Anlass und institutionellen Kontext, wie ich lese. Wenn ich bedenke, dass ich früher sogar die Harmonielehre für etwas Universelles gehalten habe! Welche Naivität!

Kyoto, 17. September 1988

Irritationen in Japan: Anne erzählt von ihren Erlebnissen vor dem Hotel-Lift am Morgen, wo sie mit der Drängelei japanischer Hotelgäste, die alle zum Frühstück wollten, konfrontiert war. Mit einem formelhaften »Sumimasen« drängten die Leute in den bereits überfüllten Aufzug. Erinnerung an unsere Eindrücke im Kabuki-Theater in Tokio, wo viele der sonst so unglaublich disziplinierten Japaner bei den Abschlussszenen ohne Rücksicht auf andere Zuschauer nach vorne stürzten, um besser das Geschehen verfolgen zu können. Auch im Zug bekamen wir ein überraschend durchsetzungsfähiges Verhalten mit. Daneben eine für uns recht verwunderliche Höflichkeit und ein stark ritualisiertes Verhalten. Das Zugpersonal, gleich ob Zugbegleiter oder Getränkeverkäufer verbeugt sich beim Betreten und Verlassen des Waggons – es sind Großraumwagen – vor den Fahr-»gästen« (im ursprünglichen Sinn des Wortes). Der Schaffner zieht seine Mütze und bittet quasi um Verständnis, dass er die Fahrkarten kontrollieren muss.

Erstaunlich auch, wie die Japaner mit ihrem ästhetischen Sinn, der sich beim Arrangement jedes Abendessens zeigt, der Bauwut die Zügel schießen lassen. So war das Tal von Kinugawa, einem Kurort, völlig von Beton verschandelt. Dabei konnte man sich mit einiger Fantasie vorstellen, dass es früher einmal das Motiv für eine Seidenmalerei abgegeben hätte. Die urbanisierten Zonen von ungeheurer Ausdehnung, durch die wir fahren, bestehen aus einem scheinbar chaotischen Gewirr von Highways, Straßen, Industrieanlagen und Häusern. In scharfem Kontrast dazu, die Parks und die Gärten in Klosteranlagen, die nach einem klaren Ordnungsprinzip angelegt sind.

Solche Widersprüche drängen einem die Frage auf, ob nicht die eigene Kultur ähnlich gegensätzlich ist, ohne dass man es bisher wahrgenommen hat.

Kyoto, 18. September 1988

Universelle Kultformen: Beim Besuch von drei buddhistischen Heiligtümern die frappierenden Gemeinsamkeiten zwischen den Kultformen der großen Religionen festgestellt: Besprengen und Trinken von heiligem Wasser, der Weihrauch, der religiöse Gesang und die Glocken, die priesterlichen Gewänder, außerdem Formen der religiösen Darstellung wie Heilige, hier die fünf Könige, die Ungeheuer zertreten, oder geflügelte »Engel«, die zur Ehre Gottes musizieren. Zumindest zwischen Buddhismus und Katholizismus scheinbar viele Parallelen. Die Gottesdienste, die wir vom Rand her etwas verfolgt haben, erinnerten mich an katholische Messen.

Marburg, 19. März 1992

Kulturaustausch: Einem Aufsatz von Ingrid Lohmann über Moses Mendelsohn sind interessante Hinweise auf Voraussetzungen eines Kulturaustauschs zu entnehmen: Phase des historischen Umbruchs mit dem Bedarf nach einer neuen Gesprächskultur, das Vordrängen einer neuen Klasse an die Führung, dabei zumindest subjektiv empfundene Gemeinsamkeiten zwischen der relativen Unterprivilegierung des Bürgertums, seinem Ausschluss von der Macht und der Lage einer Minorität – hier der jüdischen. Eine solche Konstellation begünstigt Bündnisbeziehungen, interkulturelles Verstehen und Austausch.

Marburg, 11. Oktober 1992

Ambivalente Slogans: Auf einer Reisetasche der Slogan »Die Welt gehört allen«. Das hört sich gut an, scheint im guten Sinn universalistisch zu sein. Aber je nach der Machtposition und wirtschaftlichen Potenz dessen, der die Botschaft mit sich trägt, bekommt der Spruch einen unterschiedlichen Sinn, wechselt die Botschaft. Was bedeutet der Slogan auf der Tasche eines europäischen Sextouristen in Bangkok? Oder auf dem Suitcase eines Managers der United Fruit Company?

Marburg, 26. Dezember 1993

Verkehrte Welten: Bei Emil Durkheim verschiedene Passagen über die »Wilden« mit allen gängigen Stereotypen gefunden. – Wilde seien wie Kinder, nicht Herr ihrer Triebe, launenhaft usw. und das mehrmals an verschiedenen Stellen (siehe das Sachregister zu *Erziehung, Moral und Gesellschaft*, stw). Die Literatur Europas, auch die wissenschaftliche, wäre wohl eine Fundgrube an Bildern von der »verkehrten Welt« (F. Kramer).

Marburg, 21. Januar 1994

Kulturbruch: Aufschlussreich ist, welchen Eindruck der Romanist Erich Auerbach, ursprünglich Professor in Marburg, aber wegen seiner jüdischen Herkunft zwangsemeritiert, von den Kemalistischen Reformen gewann. Er lehrte zeitweise an der Universität von Istanbul, wohin er 1936 einem Ruf gefolgt war. Er notierte: »Es geht phantastisch und gespenstisch schnell, schon kann kaum noch wer arabisch oder persisch und selbst türkische Texte des letztvergangenen Jahrhunderts werden schnell unverständlich ...« (zitiert nach M. Vialon in einer Würdigung von Auerbach in der *Oberhessischen Presse*, 20. Januar 1994).

Marburg, 30. Januar 1994

Widerspenstige Objekte der Ethnologie: Im Fernsehen ein Bericht über die Forschungen des Ethnologen Preuß bei Amazonas-Indianern (um 1914). Sehr schön die Auflehnung der »Eingeborenen« gegen ihren Objektstatus! Preuß hielt sich Monate bei einem Volk auf und sammelte ihre Mythen und Legenden. Eines Tages protestierten seine Informanten. Er wolle immer nur Geschichten von ihnen hören. Bei ihnen sei es aber üblich, dass man als Gegenleistung selbst Geschichten erzähle.

Marburg, 6. März 1994

Folklorismus: In der Marburger Stadthalle bot eine Gruppe aus der Mongolei traditionelle Tänze, Gesang und Instrumentalmusik. Aber damit nicht genug. Ein Mönch führte zu Beginn eine Segenszeremonie vor. – Kulturelle Praxis als Schaustellerei. Auch religiöse Praktiken bleiben davon anscheinend nicht mehr verschont. Erinnerung an einen TV-Bericht über ein buddhistisches Kloster in China, das so sehr zum Gegenstand touristischer Neugier geworden ist, dass die Mönche zu Mönchsdarstellern mutiert sind. V. Drehsen (1994) spricht von »einer Art Religionsvoyeurismus«.

Marburg, 18. März 1995

Talmudisieren: Villem Flusser, 1920 geboren und in einer jüdischen Familie aufgewachsen, aber mit 19 zuerst nach London und dann nach Lateinamerika geflohen, erzählt eine mysteriöse Geschichte. Erst sehr spät habe er sich mit traditionellem jüdischen Schrifttum beschäftigt und dabei überrascht festgestellt, »dass meine wissenschaftliche und philosophische Argumentation ganz ähnlichen Regeln folgt« – und das, obwohl er, wie er meint, niemals Kontakt mit dem Talmud gehabt habe. (*Frankfurter Rundschau*, 18. März 1995, ZB 3) Die spät festgestellte »Tendenz zum Talmudisieren« mag sich der unmerklichen Sozialisation im Milieu der Prager Juden verdanken. Wie auch immer – Flusser äußert sich dazu nicht – das Phänomen spricht für kulturelle Eigenheiten in einer Tiefenschicht.

Marburg, 1. April 1995

Fremdbilder: Nach Zeitungsberichten soll es eine vietnamesische »Zigaretten-Mafia« in Berlin geben. Interne Kämpfe um das Schmuggelgeschäft, Ausbeutung von Landsleuten und manches, was man mit »Mafia« verbindet, wenngleich die Bezeichnung hier etwas übertrieben sein mag. Meine Spontanreaktion auf die Nachrichten: Ablehnung, Enttäuschung über die einst als Viet-Cong verehrten Vietnamesen. Dann Nachdenken darüber, wie unsere Bilder von fremden Völkern mit historischen Konstellationen – und damit vermutlich auch von Generation zu Generation – wechseln. Das Bild vom heldenhaften Viet-Cong wird vom Konterfei des Schmugglers abgelöst. Was haben wir an

Tapferkeit und Klugheit bei den vietnamesischen Freiheitskämpfern gesehen! Nicht Verschlagenheit, sondern List ließ sie in unseren Augen gegenüber der technischen Überlegenheit des Feindes bestehen. Die vielleicht gleichen Überlebenstechniken geraten jetzt in ein schiefes Licht. Die Viet-Cong waren für uns das Versprechen einer besseren Menschheit wie vorher die Algerier. Ein weiteres Beispiel: der Umschlag von warmer Zuneigung in Misstrauen und Verachtung gegenüber den Russen – oder auch, bei vielen, genau umgekehrt.

Marburg, 21. Juli 1995

Colour-Blindness: Otman erzählte, dass das Jugendamt Frankfurt am Main eine Erhebung durchführt – es geht meines Wissens um die soziale Situation von Migrantenfamilien – und sich hartnäckig weigert, die nationale Herkunft oder Familiensprache zu erfassen. Um das liberale Tabu nicht zu verletzen, verzichtet man unter der Beschwörungsformel »für uns sind alle gleich« auf differenzierte Ergebnisse.

Traunstein, 16. August 1995

Ethnisches Nationverständnis: Dem bayerischen Kultusminister Zehetmeier ist in einem Fernsehinterview zum Streit um das sogenannte Kruzifix-Urteil ein verräterischer Lapsus herausgerutscht. Bisher habe von den »ausländischen« Eltern, insbesondere auch von jüdischer Seite (!), niemand Anstoß am Kruzifix im Klassenzimmer genommen.

Marburg, 20. August 1995

Kontextspezifische Literaturrezeption: In einem Interview erklärt Salman Rushdie unter Verweis auf die diversen kulturellen Bezüge in seinen Texten: »Wenn Inder meine Bücher lesen, begreifen sie viele Anspielungen, aber es entgehen ihnen vielleicht etliche andere [...] (sie) lesen auf diese Weise ein völlig anderes Buch als europäische Leser.« (*Frankfurter Rundschau*, 19. August 1995) Rushdie bezieht sich explizit vor allem auf literarische Anspielungen und damit kulturelle Traditionsbestände. Aber die unterschiedliche, und zwar nicht nur individuell unterschiedliche, Rezeption dürfte auch durch die differenten Kollektiverfahren bzw. durch das differente kulturelle Gedächtnis bedingt sein (zum Beispiel als Nutznießer des Kolonialsystems und als Nachkommen der Beherrschten).

Marburg, 9. März 1996

Métissage: Auszüge aus einem Reisebericht über Benin/Westafrika: Die Besucherin schildert den Inhaber eines Lehmhauses, Animist, und die Einrichtung.

»Die Narbenzeichnung seines Gesichts kehrt wieder als Graffiti auf der glatten, erdroten Wand des Hauses [...] (Im Obergeschoss) liegt auch die heilige Feuerstelle und der Fetischtempel für die nächtlichen Zeremonien [...] eine Lehmhütte ist angebaut. Durch die offene Tür sehen wir ein solides chinesisches Fahrrad der Marke Phönix, darüber ein großes Bild, das die segnende Maria in Lourdes darstellt, daneben ein zweites, auf dem eine weiße Frau ihren nackten Hintern zeigt.« (*Frankfurter Rundschau, 9. März 1996*) Solch ein Nebeneinander und Durcheinander von Produkten und Symbolen unterschiedlicher Herkunft wird wohl die zukünftige Welt bestimmen.

Marburg, 6. Januar 1997

Vereinheitlichung der Massenkultur: Nach Rundfunkangaben decken sich die europäischen Hitlisten für Kinofilme immer mehr mit denen in den USA. Die amerikanische Filmindustrie ist ohne Konkurrenten. In Italien stammen nur noch 15 Prozent der Filme aus eigener nationaler Produktion.

Marburg, 6. März 1998

Projektionen: R.-R. Wuthenow zitiert aus Anlass einer Publikation aus dem Nachlass von Wilhelm Heinse, einem vergessenen Autor des 18. Jahrhunderts, aus dessen Notizen von einer Italienreise (1792–97): »Italien ist ein Himmel, wo die Engel und Teufel noch nicht voneinander geschieden sind.« – Ein frühes Beispiel für das Italienbild vieler Deutscher. Wuthenow dazu: »Italien erscheint als das Paradies vor der Vertreibung, die Menschen wirken auf ihn unschuldig und verrucht, herzlich und verschlagen.« (*Frankfurter Rundschau, 14. Februar 1998*). Dieselben projektiven Mechanismen sind noch beim heutigen Ferntourismus wirksam, vermutlich mit derselben Ambivalenz.

Marburg, 4. Oktober 1998

Transkulturalität: In einem Artikel über den unkonventionellen englischen Rabbi Shmuley Boteach (*Time, 7. September 1998*) wird ein Afroamerikaner zitiert, mit dem der Rabbi zeitweise zusammengearbeitet hat: »I found a man with an incredible vision of what humanity should be. Shmuley made me more proud of my own heritage by showing me how proud he is of his.« Kulturelle Identität, das heißt ein hoher Stellenwert kultureller Tradition für das Selbstverständnis, muss, wie man sieht, die interkulturelle Verständigung keineswegs stören, geschweige denn Abgrenzung implizieren. Im geschilderten Fall war das Gegenteil der Fall. Dabei wäre interessant, was mit der angedeuteten »vision of what humanity should be« gemeint ist, inwiefern sie das gegenseitige Verstehen gefördert hat. Wir ahnen es nur.

Marburg, 10. Dezember 1998

Musikalischer Nationalcharakter: »Man kann ja deutsche Orchester schon am Klang erkennen, so wie man ein slawisches oder amerikanisches Orchester erkennen kann«, behauptet die polnische Pianistin Ewa Kupiec in einem Interview vor ihrem Auftritt mit dem Rundfunksymphonieorchester Frankfurt (zitiert in der *Frankfurter Rundschau*, 10. Dezember 1998). Sie führt als Beispiel die Aufführung einer Symphonie mit der Los Angeles Philharmonic an: »Das klingt dort wie Filmmusik, alles etwas undiszipliniert und breit, aber schön weich, eine besondere Palette von Farben, große Bögen. Als ich das Stück mit den Bambergern aufnahm, war das völlig anders. Man hört, dass das ein deutsches Orchester ist, etwa am etwas starren Zählen im Takt.« Zugleich liefert sie Gegenargumente, wenn sie fortfährt: »Beim RSO hört man das nicht, und es ist dennoch diszipliniert.« Es drängt sich auch die Frage auf: Wann und bis zu welchem Grad formt der jeweilige Dirigent ein Orchester, wie beeinflusst er den Klang. Immerhin ein diskussionswürdiger Beitrag zum Thema kulturelle Differenz.

Schenna, September 2000:

Traditionsspiel: Beobachtungen im Urlaub zum Umgang mit traditioneller Musik: Auf dem Domplatz von Florenz präsentierte eine Reisegruppe aus Spanien mit zwei Gitarristen spät abends heimatliche Tänze, wobei schwer auszumachen war, ob es ein vorbereitetes Vorhaben oder eine spontane Performance war. Jedenfalls war es keine folkloristische Inszenierung. Ohne festes Arrangement, sondern spontan, manchmal zögernd kam mal der, mal die in den Kreis, um mit zu tanzen. Die Kleidung der Spanierinnen und Spanier unterschied sich in nichts vom Outfit anderer Touristen. – Also universalisierte Alltagskultur bei gleichzeitiger Demonstration lokaler Musiktradition in fremder Umwelt.

An einem Sonntagnachmittag im Thurnerhof in Schenna (bei Meran) traditionelle Musik von einem Duo mit Ziehharmonika und Harfe. Die Harfenistin im Dirndl, vom Typ her vermutlich Studentin, war aus Nordtirol angereist. Der Ziachspieler war ein Bauernsohn aus einem anderen Ort im Passeiertal. Beide leben allem Anschein nach ein Leben, das sich weit entfernt hat von der Welt, in der die Musik entstanden ist, die sie spielen (Mobilphone und Autoschlüssel auf dem Tisch), selbst wenn man in Rechnung stellt, dass die alpenländische Musik, wie wir sie kennen, zum Teil erst aus dem 19. Jahrhundert datiert. Die Volksmusik ist für die beiden ein Hobby, vielleicht ein bisschen Nebenverdienst und Identitätssymbol.

Ich suche nach einem passenden Begriff für das, was da (auch bei der spanischen Tanzgruppe) zu beobachten war. »Traditionspflege« passt nicht. Das hat so etwas Bemühtes, Verkrampftes. Mir fällt nur Traditionsspiel ein.

Brühl, Oktober 2000

Was ist deutsch? Eine Zeitung berichtet von einem deutschen Unternehmer, der in Florida 14 Lokale aufgemacht hat, die mit Namen wie »Rheinhaus«, mit einem großen Leuchtbild vom Kölner Dom und Kuckucksuhren als »urdeutsche« Gaststätten firmieren. Angeboten wird unter anderem Dönerkebab als typisch deutsches Essen.

Brühl, 10. November 2001

Heimlicher Lehrplan: Eine Lehrerin erzählt bei einem Treffen, dass der türkische »Kollege« an dem einen Wochentag, an dem er muttersprachlichen Ergänzungsunterricht an der Schule erteilt, zur Pausenaufsicht eingesetzt wird, die er dann anscheinend allein absolviert, und das seit Jahren. Kein Lehrer hat mit ihm Kontakt. Ein griechischer Muttersprachlehrer nebenan bestätigt solche Praktiken. Da die Schüler/innen diese Ausgrenzungspraxis natürlich mitbekommen, werden sie die Vorstellung entwickeln, dass solch ein Umgang mit »Ausländern« eben »normal« sei. Dagegen kommt die gut gemeinte interkulturelle Erziehung kaum an.

Brühl, 4. Mai 2002

Fremdheit: Zygmunt Bauman erklärt Fremdheit aus der Ambivalenz. Das Fremde ist das nicht Einzuordnende, das, so seine These, besonders in der Moderne mit ihrem Ordnungswillen als bedrohlich wirkt. Eigene Überlegung dazu: Nicht-Verstehen mag auch resultieren aus nicht eingestandener eigener Schuld gegenüber den Anderen, sodass deren Reaktionen rätselhaft erscheinen und mit Mentalität etc. erklärt werden. Aktuelles Beispiel: die Antwort des Westens auf den Terrorismus.

Brühl, 16. Februar 2003

Der Russe: Bei der Lektüre von Gogol (*Die toten Seelen*) ist mir aufgefallen, dass er in seinem Roman immer wieder das Autostereotyp von »dem Russen« evoziert. Tschitschikow, Gutsbesitzer, zum Beispiel ergeht sich in »Verwünschungen, worin es an unflätigen Ausdrücken nicht fehlte [...] er war eben ein Russe, der sich ins Herz getroffen fühlte«. Und Selifan, der Kutscher, beschimpft nach dem Zusammenstoß mit einer fremden Kutsche seinen Kollegen, obwohl er »fühlte, dass er fahrlässig gewesen war, aber weil der Russe es durchaus nicht liebt, seine Schuld anderen gegenüber einzugestehen«, geht er in die Offensive. Es wäre interessant zu untersuchen, inwieweit die Literaten des 19. und vielleicht schon des 18. Jahrhunderts auf diese Art zur Vorstellung von nationalen Eigenarten beigetragen haben. Dabei war ihre Absicht meist wohl eher kritischer Art. Bei Gogol zum Beispiel der Eindruck, dass er die Manieren seiner Zeitgenossen aufs Korn nimmt, um ihnen einen Spiegel vorzuhalten. Anders lässt sich kaum folgende Passage im ersten Kapitel interpretieren: »So ist nun einmal der Russe: nichts scheint ihm erstrebenswerter, als enge persönliche Beziehungen mit Leuten anzuknüpfen, die auch nur um einen Rang höher stehen als er [...].« Eher ironisch kommentiert wird dagegen die Anpassung der Manieren im »fortschrittlichen Russland« an die »im aufgeklärten Europa«. Die Rückständigkeit Russlands wird auch damit im Subtext bestätigt. Wie mag wohl die Lektüre solcher Romane (zum Beispiel bei deutschen Offizieren) das Fremdstereotyp von »dem Russen« beeinflusst haben?

Brühl, 16. November 2003

Globale Kosmetik: *Newsweek,* 10. November, berichtet von dem Trend zu einem »global standard (or ideal) of beauty«, und zwar nach westlichem Vorbild. Genannt werden vor allem Frauen aus asiatischen Ländern, unter anderem Chinesinnen, die sich von Chirurgen nach diesem Idealtyp zurechtschneiden lassen. Die Medien tragen zu dieser Uniformierung bei und die moderne Medizin macht es möglich. »Cosmetic surgery« boomt angeblich weltweit. – Auch die Körper werden also vereinheitlicht. Bemerkenswert dabei die Macht des westlichen Schönheitsideals, Indiz für die allgemeine Hegemonie des Westens. Auch der Machbarkeitswahn ist westlichen Ursprungs.

Brühl, 10. Mai 2004

Klischees: Gestern haben Eva und Thomas Ott zusammen mit dem Kora-Spieler Aziz Konyalé aus Gambia unsere Matinée bestritten. Eva und Thomas erzählten von ihrer pädagogischen Afrikamission und lasen aus dem Buch von Kadiatou Diallo (Guinea) vor. Dazwischen faszinierte uns Aziz Konyalé mit dem Spiel auf der Kora, einer Mischung aus Harfe und Laute, mit der er seinen Gesang untermalte. Sein Vortrag destruierte – wahrscheinlich nicht nur in meinem Kopf – eine Klischeevorstellung von afrikanischer Musik. Die verband sich immer noch mit Trommeln (trotz Kenntnis afrikanischer Sänger/innen wie Miriam Makeba). Die Kora-Spieler sind Barden oder Balladensänger, meist aus einer Musikerdynastie. Es handelt sich also um eine Tradition, wie wir sie aus vielen Kulturen kennen, unter anderem aus dem Griechenland Homers. Das Spiel auf der Kora verlangt eine gewisse Virtuosität, so mein Eindruck.

Brühl, 26. August 2005

Kulturtransfer: In einer Radiosendung über die mittelalterliche Troubadour-Lyrik ein interessantes Beispiel für die Anverwandlung einer fremden kulturellen Praxis. – Der Minnegesang war von der arabischen Lyrik beeinflusst. Aber der Minnedienst der ritterlichen Herren enthielt zusätzlich ein neues endogenes Element, das sich vermutlich dem Marienkult verdankt. Das war der – zumindest als Idee hoch gehaltene – selbstlose Dienst an der verehrten Dame. – Beispiel für eine kulturelle Praxis als Amalgam.

Brühl, 20. September 2005

Begrüßungsrituale: Alteingesessene Brühler begrüßen sich nach meiner Beobachtung in der Regel noch untereinander. Sonst ist das ja nur noch in eher ländlichen Gebieten üblich. In der Regel keinen Gruß tauschen Einheimische und Immigranten miteinander aus, soweit ich sehe. Letztere grüßen vermutlich schon deshalb nicht, weil sie unsicher sind, ob ihr Gruß erwidert würde. Das grußlose Nebeneinander, sicher Folge der allgemein zunehmenden Anonymität, die aber in noch überschaubaren Kommunen wie Brühl nicht so groß ist, ist anscheinend durch die migrationsbedingte Fremdheit verstärkt worden. Das beeinträchtigt die soziale Atmosphäre. Begrüßungsrituale sind in ihrem Effekt nicht zu unterschätzen. Man mag das Lob der Gleichgültigkeit singen, aber ein Gruß öffnet einen Interaktionsraum. Ich könnte mit dem Gegenüber zum Beispiel ein paar Worte austauschen, wenn ich wollte. Die Grüßenden versichern sich beiderseits einer allgemeinen Loyalität.

Venedig, 17. Oktober 2005

Die Ungläubigen: In der »Scuola San Giorgio« in Venedig ein Gemäldezyklus von Carpaccio vom Anfang des 16. Jahrhunderts, auf dem der Maler unter anderem Szenen aus der Georgslegende darstellt. Die Ungläubigen, die der heilige Drachentöter zum rechten Glauben bekehrt, sind durch die Kleidung etc. als Türken oder Sarazenen gekennzeichnet. Sie tragen mächtige Turbane. Eine Janitscharen-Kapelle mit Surna und Davul spielt auf. Das Bild belegt einerseits die grenzüberschreitenden Kontakte der Handelsmacht Venedig und andererseits die Fremdheitskonstruktion mit abwertender Tendenz (die Ungläubigen). Übrigens fand ich auch an einer »Scuola« bei San Tomà ein Relief, auf dem der ungläubige Thomas einen großen Turban trägt.

Brühl, 10. Januar 2006

Kulturelle Hybridität zu Werbezwecken: Der südtiroler Fremdenverkehrsort Naturns wirbt in einer Anzeige: »Von Italien die Lebenslust, von Tirol die Gemütlichkeit«.

Brühl, 19. Februar 2006

Der Westen und der Rest: In der Wochenzeitung *Freitag* ein Zitat von Orhan Pamuk: »Der Westen hat leider keine Vorstellung von dem Gefühl der Erniedrigung, das eine große Mehrheit der Weltbevölkerung durchlebt und überwunden werden muss, ohne den Verstand zu verlieren oder sich auf Terroristen, radikale Nationalisten oder Fundamentalisten einzulassen.« (Ausgabe 10. Februar 2006: 3) Das lässt sich anscheinend am besten aus der Position des Dazwischen heraus erkennen, wie sie der Istanbuler Schriftsteller einnimmt.

Brühl, 17. März 2006

Kulturwandel ungleichzeitig: Der junge Schlossherr von Schloss Amerang verriet in einer Sendung, dass er die Trennung von privat und nicht privat in seiner Kindheit noch nicht gekannt hat und das Bedürfnis nach einer Intimsphäre, das seine Gattin für sehr wichtig hält, quasi erst erlernen musste. – Ein Beispiel dafür, wie zeitverschoben oder ungleichzeitig sich kulturelle Transformationen vollziehen. Im Allgemeinen nimmt man ja an, die Abgrenzung einer Privatsphäre habe sich mit dem Übergang zur bürgerlichen Lebensweise spätestens im 19. Jahrhundert durchgesetzt.

Brühl, 29. Mai 2006

Kontextualität und Universalität: Daniel Barenboim hat kürzlich in einem Interview zum Ausdruck gebracht, dass er trotz der Spezifik jeder Kultur, hier von nationalen Musikkulturen, fremde Kulturen für allgemein zugänglich hält, weshalb er ein nationalistisches Beharren auf dem Eigenen massiv kritisiert. »Man muss nicht Deutscher sein, um den deutschen Klang zu produzieren [...] Deswegen ist es gefährlich zu sagen, die Wahl bestehe heute zwischen Beibehaltung des nationalen Tons oder Gleichmacherei. Das reduziert die Frage [...] Erweiterung heißt: Du bist Franzose, deshalb musst du so neugierig sein und verstehen wollen, was anders ist bei den Deutschen oder Italienern.« Barenboim anerkennt also, dass Musik – die sogenannte E-Musik zumindest seit Beginn der Moderne – nationalspezifisch ist, ohne dass er die Universalität von Musik leugnen müsste – eine generalisierbare Sichtweise.

Brühl, 23. Juli 2006

Multikultur ade: Die christlichen Minderheiten und andere nicht-muslimische Gemeinschaften im Irak sind in arger Bedrängnis. 30 000 Assyro-Chaldäer sind inzwischen aus dem Mittel- und Südirak geflohen. Ohne Zukunft sind auch die Mandäer, eine über 2000 Jahre alte Glaubensgemeinschaft, die Johannes den Täufer als letzten Propheten betrachtet. Jüdische Gemeinden werden durch die israelisch-amerikanische Politik in arabischen Ländern um die letzte Chance gebracht, toleriert zu werden. Im Kosovo muss man Schutzzonen für die verbliebenen Serben und für Kirchen und Klöster errichten. Roma und andere Minderheiten sind ebenso Schikanen ausgesetzt. – Alles Ergebnisse der westlichen Interventionspolitik. Multikulturalität, von der heute so viel die Rede ist, wird im neuen Empire zum Verschwinden gebracht.

Brühl, 30. Juli 2006

Afrika: Den Roman eines südafrikanischen schwarzen Autors, Modikwe Dikobe (geboren 1913 in Transvaal), gelesen, Titel *Der Marabi-Tanz*. Die Romanhandlung ist in den Randbezirken von Johannesburg in den 1930er- und 40er-Jahren angesiedelt. Aufschlussreich ist die Mischung von Tradition und Moderne, von alten Kulten, besonders Zauberpraktiken, und Christentum. Auch die einheimischen Sprachen (Zulu, Xhosa, Sotho, Tswana) wurden offenbar gemischt verwendet, und das noch zusammen mit Afrikaans und Englisch.

Brühl, 21. September 2006

China: In einer TV-Sendung erzählten Schweizer Geschäftsleute und Unternehmer von ihren Erfahrungen mit chinesischen Geschäftspartnern und Mitarbeitern. Sie berichteten zum Beispiel, dass in China geschäftliche Interessen weniger durch formale Regeln und Vereinbarungen abzusichern seien. Verlassen könne man sich eher auf menschliche Kontakte, am besten Freundschaften. Ein Unternehmer behauptete außerdem, ein Chinese habe keine Schwierigkeiten, wenn er auf Einwände stoße, von Position A zu Position B zu wechseln, seine Ansichten also bei technischen oder ökonomischen Fragen auch radikal zu ändern, und zwar ohne dass das einer Begründung oder Rechtfertigung bedürfe. Außerdem bestätigten mehrere Befragte, dass das Kopieren und Nachahmen in China – zumindest bislang – nicht nur keinen Rechtsverstoß darstelle, sondern auch keinen Gesichtsverlust bedeute. – Andere Ich- oder Identitätskonzepte als bei uns Europäern?

Brühl, 27. November 2006

Afrika: Den Roman *Chala* von dem senegalesischen Schriftsteller und Filmemacher Sembène Ousmane gelesen (auf deutsch 1979 erschienen). Ousmane ließ schon damals (französische Ausgabe 1973) kein gutes Haar an der einheimischen Elite. Der Protagonist des Romans, früher im antikolonialen Kampf aktiv, hat sich maßlos bereichert und lebt über seine Verhältnisse. Seine Begehrlichkeit, nicht zuletzt auch sexueller Art, wird ihm zum Verhängnis. Bei der dritten Frau versagt seine Manneskraft, er hat einen »Chala«, und auch ein Marabout kann ihm mit seiner Zauberei nicht helfen.

Brühl, 28. November 2006

Frühe Moderne: 1801 machte Kleist eine Reise nach Paris und schrieb in einem Brief: »Denn in den Hauptstädten sind die Menschen zu gewitzigt, um offen, zu zierlich (d. h. geziert), um wahr zu sein. Schauspieler sind sie, die einander wechselseitig betrügen, und dabei tun, als ob sie es nicht merkten.« (18. Juli 1801 an Karoline von Schlieben). Aufmerksam für die neuen Umgangsformen, die damals im Kontrast (obwohl an den Höfen wohl schon vorher üblich) vielleicht noch augenfälliger waren, hat Kleist die Rollentheorie eines Goffman vorweg genommen (vgl. Goffman, *Wir alle spielen Theater*).

Brühl, 10. Dezember 2006

Selbstgefälligkeit: Nach einer repräsentativen Studie des Bielefelder Zentrums für interdisziplinäre Frauen- und Geschlechterforschung – 10 000 Frauen zwischen 16 und 85 wurden befragt – haben 40 Prozent der Frauen in Deutschland zum Teil schwere körperliche und sexuelle Gewalt erlebt, wobei 70 Prozent der Übergriffe in der Wohnung geschehen. Die Häufigkeit der Gewalterfahrungen ist unabhängig von der Sozialschicht. Mit welchem Recht zeigt man da noch mit dem Finger auf Migrantenfamilien, besonders die türkischer Herkunft?

Traunstein, 23. Dezember 2006

Kulturverlust: Anne erzählt von einer Straßenumfrage unter Passanten, darunter Kinder und Jugendliche. Die Frage nach dem Inhalt der »Weihnachtsgeschichte« brachte die meisten in Verlegenheit. Jemand, der die Geschichte von Charles Dickens nannte, verriet zumindest eine gewisse Belesenheit. Im Übrigen bekamen die Journalisten die abstrusesten Antworten. »Ja, da war ein Schäfer. Ich glaub' ein Schäferhund ist auch dabei gewesen [...]« oder so ähnlich. Welchen Sinn macht bei solchem Kulturverlust noch interkulturelle Bildung bzw. welche Basis hat die noch?

Brühl, 5. März 2007

Kulturzerstörung: Albert Schweitzer schrieb 1913 in einem Brief aus Afrika: »Ich habe den Eindruck, dass die Weißen eine primitive, aber doch in ihrer Art moralische Cultur zerstört haben und nicht im Stande sind, etwas anderes an die Stelle zu setzen, sondern diese Menschheit dem Verderben weihen« (zitiert aus der *Süddeutschen Zeitung*, 3./4. März 2007). Angesichts mancher sozialer Missstände und Gräuel im heutigen Afrika macht diese Vermutung des Insiders und kaum des Vorurteils verdächtigen Doktors nachdenklich.

Traunstein, 19. März 2007

Traditionsstiftung: Bei Spaziergängen sehen wir in den Vorgärten bunte Eier an Büschen und kleinen Bäumen aufgehängt. Ein Fremder könnte meinen, es handle sich um einen alten Brauch. Dabei hat es so etwas noch bis vor zehn Jahren nicht hier gegeben. In den 1980er-Jahren haben wir dergleichen in den Suburbs der US-Städte registriert. Anscheinend also ein Import, auf jeden Fall etwas nur scheinbar Traditionelles, das lediglich an Osterbräuche anknüpft. Aber vielleicht sind wir Zeugen einer neu gestifteten Tradition.

Hania, 12. Juni 2007

Ethnien als Konstrukte: In einem Wanderführer für Kreta, im historischen Teil, findet man zwei Zahlenangaben, die Rätsel aufgeben. Mitte des 18. Jahrhunderts soll man dort unter der Herrschaft der Osmanen (1669–1898) nur 60 000 Christen neben 200 000 Moslems gezählt haben. Nach dem Ersten Weltkrieg, als es zu dem ungeheuren Bevölkerungsaustausch zwischen Griechenland und der Türkei kam, mussten 11 000 »Türken«, wie es im Text heißt, Kreta verlassen. – Fragen: Wie wurden »Türken« definiert? Wenn, wie zu vermuten, das primäre Unterscheidungskriterium die Religion war, wo sind dann in der Zwischenzeit die übrigen Moslems geblieben? Immerhin bleibt rechnerisch das Schicksal von 190 000 unklar. Vorherige Auswanderung oder massenhafte Konversion, um vom Türken zum Griechen zu werden?

Brühl, 5. August 2007

Rassismus von links: Käthe Dunker, führendes KPD-Mitglied, schildert 1924 in einem Brief aus Moskau ihre ersten Eindrücke von der Stadt. Die Gesichter der meisten Passanten sind für sie »von rein asiatischem Gepräge«. Das kann man noch als bloße Beobachtung mit einem Blick für Phänotypen akzeptieren. Aber der darauf folgende Satz legt den Verdacht nahe, dass Dunker zwischen Aussehen und Intelligenz Zusammenhänge vermutet: »Die intelligent Aussehenden in der Mehrzahl Juden.« Die »Mädels« in einem Heim, das sie besucht, sind »von ausgesprochen slawischem Typus, breitgedrückte Gesichter [...] – aber von ein paar stumpfen Bauerngesichtern abgesehen – alle geistig belebt.« Gerade diese Versicherung bestärkt den Verdacht auf eine latent rassistische – und auch bürgerlich-elitäre – Denkweise. Denn warum sollten Bauerngesichter »stumpf« sein? In Dunkers Reisebericht auch Indizien für einen Kulturchauvinismus, wie man ihn vom Frankreich der Aufklärung kennt. In der Schilderung eines von der Partei inszenierten multikulturellen Kulturprogramms heißt es: »[...] dann ein lustiges Satyrspiel der Deutschen (aber was für Deutsche: vom mauschelnden Judendeutsch bis zum altertümlichen Schwäbisch der Wolgadeutschen [...]).« (*Utopie kreativ*, Heft 201/202: 632–656) Um die Widersprüchlichkeit der Weltsicht zu ermessen, muss man wissen, dass Käthe Dunker und ihr Mann, beide Kommunisten, sehr russophil und gewiss nicht antisemitisch waren (siehe oben).

Brühl, 24. August 2007

Arbeitsmigration: Der Brühler Bayernverein »Gemütliche Waldler« feiert, wie ich lese, sein 80-jähriges Bestehen. Aus diesem Anlass wird daran erinnert, dass Ende des 19. Jahrhunderts die ersten Zuwanderer aus der Oberpfalz und dem Bayerischen Wald an den Rhein gekommen sind, um sich im rheinischen Braunkohlentagebau Arbeit zu suchen. Das Ausmaß dieser Migration aus der damaligen armen Peripherie in die industriellen Zentren wird daraus ersichtlich, dass es einst über 100 Bayernvereine im Rheinland gegeben haben soll. Immerhin existieren heute noch 30, was die Hartnäckigkeit ethnischer Identifikationen belegt. Der Brühler Verein hat über 130 Mitglieder und ist sehr rührig. Man trägt Tracht, spricht aber keinen Dialekt mehr. Verrückt, dass es der erste Brühler Verein war, der 1965 in der französischen Partnerstadt aufgetreten ist, wie ich lese, und damit das Rheinland repräsentiert hat.

Brühl, 29. Februar 2008

Ambivalente Fremdbilder: Anlässlich seines Todes wird Iwan Rebroff, der »Kostüm-Russe«, so ein Rundfunk-Sprecher, gewürdigt. Er stellte in der Zeit des Kalten Krieges den gutmütigen Russen dar, das positive Gegenstück zum Feindbild Russe. Er war für sein Publikum die Verkörperung der russischen »Säle«. Das Beispiel zeigt, dass negative Stereotypen ihre verborgene, ebenso klischeehafte Kehrseite haben. Rebroff liefert dafür noch ein zweites Beispiel mit seiner Rolle als Milchmann Tewje, die ihn berühmt gemacht hat, eine Figur, die die Kehrseite des antisemitischen Stereotyps repräsentiert. Der Erfolg des Musicals verdankte sich wahrscheinlich auch dem schlechten Gewissen der Europäer, speziell der Deutschen.

Brühl, 21. April 2008

Interkultureller Alltag: Familienfest. G. und M. erzählten von ihren Erlebnissen bei einer Beschneidungsfeier und bei der Hochzeit einer Kollegin von G. – Hinweis darauf, dass interkulturelle Beziehungen solcher Art selbstverständlicher Bestandteil des Alltagslebens »kleiner Leute« geworden sind. Zugleich haben mich ihre Schilderungen nachdenklich gemacht, weil ich nicht sicher bin, ob wir ihre Begeisterung für die aufwändig inszenierten Feiern noch teilen könnten. Die Regie hat sich offenbar weit von der bäuerlichen Tradition entfernt, die uns damals bei unseren Kontakten mit »Gastarbeitern« fasziniert hat. Vieles erschiene uns kitschig. Der Geschmack der »kleinen Leute« ist anscheinend über ethnische Grenzen hinweg gleich. Also »feine Unterschiede« (Bourdieu) entlang einer anderen Linie? Dabei Zweifel, ob unser exotistisches Bedürfnis damals edler gewesen ist.

Traunstein, 27. Dezember 2008

Fremdheit als Opernmotiv: Am ersten Weihnachtsfeiertag *La Bohème* im Fernsehen. Auffällig die Parallelen zu *La Traviata*, frei übersetzt »die auf die schiefe Bahn Geratene«. In beiden Opern wurde das bürgerliche Publikum gerührt durch das Schicksal einer Frau aus einem fremden Milieu – so ganz fremd zwar nicht, denn über Küchenhilfen und Dienstmädchen hatte man ein wenig Kontakt mit der Welt, der zum Beispiel die Näherin Mimi angehört. Aber auf der Bühne wurden die Subalternen mit ihren Gefühlen leibhaftig. So auch in *La Traviata* die »Halbweltdame« (Opernführer) Violetta. Viele Herren hatten sicher schon einmal solche Damen kontaktiert, aber von Verdi bzw. dem Librettisten bekommt eine von ihnen nun menschliche Züge verliehen, das Bedürfnis nach Geborgenheit, nach Liebe – Gefühle, die man so einer gar nicht zugetraut hätte. Und doch bleibt die Figur samt ihrer Welt fremd. Diese Fremdheit machte und macht, so denke ich, die Attraktion aus. In Puccinis *La Bohème* wird diese gesteigert durch das Künstlermilieu, in dem die Handlung spielt. Puccini hatte überhaupt ein Gespür für die Publikumswirksamkeit eines Plots nach diesem Muster. In *Madame Butterfly* wird die Fremdheit verdoppelt durch die ferne Kultur. Im Übrigen erleidet die Geisha Cho-Cho-San ein ähnlich Herz zerreißendes Schicksal wie ihre europäische Kollegin Violetta und wie die arme Mimi, nur dass diese beiden das Glück, geliebt zu werden, noch erfahren, während die Geisha sich verlassen und verstoßen sieht. Der imaginäre Blick in die Gefühlswelt fremder Wesen macht anscheinend (ähnlich bei Karl Mays *Winnetou*) den Reiz fürs Publikum aus, auch noch für uns Heutige.

Andreas Eichhorn
Joseph Haydn und Felix Mendelssohn Bartholdy: 1809/2009. Reflexionen aus Anlass eines gemeinsamen Gedenkjahres

1. Einleitung

Felix Mendelssohn Bartholdy und Joseph Haydn sind über das Jahr 1809 verbunden: Für den einen ist es das Sterbe-, für den anderen das Geburtsjahr. Als Joseph Haydn am 31. Mai 1809 in Wien starb, war Felix Mendelssohn Bartholdy gerade drei Monate alt. Anstelle der in Gedenkjahren geläufigen Praxis, die Jubilare separat zu würdigen, sei an dieser Stelle einmal der reizvoll erscheinende Versuch einer wechselseitigen Kontextualisierung zweier Lebensgeschichten unternommen. Methodisch stellt sich eine solche Korrelation zweier Biografien durchaus als ein interpretatorisches Experiment dar, das durch eine systematische Perspektivierung die pure Faktizität der einzelnen Biografie aufhebt, sie in ungewohnte Beleuchtung stellt und geeignet ist, Stereotypen der Wahrnehmung aufzubrechen, die jeweilige Lebensgeschichte in ihrer Individualität ansichtig zu machen und zugleich zeit- sowie kulturübergreifend den Blick für Korrespondenzen, Wechselwirkungen, verbindende und trennende Phänomene zu öffnen.

Bei der Frage, ob es über das Jahr 1809 hinaus Aspekte gibt, die beide miteinander verknüpft und trennt, fallen zunächst polare Gegensätze ins Auge. Joseph Haydn: Österreicher, Katholik, tiefreligiös und Schlüsselfigur der musikalischen Klassik. Felix Mendelssohn Bartholdy: Norddeutscher, Protestant, der mit dem Begriff der Frömmigkeit seine Probleme hatte (Mendelssohn Bartholdy 1882a: 115 f.), und dessen sozialethisches Verhalten sich als ins Weltliche transformierte Religiosität gedeutet werden könnte; aus einer jüdischen Familie stammend und Protagonist der musikalischen Romantik. Haydn war mit 77 Jahren das Geschenk eines erstaunlich langen Lebens beschieden; Mendelssohn, der Frühvollendete, starb mit 38 Jahren.

2. Biografische Konvergenzen

Beim näheren Hinschauen eröffnen sich aber auch erstaunliche Parallelen. Beide galten, als sie starben – Haydn 1809 und Mendelssohn 1847 –, als die berühmtesten Komponisten ihrer Zeit: Haydn als Patriarch der Tonkunst; Mendelssohn als Zentralfigur eines europäischen Musiknetzwerkes. Haydn und Mendelssohn wurden Ehrungen in reichstem Maße zuteil und können wohl als die zu Lebzeiten am meisten geehrten Komponisten der ersten Hälfte des 19. Jahrhunderts gelten. Beide gelangten auch zu akademischen Titeln. Haydn wurde 1791 von der Universität in Oxford zum »Doctor of Musick« promoviert, Mendelssohn erhielt seinen Ehrendoktor 1836 von der Philosophischen Fakultät der Universität in Leipzig.

Als weitere biografische Parallele drängt sich unmittelbar der signifikante Englandbezug beider Komponisten auf. Haydn reiste in fortgeschrittenem Alter zweimal nach London (1791/1794), wo er triumphale Erfolge feierte, zur Berühmtheit avancierte, in den vornehmsten Kreisen verkehrte und vom Königshaus empfangen wurde. Man versuchte sogar, Haydn in London zu halten, gewissermaßen als Nachfolger Händels (Werner-Jensen 2009: 61; Griesinger 1975: 47). Das musikkulturelle Umfeld, das neu für ihn war, bot ihm inspiratives Potenzial. Für das bürgerlich geprägte Konzertleben der Stadt mit der besonderen Konkurrenzsituation schuf er mit seinen zwölf *Londoner Sinfonien* ein völlig neuartiges Sinfoniedesign. Die englische, vom Oratorium Händels weitgehend geprägte Chorkultur regte ihn nach seiner Rückkehr nach Wien an, Neues in Angriff zu nehmen. Mit seinen beiden deutschsprachigen Oratorien, der *Schöpfung* und den *Jahreszeiten* entstanden Werke universalen Anspruchs, die zugleich die summa seines Lebenswerkes bilden. *Die Schöpfung* schließlich wurde zu einem »war horse« der bürgerlichen Musikkultur (Eichhorn 2008a). Um dieses Werk scharte sich die zu Beginn des 19. Jahrhunderts aufkommende bürgerliche Musikfestbewegung, zu deren profiliertester Dirigentenfigur Felix Mendelssohn Bartholdy werden sollte. Im Jahr 1833 leitete Mendelssohn sein erstes Musikfest in Düsseldorf, in dessen Zentrum allerdings nicht die *Schöpfung*, sondern Händels Oratorium *Israel in Egypt* stand. Mendelssohn hat aber später Haydns *Schöpfung* wiederholt dirigiert: einmal während seiner Düsseldorfer Zeit (Todd 2008: 333), 1840 auf dem 2. Norddeutschen Musikfest in Schwerin (Todd 2008: 441), 1842 in Köln (Todd 2008: 480) und auf dem Aachener Musikfest im Jahr 1846 (Todd 2008: 564). Felix Mendelssohn Bartholdy war zeitlebens mit England, wo er sich ausgesprochen wohlfühlte, eine besonders herzliche Aufnahme und seine Wahlheimat fand, auf das Engste verbunden. Auch ihm vermittelten die historisch orientierte Musikkultur in London und die englische Händelpflege entscheidende Prägungen und Anregungen. Hinzu kommen noch seine philologischen Studien von Händelautografen im British Museum – eine solche Form der historisch-wissenschaftlichen Annäherung an Musik war der Zeit Haydns noch fremd –, die insbesondere seinen Sinn für aufführungspraktische Authentizität geschärft haben. (Großmann-Vendry 1969: 37)

Mendelssohn schätzte die offene und unvoreingenommene Londoner Gesellschaft. Nicht anders erging es übrigens Haydn 40 Jahre zuvor, der in London »luft von anderem planeten« (Stefan George) witterte und von England an seine Freundin Marianne von Genzinger schrieb: »[...] wie Süss schmeckt doch eine gewisse freyheit, ich hatte einen guten Fürsten, muste aber zu zeiten von niedrigen Seelen abhangen, ich seufzte oft um Erlösung, nun habe ich Sie einiger massen [...] das bewust seyn, kein gebundener diener zu seyn, vergütet alle mühe [...].«[1] (Haydn 1965: 260f.) Mendelssohn besuchte England, anders als Haydn, bereits als 20-Jähriger, unmittelbar im Anschluss an seine legendäre Wiederaufführung der Bach'schen *Matthäuspassion* im Jahr 1829. Mit einem zweiten Englandaufenthalt schloss er dann im Jahr 1832 seine große Kavaliersreise ab, die ihn durch Süddeutschland, Österreich, Italien, die Schweiz und Frankreich geführt hatte. Diese beiden ersten Englandaufenthalte legten die Grundlagen für die engen Beziehungen zu diesem Land, das er insgesamt zehnmal besuchte. In England bildeten sich zahlreiche enge freundschaftliche Bindungen, hier fand er, der Komponist, Dirigent und improvisierende Organist Mendelssohn ein enthusiastisches Publikum, feierte seine größten Erfolge. 1842 wurde auch er vom englischen Königspaar empfangen, mit dem er sogar gemeinsam musizierte. Literarisch und geschichtlich gefilterte schottische Landschaftserlebnisse inspirierten ihn zu Schlüsselwerken (*Hebriden-Ouvertüre* und die der Königin Viktoria von England gewidmete *Schottische Sinfonie*). Einige Werke zum Beispiel die *Italienische Sinfonie*, schrieb er im Auftrag der Londoner Philharmonic Society, die eine kontinuierliche Pflege des Mendelssohn'schen Œuvres etablierte. Erwähnt sei auch Mendelssohns zweites Oratorium *Elias*, dessen Realisierung sich letztlich einem Kompositionsauftrag für das Musikfest in Birmingham verdankt, wo es 1846 seine triumphale Uraufführung erlebte.

Mit Haydn und Mendelssohn stehen sich somit die beiden jeweils für ihre Epoche bedeutendsten Oratorienkomponisten gegenüber: *Die Schöpfung* und *Die Jahreszeiten* sind die zentralen Oratorien der musikalischen Klassik, Mendelssohns *Paulus* und der *Elias* sind die einzigen Oratorien des 19. Jahrhunderts, die sich bis heute fest in das Aufführungsrepertoire eingeschrieben haben.

---

[1] Brief aus London vom 17. September 1791.

3. Herkunft

Richtet man den vergleichenden Blick auf die Herkunft der beiden Komponisten, so lassen sich Unterschiede ausmachen, die kaum gegensätzlicher ausfallen könnten. Haydns Lebensweg ist erstaunlich. Seine von glücklichen Fügungen begünstigte Karriere führte ihn steil empor: Vom musikalisch begabten Handwerkerkind aus einfachsten Verhältnissen über den Sänger am Stephansdom und Musikdirektor beim Grafen Morzin zum Kapellmeister zweier Fürsten von Esterházy, eine der reichsten Adelsfamilien der Donaumonarchie. Hier war er in aller Abgeschiedenheit fast 30 Jahre tätig. Im Laufe seines Lebens gelang ihm der Statuswechsel vom Hofkünstler zum künstlerisch und gesellschaftlich emanzipierten Musiker, der in Wien im eigenen Haus lebt und der aristokratischen Protektion nicht länger bedarf. Nach seinen pekuniär erfolgreichen Londonreisen hätte er sich das Leben eines freischaffenden Musikers leisten können. Gleichwohl kehrte er in die Dienste des Fürsten Nikolaus II. von Esterházy zurück, »bloß meiner armen Familie wegen.« (Haydn 1965: 261)

Haydn soll einmal im Alter rückblickend gesagt haben: »Junge Leute werden an meinem Beispiele sehen können, dass aus dem Nichts doch etwas werden kann. Was ich aber bin, ist alles ein Werk der dringendsten Noth.« (Dies 1810: 18) Tatsächlich hat er in seiner Jugend, ganz im Gegensatz zu Mozart etwa, nie eine systematische Musikausbildung genossen, sieht man einmal von dem kurzzeitigen Unterricht bei Nicolas Porpora ab. Er kann als der erste Autodidakt unter den modernen Musikern gelten.

Anders als Haydn, der sich im Laufe seines Lebens durch Fleiß, Leistung und Geschäftstüchtigkeit den Status des bürgerlich-emanzipierten Musikers erst erarbeitet hat, fand Mendelssohn bei seiner Geburt ungleich günstigere Startbedingungen vor. Er wurde in eine vornehme, bürgerliche Familie hineingeboren, die beanspruchen konnte, als Bankiersfamilie zur preußischen Führungsschicht zu gehören. Zum Zeitpunkt seiner Geburt hatte die Familie den sozialen Aufstieg, den sein Großvater Moses Mendelssohn einleitete, schon realisiert. Seine Eltern vollzogen dann den nächsten Schritt in Richtung Assimilation, indem sie ihre Kinder taufen ließen und selbst zum Christentum konvertierten. Mendelssohn war wohlbehütet, wuchs in einem sozialen Schonraum und unter privilegierten, ja elitären Bedingungen auf, die ihm manche, so auch Richard Wagner, geneidet haben. Im Gegensatz zu Haydn war er nie materiellen Sorgen ausgesetzt. Mendelssohns Vater hat den Erziehungsrahmen, dessen Eckpunkte der humanistische Fächerkanon bildete, festgesteckt, kontrolliert und engagierte die besten Hauslehrer. Den Kompositionsunterricht seines Sohnes, der in jungen Jahren als Wunderkind galt und in dieser Hinsicht mit Mozart verglichen wurde, legte er in die Hände des Goethefreundes Karl Friedrich Zelter. Trotz oder gerade wegen seiner Begabung: Mendelssohn war ungeheuer fleißig, das Lebensprinzip seines Vaters nach ständiger Selbstoptimierung hat er sich zu eigen gemacht.

Mit der Vorstellung eines illiteraten und naiven Haydn hat die Forschung mit Verweis auf seine Bibliothek mittlerweile aufgeräumt. (Finscher 2000: 83–85) Während Haydn aber dennoch vor allem eines, nämlich Musiker, war, verdankte Mendelssohn seiner Erziehung einen Horizont geradezu universaler Bildung, wie ihn kein Musiker seiner Zeit hatte. Bezeichnend in diesem Zusammenhang sind die Vorbilder, die Haydn und Mendelssohn jeweils nennen. »Nur den Emanuel Bach erkenne er als sein Vorbild«, weiß Griesinger von Haydn zu berichten. (Finscher 2000: 91) Charakteristisch für Mendelssohns weitgefächerten kulturellen Bildungshorizont ist, dass bei ihm der Name eines Nichtmusikers an oberster Stelle steht: »Goethe, sein Vorbild«, notierte Robert Schumann in den Erinnerungen an seinen Freund. (Schumann 1948: 43)

Haydn musste sich kurz vor seiner ersten Englandreise von Mozart sagen lassen, er habe keine Erziehung für die große Welt gehabt und rede zu wenige Sprachen[2], woraufhin Haydn schlagfertig konterte: »Oh, meine Sprache verstehet man durch die ganze Welt.« (Dies 1810: 78) Dagegen hatte Mendelssohn eine solche Erziehung »für die große Welt« genossen, war gezielt von seinen Eltern zum Weltbürger erzogen worden. Dazu gehörten auch umfangreiche Kenntnisse der alten und neuen Sprachen und die Kultivierung weiterer künstlerischer Anlagen, wie beispielsweise die Zeichenkunst. Während Haydn erst mit knapp 59 Jahren das Territorium des habsburgischen Reiches erstmals und in Richtung England verließ, war Mendelssohn bereits als 22-Jähriger weit in Europa herumgekommen und entfaltete auch später als reisender Stardirigent einen geografisch beachtlichen Radius. Anders als Haydn, der die meiste Zeit seines Lebens Hofmusiker war, suchte und fand Mendelssohn als Musikdirektor in Düsseldorf und Gewandhauskapellmeister in Leipzig sein berufliches Wirkungsfeld in bürgerlichen Institutionen. Insgeheim aber sehnte sich Mendelssohn allerdings nach dem Dasein als freischaffender Komponist, eine Existenzform, die er sich gegenüber seinem in bürgerlichen Wertvorstellungen denkenden und als strenger Patriarch agierenden Vater, der für ihn bis zu dessen Tode eine schier übermächtige Autorität darstellte, aber nicht durchzusetzen getraute. Haydn und Mendelssohn: Zwei Komponisten, die als freischaffende Musiker hätten leben können, diesen Schritt aus unterschiedli-

---

[2] Zu Haydns Sprachkenntnissen vgl. Griesinger 1975: 69.

chen Gründen jedoch nicht vollzogen haben: Haydn suchte die Sicherheit bei Hofe, Mendelssohn in bürgerlichen Institutionen.

Obgleich ein Komponist der Romantik, trifft auf Mendelssohn nichts weniger zu als das Klischee des weltenthobenen romantischen Künstlers. Mendelssohn stand als Bürger inmitten der Gesellschaft und suchte die Anbindung an sie. Der Einklang von Institution, Musikleben und musikalischer Produktion kennzeichnet Mendelssohns Œuvre, und darin ist er seinen Vorbildern des 18. Jahrhunderts verbunden. Der Gedanke, für die bürgerliche Gesellschaft seiner Zeit Werke zu »liefern«, dieser Ausdruck Goethes, hatte es Mendelssohn besonders angetan[3], kennzeichnet sein handwerklich orientiertes Selbstverständnis als Komponist, das er nun wieder mit Haydn teilt, der 30 Jahre lang vertraglich verpflichtet war, primär für seine aristokratischen Arbeitgeber zu komponieren. Dabei aber ist zu bedenken, dass es gerade Haydns kammermusikalischen Werke – und hier insbesondere seine Streichquartette – und seine Oratorien waren, die kulturgeschichtlich zukunftsweisend neuen, bürgerlichen Konversationsformen den Weg gebahnt haben.

Viele Werke Mendelssohns sind Auftragskompositionen oder im Hinblick auf ihre Funktion innerhalb der bürgerlichen Musikkultur geschrieben. Nur wenige Beispiele: Mendelssohns Klavierlieder sind für die private Sphäre des biedermeierlichen Salons und zur Pflege geselligen Umgangs gedacht, aber nicht für den Konzertsaal; seine Lieder ohne Worte – ein Genre, das Mendelssohn geschaffen hat – stehen in der Tradition des musikalischen Albumblatts, eine Art intimes musiksprachliches Kommunikationsmittel. Mendelssohns Chormusik bedient die bürgerlich-gesellige Kultur der Sängervereine, während die beiden Oratorien im Kontext der bürgerlichen Musikfestkultur verankert sind. Mendelssohns Sinfonien, Konzertouvertüren und Schauspielmusiken sind an die bildungsbürgerliche Öffentlichkeit adressiert. Mit Haydn verbindet ihn der Wunsch, das Populäre und Kunstanspruch miteinander zu verbinden.

Musik ist für Mendelssohn eine Form ästhetischer Kommunikation, die seine Adressaten verbinden sollte. Insofern entspricht sie den Ansprüchen, die Schiller mit ästhetischer Kommunikation verbindet: »[...] nur die schöne Mitteilung

---

[3] Am 23. August 1831 schrieb Mendelssohn an seine Schwestern: »Es gibt ungeheuer viel zu thun in der Welt, und ich will fleißig sein. Goethe's Wort, das er zu mir sagte: Schiller hätte jährlich zwei große Trauerspiele liefern können, hatte mir schon immer mit seinem handwerksmäßigen Ausdrucke besonderen Respect eingeflößt. Aber heut morgen ist mir erst recht klar geworden, wie viel es eigentlich zu bedeuten habe, und ich habe eingesehen, daß man sich zusammen nehmen muß.« Felix Mendelssohn Bartholdy an seine Schwestern. Brief vom 23. August 1831. (Mendelssohn Bartholdy 1882: 188)

vereinigt die Gesellschaft, weil sie sich auf das Gemeinsame aller bezieht.« (Schiller 1984: 228) Mendelssohns Musik will in ihrem Selbstverständnis den Verständnisformen der zeitgenössischen Allgemeinheit eben keine Widerstände entgegensetzen, zielt nicht auf Verunsicherung ihrer Rezipienten und Kritik der Formen des Verstehens. Anders als etwa die Musik Beethovens kann sie daher nicht – um ein ästhetisches Dogma Adornos aufzugreifen – für eine Logik des Nichtidentischen in Anspruch genommen werden: möglicherweise auch ein Grund dafür, dass Mendelssohns Musik lange keiner ästhetischen Betrachtung für wert gehalten wurde.

An Mendelssohns grundsätzlichem Profil eines zutiefst bürgerlichen Musikers ändert auch die Tatsache nichts, dass er keine Berührungsängste gegenüber nichtbürgerlichen Auftraggebern hatte, sich von ihnen umwerben ließ und selbstbewusst mit ihnen verhandelte. In den 1840er-Jahren entstanden zahlreiche Schauspiel- und Kirchenmusiken, die Mendelssohn als Hauskomponist des Preußenkönigs Friedrich Wilhelm IV. komponierte, ein Dienstverhältnis, das er 1841 auch aus pragmatischen Gründen eingegangen ist: Verband er doch damit die Hoffnung, wieder nach Berlin umsiedeln zu können und insbesondere seiner Schwester Fanny nahe zu sein. Andererseits hat er sich gegen die Bestrebungen des Berliner Hofes, ihn als Privatkünstler zu vereinnahmen, gewehrt. Lief doch diese Rolle seinem künstlerischen Selbstverständnis, in die Öffentlichkeit zu wirken, zuwider.

4. Rezeption

Auch die Rezeptionsgeschichten beider Komponisten lassen Parallelen aufscheinen, doch wäre hier genauer zu differenzieren: Während Haydn bereits kurz nach seinem Tode zunehmend verharmlost wurde, ist die Mendelssohn-Rezeption ganz wesentlich von ideologischer Aufladung und antisemitischer Diffamierung gekennzeichnet. Zunächst sei festgehalten, dass sowohl für Haydn als auch für Mendelssohn das Klischee des verkannten Künstlers, der erst nach dem Tode Anerkennung findet, ebensowenig zutrifft wie das Bild des zu Lebzeiten erfolgreichen Komponisten, der nach seinem Tode vergessen wird. Im Falle Mendelssohns wären bei der Rezeption neben den Kompositionen vor allem auch seine Briefe hinzuzudenken, die in vielen Ausgaben und Auflagen während des ganzen 19. Jahrhunderts erschienen, Mendelssohn wohl zum meistgelesensten Komponisten machten und zu seiner Popularität wesentlich beitrugen. Stand der internationale Ruf beider Komponisten gegen Ende ihres Lebens, wie bereits erwähnt, im Zenit, so mischte sich in die posthume Rezeptionsgeschichte sehr bald Geringschätzung und Herablassung.

Beide Komponisten wurden zunehmend an von außen herangetragenen und ihnen fremden ästhetischen Maßstäben gemessen, wobei sich bei Mendelssohn Ästhetik zusätzlich mit Ideologie vermischte. Bemerkenswert ist, dass sich beide Komponisten dem Vorwurf ausgesetzt sahen, ihre Musik sei nicht leidenschaftlich genug und ermangele der Tiefe. Bereits 1810, also nur ein Jahr nach Haydns Tod, verortet E. T. A. Hoffmann in seiner Rezension zu Beethovens *Fünfter Sinfonie*, die als Gründungsurkunde der romantischen Musikästhetik gilt, Haydn neu. Auf der neuen Rangskala, deren ästhetischer Maßstab nun Beethoven darstellt, rangiert Haydn hinter Mozart an dritter Stelle. Während Mozarts Musik »in die Tiefen des Geisterreichs führe« (Hoffmann 1988: 24) und Beethoven »die Hebel des Schauers, der Furcht, des Entsetzens, des Schmerzes« (Hoffmann 1988: 25) bewege, herrsche in Haydns Kompositionen der »Ausdruck eines kindlichen, heiteren Gemüts«. (Hoffmann 1988: 24) E. T. A. Hoffmann schreibt weiter:

> »Seine Symphonie führt uns in unabsehbare grüne Haine, in ein lustiges, buntes Gewühl glücklicher Menschen, Jünglinge und Mädchen schweben in Reihentänzen vorüber; lachende Kinder hinter Bäumen, hinter Rosenbüschen lauschend, werfen sich neckend mit Blumen. Ein Leben voll Liebe, voll Seligkeit, wie vor der Sünde, in ewiger Jugend; kein Leiden, kein Schmerz [...].« (Hoffmann 1988: 24)

In diesem Zusammenhang fügt sich auch eine entsprechende Äußerung Robert Schumanns aus dem Jahr 1841, der Haydns Musik kurzerhand ins Museum der Musikgeschichte beförderte. Anlässlich eines der von Mendelssohn in Leipzig veranstalteten Historischen Konzerte, in dem auch eine Sinfonie von Haydn zu hören war, schrieb er: »Haydn ist wie ein gewohnter Hausfreund, der immer gern und achtungsvoll empfangen wird: tieferes Interesse aber hat er für die Jetztzeit nicht mehr.« (Schumann 1854: 95)

Damit war die von Mozart ursprünglich anerkennend gemeinte Formulierung vom »Papa Haydn« in ein verharmlosendes Klischee umgemünzt, das das gesamte 19. Jahrhundert beherrschen sollte und den Blick auf die bahnbrechenden Qualitäten der Haydnschen Musik verstellte.

Auch Mendelssohns Musik sah sich dem Vorwurf eines Mangels an Tiefe ausgesetzt, eine Behauptung, die offenbar schon zu Lebzeiten kursierte und nicht erst von Wagner in die Welt gesetzt wurde. Denn bereits 1846 war im Mendelssohn-Artikel der neunten Auflage des *Brockhaus* zu lesen: »Was die in seinen Werken ausgeprägte Weltanschauung betrifft, so müssen wir bemerken, daß die glücklichen Verhältnisse, in denen er lebte, ihn fern gehalten haben von den Abgründen des Schmerzes, fern gehalten von den Bewegungen des Tages und dem Schmerz und dem Kampfe desselben; ungetrübte Heiterkeit, Lächeln des Glücks, Versöhnung, wie sie den Künstlern vor dem J. 1830 eigen war, sind daher die Grundzüge seines Wesens.« (Brockhaus 1846: 489) Das vermeintlich unproblematische Design seiner Werke mit Mendelssohns privilegierter und in jeder Hinsicht existentiell gesicherten sozialen Herkunft zu verknüpfen, wird zu einem Topos der Mendelssohn-Rezeption. Dahinter verbirgt sich freilich wiederum ein klischeehaftes, sicher von der Philosophie Schopenhauers nicht unbeeinflusstes Künstlerbild, wonach es gerade die leidhaften Welterfahrungen des Künstlers sind, die für die besondere Qualität seiner Produktion bürgen. Dieses Begründungsmuster findet sich auch bei Alfred Einstein, der – antisemitischer Haltungen gewiss unverdächtig – in seiner *Geschichte der Musik* von 1953 schreibt: »Er [gem. Mendelssohn] ist ein Meister der äußeren formalen Gestaltung. Er bändigt keine inneren Gewalten, der wirkliche Kampf fehlt in seinem Leben wie in seiner Kunst.« (Einstein 1953: 120)

Richard Wagner bringt mit seinem 1850 erschienenen Essay *Das Judenthum in der Musik* eine neue, rassistische und folgenreiche Pointe ins Spiel. Er bescheinigt Mendelssohns Musik nicht nur einen unterhaltenden, oberflächlichen, spielerisch-formalistischen, epigonalen Charakter, sondern liefert dafür auch eine Begründung: Aufgrund seiner jüdischen Provenienz – so Wagner – konnte es Mendelssohn gar nicht gelingen, eine authentische Kunst zu schaffen. An diesem Argumentationsmuster unmittelbar anknüpfend haben die Nationalsozialisten nach 1933 dann versucht, (nicht nur) Mendelssohn aus der Musikgeschichte zu tilgen.

Es gab aber im 19. Jahrhundert noch eine zweite Entwicklung, die Mendelssohn ins Abseits geraten ließ. Wenige Jahre nach Mendelssohns Tod bildete sich ein zunehmend an Bedeutung gewinnender Zirkel von Publizisten und Komponisten, die sich als sogenannte Neudeutsche Schule bezeichneten. Ihr Bild von Musikgeschichte war dem Fortschrittsideal verpflichtet und fußte auf dem Gedanken, dass es im Wesen der Musik läge, über sich hinauszugehen und sich mit dichterischen Inhalten zu verbinden. Für sie erfüllte sich dieser geschichtliche Prozess, der mit Beethoven einsetzte, in neuen Gattungen wie beispielsweise der Programm-Musik Franz Liszts oder dem Musikdrama Richard Wagners. Im Kontext einer solchen Vorstellung von Fortschritt, die nach 1850 sehr schnell an Boden gewann, musste Mendelssohns Musik und das von ihr repräsentierte ästhetische Ideal einer poetisch durchdrungenen, aber dennoch absoluten Musik als überholt erscheinen. So unterschiedlich die Rezeptionsgeschichten der beiden Komponisten nach ihrem Tod im Einzelnen auch verliefen, so ist ihnen doch gemeinsam, dass Haydns und Mendelssohns Geltung stark relativiert wurde. An beide Komponisten wurden Maßstäbe herangetragen, die ihnen fremd waren und zur Verkennung ihrer Leistungen führten. Haydn wurde zum Vorläufer Beethovens erklärt, das ursprünglich positiv gemeinte Diktum vom »Papa Haydn« bekam einen abfälligen Beiklang, der Blick auf Haydns Bedeutung, vor allem als Innovator der Instrumentalmusik, wurde verstellt. In die Rezeptionsgeschichte Mendelssohns mischen sich seit Richard Wagner starke diffamierende Züge mit verhängnisvollen Folgen. Die Fortschrittsideologie der Neudeutschen Schule konstruierte die Musikgeschichte gewissermaßen an ihm vorbei, indem sie eine direkte historische Entwicklungslinie von Beethoven zu Liszt und Wagner zog. Mendelssohn wurde damit zu einer extraterritorialen, musikgeschichtlich folgenlosen Randfigur erklärt, oder wie Friedrich Nietzsche es 1885 formulierte, zum immerhin schönen »Zwischenfall der deutschen Musik«.[4] (Nietzsche 1980a: 188) Im Gegensatz zu Haydn, dem es heute gelungen ist, aus dem Schatten seiner Rezeptionsgeschichte herauszutreten, hat Mendelssohn seinen Platz in der Problemgeschichte des Komponierens noch nicht gefunden. Daran ändert auch die Tatsache nichts, dass seit einigen Jahren nun auch eine kritische Ausgabe seiner Werke auf gutem Wege ist und seit dem 26. August 2009 erstmals ein Werkverzeichnis vorliegt: Von allen bedeutenden Komponisten des 19. Jahrhunderts ist Mendelssohn der letzte, dem die Ehre eines Werkverzeichnisses zuteil wurde.

5. Mendelssohns Haydn-Rezeption

Doch wie stand nun Mendelssohn selbst zu Haydn? Abschließend seien noch einige Aspekte zu Mendelssohns Haydn-Rezeption zusammengetragen. In einem Brief an seine Schwester vom 26. Oktober 1833 berichtet Mendelssohn von seinen ersten musikalischen Taten in Düsseldorf. Gleich zu Anfang bezeichnet er eine von ihm geleitete Messe Haydns als »skandalös lustig« (Mendelssohn Bartholdy 1882a: 6). Es ist durchaus fraglich, ob dieses zweifellos despektierliche Urteil charakteristisch für Mendelssohns generelle Einschätzung Haydns ist. Denn als Zelter im Jahre 1824 seinen Schüler an dessen 15. Ge-

---

[4] In seiner späten Schrift *Menschliches, Allzumenschliches II* weist Nietzsche der Musik Mendelssohns, mit der er von Jugend an eng vertraut war, einen retrospektiven Charakter zu, den er folgendermaßen begründet: »Felix Mendelssohn. – Felix Mendelssohn's Musik ist die Musik des guten Geschmacks an allem Guten, was dagewesen ist: sie weist immer hinter sich. Wie könnte sie viel ›Vorsich‹, viel Zukunft haben! – Aber hat er sie denn haben wollen? Er besaß eine Tugend, die unter Künstlern selten ist, die der Dankbarkeit ohne Nebengedanken: auch diese Tugend weist immer hinter sich.« (Nietzsche 1980: 618)

burtstag feierlich zum Gesellen erklärte, tat er dies »im Namen Mozarts, im Namen Haydns und im Namen des alten Bachs.« (Eichhorn 2008: 42) Die Auswahl der Komponistennamen ist bezeichnend: Zelters Kompositionsunterricht vermittelte seinem Schüler ein Wertesystem, das ganz den auctores approbati des 18. Jahrhunderts verpflichtet war. Von der klassischen Trias, die zu diesem Zeitpunkt schon etabliert war, werden nur zwei Namen genannt: Mozart und Haydn. Der Name Beethovens, der wiederum in der Werteskala des Romantikers E. T. A. Hoffmanns an oberster Stelle steht, fehlt. Diesen Komponisten, mit dessen Musik auch Goethe wenig anzufangen wusste, hat sich Mendelssohn weitgehend selbst bzw. zusammen mit seinem Freund Adolf Bernhard Marx erschlossen, der ein erklärter Beethovenenthusiast war (vgl. Bauer 1992). Zelter hat Haydn verehrt, und es wäre erstaunlich, wenn sein positives Haydn-Bild bei Mendelssohn keine Spuren hinterlassen hätte. Einige Dokumente zu Zelters Haydn-Rezeption seien hier angeführt. Ein von Zelter ganz besonders geschätztes Werk war Haydns *Schöpfung*, deren Beginn Zelters ästhetischem Ideal einer Ausgewogenheit von Inhalt und Form besonders entsprach. Im Jahr 1820 schrieb er an Goethe: »Die Ouvertüre in Haydns ›Schöpfung‹ ist das Wunderbarste aller Welt, indem durch ordentliche, methodische, ausgemachte Kunstmittel ein – Chaos hervorgebracht wird, das die Empfindung einer bodenlosen Unordnung zu einer Empfindung des Vergnügens macht.« (Hecker 1987a: 73) Und zu Haydns *Jahreszeiten* äußerte er: »In der Sinfonie zu den ›Jahreszeiten‹, welche den Winter vorstellt, friere ich mit Wollust am warmen Ofen und weiß in dem Augenblicke nicht: ob es außer dem noch was Schönes in der Welt gibt.« (Hecker 1987a: 73) Haydns Sinfonien bescheinigte er sogar eine besondere, positive psychophysische Wirkungsqualität: »Es gibt gewisse Sinfonieen von Haydn, die durch ihren losen liberalen Gang mein Blut in behagliche Bewegung bringen und den freien Teilen meines Körpers die Neigung und Richtung geben, wohltätig nach außen zu wirken. Meine Finger werden dann weicher und länger, meine Augen möchten etwas ersehn, das noch kein Blick berührt hat, die Lippen öffnen sich, mein Inneres will hinaus ins Freie.« (Hecker 1987: 262) Goethes *Festgedichte* verglich er mit Haydn'schen Menuetten: »Sie kommen mir fast vor wie Haydn'schen Menuetten, die ich auf ähnliche Weise genieße. Allerliebste Sternschnuppen: fix, klar und wahr.« Zelter ergriff aber auch aktiv Partei für Haydn, indem er ihn gegenüber ästhetischen Vorwürfen rechtfertigte. Diese betrafen nicht nur die umstrittene Tonmalerei in der *Schöpfung*, sondern Zelter setzte sich auch mit dem Vorwurf der vermeintlichen Leidenschaftslosigkeit der Musik Haydns und damit auch mit E. T. A. Hoffmanns Kritik auseinander. In seinem Haydn-Gedenkartikel schreibt Zelter 1826: »Man hat Haydn den Vorwurf machen wollen, daß seine Musik der Leidenschaft ermangele. Hierauf wäre folgendes zu erwidern. Das Leidenschaftliche in der Musik wie in allen Künsten ist leichter, als man denkt, schon weil es leichter nachempfunden wird. Es ist nicht ursprünglich, die Gelegenheit bringt es hervor, und nach dem Begriff der Alten verdeckt es die reine Natur und entstellt das Schöne. Südlich gesinnte Theoristen haben die Leidenschaften als Bedingung aller Kunst manifestieren wollen und mögen darüber nicht angelassen werden, am wenigsten von uns, die wir nicht ihres Klimas sind. Unser Haydn ist ein Sohn unserer Zone und wirkt ohne Hitze, was er wirkt. Wer will denn auch erhitzt sein? Temperament, Sinn, Geist, Humor, Fluß, Süße, Kraft und endlich die Zeichen des Genies, Naivetät und Ironie müssen ihm durchaus zugestanden werden. Sind nun die hier genannten Elementarspezies, welche ohne Wärmestoff nicht denkbar sind, Haydn'sche Eigenheiten, so begrüßen wir seine Kunst als antik im besten Sinne, und daß sie modern sei, ist unseres Wissen nicht bestritten worden, was auch schwer gelingen möchte, da alle moderne Musik auf ihm ruht.« (Hecker 1987a: 472) Unverkennbar beansprucht hier Zelter für Haydn das klassische, von Winkelmann am Beispiel der Laokoongruppe entwickelte Ideal, wonach die Schönheit von Kunst gerade in der Dämpfung bzw. Vermeidung affektiver Extreme besteht. Zugleich sieht er Haydn in der Rolle des Patriarchen der modernen Musik. Es ist ausgeschlossen, dass Zelter diese Sicht seinem Schüler nicht vermittelt haben soll. Möglicherweise dürfte Mendelssohn, der sich ja einem ähnlichen ästhetischen Verdikt ausgesetzt sah, von diesem klassischen Ideal der Affektdämpfung beeinflusst worden sein. Ein halbes Jahrhundert später, im Jahr 1878, war es jedenfalls Friedrich Nietzsche, der im Grunde mit dem gleichen Argumentationsmuster nunmehr die Musik Mendelssohns verteidigt: »Mendelssohn, an dem sie die Kraft des element<aren> Erschütterns (beiläufig gesagt: das Talent des Juden des alten Testament) vermissen, ohne an dem was er hat, Freiheit im Gesetz und edle Affecte unter der Schranke der Schönheit, einen Ersatz zu finden.« (Nietzsche 1980b: 545 f.) Gewiss, dies war auch an die Adresse der Wagnerianer gerichtet.

Zu Haydn sind außer der Bemerkung von 1833 und einem kurzen Konzertbericht an seine Schwester Rebecka aus dem Jahr 1838 keine weiteren Äußerungen Mendelssohns bekannt. Als Belege seiner Haydn-Rezeption fungieren daher ausschließlich seine Kompositionen sowie seine Aktivitäten als Pianist, Dirigent und Musikorganisator. Mendelssohns kompositorische Haydn-Rezeption ist wohl am deutlichsten in seinen frühen Kompositionen ablesbar, die belegen, dass Zelter seinen Schüler an Haydn'schen Modellen schulte. Greifbar ist Mendelssohns Haydn-Rezeption deutlich in seinen frühen Streichersinfonien, die zwischen 1821 und 1823 entstanden. Gab für die ersten vier Sinfonien noch die norddeutsche Sinfonik C. Ph. E. Bachs das Modell ab, so orientierte sich Mendelssohn, wie Wulf Konold gezeigt hat (Konold 1989: 181), ab der 5. *Streichersinfonie* an der Sinfonik Haydns, indem er den monothematischen Typus des Sonatensatzes erprobte und sich das Haydnsche Scherzo erschloss. Offenkundig von Haydn inspiriert sind darüber hinaus der Beginn der frühen *Violinsonate f-Moll*, op. 4 (1820) und das Menuett des *1. Streichquartettes* in Es-Dur (1823). (Todd 2008: 144) Mendelssohn war übrigens auch im Besitz eines Haydn-Autografs. Der Haydn-Biograf Georg August Griesinger hatte Sarah Itzig Levy, die Ende des 18. Jahrhunderts in Berlin einen musikalischen Salon unterhielt und Mendelssohns Großtante war, das Autograf der *Heilig-Messe* geschenkt, das diese dann an ihren Großneffen weitergab (Todd 2008: 34). In welchem Maß Mendelssohn die Trias der Wiener Klassik als verpflichtende Instanz empfand, zeigen seine Berichte aus Wien. Während seines dortigen Aufenthaltes im Jahr 1830 beklagt er sich darüber, dass die Klavierwerke Haydns, Mozarts und Beethovens im Musikleben ausgerechnet dieser Stadt so gut wie nicht präsent seien, worüber ihn auch die Tatsache nicht hinwegtrösten kann, dass man ihm das Klavier zeigt, an dem Haydn die *Jahreszeiten* komponiert hat: Das stumme Instrument »war ihm das Symbol einer Stadt, die ihrer großen Vergangenheit den Rücken gekehrt hat.« (Mendelssohn Bartholdy 2009: 18) In Paris wiederum kritisiert er den Kult um die Werke Beethovens, dessen Revers die Geringschätzung Haydns und Mozarts sei: »[...] einzelne, wie zum Beispiel Habeneck selbst, meinen es auch gewiß ernst mit ihrer Liebe zu Beethoven, den andern aber, und zwar den größten Schreiern und Enthusiasten glaube ich kein Wort, denn sie setzen nun deswegen die andern Meister herab, sprechen von Haydn wie von einer Perücke, Mozart wie von einem guten Mann, und ein solcher engherziger Enthusiasmus kann nicht wahr sein. Denn wenn sie fühlten, was Beethoven gemeint hat, so müßten sie auch wissen, was Haydn war und müßten sich klein vorkommen [...].« (Mendelssohn Bartholdy 2009: 482)

Von allen Werken Haydns war es wohl die *Schöpfung*, die Mendelssohn – vollständig oder in Teilen – am häufigsten aufgeführt hat (s.o.). In den Programmen seiner Historischen Konzerte, die er in Leipzig einrichtete, war die Sinfonik Haydns repräsentiert. Das Historische Konzert vom 28. Januar 1841 war sogar ausschließlich Haydn gewidmet (Ausschnitte aus der *Schöpfung* und den *Jahreszeiten*; *Kaiserquartett*; eine Motette und eine Sinfonie) (Großmann-Vendrey 1969: 166). In London dirigierte er am 13. Juni 1842 Haydns *Sinfonie Nr. 101* (Todd 1908: 482), und 1843 befand sich unter den anlässlich einer Orchestersoiree in Berlin aufgeführten Werken ebenfalls eine Haydn-Sinfonie (Todd 2008: 509). Wiederholt setzte er sich bei den Programmplanungen der von ihm geleiteten Niederrheinischen Musikfeste für die Sinfonik Haydns ein, allerdings ohne Erfolg (Großmann-Vendrey 1969: 125). Bei den Kammermusikabenden, die Mendelssohn mit seinem Freund Ferdinand David, den er als Konzertmeister des Gewandhauses nach Leipzig geholt hatte, wiederbelebte, bildeten die Streichquartette Haydns, neben denen Beethovens und Mozarts, kontinuierliche Programmpunkte. In der musikalischen Abendunterhaltung am 12. Dezember 1840 war Mendelssohn sogar als Pianist mit einem *Klaviertrio in C-Dur von Haydn*[5] zu hören (Todd 2008, 322; Böhm 2008: 186). Mendelssohn hatte das gleiche Werk bereits zwei Jahre zuvor im zweiten Konzert (22. Februar 1838) seines ersten Zyklus' Historischer Konzerte zusammen mit der *Abschiedssinfonie* und Teilen der *Schöpfung* mit großem Erfolg aufgeführt und zwei Tage später seiner Schwester Rebecka davon berichtet: »Vorher spielten wir das Haydnsche C dur Trio, wo sich die Menschen des Todes verwundern, daß so was Schönes existiere, und ist doch sehr lange bei Breitkopf & Härtel gedruckt.« (zitiert nach Großmann-Vendrey 1969: 161) Mit einem Streichquartettsatz Haydns ist auch Mendelssohns letzte Begegnung mit seinem Vater verbunden. Mitte Oktober 1835 überraschte Mendelssohn seine Eltern mit einem Besuch in Berlin. Zusammen mit seiner Schwester und Ignaz Moscheles musizierte er für seinen Vater. Dieser erbat sich das fis-Moll-Largo aus Haydns *Streichquartett op. 76.5* (»Largo ma non troppo, cantabile e mesto«), wohl einer der größten langsamen Sätze, die Haydn geschrieben hat. (Finscher 2000: 423) Mendelssohns expressive Interpretation auf dem Klavier soll seinen vollständig erblindeten Vater zu Tränen gerührt haben. (Todd 2008: 348)

Die Quellenlage zu Mendelssohns Haydn-Rezeption ist karg. Aber alles deutet darauf hin, dass Mendelssohn Schumanns abfälliges Urteil über Haydn nicht geteilt hat. Schumann notierte selbst in seinen *Erinnerungen an Felix Mendelssohn Bartholdy*: »Von Bach, Gluck, Händel, Mozart, Haydn u. Beethoven sprach er stets mit der tiefsten Verehrung.« (Schumann 1948: 71)

Literatur

Bauer, Elisabeth Eleonore (1992): *Wie Beethoven auf den Sockel kam. Die Entstehung eines musikalischen Mythos.* Stuttgart et al.
Böhm, Claudius (2008): *Das Gewandhaus-Quartett und die Kammermusik am Leipziger Gewandhaus seit 1808.* Altenburg.

[5] Das Werk kann anhand der Tonartenangabe nicht eindeutig identifiziert werden. Entweder handelte es sich um Hob. XV:21 oder um Hob. XV:27. Die Trios erschienen bei Breitkopf & Härtel in der Reihe Œuvres Completes, Cah. I–XII in den Jahren 1800 (XV:27) bzw. 1803 (XV:21).

Dies, Albert Christoph (1810): *Biografische Nachrichten von Joseph Haydn*. Wien.
Eichhorn, Andreas (2008): *Felix Mendelssohn Bartholdy*. München.
Eichhorn, Andreas (2008a): Musikfest. In: *Enzyklopädie der Neuzeit* Bd. 8. Stuttgart, S. 915–918.
Einstein, Alfred (1953): *Geschichte der Musik*. Zürich.
Finscher, Ludwig (2000): *Joseph Haydn und seine Zeit*. Laaber.
Griesinger, Georg August (1975): *Biografische Notizen über Joseph Haydn*. Leipzig.
Großmann-Vendry, Susanna (1969): *Felix Mendelssohn Bartholdy und die Musik der Vergangenheit*. Regensburg.
Haydn, Joseph (1965): *Joseph Haydn. Gesammelte Briefe und Aufzeichnungen*, hg. von Dénes Bartha. Kassel et al.
Hecker, Max (Hg.) (1987): *Briefwechsel zwischen Goethe und Zelter 1799–1832*, Bd. 1. Frankfurt am Main
Hecker, Max (Hg.) (1987a): *Briefwechsel zwischen Goethe und Zelter 1799–1832*, Bd. 2. Frankfurt am Main
Konold, Wulf (1989): Mendelssohns Jugendsymphonien. Eine analytische Studie. In: *Archiv für Musikwissenschaft* Jg. 46, H. 2. S. 155–183.
Mendelssohn Bartholdy, Felix (1882): *Briefe aus den Jahren 1830 bis 1847 von Felix Mendelssohn Bartholdy*, Bd. 1, hg. von Paul Mendelssohn Bartholdy. Leipzig.
Mendelssohn Bartholdy, Felix (1882a): *Briefe aus den Jahren 1830 bis 1847 von Felix Mendelssohn Bartholdy*, Bd. 2, hg. von Paul Mendelssohn Bartholdy. Leipzig.
Mendelssohn Bartholdy, Felix (2009): *Sämtliche Briefe Bd. 2*, hg. von Anja Morgenstern u. Uta Wald. Kassel et al.
Nietzsche, Friedrich (1980): *Sämtliche Werke. Kritische Studienausgabe, Bd. 2*, hg. von Giorgio Colli u. Mazzino Montinari. München.
Nietzsche, Friedrich (1980a): *Sämtliche Werke. Kritische Studienausgabe, Bd. 5*, hg. von Giorgio Colli u. Mazzino Montinari. München.
Nietzsche, Friedrich (1980b): *Sämtliche Werke. Kritische Studienausgabe, Bd. 8*, hg. von Giorgio Colli u. Mazzino Montinari. München.
Schiller, Friedrich (1984): *Über das Schöne und die Kunst. Schriften zur Ästhetik*. München.
Schumann, Robert (1854): *Gesammelte Schriften über Musik und Musiker, Bd. 4*. Leipzig.
Schumann, Robert (1948): *Erinnerungen an Felix Mendelssohn Bartholdy*. Zwickau.
Todd, R. Larry (2008): *Felix Mendelssohn Bartholdy. Sein Leben. Seine Musik*. Stuttgart.
Werner-Jensen, Arnold (2009): *Joseph Haydn*. München.

Heinz Geuen / Christine Stöger
Lehren als personale Kompetenz – einige Gedanken zur Bedeutung der Lehrperson im Musikunterricht

Wohl kaum ein Beruf wird mit Zuschreibungen aus dem Alltagswissen so überhäuft wie der Lehrberuf. Von einprägsamen, emotional aufgeladenen und über wesentliche Entwicklungsjahre aufgebauten Erfahrungen mit Lehrenden können alle berichten, die in der Welt institutionalisierter Bildung aufgewachsen sind. Dies scheint ein guter Nährboden für die Pflege und den Erhalt von Mythen und Tabus zu sein. Für die Person des Lehrers bzw. der Lehrerin dürfte dies in besonderem Maße gelten. So fehlt es nicht an Bekenntnissen von verschiedenen Seiten zur hohen Bedeutung der Person des Lehrers bzw. der Lehrerin. »Über die Attraktivität, kommunikative Lebendigkeit, Wirksamkeit und Erinnerungsträchtigkeit von Unterricht entscheiden nicht primär Inhalte und Methoden, sondern es entscheidet die Personalität des Lehrers.« (Schmidt 1988: 214)[1] Solche und ähnliche Zitate mit nicht selten pathetischem, geradezu beschwörendem Duktus, zeugen von dieser Einschätzung und zeigen in ihrer Grundtendenz einen langen Atem bis in die Gegenwart.

Aber wie wichtig wird die Person im Unterricht tatsächlich genommen? Während der Begriff Schülerorientierung zum Schlagwort für eine Fülle von pädagogischen und didaktischen Entwicklungen geworden ist, kann man eine systematische Hinwendung zur Professionalität der Lehrenden und insbesondere zu deren Wirkung auf das Lernen ihrer Schüler und Schülerinnen als eher junge Entwicklung bezeichnen. Bevor die Bedeutung der Person des Lehrenden in der Forschung und in der Konzeption von Musikunterricht näher untersucht wird, mag der Rückblick auf einen Text Theodor W. Adornos als initiierende Anregung dienen, da er die im Alltagswissen eingeschriebenen Bilder über Lehrende aufgreift und den Blick hinter die Kulissen wirft.

[1] Mit einer kleinen Liste von Zitaten von der Reformpädagogik bis in die 80er-Jahre des 20. Jahrhunderts beginnt ein Aufsatz von Thomas Ott zu diesem Thema. (Ott 1993: 273) Für den Adressaten dieser Festschrift war die Person immer wieder Thema seiner Forschungen und Reflexionen. Siehe dazu auch die weiteren Literaturhinweise am Ende dieses Aufsatzes.

Heinz Geuen / Christine Stöger

Tabus über den Lehrberuf

In der berüchtigten und zugleich faszinierenden Unerbittlichkeit seines Jargons sezierte Theodor W. Adorno am 21. Mai 1965 im Institut für Bildungsforschung Berlin »Tabus über den Lehrberuf«. (Adorno 1996) Dabei argumentiert er auf den Grundlagen der philosophischen Systematik der Frankfurter Schule sozialpsychologisch und psychoanalytisch. In Argumentationsgang und Schlussfolgerungen seines Vortrags einer »Problemstellung« (Adorno 1996: 656) – wie Adorno seine umfangreiche Darstellung untertreibend skizziert – zeichnet der Philosoph hier ein Bild des »Lehrberufs«, das durchaus bekannte Vorurteile und Meinungen gegenüber der institutionalisierten Pädagogik aufgreift und tiefenpsychologisch hinterfragt. Dass er dabei von »Tabus« spricht, hat eine doppelte Bedeutung: Explizit bezieht er sich hier auf die Freud'sche Verbindung des Tabu-Begriffs mit dem Unbewussten oder Vorbewussten (Adorno 1996: 657), gemeint und ausgesprochen ist aber auch vieles von dem, was an unausgesprochenen Negativbildern über Lehrpersonen existiert und in der kollektiven Erinnerung an Schule kolportiert wird.

Eingebettet in eine Fülle von Betrachtungen zur historischen Entwicklung und zur sozialen Bedeutung des Lehrerberufs strukturiert Adorno im Kern seiner Darstellung eine Reihe von Elementen, die mit bekannten Ambivalenzen der Lehrerrolle zu tun haben. Abstrahiert von der psychoanalytischen Diktion des Textes bestehen diese Ambivalenzen aus folgenden drei zentralen Konfliktfeldern:

- Wissensvermittlungs- versus Disziplinierungsfunktion: »die unbewusste imago des Prüglers« (Adorno 1996: 664)
- Tendenzieller Realitätsverlust durch »infantiles« Verhaftetsein in der Sonderwelt Schule: »[...] daß er die ummauerte Scheinwelt mit der Realität verwechselt.« (Adorno 1996: 666)
- Perpetuierung eines strukturellen intellektuellen Gefälles zwischen Lehrer und Schüler mit der Gefahr der Entwicklung regressiver Verhaltensmuster von Lehrern: »[...] insofern ist der Lehrberuf selbst archaisch zurückgeblieben hinter der Zivilisation die er vertritt.« (Adorno 1996: 669)

Aus dem ersten Konfliktfeld spricht vor allem die Forderung nach personaler Autonomie von Schülerinnen und Schülern, die dem teils offen, teils verdeckt formulierten gesellschaftlichen Bildungs- und Selektionsauftrag von Schule entgegen stehe. Ob die insbesondere in den 60er- und 70er-Jahren des vorigen Jahrhunderts vielfach formulierte – und nicht selten auch ideologisierte Forderung – nach »schülerorientiertem« Unterricht zu einem echten Autonomiezuwachs geführt hat oder möglicherweise eher zu einer Verschleierung des Konfliktfeldes beitrug (und damit auch der damit verbundenen Tabuisierung), sei an dieser Stelle offen gelassen.

Eng mit dem ersten Konfliktfeld in Zusammenhang zu sehen ist der zweite Bereich, der mit dem Etikett »Lebensferne« zu den klassischen Negativvorstellungen von Schule gehört. Gemeint ist aber nicht nur das Auseinanderdriften zwischen Schulfächern und Fachinhalten einerseits und deren Gebrauchswert für die konkrete Lebenspraxis andererseits. Vielmehr erscheint hier Schule als von der Vielfalt von Lebenspraxen separierter Raum, in dem »Leben« allenfalls unzureichend simuliert werde, im schlimmeren Fall aber zu eigenen, nur in der Schule praktizierten Wahrnehmungsweisen, Handlungs- und Verhaltensmustern führe.

Wie virulent dieses zentrale Konflikt- und Handlungsfeld gerade für den Musikunterricht ist, mag daran deutlich werden, dass sich in diesem Fach die (von den Lernenden nicht selten selbst gestellte) Frage nach der Legitimation von Musikunterricht als allgemein bildendes Unterrichtsfach besonders deutlich stellt. Wie für kaum ein anderes Fach besteht hier eine Konkurrenzsituation zur außerinstitutionell geprägten und prägenden Freizeitfunktion von Musik sowie zur spezifischen Aura von Orten, an denen Musik gemacht oder erlebt wird. Die zuweilen anzutreffende sinnliche Ödnis schulischer Funktionsräume (nicht selten verbunden mit einer Ödnis in Bezug auf Inhalt und Methode des Unterrichts) macht es sicher nicht leicht, Schule im Allgemeinen und Musikunterricht im Besonderen als »Lebensraum« wahrzunehmen – wie dies von Reformpädagogen immer wieder gefordert und formuliert wurde.

Handelt es sich bei den beiden ersten Punkten um gesellschaftspolitische, bildungstheoretische und kultursoziologische Aspekte, so rückt im dritten Bereich die Lehrperson in den Fokus. Die institutionelle Perpetuierung von Hierarchieerfahrung und die als Lebensferne empfundene Verbannung von Inhalten in kanonisierte Fächersystematiken führen – so Adornos These – zur professionellen Deformation. Mehr noch: Lehrtätigkeit, die sich gewissermaßen als technische Realisierung des Lernstoffs verstehe, wohne die Tendenz zu personeller Regression inne. Anders gesagt: Lehrer würden – so Adornos zentrale Tabuthese – vom (wenn auch gut meinenden) Zwangsvollstrecker des gesellschaftlichen Bildungsauftrags zu Opfern, die Bildung als Freiheitserlebnis auch für sich selbst kaum mehr realisieren könnten, sondern auf der Stufe funktionalen Wissensbesitzes stehen blieben. Karikierend überzeichnet und zugleich sicher nicht völlig realitätsfern könnte damit beispielsweise der Typus eines Musiklehrers gemeint sein, der sich mit einem in der Berufsanfangsphase geschnittenen engen Stücke-Repertoire begnügt und kaum noch Interesse an der Erweiterung seines eigenen kulturellen Horizonts zeigt. Unbeeindruckt von Gleichgültigkeit oder gar Widerständen auf Schülerseite widmet er sich streng und akribisch einem vermeintlich unverzichtbaren musiktheoretischen Alphabetisierungsprozess (um »Grundlagen« zu schaffen). Neue musikalische Erfahrungsräume zu erkunden, spannende ästhetische Fragen zu provozieren oder kulturelle Kontexte herzustellen, ist seine Sache eher nicht.

Ungeachtet des durchscheinenden Beigeschmacks von Verkürzung und Generalisierung entspricht Adornos Bestandsaufnahme – die hier bewusst ihrer psychoanalytischen Differenziertheit beraubt wurde – sicher in mancher Hinsicht Erfahrungen, die Menschen »mit Schule« machen oder gemacht haben. Es dabei bedauernd zu belassen, hieße aber, Sichtweisen auf den Lehrerberuf zu bestärken und zu perpetuieren, die dem komplexen didaktischen und personellen Bedingungsgefüge des Systems Schule nicht gerecht würden.

Zum Forschungsstand über die Person des Lehrers bzw. der Lehrerin

Als die Person des oder der Lehrenden wissenschaftlich in den Blick genommen wurde, konzentrierte man sich zunächst auf das Konstrukt der Lehrerpersönlichkeit. Was aber war darunter zu verstehen? Einen emphatischen, normativen Begriff von Persönlichkeit pflegte die geisteswissenschaftliche Schule der deutschen Pädagogik frei nach dem Motto, nur Persönlichkeiten könnten Persönlichkeiten erziehen. Im Gefolge wurden Merkmalskataloge des idealen Lehrers entworfen, »die freilich gerade wegen ihres idealistischen Anspruchs folgenlos bleiben mussten: zu abstrakt, um in der situativen Vielfalt der Unterrichtswirklichkeit handlungsorientierend zu wirken, zu großartig, um den ›Durchschnittslehrer‹ mit seinen Problemen zu erreichen, und zu statisch gedacht, als dass sie auf Ausbildung hätten bezogen werden können.« (Jank/Meyer/Ott 1986: 89)

Aber auch die Versuche, die Lehrerpersönlichkeit und ihren Einfluss auf den Unterricht beschreibend zu fassen, warf methodologische Probleme auf, nicht zuletzt deshalb, weil unklar blieb, auf welchen der vielen, einander teilweise widersprechenden Persönlichkeitsbegriffe in Psychologie, Soziologie oder Anthropologie man sich stützen sollte. Aus heutiger Sicht der Unterrichtsforschung lässt sich festhalten, dass das Konzept der Lehrerpersönlichkeit wenig geeignet ist, Wirkungen des pädagogischen Handelns verlässlich einschätzen oder gar vorhersagen zu können. Die Sichtweise führte zu trivialen Ergebnissen (schlechte Lehrer – schlechter Einfluss auf das Unterrichtsgeschehen) bzw. war nicht geeignet, aussagekräftige Hinweise für die Wirkung der Lehrenden in verschiedenen Situationen zu geben. Dennoch ist eben das Persönlichkeitsparadigma besonders haltbar, zum Beispiel auch bei den Lehrenden selbst. So zeigen Befragungen, dass Lehrende den Berufserfolg und die Berufszufriedenheit in erster Linie dem Faktor Persönlichkeit zuschreiben, dass darunter ein Ensemble von Eigenschaften zusammengefasst wird, das nicht genau zu umreißen ist und das Signum des Nichterlernbaren trägt. (Bromme/Haag 2008: 803)

In der historischen Rückschau der Unterrichtsforschung wurde das Persönlichkeitsparadigma vom Prozess-Produkt-Paradigma abgelöst. Das Lehrer-Schülerverhalten sollte immer genauer im Sinne einer kausalen Beziehung untersucht und beschrieben werden können. Aber auch hier ließen sich eindeutige Aussagen kaum treffen. Klar wurde vielmehr, dass guter und erfolgreicher Unterricht auf sehr unterschiedliche, wenn auch nicht beliebige Weise initiiert werden konnte. (Weinert/Helmke 1996: 143) Schließlich provozierte auch die kritische Auseinandersetzung mit dem Behaviorismus eine Wende hin zu kognitivistischen Ansätzen. Im Zentrum der Untersuchung standen nun die Denkprozesse beim Unterrichten. Die Lehrerpersönlichkeit wird also nicht mehr in Hinblick auf ihre Charakterzüge betrachtet, sondern Gegenstand der Forschung ist das Wissen und Können für die Gestaltung von Lerngelegenheiten und das Fassen des oder der kompetenten Lehrenden.

Mit der Übertragung des Expertenansatzes aus der Kognitiven Psychologie wurden Topologien des Lehrerwissens entwickelt, die Unterschiede in der Wahrnehmung von und Reaktion auf Unterrichtssituationen zwischen erfahrenen Lehrenden und Novizen betrachtet und Forschungen über die Entwicklung von Expertise angestellt (vgl. Bromme/Haag 2008: 805ff.). Dieser Zugang wie auch jener der eher organisationssoziologisch orientierten Wissensverwendungsforschung hat die Eigenheit der Professionalität von Lehrenden in vieler Hinsicht hervorgehoben und geklärt. Neben dem Fachwissen wird eine Reihe von Wissenskomponenten aufgezählt, welche die Person in besonderer Weise betreffen und fordern, wie etwa Handlungs- und Erfahrungswissen oder selbstbezüglich-biografisches Wissen. Es ist evident, dass gerade Letzteres wegen der engen Verflechtung mit personalen Anteilen besonderer Formen von Ausbildung, Training und Beratung bedarf. In diesem Zusammenhang sei auch auf die Forschungen über die Individualkonzepte von Lehrenden hingewiesen, die in jüngerer Zeit entstanden und gerade auch für den Musikunterricht interessante Ergebnisse bringen. (Niessen 2006)

Die psychologische Lehrerwissensforschung hat allerdings auch ihre Grenzen gerade durch den kognitivistischen Ansatz. Die persönliche Involviertheit, die körperlich-emotionale Seite des Lehrerseins werden sichtlich vernachlässigt. (Combe/Kolbe 2008: 872) Das gilt natürlich für alle Unterrichtsfächer.

Es ist aber leicht vorstellbar, dass eben diese Involviertheit sowohl für die Person des Lehrers als auch für die Schülerinnen und Schüler im Musikunterricht von besonderer Brisanz ist.

Schon in dem oben erwähnten Text Adornos kommt diese Komponente zum Tragen und er gibt selbst einen Hinweis darauf, wie die Person des Lehrers konstruktiv mit der affektbezogenen Beziehungsthematik umgehen könnte:

»Dagegen helfen könnte, wenn ich das andeuten darf, nur eine veränderte Verhaltensweise der Lehrer. Sie dürften ihre Affekte nicht unterdrücken und dann rationalisiert doch herauslassen, sondern müßten die Affekte sich selbst und anderen zugestehen und dadurch die Schüler entwaffnen.« (Adorno 1996: 669)

Was Adorno hier andeutet ist ein Sachverhalt, den die konstruktivistische Didaktik Kersten Reichs mit »Beziehungsdidaktik« bezeichnet. (Reich 2006: 15 ff.) Reichs systemisches Verständnis von Didaktik geht der Bedeutung der Lehrperson aus einer anderen Perspektive nach und rückt sie als Beziehungsakteur nach vorne, »[...] denn nur das, was im Kontext von Beziehungen und Wechselwirkungen in Beziehungen begründet, erlebt und reflektiert wird, kann der Komplexität des Lernens genügen.« (Reich 2006: 23)

Die konstruktivistische Didaktik setzt also an einem Punkt an, der in der Tradition bildungstheoretischer Begründung von Unterricht wenn nicht gerade tabuisiert wird, so doch zumindest als großer weißer Fleck erscheint. Denn die in einem weiten Sinne hermeneutisch orientierten didaktischen Konzeptionen und Unterrichtstheorien abstrahieren von der Person des Lehrers und thematisieren vor allem Legitimationsaspekte in Bezug auf Lerngegenstände und Schülerhorizonte. Oder sie klassifizieren in einer von konkreten unterrichtlichen Kommunikations- und Beziehungssituationen losgelösten Weise methodische Verfahren und Strategien.

So sehr im Alltagsverständnis und zunehmend auch wissenschaftlich gestützt die Bedeutung der Person des oder der Lehrenden für die Lernprozesse der Schülerinnen und Schüler klar zu sein scheint, so sehr bleibt ihre Bedeutung im Bildungsgeschehen faktisch unterbelichtet.

Die faktische Vernachlässigung der Person

Die systematische Entwicklung und Begleitung personaler Kompetenz für Lehrende wird nach wie vor nicht ernst genommen. Der Begriff personale Kompetenz wird hier eben nicht als Sammlung von Charaktereigenschaften oder Merkmalen aufgefasst, sondern als die auf den Beruf bezogenen Fähigkeiten der Selbstreflexion, -evaluation und Entwicklung der eigenen Profession, um eine umsichtige Beziehungsarbeit zwischen den Menschen und den Lerngegenständen anzulegen bzw. zu fördern. Die folgenden Punkte versammeln und ergänzen oben schon angedeutete Gedanken zur Begründung dieser Hypothese:

- Die Person des oder der Lehrenden wurde und wird mit überzogenen Erwartungen befrachtet, deren Untersuchung lange entweder nicht wichtig genug erschien oder deren Erforschung ohnehin als zu komplex gedeutet wurde.
- Das Persönlichkeitsparadigma mit seiner Aura der Unerklärlichkeit wirkt bis in die Gegenwart. Dies zeigen, wie schon angedeutet, Befragungen der Lehrenden selbst.
- Universitäten und Hochschulen sind, ebenso wie Schulen, nach wie vor in erster Linie am »Stoff« orientiert. Die von allen Seiten geäußerte Kritik an der Einführung von Bachelor-, Masterstudiengängen in Deutschland zeigt dies deutlich.
- Sowohl im Studium als auch in der Fortbildung von Lehrenden überwiegt im Wesentlichen ein materialer Ansatz. Angebote, welche die Person und ihre professionelle Entwicklung ins Zentrum stellen, die Methoden des Coaching und der Supervision vorsehen, wie dies in vielen anderen sozialen Berufen selbstverständlich ist, bilden noch immer ein Minderheitenprogramm. Lebenslanges Lernen bedeutet nicht nur, sich mit der Sache immer wieder neu auseinanderzusetzen, sondern es ist auch eine tiefer gehende Entwicklungsarbeit erforderlich, um Berufszufriedenheit und Kompetenz zu erhalten.[2]
- Dort, wo Eignungsprüfungen für die Lehramtsstudierenden vorgesehen sind, spielen personale Kompetenzen eine untergeordnete Rolle. So ist etwa im Fach Musik die Einbeziehung von kommunikativen Fähigkeiten, von Leitungskompetenz oder Reflexionsvermögen wenn überhaupt, so erst in jüngerer Zeit ein Thema. In den meisten Fächern wird der Notenschnitt des Abiturs als wesentlicher Maßstab für den Eintritt in ein Lehramtsstudium gesehen.
- Die Person des Lehrenden kann aber auch deshalb als faktisch vernachlässigt gelten, weil selbst bei massiven in der Person von Lehrerinnen und Lehrern anzusiedelnden Problemen im Schulalltag in der Regel keine grundsätzlichen Personalentscheidungen (zum Beispiel Entfernung aus der Unterrichtsarbeit oder Bereitstellung bzw. Vermittlung beruflicher Alter-

---

[2] Die Besonderheit des Lernens von Erwachsenen ist mittlerweile vielfach erforscht worden. Stellvertretend sei auf die Publikationen von Jack Mezirow (1997) und Ortfried Schäffter (2001) hingewiesen.

nativen) getroffen werden, sondern im äußersten disziplinarischen Fall zumeist eine Versetzung auf eine andere Stelle mit dem gleichen Anforderungsspektrum verfügt wird.

- Lernen wird nach wie vor nicht oder zu wenig als soziale Aktivität angesehen, nämlich als eine Art des In-Beziehung-Tretens mit der Umwelt. In diesem Sinne sind Menschen höchst relevante Lernumgebungen füreinander. Das gilt natürlich für Lehrende und ihre Schüler und Schülerinnen in besonderem Maße und erfordert entsprechende Aufmerksamkeit und methodisches Geschick.

Dieser letzte Punkt unterstützt die Fokussierung auf die Person in Lernprozessen in besonderem Maße. Auf den beziehungsdidaktischen Ansatz in der konstruktivistischen Pädagogik, der die Moderations- und Prozesssteuerungsrolle von Lehrern und Lehrerinnen ins Zentrum rückt, wurde oben schon hingewiesen. Er kann an dieser Stelle nicht weiter vertieft werden, gibt aber einen Hinweis darauf, wie die von Adorno in seiner »Problemstellung« angesprochene Dichotomie Person – Institution systemisch verstanden und damit aus der spürbaren Nähe zu moralischen Kategorien »guten« Lehrerhandelns herausgelöst werden könnte: Macht man Lehrhandeln zum Gegenstand professionellen und professionell begleiteten Selbstmanagements, können Routinen, Rollenprobleme oder andere Alltagsfallen sicher weniger »blind« Raum gewinnen als es in Adornos Sicht offensichtlich der Fall ist.

Abschließend soll der Blick auf den Raum gelenkt werden, den Lehrende für ihre Schüler und Schülerinnen zur Verfügung stellen. Denn es geht ja nicht um die Person des Lehrenden an sich, sondern sie ist immer in ihrer Funktion für die Förderung und Gestaltung einer fruchtbaren Lernumgebung zu sehen.

Unterricht als »Dritter Raum«

Das Eingewobensein von Wirkungen des Lehrerhandelns in eine Fülle anderer Faktoren hat Forscher immer wieder besonders herausgefordert und dazu geführt, dass die Lehrperson als Variable auch wieder relativiert bzw. in den Gesamtzusammenhang eingebettet wurde. Zu nennen sind Untersuchungen über das »Klima« der Schule und des Unterrichts, die in den angloamerikanischen Ländern auf eine lange Tradition zurückblicken.

Schule ist mehr als eine äußere Hülle. Sie verbreitet eine eigene Aura durch die jeweilige Architektur, die Atmosphäre, die ausgesprochenen und unausgesprochenen Regeln und vieles mehr. In Adornos Text ist dieser Ort eher ein Zerrbild, eine Art Entfremdungsmaschinerie, die ihn dazu veranlasst, Realitätsverlust- und Regressionsbefunde in Bezug auf die Lehrperson zu diagnostizieren.

Natürlich stellen Achtsamkeit auf kommunikative Transparenz und Fokussierung personaler Ressourcen keine hinreichende Bedingung dar, um Schule zu einem als authentisch empfundenen Raum werden zu lassen. Denn ein noch so perfektes Selbstmanagement auf der Lehrerseite wird kaum dazu führen, dass die vielfach empfundene Kluft zwischen Schule und Leben aufgehoben wird.

Im Folgenden wird der Versuch unternommen, den bisherigen Überlegungen eine kulturtheoretische Perspektive hinzuzufügen, nämlich die Sichtweise von Schule oder Unterricht als »Dritten Raum«. Der Begriff »Dritter Raum« (*third place*) wurde durch einen der prominentesten Theoretiker des Postkolonialismus Homi K. Bhabha geprägt und ist als Beitrag zum Verständnis multikultureller Gesellschaften entwickelt worden. Er versucht damit aus einem verhängnisvollen Denken in binären Mustern herauszufinden, die dazu beitrügen, dass stereotype Denkweisen und Machtverhältnisse – beispielsweise das Polarisieren des Eigenen und des Anderen – immer wieder prolongiert und nicht etwa durchbrochen würden.

Seine eigenen Erfahrungen mit Migration und ethnischer Hybridität lassen ihn in Denkfiguren wie »Zwischenräume«, »Spalten« oder »Spaltungen« operieren und führen zu einer Beschreibung kultureller Differenz als produktive Desorientierung anstatt als Festschreibung von Andersartigkeit. Bei der Untersuchung von Prozessen der Entstehung kultureller Differenz und der Analyse von Binnenstrukturen stößt er auf die Auseinandersetzung mit Fremdheitserfahrung in uns selbst. Bekannte Polaritäten wie Vertrautheit – Fremdheit oder Zugehörigkeit – Ausgrenzung stellen sich in dieser introspektiven Sichtweise als Ambivalenzen dar, deren Widersprüchlichkeiten und Zwischenräume nicht aufzuheben sind, sondern einen neuen »dritten« Raum bilden.

Kulturelle »Entortung« (Bhabha) entfaltet daher ihre eigene Dynamik als produktive Kraft und kann sich in eigenen ästhetischen Ausdrucksformen konstituieren. In Literatur und Musik existieren zahlreiche Beispiele dafür, wie sich ein »Dritter Raum« als in einem neuen Sinn authentischer Bereich etabliert hat. Die Betonung des »Dazwischen« bzw. der Ambivalenz stellt also keinen Widerspruch zu Authentizität dar:

> »Im Gegenteil, gerade in der Lücke, die sich in unseren Vorstellungen von Verortung und Gemeinschaft auftut, wenn man das Randständige ins Zentrum rückt und von einem Identitätskonzept ausgeht, dem im Herzen immer schon Differenz innewohnt, entsteht ein anderer Begriff von einem authentischen Subjekt, das für sich durchaus eine Handlungsfähigkeit, eine Autorität und eine Verantwortlichkeit in Anspruch nehmen kann.« (Bhabha ²2007: XIII)

Wie könnten Schule und Unterricht als »Dritter Raum« gedacht werden? Denkt man die Dichotomie von Schule und Welt, wie sie Adorno entwickelt, nicht binär sondern in Bhabhas Sinn als Zwischenraum, dann erscheint Schule nicht mehr als Instanz von Entfremdungserfahrung, sondern als Ort, der in besonderer Weise Ambivalenzen aufnimmt und füllt. Die Erfahrung und die Auseinandersetzung mit kultureller Differenz (zum Beispiel zwischen unterschiedlichen Musikvorstellungen und -erfahrungen bei Schülern und Lehrern), die Erfahrung von Schule als geschützter Ort des Forschens und Ausprobierens (und nicht als Verlusterfahrung »wirklichen« Lebens), das Bewusstsein eines Lehr- und Lernverständnisses als hier und jetzt angemessener Erkenntnisschritt (und nicht als defizitäre Regressionserfahrung) könnte Schule als Möglichkeit aufscheinen lassen, authentische Zwischenräume zu gestalten, in denen »Entortungserfahrungen« produktiv genutzt würden.

Die Initiierung und Begleitung von Lernprozessen würde dann eine souveräne Umgangsweise mit den Zwischenräumen darstellen, bei der ausgehend von der eigenen Perspektive andere Sichtweisen spielerisch und produktiv erlebt und verarbeitet würden. Erfindung und Realisierung von Musik erschiene in diesen bewusst erlebten und gestalteten Zwischenräumen beispielsweise nicht als defizitäre Allusion »wirklicher« Kunst, sondern als authentischer Ausdruck einer schulischen Zwischenraum-Identität. Eine von differenziert entwickelten Interessen geleitete musikhistorische Recherche könnte bislang als unverrückbar angesehene Sichtweisen auf Musik erweitern und zu einer produktiven, weil ambivalenten Durchmischung bestehenden Wissens mit neuen Erfahrungen führen. Wo anders als in der Schule kann man gemeinsam mit anderen einem Klang nachspüren und ihn immer wieder neu deuten und formen; wo anders kann ein ganz den heterogenen Gegebenheiten der Gruppe entsprechendes befriedigendes musikalisches Arrangement entstehen oder der Schlusschor der *Neunten Sinfonie* Beethovens als Repräsentation künstlerischer Höchstleistung und in seiner Funktion als Werbejingle thematisiert werden?

Die Hybridität im Sinne einer Vermischung, die in diesem Falle zur Chance wird, ist weniger wie in Bhabhas Sinn die der multikulturellen postkolonialen Gesellschaft, obwohl auch dies in der Schule ein wichtiges Thema ist, sondern sie bezieht sich auf die Erscheinungsweisen von Musik und auf die Umgangs- und Deutungsweisen durch die Menschen. Hier kommt die personale Kompetenz wieder ins Spiel. Der »Dritte Raum« ist etwas Neues und es erscheint uns reizvoll, gerade diese Komponente der Vermischungen von (Musik)Kulturen, von Perspektiven auf Musik und musikalischen Praxen in der Schule zu betonen, sie in ihrer möglichen Eigenart zu entwickeln und zur Geltung zu bringen. Personale Kompetenz bezieht sich demnach besonders auf die Fähigkeit, die latente Hybridität wahrzunehmen und konstruktiv ins Spiel zu bringen. Angesichts der starken institutionellen Zwänge, denen Schule und Unterricht ausgesetzt sind – man denke hier beispielsweise an den Zwangscharakter, den die zentralen Prüfungen ausüben und an die in den letzten Jahren enorm gestiegene Belastung von Lehrerinnen und Lehrern – entsteht Schule als »Dritter Raum« nicht von allein, sondern muss immer wieder neu gedacht und erobert werden. Gleichwohl müsste die Lehrperson keineswegs hilflos Opfer der über ihren Beruf verhängten Tabus werden, wenn das Bewusstsein personaler Kompetenz und die Erfahrung mit Schule als eigenen, authentischen Raum stärker eingefordert und gefördert würden.

Literatur

Adorno, Theodor W. (^{2}1996): Tabus über dem Lehrberuf. In: Ders., *Gesammelte Schriften* 10/2. Frankfurt am Main, S. 656–673.
Bhabha, Homi K. (^{2}2007): *Die Verortung der Kultur*. Tübingen.
Bromme, Rainer/Haag, Ludwig (^{2}2008): Forschung zur Lehrerpersönlichkeit. In: *Handbuch der Schulforschung*, Wiesbaden. S. 803–819.
Combe, Arno/Kolbe, Fritz-Ulrich (^{2}2008): Lehrerprofessionalität: Wissen, Können, Handeln. In: *Handbuch der Schulforschung*. Wiesbaden, S. 857–875.
Jank, Werner/Meyer, Hilbert/Ott, Thomas (1986): Zur Person des Lehrers im Musikunterricht. Methodologische Probleme und Perspektiven zu einem Konzept offenen Musikunterrichts. In: Hermann J. Kaiser (Hg.), *Unterrichtsforschung (Musikpädagogische Forschung, 5)*. Laaber, S. 87–131.
Mezirow, Jack (1997): *Transformative Erwachsenenbildung*. Hohengehren.
Niessen, Anne (2006): *Individualkonzepte von Musiklehrern. (Theorie und Praxis der Musikvermittlung 6)*. Münster.
Oberhaus, Lars (2007): Neues vom Musikpädagogischen Eros. (Un)zeitgemäße Betrachtungen zur ›Musiklehrerpersönlichkeit‹ anhand verschiedener Musiklehrerrollen im Film. In: *Zeitschrift für Kritische Musikpädagogik*. Internetadresse: http://home.arcor.de/zfkm/07-oberhaus1.pdf. S. 72–85.
Ott, Thomas (2005): Musiklehrer (allgemein bildende Schulen). In: Sigmund Helms/Reinhard Schneider/Rudolf Weber (Hg.): *Lexikon der Musikpädagogik*. Kassel, S. 173–175.
Ders. (1993): Wirklichkeit, Konstruktion oder konstruierte Wirklichkeit? Skeptisches zur »Lehrerpersönlichkeit«. In: Hermann J. Kaiser/Eckhard Nolte /Michael Roske (Hg.), *Vom pädagogischen Umgang mit Musik*. Mainz u. a., S. 273–281.
Pütz, Werner (1986): Persönlichkeit und Unterrichtsverhalten. Fragen zur Person des Musiklehrers. In: Hermann J. Kaiser (Hg.), *Unterrichtsforschung (Musikpädagogische Forschung, 5)*. Laaber, S. 133–146.
Reich, Kersten (2006): *Konstruktivistische Didaktik*. Weinheim/Basel.

Schäffter, Ortfried (2001): *Weiterbildung in der Transformationsgesellschaft. Zur Grundlegung einer Theorie der Institutionalisierung.* Hohengehren.

Schmidt, Hans-Christian (1988): Über die Ängste des Musiklehrers im Musikunterricht. Viele Vermutungen und wenige Lösungsvorschläge. In: *Musik und Bildung*, 3/1988. S. 211–214; 4/1988, S. 296–298; 5/1988, S. 442–445; 6/1988 S. 523–525.

Thomas Greuel
Musikalische Autobiografien – eine Aufgabenstellung zur Selbstreflexion von Studierenden

Aus phänomenologischer Perspektive sind zwei verschiedene Gedächtnissysteme zu unterscheiden: Es gibt das »explizite« oder »autobiografische« Gedächtnis, und es gibt das »implizite« oder »leibliche« Gedächtnis. Das »explizite« Gedächtnis, dessen Entwicklung erst mit Beginn des Spracherwerbs beginnt und bis in das junge Erwachsenenalter hineinreicht (Markowitsch/Welzer 2006: 14), enthält Erinnerungen, »die sich vergegenwärtigen, berichten oder beschreiben lassen«, also unserem Bewusstsein zur Verfügung stehen (Fuchs 2010: 2). Solche expliziten Erinnerungen haben u. a. die Funktion, das eigene Selbst zu konstituieren. Wir erinnern eben nicht nur Vergangenes, sondern verbinden dies in unserem expliziten Gedächtnis mit uns selbst, d. h. mit dem reflexiven Bewusstsein, dass *wir* es waren, die diese Erfahrung gemacht haben. (Pohl 2007: 128) In das implizite Gedächtnis dagegen haben sich durch Übung und Wiederholung Gewohnheiten und Fähigkeiten eingeschmolzen, die uns so »in Fleisch und Blut« übergegangen sind, dass wir sie nicht ins Bewusstsein heben müssen. Beispiele für solche Inhalte des impliziten Gedächtnisses sind etwa der aufrechte Gang oder das Lesen und Verstehen unserer Muttersprache. Beispiele dieser Art finden sich mühelos auch im Bereich des Singens, des Instrumentalspiels oder des Musikhörens, etwa in Form von Sing- oder Hörgewohnheiten, Fingerbewegungen oder auch in Form von Grundeinstellungen bestimmten Musikgenres gegenüber.

Nach Thomas Fuchs richtet sich das explizite Gedächtnis zurück auf die Vergangenheit, indem wir bewusst versuchen, uns an etwas oder jemanden zu erinnern, während das implizite Gedächtnis die Vergangenheit latent als »gegenwärtig wirksame Erfahrung« in sich trägt. (Fuchs 2010: 2) Ein weiteres Unterscheidungsmerkmal dieser beiden Gedächtnissysteme ist, dass das explizite Gedächtnis einzelne Erinnerungen enthält, das implizite Gedächtnis dagegen ganzheitlich angelegt ist, also »gestalthaft«. Wer etwa Klavier spielen kann, hat beim flüssigen Spielen von arpeggierten Akkorden die Ganzheit der Bewegungsabläufe in Erinnerung, ohne jede einzelnen Bewegung bewusst vollziehen zu müssen. Fuchs erklärt: »Das Wissen ist ›in den Händen‹, also nicht explizit gegeben; und doch ist es mehr als eine Folge von Reflexaktionen, nämlich eine vertraute Bewegungsgestalt, die sich physiognomisch von jeder anderen unterscheidet.« (Fuchs 2008: 39)

Nun gibt es Übergänge zwischen diesen beiden Gedächtnissystemen. Wenn wir einen zunächst neuen Bewegungsablauf häufig üben und wiederholen, wird er uns nach und nach so vertraut, dass er aus dem expliziten Gedächtnis in das implizite absinkt. Auf diese Weise werden Kapazitäten wieder frei, um sich auf andere Dinge, etwa die musikalische Gestaltung, konzentrieren zu können. Im Zusammenhang mit motorischen Lernprozessen kann man hier von »Automatisierung« sprechen, im Zusammenhang mit Wahrnehmungsvorgängen von »Physiognomisierung«. (Fuchs 2008: 40) Diese Übergänge vom Bewussten zum Unbewussten bezeichnet Fuchs als »leibliches Lernen«. Es besteht gerade darin, »das explizite Wissen und Tun wieder zu vergessen und das Gelernte ›sich setzen‹ zu lassen, d. h. in das implizite Gedächtnis eingehen zu lassen.« (Fuchs 2008: 41) Einen solchen Vorgang können wir mit Fuchs als »Implikation« bezeichnen.

Umgekehrt können auch Erinnerungen aus dem impliziten Gedächtnis ins bewusste, autobiografische Gedächtnis »heraufgeholt« werden. Dies geschieht durch Innehalten und Reflexion, wobei nicht nur Ereignisse erinnert werden, sondern diese auch in Beziehung gesetzt werden zu dem eigenen Selbst. »Das explizite Gedächtnis wird damit zum Träger unserer narrativen Identität [...].« (Fuchs 2008: 42). Implikation meint also die »Einschmelzung von Erlebtem oder Gewusstem in die unbewusste Leiblichkeit«, Explikation meint die »Vergegenwärtigung eines erlebten Inhalts im bewussten, autobiografischen Erinnern«. (Fuchs 2008: 42)

Vor diesem theoretischen Hintergrund stelle ich nun Aufgabenstellungen vor, die vorrangig auf die Selbstreflexion von Studierenden abzielen, in Grenzen aber auch der diagnostischen Fremdreflexion dienen können. Studierende eines Bachelor-Studiengangs *Elementarpädagogik* oder *Soziale Arbeit* sollen dabei ihre eigene musikalische Lern- und Erfahrungsgeschichte in den Blick nehmen und ihr autobiografisches »Ich« beschreiben – in der Hoffnung, dass auf diese Weise ein Beitrag dazu geleistet werden kann, implizit in der Gegenwart wirksame Erfahrungen aus der Vergangenheit (zum Beispiel Hemmungen, Ängste, Gewohnheiten, Einstellungen) ins Bewusstsein zu heben und ggf. einen Prozess der Selbstveränderung (d. h. des »Lernens«) einzuleiten.

Die einfachste Formulierung der Aufgabenstellung lautet:
Verfassen Sie eine möglichst ausführliche »Autobiografie des Singens«. Berücksichtigen Sie dabei folgende Bereiche:
- *Singen der Eltern, Großeltern, Geschwister und anderer Personen des familiären Umfelds*
- *Singen im Vorschulalter (Erzieherinnen, eigenes Singen)*

- *Singen in der Grundschule (Lehrer, Mitschüler, eigenes Singen)*
- *Singen in der weiterführenden Schule (Lehrer, Mitschüler, eigenes Singen)*
- *Singen in außerschulischen Situationen/Gruppen*
- *Singen im Jugendalter*
- *»Singen heute«*

Eine mögliche Variante zu dieser Aufgabenstellung besteht in der Konzentration auf eine andere Umgangsform mit Musik, etwa Instrumentalspiel oder Musikhören. Auch Aufgabenstellungen, die alle Umgangsformen mit Musik in den Blick nehmen, können musikpädagogisch sinnvoll sein. Dass die Aufgabenstellung schon in dieser einfachen Form ihre Explikationsfunktion erfüllt, mag eine Äußerung wie diese belegen: »Während des Schreibens dieser Autobiografie ist mir deutlich geworden, dass Musik, Rhythmus und Tanz in meinem Leben nahezu allgegenwärtig sind und zu meinem alltäglichen Leben gehören.«

Anspruchsvoller wird die Aufgabenstellung, wenn sie zusätzlich die Bezugnahme auf Fachliteratur abverlangt. So lassen sich Texte aus verschiedenen Wissenschaftsbereichen (zum Beispiel Entwicklungspsychologie, Motivationspsychologie, Lernpsychologie, Musiksoziologie) vorgeben, damit sie von den Studierenden in Beziehung zur Reflexion der eigenen Musiksozialisation gesetzt werden können.

Der folgende Textauszug aus einer sehr umfangreichen musikalischen Autobiografie einer Studierenden mit »DDR-Vergangenheit« versucht, mehrere Aspekte aus zuvor im Seminar behandelten Texten gedanklich mit ihrer Autobiografie zu verknüpfen. In diesem Auszug nimmt sie Bezug auf Texte von Wilhelm Dilthey, Heinrich Jacoby und Eckart Liebau (siehe Literaturverzeichnis):
»Wenn auch ohne Instrument, so waren doch die Geburtstage sowie Weihnachten die Hochzeiten des Singens im Lebenslauf meiner familiären Sozialisation. Die entsprechenden Kenntnisse gingen aus den Wiederholungen hervor, das heißt, uns standen weder Noten noch Instrumente zu Begleitung zur Verfügung. Daher wurde so gesungen, wie es einem in der Stimme bzw. in den Sinnen lag. Neben diesen Anlässen der freien ›Lebensäußerung‹ (Dilthey) über das Singen habe ich allerdings eher die Unterbindung des spontanen selbständigen Ausdrucks im Kopf, besonders die emotionale Ebene. Aus diesem Grund bin ich mit Jacoby einer Meinung: In den ersten Jahren findet bereits eine Einengung der Ausdrucksfreiheit, Unterdrückung und Verschüchterung statt. Daraus können Erziehungsnöte herführen (vgl. Jacoby 1925). Doch ich bin aufgrund meiner Erfahrungen aus der Sozialisation davon überzeugt, dass die Lebenserfahrungen der Eltern und Großeltern unter den jeweiligen Staatsfor-

men sehr bedrückend waren und sie auch vieles einfach hinnehmen mussten. Sie waren und sind davon geprägt. Aus diesem Grund kannten sie keine alternativen Möglichkeiten vom Leben und deren Äußerungen, sodass sie es auch an ihre Kinder weitergegeben haben. Erst ich habe die Möglichkeit, andere Wege zu entdecken und mein Leben alternativ zu gestalten. Das habe ich vor allem der Freiheit der Selbstentfaltung und der Demokratie zu verdanken […].

Liebau unterscheidet zwischen der symbolischen und der praktischen Beherrschung leiblicher Tätigkeiten. (Liebau, 104) Im Bereich Musik kann man dazu folgendes Beispiel anführen: Nur wer Noten lesen kann, kann noch lange nicht ein Instrument spielen. Wenn ich diese Aussage auf meinen schulischen Musikunterricht zurückführe, fällt mir ein: Menschen mit einem Besuch der Musikschule waren, gegenüber jenen ohne Instrument, besonders auch bei der Zensurenvergabe im Vorteil. Das Singen an sich erlebte ich eher als Zwang. Denn nach wie vor war es mindestens einmal im Schuljahr die Pflicht, vor der Klasse zu singen. Dies wurde letztendlich auch benotet. Ich bin der Überzeugung, dass es nicht so stark in schlechter Erinnerung wäre, wenn wir uns die vorzutragenden Lieder selber ausgesucht hätten. Stattdessen haben wir häufig Volkslieder wie bspw. Hoch auf dem gelben Wagen gesungen. Dies senkt die Motivation enorm, wenn kein Interesse besteht (vgl. Liebau).«

Nicht selten wird nach den vorliegenden Erfahrungen in solchen autobiografischen Texten von Studierenden von Prozessen der Bloßstellung und Beschämung berichtet, gerade im Zusammenhang mit Singen. Von einer Situation des »Zwangssingens« berichtete beispielsweise auch eine Studierende, die am Tag ihrer Einschulung in einem kleinen ostanatolischen Dorf an der Grenze zu Syrien die türkische Nationalhymne mitsingen sollte, wozu sie aber als Kurdin nicht in der Lage gewesen sei. Aus Angst vor dem Hass der Mitschüler und Lehrer habe sie dann nur die Lippen bewegt, um nicht aufzufallen. Eine solche Schilderung kann Anlass sein, im Seminar Situationen des »verordneten Singens« zu thematisieren, etwa im Zusammenhang auch mit der These Adameks, eine solche Erfahrung beeinflusse die Herausbildung der Fähigkeit, Singen als Bewältigungsstrategie zu entwickeln, »bis ins Erwachsenenalter«. (Adamek 2008: 58 u. 205)

Häufig lässt sich aus den Texten erschließen, dass die Studierenden ein negatives Selbstbild in Bezug auf ihre eigene Singfähigkeit entwickelt haben. »Meine Eltern waren von meinen Gesangsfähigkeiten wenig überzeugt«, heißt es in einem Text einer Studentin, und in der Grundschule sei ihr von der Musiklehrerin »unmissverständlich klar gemacht worden, dass sie nicht singen könne, da sie die Stimme nicht halten könne.« Weiter schreibt sie: »Als ich aus der Grundschule entlassen wurde, war ich fest davon überzeugt nicht singen zu können, was auch heute noch meine Auffassung ist.« Mit diesem negativen, inhaltlich recht undifferenzierten und zugleich stabilen Selbstbild besucht diese Studierende nun ein Seminar zum Thema »Singen und Lernen« – Anlass genug, sich mit der individuellen Stimmsituation der Studierenden genauer zu befassen und ihr durch gezielte Übungen die Erfahrung zu vermitteln, dass sie im Bereich Singen etwas lernen kann und dass sie diese Fortschritte selbst auch als ermutigend wahrnehmen kann.

Eine andere Studierende hat im Zusammenhang mit dem Tod einer Freundin die Erfahrung gemacht, dass Musik auch Trost spenden kann. Sie schreibt:

»War Gesang für mich vorher nur Ausdruck von Freude, erkannte ich nun, dass Musik und Gesang mir die Möglichkeit gibt, nach einem anstrengenden Tag ruhiger zu werden und mich auf den Abend einzustellen. Ich dachte in den Gesangsrunden viel nach und konnte manchmal nicht mitsingen. Es war aber schön, andere Teilnehmer singen zu hören. Es gab mir ein Gefühl von Wärme und Gemeinschaft. Wenn ich nach den zwei Wochen von der Freizeit nach Hause kam, fehlten mir noch lange Zeit die Abendausklänge.«

Hier sind es nicht spezielle Stimmübungen, die sich als »Konsequenz« aus der Lektüre solcher Texte ergeben, sondern vielleicht zwei Literaturtipps: Heymel 2004 und Heymel 2006 (siehe Literaturverzeichnis).

Ich fasse meine Gedanken zur Thematik zusammen:

1. Wer als Musikpädagoge tätig wird, sei es mit Kindern, Jugendlichen oder Erwachsenen, hat es immer auch mit latent wirksamen Erfahrungen aus der individuellen Vergangenheit dieser Menschen zu tun. Wie aus der Säuglingsforschung bekannt ist, haben sich selbst bei den allerjüngsten Kindern bereits Lebenserfahrungen »eingeschmolzen«, in denen Singen – etwa im Zusammenhang mit der sogenannten Affektabstimmung – eine große Rolle spielen kann. (Stern 2007: 198-204)

2. Nur ein Teil dieser Erfahrungen ist dem Bewusstsein des Menschen als »explizites« oder »autobiografisches« Gedächtnis zugänglich. Andere Erfahrungen sind nur als »implizite« oder »leibliche« Erinnerungen in der Gegenwart wirksam.

3. Autobiografisch orientierte Aufgabenstellungen stoßen nach meinen Erfahrungen bei den meisten Studierenden auf großes Interesse. Viele nutzen die Gelegenheit zur sorgfältigen Reflexion der eigenen Biografie unter einer aus ihrer Sicht meist ungewöhnlichen Perspektive. Die Attraktivität der Aufgabenstellung liegt meines Erachtens darin begründet, dass sie auf die eigene Identität ausgerichtet ist. Denn: »Wir sind, was wir erinnern, und wir erinnern, was wir sind.« (Pohl 2007: 130)

4. Eine musikalische Autobiografie zu schreiben – für viele Studierende bedeutet dies, sich ins Bewusstsein zu rufen, was sich situativ, interpersonal und ästhetisch-kulturell an Erfahrungen im Umgang mit Musik sozusagen in die eigene Person »eingeschmolzen« hat. Auch schmerzliche, teilweise sogar traumatische Erfahrungen werden thematisiert, etwa in Form von diffamierenden Rückmeldungen von Verwandten zum eigenen Singen oder in Form von Bloßstellungen nach Situationen des Vorsingens. Allein die Thematisierung solcher Vorgänge durch die Studierenden selbst dürfte ihrer Persönlichkeitsentwicklung und ihrem musikalischen Bildungsprozess zugute kommen.

5. In der jüngeren Fachgeschichte machte Bastian 1989 ein »Unbehagen an empirisch-quantifizierender Forschungsmethodik« aus und veröffentlichte eine Biografie-Studie, die dem Phänomen der musikalischen Begabung bzw. Hochbegabung nachspürte. Um den Lernerfolg des Klavierunterrichts nicht am Grad der erreichten Professionalisierung, sondern am »persönlich Bedeutsamen« festzumachen, wählte Frauke Grimmer 1991 in ihrem Buch »Wege und Umwege zur Musik« ebenfalls eine biografieorientierte Methode. 1997 erschien der von Kraemer herausgegebene AMPF-Band »Musikpädagogische Biografieforschung«, der sich in zahlreichen Beiträgen den Biografien von Musikpädagogen oder Musikern widmete. Am Ende des 20. Jahrhunderts folgten mehr als 100, meist vor dem Zweiten Weltkrieg geborene Autorinnen und Autoren einem Schreibaufruf der »Dokumentation lebensgeschichtlicher Aufzeichnungen« zum Thema »Erfahrungen mit Musik im Lebenslauf«. Zahlreiche dieser so initiierten Erzählungen wurden in dem von Dorothea Muthesius 2001 herausgegebenen Band »Schade um all die Stimmen« veröffentlicht. Im selben Jahr veröffentlichte Muthesius ihre Dissertation zum Thema »Musikerfahrungen im Lebenslauf alter Menschen«. In beiden Veröffentlichungen richtet sich das biografische Interesse nicht in erster Linie auf Musiker oder gar Hochbegabte, sondern ganz ausdrücklich auf den »ganz ›normalen‹ Musiknutzer«. (Muthesius 2001a: 366) Ebenfalls 2001 erschien ein Beitrag von Isabelle Frohne-Hagemann, in dem sie das »musikalische Lebenspanorama« als Methode narrativer und sozialkonstruktiver Praxis vorstellte. Zeitgenössische Komponistinnen und Komponisten standen im Mittelpunkt der von Marion Saxer 2003 unter dem Titel »Anfänge« herausgegebenen Erfahrungsberichten.

Dieser kurze und keineswegs auf Vollständigkeit bedachte Überblick gibt zu erkennen, dass sich das biografische Interesse in der jüngeren Fachgeschichte nicht mehr vorrangig auf Künstlerbiografien richtet, die zum Inhalt des Musikunterrichts gemacht werden können, sondern zunehmend auf die Schülerinnen und Schüler und deren musikalische Sozialisation. Allerdings fällt auf, dass selbst die Veröffentlichungen, die sich dem Individuell-Biografischen zuwenden, dies tun, um daraus allgemein gültige, beispielsweise typologische Aussagen abzuleiten. (Muthesius 2001a: Kap. 4) Gerade der diagnostische Blick auf das Individuell-Biografische bietet aber die Chance, im Sinne einer »Passung« auch individuelle Aufgabenstellungen und Fördermaßnahmen zu entwickeln und damit die Qualität einer Lehrveranstaltung zu erhöhen. (Greuel/Szczepaniak 2007: 73)

Häufig, so meine ich, wissen wir als Musikpädagogen viel von Musik und von Musikern, aber viel zu wenig von unseren Schülern und Studierenden.

Literatur

Adamek, Karl (⁴2008): *Singen als Lebenshilfe. Zur Empirie und Theorie von Alltagsbewältigung.* Münster.
Bastian, Hans Günther (1989): *Leben für Musik. Eine Biografie-Studie über musikalische (Hoch-)Begabungen.* Mainz.
Dilthey, Wilhelm (1981): Das Verstehen anderer Personen und ihrer Lebensäußerungen. In: Ders., *Der Aufbau der geschichtlichen Welt in den Geisteswissenschaften.* Frankfurt am Main, S. 252–272.
Fuchs, Thomas (2008): Das Gedächtnis des Leibes. In: Ders., *Leib und Lebenswelt. Neue philosophisch-psychiatrische Essays.* Kusterdingen, S. 37–64.
Fuchs, Thomas (2010): *Leibgedächtnis und Lebensgeschichte,* online verfügbar unter http://www.benediktushof-holzkirchen.de/Podcast/fuchs.pdf [23.7.2010].
Frohne-Hagemann, Isabelle (2001): Das musikalische Lebenspanorama (MLP) – narrative Praxis und inszenierende Improvisation in der Integrativen Musiktherapie. In: Dies., *Fenster zur Musiktherapie. musik-therapie-theorie 1976-2001.* Wiesbaden, S. 175–196.
Greuel, Thomas (2007): Theorie musikpädagogischer Diagnose. In: Ders. (Hg.), *In Möglichkeiten denken – Qualität verbessern. Auf dem Weg zu einer musikpädagogischen Diagnostik.* Kassel, S. 25–56.
Greuel, Thomas/Szczepaniak, Elke (2007): Von der musikpädagogischen Diagnose zum musikalischen Arrangement. In: Thomas Greuel (Hg.), *In Möglichkeiten denken – Qualität verbessern. Auf dem Weg zu einer musikpädagogischen Diagnostik.* Kassel, S. 70–77.
Grimmer, Frauke (1991): *Wege und Umwege zur Musik. Klavierausbildung und Lebensgeschichte.* Kassel.
Heymel, Michael (2004): *In der Nacht ist sein Lied bei mir. Seelsorge und Musik.* Kamen.
Heymel, Michael (2006): *Wie man mit Musik für die Seele sorgt.* Ostfildern.
Jacoby, Heinrich (1925): *Jenseits von »musikalisch« und »unmusikalisch«.* Stuttgart.

Kraemer, Rudolf-Dieter (Hg.) (1997): *Musikpädagogische Biografieforschung. Fachgeschichte – Zeitgeschichte – Lebensgeschichte.* Essen.

Liebau, Eckart (2007): Leibliches Lernen. In: Michael Göhlich u. a. (Hg.), *Pädagogische Theorien des Lernens.* Weinheim, S. 102–112.

Markowitsch, Hans J./Welzer, Harald (22006): *Das autobiografische Gedächtnis. Hirnorganische Grundlagen und biosoziale Entwicklung.* Stuttgart.

Muthesius, Dorothea (Hg.) (2001): *»Schade um all die Stimmen ...« Erinnerungen an Musik im Alltagsleben.* Wien.

Muthesius, Dorothea (2001a): *Musikerfahrungen im Lebenslauf alter Menschen: eine Metaphorik sozialer Selbstverortung.* Münster.

Pohl, Rüdiger (2007): *Das autobiografische Gedächtnis. Die Psychologie unserer Lebensgeschichte.* Stuttgart.

Saxer, Marion (2003): *Anfänge. Erinnerungen zeitgenössischer Komponistinnen und Komponisten an ihren frühen Instrumentalunterricht.* Hofheim.

Stern, Daniel (92007): *Die Lebenserfahrung des Säuglings.* Stuttgart.

Vopel, Klaus W. (2005): *Ich bin, woran ich mich erinnere. Autobiografisches Erzählen in Gruppen.* Salzhausen.

Martin Greve
Studium *Türkische Musik* in Deutschland

I

Der Gedanke an einen Studiengang *Türkische Musik* in Deutschland erscheint gleichermaßen nahe liegend wie irreal. Das Potenzial an Studenten ist unbestreitbar: Gut 2,8 Millionen Menschen mit »Migrationshintergrund Türkei« leben heute in Deutschland, seit Jahrzehnten existiert ein reiches deutsch-türkisches Musikleben mit türkischen Ensembles und Chören aller Art, Musiklehrern und privaten Musikschulen.

Auch die Musikdidaktik hätte Interesse; Musiklehrer in Deutschland brauchen interkulturelle Kompetenz und sinnvollerweise müsste dabei die Musik der zahlenmäßig größten Minderheit, eben der Deutsch-Türken eine Rolle spielen. Auch wäre es wünschenswert, mehr türkisch-deutsche Nachwuchsmusiklehrer auszubilden.

Auf der anderen Seite ist eine Hochschulausbildung in türkischer Musik in Deutschland ohne jedes Vorbild. Das musikalische Spektrum an Musikhochschulen und universitärer Musikerziehung ist zwar längst über die Bereiche traditioneller westlicher Kunstmusik hinaus zu Jazz, teilweise sogar bis Popmusik erweitert worden, eine Ausbildung in einer »nicht-westlichen« Musiktradition jedoch wäre ein Novum. So löst eine solche Idee eine Reihe grundlegender Bedenken, Ängste und Einwände aus: Wer wäre in der Lage, das musikalische Niveau angemessen einzuschätzen und zu prüfen? Lässt sich »außereuropäische« Musik überhaupt nach »westlichen« Vorstellungen studieren, oder zerstört – »verwestlicht« – man damit nicht »Traditionen«? Inwieweit wäre die »türkische Mentalität« zu berücksichtigen, und vor allem: wie löst man die sprachlichen Verständigungsprobleme zwischen Türken und Deutschen?

Derzeit bietet keine deutsche Hochschule eine Ausbildung in türkischer Musik an, allerdings sind seit einigen Jahren eine Reihe von Hochschulen prinzipiell dazu bereit, etwa die Hochschulen von Köln, Oldenburg und Hildesheim, an der Musikhochschule Wuppertal regt sich ebenfalls Interesse, in Berlin und Nordrhein-Westfalen bemühen sich private Initiativen um die Gründung von eigenständigen Weltmusikhochschulen. Das Projekt »Jedem Kind ein

Instrument« in Nordrhein-Westfalen fördert im Studienjahr 2009–2010 ein Fortbildungsprojekt zum (anerkannten) Lehrer der anatolischen Langhalslaute Bağlama. Im Herbst 2011 soll ein erster Lehrplan Bağlama des Verbands der Musikschulen (VDM) erscheinen.

Wie nun könnte ein Studienprogramm *Türkische Musik* in Deutschland aussehen? Die folgenden Überlegungen stützen sich zum einen auf die Erfahrungen an der Rotterdamer Weltmusikakademie (Teil des Rotterdamer Konservatoriums der Hochschule Codarts), dessen Studiengang *Türkische Musik* der Verfasser seit vier Jahren leitet.[1] Zweitens sollen die Studienpläne von Konservatorien der Türkei hinzugezogen werden, die der Technischen Universität Istanbul (ITÜ), der privaten Istanbuler Halic Universität sowie der Ege Universität Izmir.[2] Den Hintergrund bilden Erkenntnisse zum türkischen Musikleben in Deutschland bzw. Europa (Hemetek/Saglam 2009; Greve 2003) sowie Erfahrungen aus mittlerweile sieben Jahren Bağlama bei *Jugend Musiziert* in Berlin und Nordrhein-Westfalen.

II

Im Rotterdamer Bachelor-Programm waren bislang, in den ersten vier Jahren also, ausschließlich Studenten türkischer Herkunft eingeschrieben, allerdings überwiegend solche, die in den Niederlanden aufgewachsen waren. Hinzu kamen einzelne deutsch-türkische, bzw. englisch-türkische Studenten. Diese sogenannten Bildungsinländer dürften auch in Deutschland die wichtigste Zielgruppe ausmachen.

Damit potenzielle Studierende von einem derartigen neuen Angebot erfahren, wäre gezielte Informationsarbeit notwendig. Vor allem türkische Musiker, Musiklehrer und Musikschulen müssen ausführlich informiert und überzeugt werden (und auch später sollten solche Kontakte gepflegt werden): Ihre interne Empfehlung oder Ablehnung wird über den Erfolg eines türkischen Studienganges entscheiden. Vor allem in der Anfangsphase erfordert dies einen erheblichen Zeitaufwand und mitunter diplomatisches Geschick. Bei der »türkischen Community« handelt es sich um eine äußerst heterogene soziale Land-

---

[1] In Rotterdam existiert seit 1990 ein Fachbereich Weltmusik, im Jahr 1999 wurde dort zunächst kurzzeitig auch *Türkische Musik* angeboten, musikalischer Leiter war damals Talip Özkan (Paris), Koordinator Nahim Avci (Rotterdam). Im Sommer 2006 begann ein regelmäßiger Studiengang.

[2] Im Sommer 2009 lauteten die Internet-Adressen: ITÜ: www.tmdk.itu.edu.tr/ects.htm; Halic Universität: www.halic.edu.tr/konservatuvar/turk-musikisi.program; Ege Üniversitesi: http://konservatuvar.ege.edu.tr/index.php

schaft mit Rivalität unter Musikern. Auch für die Auswahl der Lehrer (siehe unten) ergeben sich aus dieser Situation Konsequenzen.

Allgemein erwarten deutsch-türkische Studierende, Eltern und Lehrer von einer deutschen Hochschule »deutsche« Ordnung und Zuverlässigkeit, vor allem transparente und faire Entscheidungen ohne Mauscheleien. Ein türkischer Studiengang in Deutschland muss stets auf seinen »guten Ruf« achten, auf Seriosität und Gerechtigkeit (einschließlich, falls nötig, Härte gegenüber Einzelnen).

Gleichzeitig aber – und mindestens ebenso wichtig – erwarten sie ein musikalisches Niveau, das dem von Konservatorien der Türkei gleichwertig ist. Ein Problem besteht darin, dass Deutsche – deutsche Hochschulen – diesen Vergleichsmaßstab nicht kennen.

In mehrfacher Hinsicht unterscheiden sich dann deutsch-türkische Volksmusik-Studierende von anderen Studierenden. Zum einen kommen die meisten aus ökonomisch schwachen Familien. Beinahe alle Rotterdamer Studierende haben regelmäßig mit gravierenden finanziellen Problemen zu kämpfen, nur wenige bekamen Unterstützung von ihren Eltern, zwei mussten aus Geldmangel ihr Studium abbrechen.

Weiterhin stammen die meisten aus sogenannten bildungsfernen Schichten, eine Lesekultur ist im Allgemeinen nur schwach ausgeprägt – einzelne Studierende allerdings erwiesen sich als äußerst belesen und breit gebildet. Die verbreitete Bildungsferne erstreckt sich meist auch auf die Bereiche türkischer Musikkultur und Musiktheorie. Ohnehin wird keiner dieser Bereiche in Deutschland regelmäßig unterrichtet, Bücher sind schwer zu bekommen. Das vorhandene Wissen stammt in der Regel vom Hörensagen, aus Booklets oder dem Internet. Wünschenswert wären daher Kooperationen mit möglichst vielen regionalen türkischen Musiklehrern und -schulen bei der Vorbereitung von potenziellen Studierenden.

Außer Bildungsinländern kommen nach Rotterdam auch Studenten direkt aus der Türkei. Der Übergang zwischen beiden Gruppen ist fließend, manche Studierende sind dem Pass nach türkische Staatsangehörige, aber leben seit vielen Jahren in den Niederlanden. Einige kamen gezielt zum Musikstudium, andere leben seit drei, sieben oder zehn Jahren in Europa.

Formal bedeutet eine »Nicht-EU« Staatsangehörigkeit in den Niederlanden (und ebenso in Deutschland) einen deutlichen formalen Nachteil – in den Niederlanden vor allem durch die drastisch erhöhten Studiengebühren von 7950 Euro jährlich gegenüber 1672 Euro für EU-Bürger (Stand 2011) sowie eine feindselige Visa-Prozedur.

Studierende aus der Türkei sehen ein Studium in Europa meist als Sprungbrett in den internationalen Musikmarkt, und nach Rotterdam kommen daher vor allem Kandidaten für ein Master-Studium.

Infolge dieser internationalen Studenten wurde die Sprache – anders als etwa bei dem Bağlama-Wettbewerb bei *Jugend Musiziert* in Deutschland – durchaus zum Problem. Oft war das Englisch solcher Studierender ungenügend – von Niederländisch ganz zu schweigen. Auf der anderen Seite brachten viele eine weitaus bessere musikalische und theoretische Vorbildung mit als Bildungsinländer, die durch das schlecht entwickelte niederländisch-türkische Musikleben gehandicapt waren, dafür aber meist fehlerfrei Niederländisch und oft auch noch gut Englisch sprachen.

In Rotterdam sorgte die drohende sprachliche Abkoppelung des türkischen Studienganges bei Kollegen, Kommilitonen und der Verwaltung immer wieder für Unmut: Die Umgangs- und Studiensprache tendierte zu Türkisch und der Studiengang lief immer wieder Gefahr, die Verbindung zur übrigen Hochschule zu verlieren.

Insgesamt zeigt sich in der Zusammensetzung der Studierenden ein gravierender Unterschied zu den übrigen Weltmusik-Studiengängen (*Latin*, *Tango*, *Flamenco* und *Nordindische Kunstmusik*): Während diese durchaus international belegt sind – der Indische Studiengang beispielsweise also kaum von Indern –, wird der Bachelor Türkische Musik bislang von Studierenden türkischer Herkunft genutzt. (Auch an den Bağlama-Wettbewerb von *Jugend Musiziert* hat noch kein einziger Musiker deutscher Herkunft teilgenommen.) Die zahlenmäßig kleinste Gruppe waren Studierende nicht-türkischer Herkunft, am Rotterdamer Master-Programm nahmen vor allem griechische Studierende teil. Diese zeichneten sich durch ein besonderes Interesse an türkischer und osmanischer Musik aus und besaßen darin zumeist gute Vorkenntnisse. Allerdings sprachen sie kein Türkisch, wohl aber Englisch. Mit ihrem interkulturellen Zugang passten sie gut an eine Weltmusikakademie, und ein Studienprogramm für osmanisch-türkische Kunstmusik (siehe unten) hätte in dieser Hinsicht wahrscheinlich ein größeres Potenzial.

Zwischen den Vorkenntnissen türkischer Musikstudierender und solcher anderer Herkunft allerdings tat sich eine spürbare Kluft auf. Selbst türkisch-niederländische Musikschüler, die die komplexe Musiktheorie kaum kennen, haben zumindest mit den Fachtermini keine sprachlichen Schwierigkeiten. Deutsche Studierende bräuchten vermutlich zunächst Grundeinführungen in die Kulturgeschichte sowie die Musiklandschaft der heutigen Türkei, die türkische Sprache und schließlich in elementarste Grundlagen türkischer Musik (Instrumente, kultureller Kontext von Musik etc.). Gemeinsamer Unterricht oder gar gemeinsame Studienprogramme für beide Gruppen wäre höchstens nach einer Art vorbereitendem Grundkurs möglich. Erschwert wurde die Situation in Rotterdam bei Unterricht und Workshops in türkischer Sprache. Hier mussten individuelle Lösungen gesucht werden, in einigen Fällen mit eigenen Übersetzern, manchmal wurden zwei oder drei Sprachen durcheinander gesprochen. Mitunter fühlten sich nicht-türkische Studierende (nicht ganz zu Unrecht) ausgegrenzt. Umgekehrt konnten einige ihre türkischen Kommilitonen durch ihre guten theoretischen und praktischen Kenntnisse verblüffen.

Die Schwierigkeiten, nicht-türkische Studierende zu finden, zeigten sich im zwei Jahre andauernden Bemühen, einen Master-Studiengang für die Osmanische Längsflöte Ney mit dem sehr prominenten Lehrer Kudsi Erguner einzurichten. Angesichts von Erguners langjährigen Workshops in Italien und Frankreich wäre hier ein großes Potenzial sowohl türkischer wie nicht-türkischer Studierender zu erwarten gewesen (de Zorzi 2009). Im Studienjahr 2011/12 wird dieses Programm endlich offiziell beginnen.

III

Jeder wie auch immer beschaffene Studiengang für *Türkisch-Deutsche* Musik steht vor der Herausforderung, sich in einem komplexen Feld von Ästhetik und Identität zu positionieren, ohne dies tatsächlich zu überblicken. Sowohl die Vorstellung einer »Türkischen Volksmusik« als auch die von »Klassischer Türkischer Musik« (als Nachfolgerin osmanischer Kunstmusik unter europäischem Einfluss) entstanden erst im Laufe des 20. Jahrhunderts und werden in der Türkei bis heute kontrovers diskutiert. Seit Gründung der Türkischen Republik 1923 ist Musik sehr viel stärker in Identitätsdiskurse verstrickt als andernorts in Europa. (Aksoy 2008; Greve 2005) Hinzu kommt das wachsende Selbstbewusstsein ethnischer Minderheiten der Türkei, die teilweise – teilweise aber auch nicht – den Begriff »türkisch« ablehnen. So wäre anstelle eines Programms »Türkische Volksmusik« auch »Anatolische Volksmusik« denkbar, anstelle »Türkischer Kunstmusik« »Osmanische« oder »Osmanisch-Türkische (Kunst-)Musik«. Andererseits wäre auch eine Zusammenfassung beider Bereiche (vielleicht sogar unter Einschluss »westlicher Kunstmusik« der Türkei) als »Türkische Musik« möglich, wie es türkische Konservatorien handhaben. Jede dieser Varianten fände ebenso entschiedene Befürworter wie Gegner – Gremien deutscher Hochschulen jedoch dürften derartigen Diskussionen überwiegend ratlos gegenüber stehen.

Überdies gibt es türkische Musikstudierende selbstverständlich auch in den Studiengängen *Westliche Musik*, *Jazz* und *Pop*, und in Rotterdam entstanden schnell persönliche Verbindungen zwischen türkischen Studierenden der verschiedensten Studiengänge. Mitunter hoffen Studierende europäischer Kunstmusik, die Etablierung explizit »türkischer« Musik an ihrer Hochschule könne auch eine Aufwertung europäischer türkischer Musik nach sich ziehen.

Wie »traditionell«, »europäisch« oder »interkulturell« eine »türkische« Musikausbildung in Deutschland ausgerichtet wird, ist letztlich eine Entscheidungsfrage zwischen vielen Möglichkeiten, die abhängt von finanziellen Möglichkeiten, von den beteiligten Dozenten und letztlich vom kulturpolitischen Willen der Hochschule.

Theoretisch wäre es auch möglich, lediglich einen einzelnen Studiengang, etwa Bağlama, beispielsweise als Ergänzung zu Gitarre anzubieten – und somit weiteren Diskussionen aus dem Weg zu gehen. Das Lehrprogramm erforderte aber auch in diesem Fall einige zusätzliche Unterrichtsfächer (siehe unten), sodass eine Kombination mehrerer »türkischer« Studiengänge ökonomisch durchaus vorteilhaft wäre. Eine ganze Weltmusikabteilung, -fakultät oder, wie in Rotterdam, eine eigene Weltmusikakademie ermöglicht weitere Synergieeffekte, beispielsweise einen engen Erfahrungsaustausch bei Fachdidaktik oder gemeinsamen Unterricht in westlicher Musiktheorie für Studierende indischer und türkischer Musik. Auch für die Bildung interkultureller Ensembles bestehen so bessere Möglichkeiten. Auf der anderen Seite ist dann die Verbindung mit westlicher Kunstmusik erschwert und auch für die Musiklehrerausbildung ergeben sich Einschränkungen.

In Rotterdam werden innerhalb des Programms *Türkische Musik* mittlerweile drei Hauptfächer angeboten:

- Zunächst begann das Programm mit der Langhalslaute Bağlama, ähnlich wie in Deutschland bei *Jugend Musiziert*. Zum weit überwiegenden Teil bewarben sich in Rotterdam Männer – erstaunlich angesichts der nicht wenigen Mädchen, die im Laufe der Jahre bei *Jugend Musiziert* mitwirkten. Allerdings nahm auch dort ihr Anteil mit zunehmendem Alter ab.
- Als nächstes kam *Türkische Perkussion* hinzu, mit wohl auch dauerhaft nur wenigen Studierenden. Neben einem bereits bestehenden Studiengang *Bağlama* war dieses Programm einfach und kostengünstig durchzuführen, einzige Voraussetzung war ein geeigneter Hauptfachlehrer, fast alle übrigen Fächer wurden gemeinsam mit den Bağlama-Studierenden durchgeführt. Ähnlich wären Studiengänge etwa in Blasinstrumenten der Volksmusik (Kaval, Mey, Zurna etc.) denkbar.
- Eine deutliche Verbesserung der Studienatmosphäre und -disziplin bewirkte die Einführung des Studienganges *Volksmusikgesang* (zunächst als Vorbereitungsjahr ab Sommer 2008): Hier kamen überwiegend Stu-

dentinnen, was die Situation als fast reine Männergesellschaft beendete. Auch studierten diese Studentinnen insgesamt auffallend regelmäßiger und disziplinierter als ihre männlichen Kommilitonen – die sich unter diesem guten Einfluss bald ebenfalls besserten. Bemerkenswerterweise überstieg im Sommer 2009 die Anzahl der Gesangsbewerber die der Bağlama-Kandidaten bei weitem.

Die Einführung eines Masterprogramms *Osmanische Musik/Ney* gelang, wie erwähnt, erst in diesem Jahr. Ein Studierenden-Potenzial im Bereich Kunstmusik wäre auch bei der Kurzhalslaute Ud zu vermuten sowie im Gesang. Insgesamt dürfte die Nachfrage nach einem Studium *Türkischer Kunstmusik* aber deutlich geringer sein als nach *Volksmusik*.

Insgesamt lässt sich das Potenzial einzelner Studiengänge im Vorfeld mangels Erfahrung schlecht abschätzen, man ist angewiesen auf Try and Error, und es ist hilfreich, sich dies von vornherein klarzumachen.

IV

In ihrer Grundstruktur ähneln sich die Lehrpläne Türkische Musik der meisten Konservatorien der Türkei, und auch der von Rotterdam ist prinzipiell vergleichbar. Vier inhaltliche Blöcke lassen sich unterscheiden: 1. Hauptfach 2. Ensemble 3. Musiktheorie 4. Kulturgeschichte.

1. Hauptfach: Eine wissenschaftlich fundierte Fachdidaktik für türkische Musikinstrumente ist bislang noch kaum entwickelt. Schriftliches Lehrmaterial liegt zwar in stetig wachsender Menge vor, ist jedoch von einer Konzentration auf ein möglichst breites Repertoire gekennzeichnet, aber ansonsten häufig eher unsystematisch. Letztendlich muss ein ausgebildeter Bağlama-Spieler zweifellos über ein breites Spektrum von Griff- und Schlagtechniken verfügen und diese differenziert in Regionalstilen (tavir) anwenden können (Zeybek, Teke, Ankara, Konya, Sürmeli, Silifke, Deyis/Semah, Azeri etc.). Er muss verschiedene Stimmungen spielen können (Kara, Bağlama, Misket etc.) und auf Instrumenten verschiedener Größe (Bağlama, Cura, Bass Bağlama etc). Die Gewichtung von Fähigkeiten in Improvisation (acis), interkulturellem Ensemblespiel, eventuell sogar die Fähigkeit, zeitgenössische westliche Musik auf Bağlama zu spielen, hängen von der Grundausrichtung des Studienganges ab. In Rotterdam entwickelte Kemal Dinc ein mittlerweile vollständiges Studienprogramm. Der erwähnte Lehrplan *Bağlama* des VDM gibt einen detaillierten Überblick.

   Prinzipiell ähnlich sind die Anforderungen an Perkussionisten: Verschiedene Spieltechniken, Regionalstile und Instrumente (Davul, Bendir, Darbuka etc.). Sehr viel unklarer ist die Situation in der Ausbildung anatolischen Volksmusikgesanges. Analog regionaler Anschlagtechniken bei der Bağlama wären hier vor allem die verschiedenen Kehlkopftechniken zu unterrichten, hinzu kommt jedoch – oder auch nicht – eine »westliche« Atemtechnik. Hier wie beim Thema Stimmklang gehen die Ansichten über Ästhetik und Didaktik weit auseinander.

Zu ergänzen wäre ein Hauptfachunterricht Gesang durch das Nebenfach Bağlama, dem zentralen Instrument anatolischer Volksmusik. Inwieweit umgekehrt ein Bağlama-Student auch Gesangsunterricht haben sollte, ist wiederum Gegenstand von Diskussionen: traditionell dienten Bağlamas praktisch ausschließlich zur Gesangsbegleitung und jeder Bağlama-Spieler war gleichzeitig Sänger. Heute jedoch befürworten viele Bağlama-Spieler die Entwicklung zu einem selbstständigen Instrument, ähnlich wie Gitarre oder Violine. Denkbar wäre es auch, ein kombiniertes Programm Bağlama und Gesang anzubieten, mit der Möglichkeit, dabei einen Schwerpunkt auszuwählen.

2. Ensemble und Repertoire: Bis ins 20. Jahrhundert wurde türkische Kunstmusik in Form sogenannter mesk gelehrt: Der Schüler singt dabei Kompositionen möglichst originalgetreu und auswendig so nach, wie sein ihm gegenüber sitzender Lehrer sie vorsingt. Beide schlagen dabei eine ostinate Rhythmusbegleitung (Usul) mit den Händen auf die Oberschenkel. Vermittelt wird so ein Repertoire, Aufführungsstil mit Verzierungen und Musiktheorie (Usul sowie insbesondere die melodischen Modi (Makam)) in einem, Gesangs- oder Spieltechnik wurde nicht gesondert unterrichtet. (Behar 1998) Moderne türkische Konservatorien trennen diesen ganzheitlichen Unterricht nach westlichem Vorbild in einen technisch orientierten Instrumental- oder Gesangsunterricht, Theorie- und Repertoirekurse. Insbesondere für Kunstmusik ist das Ensemblespiel während des gesamten Studiums wichtig. Es dient zur Erweiterung des Repertoires ebenso wie der Entwicklung eines aufmerksamen Zusammenspiels.

Auch Volksmusiker werden am Umfang ihres (auswendigen) Repertoires gemessen. In Deutschland oder den Niederlanden aufgewachsene junge Volksmusiker kennen oft nur das Repertoire aus der Herkunftsregion ihrer Eltern, der Repertoire-Unterricht sollte daher auf Vielfalt und Ausgleich gerichtet sein. In Rotterdam nehmen alle Volksmusikstudenten an einem Chor teil sowie, zum Verbessern ihres Zusammenspieles, an verschiedenen Ensembles. Das Spektrum reicht dabei von Duetten mit Gesangsstudierenden über homophone Bağlama-Orchester, wie sie in der Türkei seit Mitte des 20. Jahrhunderts Standard wurden, bis zu interkulturellen

Ensembles. Die Fähigkeit einander zuzuhören ist bei dem traditionell solistischen Instrument Bağlama keine Selbstverständlichkeit, überdies wird der Umgang mit Notation verbessert.

3. Musiktheorie: Eine Besonderheit gegenüber bisherigen Musikstudiengängen an deutschen Hochschulen wäre die Notwendigkeit einer doppelten Theorieausbildung. Die Rotterdamer Weltmusik-Akademie ebenso wie die Konservatorien der Türkei unterrichten neben *Türkischer Musiktheorie* die des Westens, letztere allerdings auf deutlich niedrigerem Niveau.

Schon bei der Aufnahmeprüfung müssten diese Niveau-Unterschiede berücksichtigt werden: Studienbewerbern in Rotterdam fehlten oft die grundlegendsten Kenntnisse allgemeiner Musiklehre, auch das Hören von Intervallen oder gar zweistimmiger Melodien fiel den meisten schwer. Tatsächlich ist westliche Musiktheorie und Gehörbildung für traditionelle türkische Musiker von wenig Nutzen: ihre Musik ist einstimmig und wurde jahrhundertelang mündlich überliefert.

Aber auch bei *Türkischer Musiktheorie* ist das Eingangsniveau oft erschreckend niedrig: Tatsächlich wird dieses Fach in den Niederlanden ebenso wie Deutschland nur an wenigen privaten türkischen Musikschulen unterrichtet, im Schulunterricht oder an städtischen Musikschulen hingegen niemals. Die Schüler haben also schlicht keine Chance, sich notwendiges Wissen anzueignen.

Für »westliche« Theorielehrer (Harmonielehre, Kontrapunkt) erfordert der notwendige Unterricht neue Konzepte: Westliche Musiktheorie ohne jeden Bezug zu türkischer Musik erscheint den Studierenden rein abstrakt und sinnlos. Tritt ein Lehrer angesichts der geringen Kenntnisse überheblich auf, ohne hingegen einen einzigen Makam benennen zu können, werden die Studierenden schnell demotiviert. Auch ein »westlicher« Theorielehrer sollte sich daher selbst mit türkischer Musik auseinandersetzen und beispielsweise auch mehrstimmige Bearbeitungen türkischer Musik (und ihre Grenzen) behandeln. Als praktische Ergänzung zum westlichen Theorieunterricht gibt es in den Konservatorien der Türkei ebenso wie in Rotterdam Pflichtkurse in Klavier oder Gitarre. Ziel ist vor allem ein praktisches Gefühl für westliche Musik und Mehrstimmigkeit.

Wichtiger noch ist ein kontinuierlicher Unterricht in *Türkischer Musiktheorie* (Nazariyat), in *Volksmusik* mindestens zwei Jahre, in *Kunstmusik* mindestens drei. Hier wird das türkische Tonsystem vermittelt, die melodischen Modi (Makam), Rhythmen (Usul) sowie Formen und Genres. In der Türkei wird von professionellen Musikern heute gutes Blattspiel erwartet, auch dies muss intensiv geübt werden.

4. Kulturgeschichte: Die Vermittlung kultureller Kontexte ist bei Studierenden in Europa noch wichtiger als in der Türkei. Vor allem Bildungsinländer kennen die Kulturgeschichte der Türkei nur oberflächlich – nirgendwo in Deutschland wird diese schließlich seriös unterrichtet. Dem ungeachtet jedoch ist für viele die Identität ihrer Musik emotional ein außerordentlich bedeutsamer Aspekt. Ein sachlich-distanzierter Umgang mit der kulturellen Vielfalt der Türkei gehört daher zu den Lernzielen: Westliche Musik der Türkei, Einführung in Osmanische Musikgeschichte, Musik der Minderheiten Anatoliens sowie Grundlagen der Feldforschung (Derleme).

Sowohl Kunst- als auch Volksmusik der Türkei werden überwiegend gesungen und das Verständnis der Texte muss hinsichtlich ihrer sprachlichen und poetischen Formen explizit geschult werden.

V

Alle Überlegungen zu Studiengängen und Unterrichtsfächern stehen unter dem entscheidenden Vorbehalt, jeweils geeignete Lehrer finden zu müssen. Dies ist das gravierendste Problem eines jeden »türkischen« Studienganges in Deutschland. Da bislang kein derartiges Studium existiert, gibt es auch keine Absolventen, lediglich in Deutschland absolvierte Musikwissenschaftler, Komponisten oder etwa Gitarristen türkischer Herkunft. Inwieweit diese auch für ein »türkisches Musikstudium« in Deutschland geeignet sind bzw. für welche diesbezügliche Aufgaben, ist in jedem Einzelfall zu prüfen.

Die Anforderungen für Dozenten sind außerordentlich vielfältig:

- Gute Musiker, Fachkompetenz im jeweiligen Instrument bzw. Fach: Ein guter Sänger beispielsweise muss nicht zwangsläufig auch ein guter Theorielehrer sein.
- Didaktisch guter Unterricht.
- Gutes Deutsch und gutes Türkisch.
- Hochschulerfahrung: Ein traditioneller »Meister« passt schlecht an eine Hochschule.
- Offenheit für interkulturellen Austausch.

Gesucht werden nun gleich mehrere solcher Multitalente – und auf einen vielfältigen Lehrkörper ist unbedingt zu achten. Wie auch bei potenziellen Studierenden hat man es bei den potenziellen Lehrenden teilweise mit solchen Menschen zu tun, die in Deutschland aufgewachsen sind. Andere kamen erst kürzlich aus der Türkei bzw. wurden als Dozent eingeladen. In beiden Fällen gestaltet sich die Kandidatensuche schwierig: Sowohl das lokale türkische

Musikleben als auch das der Türkei ist unter Deutschen weitgehend unbekannt, und Hochschulen sind auf Berater angewiesen, von denen sie nicht sicher sind, inwieweit man ihnen trauen kann. In jedem Fall ist es ratsam, sich zunächst ein breiteres Bild von der türkischen Musiklandschaft der Umgebung gemacht zu haben und die Berufung von Dozenten transparent zu diskutieren. Ein Bağlama-Lehrer, der sich bei der Planung eines Studienganges übergangen fühlt oder den dortigen Dozent ablehnt, könnte später seinen Schülern von einem Studium abraten.

In Rotterdam erwies sich die Wahl von Kemal Dinc als außerordentlich glücklich: Ein sehr guter Bağlama-Spieler mit Hochschulerfahrung (Abschluss Gitarre in Leipzig), der zudem von Außen, nämlich aus Deutschland kam, wurde von allen akzeptiert. Auch ein direkt aus der Türkei importierter Lehrer fände wohl ähnliche Akzeptanz. Allerdings birgt eine solche Wahl andere Risiken. Größtes Problem wären wohl fehlende Deutschkenntnisse. Auch könnten eingeflogene Musiklehrer nach einiger Zeit wieder in die Türkei zurückkehren wollen, weil sie mit dem Leben in Deutschland nicht zurechtkommen.

Einen Sonderfall stellen Workshops und Gastdozenten aus der Türkei dar: Private türkische Musikschulen und Musiklehrer haben oft Kontakte zu prominenten türkischen Musikern. Kommen diese zu Konzerten nach Deutschland, geben sie Workshops oder sind zu informellen Gesprächen (mit Musik) anwesend. Viele türkische Musiker sind zu Workshops manchmal sogar kostenlos bereit. Für Studierende können solche Begegnungen sehr motivierend wirken, sollten allerdings nicht den eigentlichen Lehrplan stören. Auch bei erfahrenen Musikern und Lehrern sollten Workshops jedoch im Vorfeld gut abgesprochen werden, in der Türkei verläuft Unterricht langsamer und entspannter als in Deutschland, und vor allem kostenlose Workshops tendieren zu Plauderstunden.

Vor allem während der Anfangsphase – bei der Lehrerwahl und dem Aufbau von Kontakten zur regionalen Musikszene – ist viel Zeit, Diplomatie und letztlich Kompromissbereitschaft erforderlich. Notwendig sind Flexibilität, gelegentliche Ausnahmeregelungen und bei mitunter schockierender Disziplinlosigkeit oder Versuchen von Studierenden über Pflichtstunden zu verhandeln auch ungewohnte Strenge. Es kann notwendig sein, Lehrpläne den vorhandenen Personalressourcen anzupassen (anstatt umgekehrt). Innerhalb einer eigenen Weltmusikakademie in Rotterdam war diese Haltung nichts Neues, alle Dozenten hatte ähnliche Probleme. Selbst die Verwaltung ist längst an ein gewisses Chaos, aber auch an finanzielle oder aufenthaltsrechtliche Probleme gewöhnt. Für deutsche Hochschulen könnte derart weitreichende Flexibilität eine Herausforderung darstellen. Die Einrichtung von Studiengängen *Türki-*

sche Musik in Deutschland kommt im Grunde genommen um die 20 Jahre zu spät. Der Glaube, man könne nun ein solches Pilotprojekt ohne großen Aufwand, einfach als kleine Erweiterung bestehender Angebote einrichten, ist illusorisch.

Literatur

Aksoy, Bülent (2008): *Gecmisin Musiki Mirasina Bakislar.* Istanbul.
Behar, Cem (1998): *Ask Olmayinca Mesk Olmaz.* Istanbul.
De Zorzi, Giovanni (2008): Learning the Ney Flute in Italy. A seven years »field« experience. In: Ursula Hemetek/Hande Saglam (Hg.), *Music from Turkey in the Diaspora, Klanglese 5.* Wien, S. 107–119.
Greve, Martin (2003): *Die Musik der imaginären Türkei. Musik und Musikleben im Kontext der Migration aus der Türkei in Deutschland.* Stuttgart.
Greve, Martin (2005): Hybrides Musikdenken im Türkischen Nationalstaat. In: Dörte Schmidt (Hg.): *Musiktheoretisches Denken und kultureller Kontext*, Schliengen. S. 149–170.
Hemetek, Ursula/Saglam, Hande (Hg.) (2008): *Music from Turkey in the Diaspora, Klanglese 5.* Wien.

Frauke Heß
Mit Meki Nzewi in Europa
oder Informelles Lernen im Musikunterricht?

Thomas Ott stellt in seinem Aufsatz *Mit Heinrich Jacoby in Afrika oder: Was kann unsere Musikpädagogik von einer schriftlosen Musikkultur lernen?* (Ott 1999) einen zunächst überraschenden Zusammenhang zwischen musikbezogenen Lernprozessen in Nigeria und den musikpädagogischen Idealen Heinrich Jacobys her: Ott sieht das von Jacoby hochgeschätzte musikalische Alltagslernen in der traditionellen afrikanischen Musikkultur umgesetzt.

Kann die europäische Musikpädagogik davon lernen? – fragt Ott und möchte auch ich hier noch einmal fragen.

Vor fast einem Jahrhundert entwickelte Heinrich Jacoby, Musikpädagoge im Umfeld der Reformpädagogik, seine Zentralthese, dass Musik in pädagogischen Kontexten nicht vorrangig als Artefakt und somit vorhandenes Objekt aufzufassen sei, sondern jedem Kind als lebendiges und elementares Ausdrucksmittel zugängig gemacht werden solle. Dazu müsse die alltägliche Begegnung zwischen Kind und Musik gefördert werden, damit Musik auf natürliche Weise tradiert und von jedem Menschen mehr oder minder beiläufig gelernt werde – zum Beispiel ausgehend vom Lallen und spontanen Singen. Denn »die selbstverständliche Art, in der sich jeder durch das Wort allgemein verständlich machen und andere verstehen kann, ist das Ziel, das auch für die musikalische Äußerung zu erreichen versucht werden muß«. (Jacoby 1921: 16) Wie der Mensch zunächst der Sprachfähigkeit bedarf, um ein kunstvolles Gedicht verstehen zu können, so muss sich ein Kind erst musikalisch ausdrücken können, bevor es mit artifizieller Musik verständig umgehen kann – so Jacobys Auffassung. »Das Ansetzen bei fertigen musikalischen Gebilden hat, wie Jacoby sagt, negative pädagogische Konsequenzen – es tendiert zu permanenter Entmutigung.« (Ott 1999: 2)[1]

Damit qualifiziert Jacoby aber weder die Kunstmusik ab, noch »adelt« er das uselle Musizieren. Vielmehr betont er in lerntheoretischer Perspektive, dass die Erfahrung des eigenen Musizierens notwendige *Basis* für die adäquate Auseinandersetzung mit Kunstmusik sei:

---

[1] Ein gewissermaßen prospektives Argument für das Scheitern der kunstwerkorientierten Musikdidaktik der 1960er- und 70er-Jahre.

»Wenn es gelingt, im Laufe unserer Untersuchung den Nachweis zu erbringen, daß vieles, was heute als Reservat des ›Künstlers‹ oder ›Fach‹musikers gilt, auf einem geeigneten Weg der Allgemeinheit zugänglich werden kann, so kommt dadurch die Kunst nicht in Gefahr. Im Gegenteil! Es wird jede, die Bedeutung des Kunstbegriffs entwertende Oberflächlichkeit verschwinden [...]. Man wird dann nicht mehr so leicht in Versuchung kommen, schon den selbstverständlichen Gebrauch von Ausdrucksmitteln als Kunst und die, die sie selbstverständlich benutzen, als Künstler anzusehen.« (Jacoby 1921: 13)

Soweit der Reformpädagoge Jacoby. Aber was hat das nun mit Afrika zu tun? Welche Verbindung stellt Thomas Ott her? Im Rückgriff auf den nigerianischen Musikethnologen Meki Nzewi führt er in seinem bereits erwähnten Aufsatz aus, dass »das wichtigste Prinzip in der (afrikanischen) Musikpädagogik die Ermutigung gemeinschaftlichen Wissens über (die eigene) Musik durch Teilhabe an ihren Prozessen« (Nzewi zitiert nach Ott 1999: 5) sei.

Idealtypisch (!) wächst das afrikanische Kind im aktiven und gemeinschaftlichen Musizieren in die Musikkultur hinein und wird so im alltäglichen musikalischen Tun zu einem verständigen Mitglied der »real existierenden« Musikpraxis und eben nicht Teilnehmer eines pädagogisierten Feldes. Afrika fungiert in Otts Überlegungen somit als ein Beispiel für das Phänomen einer bewussten musikalischen Enkulturation: »Nzewi stellt einleitend fest, die Tatsache, daß es sich bei der Musikerziehung in afrikanischen Kulturen in der Regel um informelle Vorgänge handele, schließe keineswegs aus, daß sie nicht einer impliziten Philosophie verpflichtet seien.« (Ott 1999: 5)

Auch wenn Ott zu Recht anmahnt, dass wir »aus Berichten wie dem von Nzewi keine Heile-Welt-Ideologie ableiten (sollten), die wir dann unseren kulturellen Gegebenheiten und pädagogischen Situationen einfach überstülpen« (Ott 1999: 9), so ist ihm dieser andere Zugang zur Musik, den man als informellen Lernprozess kennzeichnen könnte, dennoch Anlass, um über die Erweiterung unseres pädagogischen Umgangs mit Musik nachzudenken.

Diesem Nachdenken möchte ich mich anschließen, indem ich zunächst die Merkmale *informellen Lernens* herausarbeite, in einem zweiten Schritt unsere Alltagskontexte auf solche Zugangsweisen hin analysiere, um abschließend zu fragen, ob diese alltäglichen Praxen einen Platz in institutionalisierten Kontexten finden können oder vielleicht auch schon gefunden haben.

1. Informelles Lernen, nicht-formales Lernen, formales Lernen

Bernd Overwien führt den Begriff *Informelles Lernen* sowie die pädagogische Wertschätzung dieser Lernform auf Dewey zurück (vgl. Overwien 2005):

»Schon zu Beginn des 20. Jahrhunderts wird informelles Lernen in den USA als wichtige Lernform hervorgehoben, wobei in der Folge lange Zeit teils von ›informal education‹ teils von ›informal learning‹ die Rede war, in Abgrenzung zu formalen Lernprozessen. Urheber des Begriffs ist offenbar John Dewey. [...] Für ihn ist ›informal education‹ die *Grundlage* formal organisierter Lernprozesse. Die Zunahme von Komplexität führe zu einem verstärkten Bedarf an formaler Bildung, als deren *Basis* aber informelle Lernweisen gesehen werden müssten.« (Overwien 2005: 340; Hervorh. FH)

In Overwiens Darstellung begegnet uns ein Argument Jacobys wieder: Das informelle Lernen bzw. die informelle Bildung wird als *Basis*, oder auch als *Grundlage*, formaler Lernprozesse eingestuft. Dies trifft zu, insofern *Formales Lernen* als institutionell verankertes Lernen gegenüber einem Lernen im Alltag abgegrenzt wird.

Weniger trennscharf ist der Begriff des informellen Lernens – dies zeigt ein Blick in die Literatur –, wenn der Bewusstheitsgrad des Lernenden als Abgrenzungskategorie dienen soll. Livingstone beispielsweise definiert *Informelles Lernen* als ein bewusstes und immer selbst initiiertes Lernen. Er setzt es also mit selbstgesteuertem Lernen gleich. Nach Livingstone ist das selbstgesteuerte informelle Lernen abzugrenzen von Alltagswahrnehmungen sowie von Sozialisation, da diese zwar Lernprozesse anstoßen, aber anders als das selbstgesteuerte Lernen nicht eigeninitiativ sind. In selbstgesteuerten Lernprozessen sind sich nach Livingstone die Lernenden ihrer Aktivitäten bewusst und stufen sie als signifikanten Wissenserwerb ein. »Wesensmerkmal des informellen Lernens ist die selbständige Aneignung neuer signifikanter Erkenntnisse oder Fähigkeiten, die lange genug Bestand haben, um im Nachhinein noch als solche erkannt zu werden.« (Livingstone 1999: 68f., zitiert nach Overwien 2005: 344f.) Ganz anders das Begriffsverständnis von Watkins & Marsick (1992), die unter *Informellem Lernen* auch beiläufiges Lernen, somit also nicht bewusstes Lernen wie etwa das *Inzidentelle* oder *Implizite Lernen* subsumieren (vgl. Overwien 2005: 343ff.).

In Deutschland scheint sich aktuell – unter Bezugnahme auf das von einer Kommission der Europäischen Gemeinschaft entwickelte Memorandum über *Lebenslanges Lernen* – eine andere Terminologie durchzusetzen: Die Begriffstrias *Formales Lernen*, *Nicht-formales Lernen* und *Informelles Lernen* (vgl. Bundesministerium für Bildung und Forschung 2008). Darunter soll Folgendes verstanden werden:

Formales Lernen
findet in Bildungs- und Ausbildungseinrichtungen statt und führt zu anerkannten Qualifikationen.

Nicht-formales Lernen
findet außerhalb der Hauptsysteme der Bildungseinrichtungen statt und führt nicht unbedingt zum Erwerb eines formalen Abschlusses.

Informelles Lernen
ist eine »natürliche Begleiterscheinung des täglichen Lebens. Anders als beim formalen und nicht-formalen Lernen handelt es sich beim informellen Lernen nicht notwendigerweise um ein intentionales Lernen, weshalb es auch von den Lernenden selbst unter Umständen gar nicht als Erweiterung ihres Wissens und ihrer Fähigkeiten wahrgenommen wird.« (Bundesministerium für Bildung und Forschung 2008: 8)

In dieser Definition wird das informelle Lernen von den beiden anderen Lernformen nicht vorrangig über den Grad der Intentionalität abgegrenzt, sondern Lernen wird dann als informell eingestuft, wenn es sich um eine *natürliche Begleiterscheinung des täglichen Lebens* handelt. Damit schließt sich diese Definition dem Modell von Marsick & Watkins an, indem inzidentelles Lernen als Sonderform des informellen Lernens gilt; ein Begriffsverständnis, mit dem hier weitergearbeitet wird.

2. Enkulturation durch Musikpraxis?

In oral tradierenden Kulturen nimmt informelles Lernen einen besonders hohen Stellenwert ein: Das erzählte Märchen, das Werte und Normen vermittelt; rituelles Handeln, das im Vollzug gelernt wird; musikalische Fertigkeiten, die in alltäglichen Situationen gebraucht und gelernt werden …

Gibt es im Alltag europäischer Jugendlicher ebenfalls informelle musikalische Lernsituationen? In jedem Fall scheint die Musikpädagogik auf der Suche nach solchen möglichst »natürlichen« Lernformen zu sein, denn die meisten aktuellen musikdidaktischen Überlegungen bauen auf lerntheoretischen Prämissen auf, wie wir sie bei Dewey und Jacoby finden. Sie beruhen auf folgender Denkfigur: Dem reflexiven Umgang mit Musik muss eine individuelle und erfahrungsbasierte bzw. erfahrungsgenerierende praktische Auseinandersetzung mit Musik vorangehen. Hier finden sich zwar Merkmale informellen Lernens wieder, nämlich ein Lernen im Handeln, dennoch sind diese pädagogisch initiierten Lernprozesse noch nicht mit einem beiläufigen und alltäglichen Lernen identisch – werden manches Mal aber zu Unrecht so aufgefasst.

»Es gibt ein *natürliches*, *zufälliges*, *inzidentielles*, *autonomes*, unbeabsichtigtes Lernen im alltäglichen Handeln. Wir alle haben unendlich viel auf diese Weise gelernt und tun es noch immer. Wo man dieses Lernen aber als Grundprinzip der Schule propagiert, steckt darin ein gutes Stück Selbst- und Fremdtäuschung. Man möchte die Kinder gar nicht merken lassen, daß sie lernen sollen, weil man dies als eine ungebührliche Zumutung empfindet, und versteckt die Absicht daher im praktischen Tun.« (Glöckel 2003: 146)

Die Wertschätzung musikdidaktischen Denkens für ein »natürliches« musikbezogenes Lernen wird u. a. durch eine Analogiebildung zwischen Musiklernen und Spracherwerb sichtbar. Sie begegnet uns nicht nur bei Jacoby – wie wir anfangs sahen, sondern in jüngerer Zeit auch bei Wilfried Gruhn. Er führt seinen Lesern die Absurdität formaler Unterweisung in die Musik vor, indem er das Prinzip des theoriebasierten Lernens auf den Spracherwerb überträgt:

»Keiner Mutter aber fiele es ein, ihrem Kind zu erklären, wie es die Zunge stellen muss, um Laute [...] zu bilden. Nie würde sie bei ihrem Kind nach der Systematik der Grammatik vorgehen und erst einige Wochen nur Adjektive und Verben üben, dann zur Deklination von Substantiven übergehen etc.« (Gruhn 2005: 109 f.)

Hier möchte ich nicht die Problematik der Analogiebildung verfolgen, sondern vielmehr nachfragen, ob es in unserer Kultur Alltagssituationen gibt, in denen Musik quasi »naturwüchsig« gelernt wird? Denn erst wenn der Lernprozess in den Alltag integriert ist, kann von informellem Lernen gesprochen werden. Die musikpraktische Fundierung des Lernens beschreibt hingegen nur eine Methode, die gleicherweise in informellen wie in formalen Lernprozessen stattfinden kann.

Hier soll die These vertreten werden, dass in unserer alltäglichen Umwelt inzidentelles Lernen in Hinblick auf das *Musikmachen* die Ausnahme bildet, da es in unseren aktuellen Lebenskontexten weitgehend an Situationen fehlt, in denen Kinder oder Jugendliche nicht »in künstliche Lernsituationen gebracht [werden], sondern im Mitvollzug dessen, was die Erwachsenen tun« (Ott 1999: 6) lernen?[2] D. h. dann auch, dass es kein informelles Lernen gibt, das Vorbild für den Musikunterricht sein könnte.

Zu dieser These gelange ich durch einen Blick auf unsere musikalischen Praxen: Wo wird spontan, improvisierend und regelmäßig gesungen, musiziert oder getanzt? Vorrangig auf Feiern, in kirchlichen Zusammenhängen und bei sportlichen Großveranstaltungen, also in »inszenierten« Kontexten ...

---

[2] Ott nutzt die zitierte Formulierung zur Kennzeichnung des musikalischen Lernens in Nigeria, das beiläufig und in den Alltag der Erwachsenen integriert stattfindet.

Wo tanzen oder singen in Deutschland Erwachsene? Angeleitet in Tanzschulen oder Chören ...

Solche inszenierten musikalischen Praxen bieten nicht das Umfeld für alltägliches Lernen, wie es Ott im Sinne Nzewis für Afrika skizziert. Die Konsequenz: Wenn in unserer Gesellschaft das spontane Singen und Musizieren keine Rolle mehr spielt, können Kinder auch nicht durch Enkulturation musikalisch »sprach- oder ausdrucksfähig« werden, so wie es sich etwa noch Jacoby wünschte. Und auch in formalen Lernkontexten (man denke etwa an Kursangebote wie Mutter-Kind-Singen in Musikschulen) lässt sich dies nicht kompensieren, da es der vermeintlich »natürlichen Musikpraxis« (der singende Mensch ...) einerseits an gesellschaftlicher Relevanz und andererseits an einem sozialen Ort mangelt.

3. Informelles musikbezogenes Lernen – wo gibt es das?

Aber wie sieht es aus, wenn wir die Perspektive einmal umkehren und nicht nach naturwüchsigen Musikzugängen (wie etwa Singen) in unserer Gesellschaft fahnden, sondern die vielfältigen alltäglichen Musikpraxen Jugendlicher auf ihre Lernprozesse hin analysieren? Da Musik im Leben der meisten Jugendlichen einen herausragenden Stellenwert hat, sollte man fündig werden!

Die Fragen lauten also: Was lernen Jugendliche in der Beschäftigung mit Musik im Alltag? Wo gibt es im Umgang mit Musik von Jugendlichen selbst initiierte Lernprozesse? Welche Qualitäten hat dieses Lernen? Gibt es vielleicht Momente, die für formale Lernkontexte des Musikunterrichts genutzt werden können? Oder müssen wir uns lösen von der paradox anmutenden Idee, dass Alltagslernen Vorbildcharakter für schulische Lernprozesse haben könnte?

Die britische Musikpädagogin Lucy Green sieht informelles Lernen vor allem im Umfeld der Populären Musik verwirklicht (vgl. Green 2001). Dies gilt für die Rezeption von Musik sowie auch für den musikpraktischen Umgang. Immer wieder gibt es Jugendliche, die alleine oder in Bands gehörte Musik nachzuspielen versuchen, ohne dass sie instrumentaltechnisch oder musiktheoretisch vorgebildet sind.

In ihrem 2008 erschienen Buch *Music, Informal Learning and the School* geht Green der Frage nach, wie sich die außerschulischen Lernprozesse, die im Kontext von Bandarbeit stattfinden, in den Musikunterricht integrieren lassen. Dazu müssen nach Greens Analyse der Bandpraxis vor allem die folgenden Faktoren berücksichtigt werden:

- Es muss um Musik gehen, die die Schüler wählen und mit der sie sich »identifizieren«.
- Das Lernen muss sich hörend vollziehen, indem im eigenen Musizieren Aufnahmen von Songs nachgespielt werden.
- Das Lernen muss innerhalb einer Peergroup bzw. mit Freunden stattfinden.
- Das Lernen bedarf eines persönlichen Engagements und verläuft zumeist unstrukturiert und ohne Leitung.
- Auf allen Stufen des Lernens müssen Hören, Spielen, Improvisieren und Komponieren integriert werden. (Vgl. Green 2008: 10)

Green konzipierte ein Unterrichtsprojekt, in dem diese Merkmale der informellen Lernpraxen von »Pop-Musikern« in das Umfeld des Klassenzimmers eingepasst wurden. Sie begleitete und evaluierte das Projekt, um herauszuarbeiten, wie sich unter den veränderten Bedingungen musikalisches Lernen in der Schule darstellt. Das Projekt soll hier nur kurz skizziert werden:

Die Schülerinnen und Schüler bringen zunächst Musik mit, die ihnen gefällt und diskutieren, wie Pop-Musiker ihr Instrument erlernen, Musik erfinden, wie eine Band zusammenspielt etc. Das häufig autodidaktische und experimentierende Vorgehen in Bands soll Vorbild für die folgenden Unterrichtsstunden sein: Zunächst ist es Aufgabe, in Kleingruppen ein Stück auszuwählen und dieses mit selbst gewählten Instrumenten nachzuspielen – ohne instrumentale Unterweisung oder methodische Hilfestellung. In einem zweiten Schritt wird das Vorgehen ein wenig strukturiert, indem die Gruppen eine CD mit einer instrumentalen und einer vokalen Version eines Mainstream-Popsongs erhalten. Zusätzlich stellt der Tonträger 15 Tracks mit dem sich wiederholenden Harmonieschema, einzelnen Riffs u. ä. zur Verfügung. Aufgabe ist es nun, eine eigene Version des Stücks zu entwickeln. Daran schließt sich in einem dritten Schritt eine Wiederholung der ersten Phase an: Die Gruppen wählen erneut einen eigenen Song aus, den sie nachspielen möchten. Dabei ist für die Evaluation vor allem von Interesse, welche Auswahlkriterien sie zugrunde legen. Hier vergleicht Green, ob es eine Veränderung gegenüber dem Einstieg gibt: Können zum Beispiel musikalische Schwierigkeiten, Aspekte der Spielbarkeit sowie individuelle Fertigkeiten im Vorfeld besser eingeschätzt werden als in der ersten Unterrichtsphase?

Schließlich wird den Gruppen angeboten, eine Band einzuladen oder an einer Bandprobe gleichaltriger Jugendlicher teilzunehmen, um sich konkrete Einblick in die Arbeitsweise von Pop-Musikern zu verschaffen.

In einer Transferphase soll das Gelernte abschließend auf Kunstmusik übertragen werden: Wieder ist es Aufgabe, vorgegebene Werkausschnitte in Gruppen nachzuspielen. Dabei verwendet Green zunächst Kompositionen, die den

Jugendlichen aus der Werbung, von Klingeltönen o. Ä. bekannt sein dürften (Populäre Klassik), um dann in der letzten Phase ungewohnte Musik zum Ausgangspunkt zu machen.

Ihr Unterrichtssetting untergliedert sich somit in sieben Phasen, die sie weniger als Lektionen versteht, sondern als »an *approach to teaching and learning* centred on these characteristics«. (Green 2008: 23)

Das Erkenntnisinteresse Greens liegt auf unterschiedlichen Ebenen. Vor allem interessiert sie, ob die musikalischen *Lernstrategien*, die in der »Welt außerhalb der Schule« existieren, in der schulischen Lernumgebung genutzt werden können. Zudem beobachtet sie, ob es eine Trennung zwischen informellem Musiklernen und dem Erwerb theoretischer Kenntnisse gibt und welche Kompetenzen die Schülerinnen und Schüler gerade im Bereich des bewussten Hörens erwerben.

Nur zwei Teilergebnisse der detailreichen Studie möchte ich für meinen Kontext herausgreifen:

1. Informelles Lernen steht nicht im Widerspruch zu theoretischem Lernen.

    »How pupils put distracted and purposive music listening practices into action within the project was, of course, idiosyncratic, as is the case with informal popular music learning practices outside the school. There, skill and knowledge are initially derived primarily from experience, usually in a haphazard way. Later on, such informally-acquired skill and knowledge may, or may not, become related to more theoretical, abstract understanding, linked to a technical vocabulary. Teachers can then make connections between what hat been learnt informally through experience, and what can be learnt in more abstract, technical ways through structured progression. [...] The crucial thing, I believe, is not to try forging them too soon.« (Green 2008: 90 f.)

Green betont, dass strukturiertes Lernen wichtiges Element des schulischen Musikunterrichts ist, sie unterstreicht zugleich aber auch, dass es an Erfahrungen anknüpfen muss.

2. »Getting worse before you get better.« (Green 2008: 52)

    Nicht methodisch wohlportionierte Progression, sondern gerade experimentierendes Lernen führt zu persönlich bedeutsamem Lernen, mit dem dann auch vernetzend und in Transfersituationen umgegangen werden kann. Die vollkommene Strukturierung und Vorgabe der Lernschritte wirkt sich hingegen ungünstig auf die Motivation aus.

Musikpädagogisches Nachdenken sollte diese empirisch fundierten Einsichten berücksichtigen. Dazu möchte ich Denkanstöße geben, indem ich abschließend die hier angerissenen heterogenen Diskurse (Nzewi, Jacoby, Ott, Green) stichwortartig miteinander ins »Gespräch« bringe.

- Wir leben nicht mehr in *einer* gemeinsamen musikalischen Kultur, sondern sind umgeben von diversifizierten musikalischen Praxen. Daher ist die musikalische Enkulturation Jugendlicher in unserem kulturellen Umfeld kaum noch mit familialer und frühkindlicher Sozialisation in Deckung zu bringen. Wo Erwachsene im Alltag nicht mehr selbstverständlich singen und musizieren, wo das Musikmachen nicht zu den täglichen Routinen zählt, da gibt es auch kein »Hineinentwickeln« von Jugendlichen in quasi natürliche musikalische Praxen, da ist Musiklernen gerade nicht wie Sprechenlernen …
- Für die musikalische Sozialisation haben Medien einen kaum zu überschätzenden Stellenwert. Hier finden sich nicht nur Freizeit- und Identifikationsangebote, sondern Populäre Musik in ihren diversen Ausformungen regt Jugendliche auch zum eigenen Musikmachen an (vgl. Green 2001). Daran haben u. a. auch die vielfältigen Casting-Shows Anteil, wovon Publikationen wie etwa *Fit for Casting-Girls. So trainierst Du Deine Stimme richtig* (Farim 2004) zeugen. Wie und was Kinder und Jugendliche hier musikalisch lernen, muss von der Musikpädagogik analysiert, berücksichtigt und in der Musikdidaktik »mitgedacht« werden.
- Lern*strategien* aus informellen Lernsituationen des Alltags lassen sich für den Musikunterricht nutzen und stehen nicht notwendig in einem Spannungsverhältnis zum Kenntniserwerb und strukturiertem Lernen (vgl. Green 2008)[3]. Informelles Lernen ist vor allem durch Selbststeuerung gekennzeichnet. Der Selbststeuerung, die für die Nachhaltigkeit des Lernens bedeutsam sein dürfte, muss auch in formalen Lernkontexten Raum gegeben werden.

[3] »It is important to stress that there is no *necessary* disjunction between informal music learning and the acquisition of such theoretical knowledge. Rather, informal music learning practices as they occur in the world outside school, are likely to involve a long period in many cases a period of years – during which learners engage with music primarily as music-makers and music listeners. Later on, and in most cases only later on, many such musicians go on to develop theoretical knowledge, to a greater or lesser degree depending on individual circumstances. This theoretical knowledge comes about through a variety of means, and may involve formal education, personal study, or simple continued contact with other musicians and with music itself. Such knowledge is more readily assimilated, and more meaningful, because as it is acquired, it can be put to immediate use within music-making or music-listening activities, rather than remaining an abstraction.« (Green 2008: 181)

- Im Unterschied zu Jacobys erzieherischen Vorstellungen sowie zu Prinzipien des aktuellen lehrgangshaften Konzepts des Aufbauenden Musikunterrichts kristallisiert sich in empirischen Untersuchungen (vgl. Green 2001 und 2008) heraus, dass selbstgesteuertes musikalisches Lernen von musikalischen (und sozialen!) Gesamtphänomenen und nicht von einzelnen »Vokabeln« ausgeht. Die Auseinandersetzung mit Musik in informellen Lernkontexten folgt nicht der logischen Struktur des Regelsystems Musik, sondern nimmt seinen Anfang bei erklingender Musik.

- Formales Lernen kann sich Erkenntnisse aus der Lernforschung nutzbar machen, indem Faktoren informellen Lernens berücksichtigt werden. Dies sind nach Marsick, Volpe & Watkins zum Beispiel die folgenden Dimensionen:
  - Zeit und Raum für Lernen schaffen
  - Umfeld auf (Lern-)Gelegenheit überprüfen
  - Aufmerksamkeit auf Lernprozesse lenken
  - Reflexionsfähigkeit stärken
  - Klima von Zusammenarbeit und Vertrauen schaffen (Marsick et al. 1999, zitiert nach Overwien 2005: 344)

Doch bei aller Euphorie für informelles Lernen, ja vielleicht sogar »romantischen Verklärens« des natürlichen Lernens, möchte ich zumindest ein Problem nicht ausblenden: Informelles Lernen im Alltag reproduziert immer auch soziale Ungleichheit, da nicht jedem Menschen alle Erfahrungsräume zugänglich sind. Zwar sollte Schule so oft wie möglich an außerschulische Lernkontexte und -strategien anknüpfen, dabei aber ihre gesellschaftlich ausgleichende Funktion nicht vergessen. Hier hat auch der Musikunterricht eine Funktion, denn spätestens seit Bordieu wissen wir, dass kulturelles Kapital immer auch ein soziales Kapital ist. Bereits 1978 plädierte Rudolf Nykrin in genau diesem Sinne für eine erfahrungs*erschließende* Musik*erziehung*.

Literatur

Bundesministerium für Bildung und Forschung (2008): *Stand der Anerkennung nonformalen und informellen Lernens in Deutschland im Rahmen der OECD Aktivität »Recognition of non-formal and informal Learning«*. Berlin.
Dewey, John (³2000): *Demokratie und Erziehung*. Weinheim.
Farim, Kara (2004): *Fit for Casting-Girls. So trainierst Du Deine Stimme richtig*. Berlin.

Glöckel, Hans (³2003): *Vom Unterricht.* Bad Heilbrunn.
Green, Lucy (2001): *How popular musicians learn. A way ahead for music education.* Aldershot.
Green, Lucy (2008): *Music, informal learning and the school: a new classroom pedagogy.* Aldershot.
Gruhn, Wilfried (2005): *Der Musikverstand. Neurobiologische Grundlagen des musikalischen Denkens, Hörens und Lernens.* Hildesheim.
Heß, Frauke (2005): Erfahrungserschließende Musikpädagogik. In: Siegmund Helms/Reinhard Schneider/Rudolf Weber (Hg.), *Lexikon der Musikpädagogik.* Kassel, S. 56–57.
Heß, Frauke (2010): Musikmachen – Ziel oder Methode des Musikunterrichts. In: Jürgen Vogt et al. (Hg.), *Inhalte des Musikunterrichts. Sitzungsbericht 2009 der Wissenschaftlichen Sozietät Musikpädagogik.* Münster, S. 59–76.
Jacoby, Heinrich (1921): Grundlagen einer schöpferischen Musikerziehung. Vortrag, gehalten auf der Kunsttagung des Bundes entschiedener Schulreformer in Berlin am 5. Mai 1921. In: Sophie Ludwig (1984) (Hg.), *Heinrich Jacoby: Jenseits von »musikalisch« und »unmusikalisch«. Die Befreiung der schöpferischen Kräfte dargestellt am Beispiel der Musik.* Hamburg.
Ludwig, Sophie (1984) (Hg.): *Heinrich Jacoby: Jenseits von »Musikalisch« und »Unmusikalisch«. Die Befreiung der schöpferischen Kräfte dargestellt am Beispiele der Musik.* Hamburg.
Livingstone, David, W. (1999): Informelles Lernen in der Wissensgesellschaft. Erste kanadische Erhebung über informelles Lernverhalten. In: Arbeitsgemeinschaft Betriebliche Weiterbildungsforschung (Hg.), *Kompetenz für Europa. Wandel durch Lernen – Lernen durch Wandel. QUEM-Report, H. 60.* Berlin, S. 65–91.
Marsick, Victoria J. et al. (1999): Theory and Practice of Informal Learning in the Knowledge Era. In: Victoria J Marsick /Marie Volpe (Hg.), *Informal Learning on the Job. Advances in Developing Human Resources.* San Francisco, S. 80–95.
Nykrin, Rudolf (1978): *Erfahrungserschließende Musikerziehung. Konzept – Argumente – Bilder.* Regensburg.
Ott, Thomas (1999): *Mit Heinrich Jacoby in Afrika oder: Was kann unsere Musikpädagogik von einer schriftlosen Musikkultur lernen?* Online verfügbar unter: www.uni-koeln.de/ew-fak/Mus_did/dozenten/ott/Jacoby.pdf [15.9.2009].
Overwien, Bernd (2005): Stichwort: Informelles Lernen. In: *Zeitschrift für Erziehungswissenschaft, H. 3,* S. 339–359. Online verfügbar unter: http://www.uni-graz.at/overwien_informelles_lernen-2.doc.
Watkins, Karen E./Marsick Victoria J. (1992): Towards a theory of informal and incidental learning. In: *International Journal of Lifelong Education, 11/4.* S. 287–300.

Bernd Hoffmann
Way down upon the Suwannee River.
»Jazz«-Adaptionen im frühen experimentellen Tonfilm der USA

Einleitung

Eine über die Jahre beharrlich wiederkehrende Debatte erörtert das wohl schwierigste Kapitel des Jazz, seine Entstehung und Entwicklung im Süden der Vereinigten Staaten. Diskutiert wird die Genesis des Jazz um den Beginn des 20. Jahrhunderts, die Ausbildung des New-Orleans-Jazz sowie stilprägende Einlagerungen von Blues, Sacred Singing oder Ragtime in die Frühformen dieser improvisierten Musik. Prägten frühe Erklärungsversuche der europäischen wie der US-amerikanischen Jazzforschung die Darstellung des New-Orleans-Jazz, basierend auf einem »kompakten Geflecht mündlich überlieferter Erzählungen« (Hoffmann 2006: 63), so warnte bereits Ende der 1980er-Jahre der Jazzhistoriker Rainer Lotz vor einem einseitigen diskografisch orientierten Ansatz, der neben historischen Schallplattenquellen keine weiteren Materialaspekte für Erklärungsmodelle der Frühgeschichte des Jazz wahrnimmt: »Man betrachtete den Jazz als einen Nachfolger des Ragtime, und als Jazz wurde wahrgenommen, was auf Schallplatten zugänglich war.« (Lotz 1989: 97) Diesem linearen Modell stehen Arbeiten von Brooks (2004), mit dem Blick auf die Anfänge der US-amerikanischen Musikindustrie, und Wondrich (2003) gegenüber, die das Repertoirefeld um das Genre Jazz wesentlich erweitert haben. Verstärkt durch die Aufarbeitung printmedialer Quellen (Abbott/Seroff 2007) und die ausführliche Sichtung des Repertoires der Syncopated Music (Hendler 2010) werden die Überlegungen zu einer primär lokalen Fixierung des frühen Jazz, also der Entstehung des Jazz in der Stadt New Orleans, immer problematischer. Besonders durch die Ausführungen von Hendler lässt sich auf dem Boden der Vereinigten Staaten ein durchgehendes Genrefeld der Syncopated Music mit den geschichtlich aufeinander folgenden Bestandteilen Coon Song, Cake Walk und Ragtime vermuten, in dem sich sukzessiv Elemente des Jazz herausgebildet haben. Vor allem das Material der Coon Songs öffnet zudem den historischen Blick in Richtung dieser über ein Jahrhundert existierenden

Minstrelsy und vermittelt neben der visuellen Ebene der Bühnen- und Tanzperformances jene rassistische Komponente der Unterdrückung und Bloßstellung afroamerikanischer Kultur. Mit dem Beginn des 20. Jahrhunderts entsteht im Rezeptionsschatten der Minstrelsy eine starke romantische Verklärung des Südens, bald auch Plattform der US-amerikanischen populären Musik und ihren Bands aus »Dixieland«.

Mit der Einführung digitaler Technik und der daraus resultierenden Sichtung und Wiederveröffentlichung zahlreicher Archivbestände hat sich der Fundus historischer Klangdokumente beträchtlich erweitert. Damit werden die ersten »Jazzaufnahmen« der Original Dixieland Jazz Band im Jahre 1917 flankiert von weiteren Einspielungen, seien sie einst auf Edison-Phonografen, Grammophon-Platten von Emile Berliner oder mechanischen Piano-Rollen festgehalten worden. Dabei entdeckt eine noch immer stark an der Analyse akustischer Quellen orientierte Jazzforschung erst sporadisch ein neues, visuelles Quellenmaterial (siehe Anm. 1): eine jazzgeschichtlich wenig erschlossene Bilderwelt, die nahezu alle Stilformen der Jazzmusik in spielenden Aktionen oder konzertanten Aufführungen, in Spielfilmen oder historischen Videoclips beinhaltet. Zudem dokumentieren diese Quellen eine stark am Jazz ausgerichtete US-amerikanische Unterhaltungskultur, in der zwei Bühnen-Traditionen – die Showtradition der Broadwaytheater wie die langlebige Minstrelsy – visuelle Konzepte des frühen amerikanischen Tonfilms bestimmen. Drei unterschiedliche Tonfilm-Formate sind dabei für die Jazzforschung im Zeitraum der 1920er-Jahre als Quellenmaterial von Interesse:

1. Experimentalfilme der Ingenieurfirmen Kellum Patents und De Forest Phonofilm, die bei ihren schwierigen technischen Versuchen Bild und Ton zu synchronisieren, auch vereinzelt Jazzmusiker oder Jazzgruppen dokumentiert haben. Diese kurzen *Ton*filme bilden ein besonders interessantes Repertoire, da es die Entwicklung verschiedener Spieltechniken der improvisierten Musik während der 1920er-Jahre festhält.

2. Die meist zehnminütigen Music Shorts der Firmen Columbia, Paramount, RKO und vor allem Vitaphone präsentieren schon gegen Ende der 1920er-Jahre eine erstaunliche Vielfalt von kurzen Musikfilmen, die Künstler- oder Bandauftritte in Bild und Ton festhalten.

3. In Spielfilmen präsentierte Szenen, in denen episodenhaft ein unspezifisches »Jazz-Milieu« im Schatten des Broadway erkennbar wird: *The Jazz Singer* (USA 1927), *Broadway Melody* (USA 1929), *Broadway* (USA 1929), *On with the Show* (USA 1929) oder *Hollywood Revue of 1929* (USA 1929). Diese Tonfilme bebildern vor allem eine urbane Tanzkultur,

die mit ihren präzise agierenden Choruslines eine faszinierende mediale Einheit von Ton, Bild und Bewegung bieten. Als romantischer Gegensatz dient hier der Blick auf Baumwollfelder und ärmliche Behausungen, akustisch eingerahmt vom populären »Klang des Südens«: *Hallelujah* (USA 1929) und *Hearts in Dixie* (USA 1929).

Eine Würdigung aller angegebenen Tonfilm-Formate ist an dieser Stelle nicht durchführbar, deshalb rücken die Experimentalfilme der Ingenieure Orlando Kellum und Lee De Forest in den Vordergrund dieser Ausarbeitung.

»Jazz«-Adaptionen. Vom Stummfilm zum Tonfilm

Technische Innovation und ausgiebige kommerzielle Nutzung prägen die Situation der elektronischen Massenmedien sowohl in den USA als auch in Europa. Auf beiden Seiten des Atlantiks vollzieht sich eine ähnliche Entwicklung für Schallplattenindustrie und Filmwirtschaft, hingegen unterscheidet sich die Rundfunknutzung. Bereits 1920 nimmt eine erste kommerzielle Radiostation in Pittsburgh (USA) den regelmäßigen Sendebetrieb auf, weitere US-amerikanische Stationen folgen. Radioprogramme flankieren ihre Werbesendungen gezielt mit populärer Tanzmusik und erreichen dadurch eine ständig anwachsende Hörerbeteiligung. »Über 700 lizensierte Radiostationen in den USA sendeten faktisch auf zwei Frequenzen und das Chaos war unübersehbar geworden.« (Hagen 2005: 189) Mit dem Erfolg des Rundfunks stagnieren zwar die Verkaufszahlen der Schallplattenindustrie, ab Mitte der 1920er-Jahre aber verbessert der Wechsel von akustisch-mechanischen zu elektrischen Aufnahmeverfahren die Klangqualität der Schallplatte bei gleichzeitiger Senkung der Kosten. Auch die Durchsetzung des Tonfilms profitiert von diesen technischen Neuerungen. Das Nadeltonverfahren, Wiedergabesystem für den »ersten« Tonfilm *The Jazz Singer* (USA 1927), wird durch das Lichttonverfahren ersetzt: Bild- und Toninformationen befinden sich nun auf einem Datenträger. Wie rapide sich die Umstellung vom Stummfilm- zum Tonfilmsystem vollzieht, verdeutlichen die Fakten innerhalb des US-amerikanischen Kinosystems: circa 15 000 Filmtheater präsentieren 1925 regelmäßig Stummfilmvorführungen in den USA, drei Viertel dieser Kinos befinden sich in Kleinstädten, 25 Prozent der großstädtischen Filmtheater erwirtschaften aber 75 Prozent der Einnahmen. (Gomery 1992: 216) 1929 sind bereits 5521 Filmtheater auf Tonfilm umgerüstet, zwei Drittel dieser Filmtheater werden in Städten mit weniger als 100 000 Einwohnern betrieben. (Crafton 1997: 253)

Über die Aufnahmetechnik bestimmen die neuen Anforderungen des Tonfilms Dramaturgie und Positionierung am Set, der filmische Ausdruck verändert sich aufgrund technischer Bedingungen. »So ist Ende der [19]20er-Jahre alles dafür vorbereitet, den Tonfilm zu allererst einmal als Sprechfilm aufzufassen.« Die ausgefeilte Bild- und Zeichensprache einer ganzen Filmära verliert ihren ästhetischen Kontext, argumentiert der Medienphilosoph Lorenz Engell: »Das Sprachprivileg sorgt dafür, dass der sprechende Mensch in den Mittelpunkt des Filmes zurückwandert. Das Latente, Unsichtbare wird nun durch Worte zum Ausdruck gebracht, die Gefühle und Empfindungen, die Pläne, Erinnerungen und Aussichten.« (Engell 2010: 19)

Einige »Jazz«-Beispiele gegen Ende der Stummfilmzeit mögen Engells Thesen verdeutlichen: Regisseure wie Asagaroff, Lubitsch oder Murnau inszenieren jene »unsichtbaren« Beziehungen zwischen agierenden Musikern und reagierenden Tänzern. Die Band als Attribut zeittypischen Kolorits versinnbildlicht die ums Schlagzeug gruppierte Jazz-Formation: der Klang der »unhörbaren« Kapelle transformiert den Rausch und die Ekstase des wilden Tanzes in die Gefühlswelt des Stummfilms. Kurze Montage-Sequenzen (mehrfache Über-

Abb. 1: So This Is Paris, Frankreich/USA 1926, Regie: Ernst Lubitsch

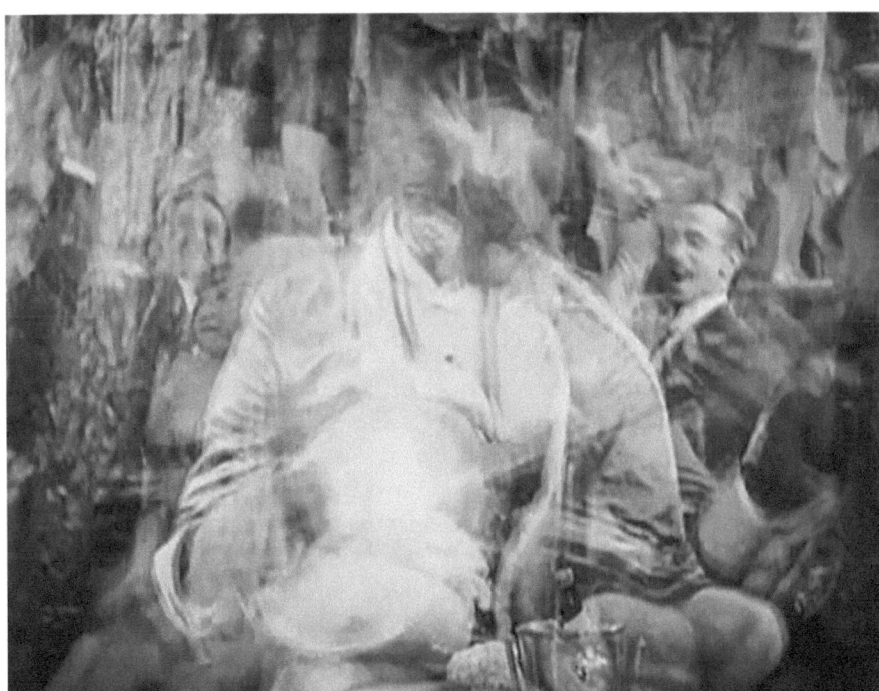

blendungen) vermitteln eine chaotisch wirkende Collage von überdreht agierenden Musikern und ihrem Instrumentarium, so in *Jugendrausch* (Deutschland 1927); Regisseur Ernst Lubitsch »vermischt« sogar die Ebene des Klanges und die des tanzenden Publikums: *So This Is Paris* (Frankreich/USA 1926; siehe Abb. 1). Hier sind die Grenzen zwischen der Spielhaltung der Instrumentalisten und den lustvoll Tanzenden fließend.

Diese expressionistische Bildsprache, in der Stummfilmzeit vor allem »ein Label der deutschen Filmindustrie« (Hagener 2007: 69), verliert mit der Nutzung des Tonfilms ihre ästhetische Schärfe. Die stumme Bildcollage wird durch den Klang der Instrumente ersetzt, konsequent verschwinden diese Montagen von der Bildfläche. Bereits frühe Experimentalfilme wie eine Tonfilm-Trioaufnahme des Banjospielers Fred van Eps (*A Bit of Jazz,* Kellum Talking Picture Company 1921) vermitteln eine beachtliche Wiedergabequalität.

Neben diesen Synchronisierungsversuchen von Orlando Kellum sei der Ingenieur Lee De Forest zu nennen, der für eine Vorführung seiner Firmenprodukte Lee De Forest Phonofilm im New Yorker Rivoli Theater (15. April 1923) einige Versuchsfilme mit schwarzen Künstlern (Noble Sissle & Eubie Blake; Abbie Mitchell's New York Dixie Review) erstellt hatte.

Der Experimentalfilm als Zeitdokument

Die vorliegenden Versuchsfilme (siehe Anm. 2) entstehen Anfang der 1920er-Jahre. Aus technischer Sicht versuchen diese Experimente Synchronität von Bild und Ton zu demonstrieren. Damit tritt naturgemäß eine gestaltende Absicht in den Hintergrund, die Versuchsanordnung bestimmt Bildausschnitt und Bewegung. Das so entwickelte starre Bild überträgt sich nach dieser experimentellen Phase auf die beginnenden kommerziellen Nutzungsformen des Tonfilms. Vor allem in der Produktionsästhetik der Music Shorts bleiben statische Präsentationsformen von Bands bis zum Ende des Jahrzehnts vorherrschend. Deutlich sind die Positionen der Mikrophone »herauszuhören«, meist versteckt in der Kulisse eines gut bürgerlichen Wohnzimmers. Vor dieses oft bewegungslose Bild der spielenden Band tritt bald ein neues Element, dass der Bewegungslust des Tonfilmes Kontur bietet: die Platzierung der Tap-Tänzerinnen und -Tänzer, die mit ihren Bewegungsroutinen die entsprechenden Bandperformances dynamisieren.

Unter musikalischen Gesichtspunkten verweisen diese Tonfilmquellen auf das Repertoire der Syncopated Music. Dieser Sammelbegriff umfasst verschiedene überlieferte Stilformen der US-amerikanischen populären Musik seit der Mitte des 19. Jahrhunderts, darunter die Repertoires von Coon Song, Cake Walk und Ragtime (Hendler/Hoffmann 2010). Kennzeichnend sind vor allem im Formbereich mehrteilige Strainkonzepte, sangbare Melodien, durchgängig binäre Rhythmik und der Einfluss karibischer Clave-Formeln. Die Präsenz der bereits als historisch anzusehenden Musikformen von Cake Walk und Ragtime lassen sich über den intensiven personellen Austausch und Kontakt der beiden Systeme Broadway und Filmindustrie erklären. Im direkten stilkritischen Vergleich mit Jazzaufnahmen jenes Jahrzehnts fällt eine an anderer Stelle beschriebene zeitliche Asynchronität auf. (Hoffmann 2007) Diese gleicht sich erst im Verlauf der 1930er-Jahre in Spiel- und Dokumentarfilmen wie *King of Jazz* (USA 1930), *42nd Street* (USA 1933) oder *Swing Time* (USA 1936) aus.

Die Vorstellung der vier Versuchsfilme beginnt mit dem frühesten Dokument *A Bit of Jazz*, wahrscheinlich von Orlando E. Kellum 1921 aufgezeichnet. Es ist das Trio des zwischen 1910 und 1920 überaus populären Instrumentalisten Fred van Eps (siehe Abb. 2), der bereits 1914 mit »secondary rag«-Modellen gearbeitet hat. Die Besetzung mit Nathan Glantz und Frank Banta wird von Rust als Plantation Trio ausgewiesen (Rust 1970: 1691), eine der vielen verschiedenen Formationen des Banjospielers in jener Zeitspanne.

Abb. 2: Fred van Eps Trio, A Bit of Jazz, USA 1921. The Famous Van Eps Trio (Fred van Eps – Banjo, Nathan Glantz – Altsaxophon, Frank Banta – Klavier)

A Bit of Jazz zeigt bis auf die durchgehende binäre Rhythmik keine musikalischen Stilelemente der Syncopated Music. Das Repertoire, das hier in Medleyform erklingt, fasst aktuelle populäre Broadwaysongs zusammen, komponiert von John Schonberger, Richard Whiting und George Gershwin. Dabei werden Thementeile der Songs *Whispering* und *Japanese Sandman* aneinandergefügt, lediglich das 1919 entstandene *Swanee* wird sowohl mit Vers als auch dem Refrain vom Van Eps Trio dargeboten. Die Songteile von *Whispering* und *Japanese Sandman*, in der filmischen Stückanlage *A Bit of Jazz* durchaus als A-Teile zu verstehen, werden mit dem Versteil des Gershwin'schen *Swanee* deutlich kontrastiert. Diesem Song, offensichtlich eine Parodie Gershwins auf die Stephen Foster-Komposition *Way down upon the Swanee River*, wird eine Klezmer-Idiomatik übergestülpt, die den Formteil stark verfremdet und an eine ähnliche Anlage im Titel *Palesteena* der Original Dixieland Jazz Band erinnert. (Hendler 2010: 24) Der abschließende Refrain von *Swanee* führt zum strahlenden Duktus der Themenvariationen im Sinne der beiden »A-Teile« *Whispering* und *Japanese Sandman* zurück, womit der Medley *A Bit of Jazz* formal der Binnenstruktur eines klassischen Broadwaysongs: AABA entspricht.

Das überwiegend leichte Variieren des thematischen Materials und die ausführlichen Unisonopassagen von Banjo und Altsaxophon (siehe Anm. 3) erzeugen einen überraschend transparenten Klang, vermutlich auch konzeptionelle Ausgangslage für diese Aufnahmesituation. Die Positionierung der Musiker im Bild, die Tiefenstaffelung Banjo, Saxophon und Klavier, unterstützt optisch die Balance des Bandsounds, vor allem überdeckt das Klavier nicht die melodischen Linien von Banjo und Saxophon. Im Vergleich zu den Beispielen der De Forest Phonofilms erscheint hier die Klangqualität besser, die Instrumentation des Van Eps Trios kommt den damaligen technischen Aufnahmeapparaturen entgegen; zudem haben vermutlich spätere Restaurationsbemühungen diesen Experimentalfilm klanglich verbessert.

Die Kombination mehrerer Filme von De Forest Phonofilms demonstriert das Repertoire der beiden afroamerikanischen Künstler Eubie Blake und Noble Sissle. Deren erfolgreiche Zusammmenarbeit beginnt bereits 1915 (Liebman 2003: 348) u.a. im Vaudeville-Milieu unter dem Namen Dixie Duo. Als Partner schreiben sie die Musik und Gesangstexte für das 1921 am Broadway uraufgeführte, nur mit schwarzen Künstlern besetzte Musical *Shuffle along*. Dort wirken neben Josephine Baker die Schauspielerinnen und Tänzer Florence Mills, Adelaide Hall und Paul Robeson mit. 1924 konzipieren Blake und Sissle das Musical *The Chocolate Dandies*, das unter dem Originaltitel *In*

Bamville wiederum das afroamerikanische Leben am Mississippi thematisiert. Vereinzelt lassen sich filmische Spuren beider Musiker im Bestand der Music Shorts finden, ein Programmteil wird sogar Anfang 1927 von der Firma Vitaphone erneut aufgezeichnet (siehe Anm. 4).

Zwischen 1922 und 1923 entstehen bei De Forest Phonofilms Filmdokumente, die Blake und Sissle bei gleichem Bühnenaufbau in zwei Duoformaten zeigen. Hinzu kommt die virtuos gehaltene Klavierfantasie über die 1851 entstandene Stephen Foster-Komposition *Way down upon the Swanee River*. In der Spieltradition romantischer Klavierparaphrasen demonstriert Eubie Blake seine beeindruckende Technik (siehe Abb. 3), der Gestus eines selbstspielenden mechanischen Klaviers drängt sich förmlich auf. Auch hier bleibt der binäre

Abb. 3: Eubie Blake: *Way down upon the Swanee River*

Rhythmus bestimmend, die harmonische Ausdeutung und diatonische Grundhaltung der Ablaufform belässt Blake im Original, nur für einen kurzen Moment taucht eine chromatische Rückung als Bassdurchgang auf (siehe Anm. 5), die den möglicherweise erwünschten Eindruck einer »historischen« Ragtimeeinspielung trübt. Bei aller romantischen Verspieltheit wird die »alte« harmonische Begleitung der Stephen Foster Komposition kurz in zeitgenössischen Farben kontrastiert. Dabei wirft Blakes Einspielung die Frage auf, »wie weit sich die Musiker an vorgegebene Strukturen halten oder wie weit sie von Embellishment, der »Ausschmückung« von Melodien, Gebrauch machen, die wiederum die Vorform der Improvisation ist.« (Hendler 2010: 17) Der afroamerikanische Pianist schmückt zweifellos Fosters Melodie im Sinne des Embellishment aus, aber eher in kunstmusikalischem Sinne, wie er dies auch mit dem 5. *Ungarischen Tanz* von Johannes Brahms im Bandfeature *Pie, Pie, Blackbird* (USA 1932) demonstriert.

Das Duoformat mit dem Sänger Noble Sissle (siehe Abb. 4) erlaubt einen interessanten Perspektivwechsel im Feld der afroamerikanischen Musik, bieten doch die insgesamt vier Titel einen Blick über das Repertoire der Syncopated Music hinaus. Thematisch bilden die beiden ersten Songs (*The Sons of Old Black Joe* und *Swanee Home*) eine lose Einheit: Hier wird einerseits die Erinnerung an afroamerikanisches Entertainment beschworen und andererseits die romantische Verklärung des Südens betrieben. Die beiden abschließenden Songs verweisen direkt auf das Repertoirefeld Blues (*Affectionate Dan*) sowie das Repertoirefeld Sacred Singing (*All god's children got shoes*), wobei das unterschiedliche Material von einer latent vorhandenen, aber nur gelegentlich konkret auftauchenden, Cinquillo Cubano-Formel zusammengehalten wird, die wiederum auf die kubanischen Form-Einflüsse der US-amerikanischen Syncopated Music verweist.

Die Songtexte *The Sons of Old Black Joe* und *Swanee Home* fokussieren die nostalgischen Vorstellungen einer heilen Welt, die Südstaaten-Romantik als Inbegriff eines entspannten Lebens, ganz im Gegensatz zur Aggressivität des industrialisierten Nordens. Schlüsselwörter dieser romantischen Rezeption sind Sprachbilder wie »fields of cotton« oder »sunny Dixie grove«; der Suwannee River (siehe Anm. 6) wird geografischer Kern einer fiktiven Welt in Dixieland:

> »Goodbye, now I'm going down where the Swanee River's flow, flow, flowin',
> I'm mighty homesick since I've wandered over the Mason-Dixon line,
> Well, you might go mad from pining for that Swanee River home of mine
> Say Bub, all your life, it might be lived in vain,
> But if I just get back once again,
> I'll never roam from my *Swanee Home*.«

Abb. 4: Noble Sissle – Gesang, Eubie Blake – Klavier / Gesang

Die pianistische Begleitung beider Songs erfolgt in binärem Rhythmus, dem Song *The Sons of Old Black Joe* unterliegt ein secondary rag-Modell. Auffällig ist der rhythmische Wechsel im dritten Song *Affectionate Dan* hin zu ternären Mustern. Mehrere Passagen (siehe Anm. 7) weisen plötzlich swingorientierte Begleitformeln auf, abwechselnd mit binären Strukturen, die Melodie hingegen zeigt starke Cake Walk-Elemente. Die Textanlage von *Affectionate Dan* ähnelt einem klassischen Boasting Blues, die verbalen Manipulationstechniken (Hoffmann 1994) im Repertoire des vokalen Blues dienen der Überredung eines Partners resp. einer Partnerin:

>»And his eyes, they hypnotize you, they sensitize, they mesmerize you,
>And aw, ah, he's a kissing-est man, what a man, that Dan,
>But then the thing he does to call the girl is crazy,
>When he holds them in his arms and calls them Baby.«

Tief im Repertoire des Sacred Singing verankert ist der vierte Song *All god's children got shoes*. Als »Negro Spiritual« bei der Zweitveröffentlichung im historischen Vitaphone-Katalog geführt, lässt die Textanlage auf einen Sorrow Song des ausgehenden 19. Jahrhunderts schließen, starke Ähnlichkeiten weisen der Spiritual Song *Going to shout all over God's Heaven* auf. Blake begleitet diesen Song mit routiniertem Wechselbass-Spiel.

Der abschließende De Forest-Experimentalfilm *Songs of Yesterday* dokumentiert 1922 einen Auftritt der Abbie Mitchell's New York Dixie Review. Im Gegensatz zu den intim wirkenden Sissle/Blake-Duoaufnahmen wird hier ein Orchester (Septett) und das Tanzgeschehen in einer Tanzhalle großflächig abgebildet. Dabei demonstrieren die New Yorker Dixie Review-Aufnahmen besonders überzeugend, dass Lee De Forest solche Versuche unternimmt, um die großen Filmgesellschaften Hollywoods für sein Tonfilm-System zu interessieren. Die Musik- und Tanzdarbietungen werden nahezu durchgehend in einer Totale aufgezeichnet, nur beim Auftritt der Sängerin Abbie Mitchell wechselt die Perspektive. Ihre stark synkopierte Version der Foster-Komposition *Way down the Swanee River* eröffnet die über sechs Minuten andauernde Filmdokumentation. Die Tänze werden von einer zwölfköpfigen Chorusline vorgetragen, die von zwei afroamerikanischen, singenden Tänzern kontrastiert werden; gegen Ende erscheint eine Minstrelfigur zum Finale. Die Band unterlegt den Gesang und die Tänze mit einem durchgehenden »half syncopated«-Modus.

Ausblick

Einen Kosmos US-amerikanischer Unterhaltungskunst en miniature bieten diese wenigen Experimentalfilme von Kellum und De Forest; es sind historische Quellen, die für einen kurzen Moment populäre Musik lebendig werden lassen und mit ihrem dokumentarischen Anspruch keine filmästhetischen Aussagen zulassen. Weitere Experimentalfilme können helfen, diese Zeitspanne Anfang der 1920er-Jahre deutlicher zu zeichnen. Wünschenswert wäre beispielsweise die Sichtung des 1925 entstandenen De Forest-Films mit Helen Lewis and Her All-Girl Jazz Syncopaters.

Diese in New York produzierten Experimentalfilme passen sich dem US-amerikanischen Beziehungsgeflecht von Filmindustrie und unterhaltender Bühnentradition an. Ungeachtet ihrer puritanischen Ausstrahlung werden hier technische Systeme offeriert, deren intensive kommerzielle Nutzung unmittelbar bevorsteht und das Filmschaffen der USA grundlegend verändern wird. Die agierenden Künstlerinnen und Künstler demonstrieren ihre Fertigkeiten, diese wiederum bedeuten die Grundlage für ihren Erfolg in der Performance-Tradition der New Yorker Bühnen. Wahrscheinlicher scheint jedoch, dass die Anerkennung am Broadway die künstlerische Auswahl der

Experimentalfilme bestimmt hat. Die inhaltliche Komponente dieser Filme, die Frage nach dem gezeigten Repertoire ist deshalb eng an den Aufführungserfolgen der verschiedenen New Yorker Theater orientiert. Im Zeitraum der Filmproduktionen sind dort vor allem Musicals mit afroamerikanischen Themen überaus erfolgreich. Blake und Sissle erzielen 1921 mit *Shuffle along* einen solchen Bühnenerfolg, aber auch die Sängerin Abbie Mitchell hat über ihren Gatten Will Marion Cook enge Kontakte zum Broadway. Cook brachte bereits 1898 die Musikkomödie *The Origin of the Cakewalk* in New York am Broadway Theater heraus.

Die Anfang der 1920er-Jahre bevorzugten afroamerikanischen Bühnensujets thematisieren gerne schwarze Milieustudien im Süden der Vereinigten Staaten. Afroamerikanische Künstlerinnen und Künstler siedeln dort ihre schwarze Tanz- und Musikkultur an (*Plantation Revue* 1922, *How Come?* 1923; *Elsie* 1923; *The Chocolate Dandies* 1924), stets begleitet von einer unterschwellig vorhandenen Minstrelsy. Diese Musicals bilden gegen Ende der 1920er-Jahre Sujetvorlagen für dann produzierte Tonspielfilme, u. a. *Hallelujah* (USA 1929) oder *Hearts in Dixie* (USA 1929). Die durch die Harlem Renaissance verstärkte romantische Darstellung des schwarzen Lebens in den Südstaaten der USA schlägt sich mit ihrem ausführlichen Bestand im Repertoire der Syncopated Music nieder (siehe Anm. 8), hier sind auch die Songs *Way down upon the Swanee River* und *Swanee Home* einzuordnen. Gleichzeitig belegt die Sendereihe *Early Jazz. Die Welt der Syncopated Music* (Hendler/Hoffmann 2010) des Westdeutschen Rundfunks, dass das afroamerikanische Sujet nur einen Teilaspekt der exotischen Rezeption bildet. Weitere »Regionalitäten« der Syncopated Music streifen die geografischen Areale Lateinamerika, Hawaii, Orient, Indien und Ostasien. Hier wäre auch *The Japanese Sandman* des Van Eps Trios einzufügen, in dessen Interpretation sich keinerlei Hinweise einer regionalspezifischen Spielweise nachweisen lassen.

Die rhythmische Konsistenz der Syncopated Music bewegt sich bei den vorliegenden Experimentalfilmen im binären Milieu, entsprechende Aufnahmepassagen mit ternärer, swingender Phrasierung lassen sich nur vereinzelt festmachen. Auch die gezeigten Formen des Embellishments geben keinerlei konkrete Auskünfte über improvisatorische Spielmanieren. Mit dem Blick auf Van Eps' Medley *A Bit of Jazz* scheint die Mechanik der Syncopated Music auch für die Rezeption des Jazz anwendbar: das Label Jazz erscheint ohne stilistische Kontur, denn die Präsentation einer eigenständigen musikalischen Idiomatik vollzieht sich bei den Tonfilmen erst gegen Ende der 1920er-Jahre, die Kurzfilme von Dudley Murphy *Black and Tan* (USA 1929) oder *St. Louis Blues* (USA 1929) sind hier zu nennen.

In der Geschichte des Tonfilms bilden diese Experimente eine kurze Episode: sie bereiten den Wechsel eines technischen Systems vor, dem gravierende filmästhetische Veränderungen folgen werden. In der Geschichte des Jazzfilms markieren sie hingegen eher einen verharrenden Moment, dem sich eine überaus dynamische Entfaltung und Tonfilmnutzung anschließt. Die Weiterentwicklung dieser Tonfilmexperimente mündet schon in der zweiten Hälfte der 1920er-Jahre in einem neuen Filmformat, dabei wird der ehemals stark dokumentarische Charakter abgelegt. Es entstehen rund zehnminütige Music Shorts, von der beginnenden Swing-Ära flankiert und gefördert. Diese US-amerikanischen Music Shorts präsentieren sowohl weiße Tanzorchester als auch schwarze Big Bands, deren Musik nun als musikalische Folie verstanden, genügend visuellen Raum bietet für die Illustrationen des kommenden Musikfilmformates. Dort werden vor allem die Sujets des Broadways aufgegriffen und dem Profil der kommerziell erfolgreichen Music Shorts angepasst: die alten Themen bleiben und ihre alte Minstrel-Ideologie tritt in den Filmbildern (siehe Anm. 9) nun deutlich hervor.

Anmerkungen

(1) Die wenigen, zu dieser Thematik von Hippenmeyer (1973), Meeker (1981), Dauer (1982) und Weihsmann (1988) verfassten Arbeiten beschreiben Sammelbestände und ordnen diesen bestimmte thematische Aspekte zu. Als Fortschreibung der Hippenmeyer'schen Thesen hat Dauer dessen Materialstand in seinem Jazzforschungsaufsatz aktualisiert, eine direkte jazzwissenschaftliche Bewertung musikalischer oder visueller Darbietungen wird dabei zugunsten einer differenzierten Sujettypologie vernachlässigt.

(2) Die Firma Orlando E. Kellum Patents zeichnet auf:
- Fred van Eps Trio: *A Bit of Jazz* USA 1921
  Whispering   K: John Schonberger, copyright 1920
  Japanese Sandman   K: Richard Whiting, copyright 1920
  Swanee   K: George Gershwin, copyright 1919

Die Firma Lee De Forest Phonofilms zeichnet u. a. folgende Tonfilme auf:
- Eubie Blake: *Way down upon the Swanee River*   USA 1922
  Eubie Blake – Klavier   K: Stephen Foster (Meeker 1981, Nr. 1012)
- Abbie Mitchell's New York Dixie Review: *Songs of Yesterday*   USA 1922
- Eubie Blake/Noble Sissle: *Snappy Tunes*   USA 1923
  Eubie Blake – Klavier/Gesang, Noble Sissle – Gesang
  Vier Titel: *The Sons of Old Black Joe*; *Swanee Home*; *Affectionate Dan*; *All God's Children got Shoes* (Meeker 1981, Nr. 2972, dort Hinweis nur auf Titel 3 u. 4)
- Ben Bernie and his Orchestra: *Sweet Georgia Brown*   USA 1925
  Dokumentiert auf: *At The Jazz Band Ball*. DVD Yazoo 514. Shanachie, USA 2000

(3) Siehe die Themenköpfe in *A Bit of Jazz*, gespielt von Nathan Glantz (Abb. 5):

»Jazz«-Adaptionen im frühen experimentellen Tonfilm der USA

(4) Veröffentlichungen des Pianisten Eubie Blake und Sänger Noble Sissle bei der Firma Vitaphone führen zu den folgenden Belegen:
   a) Vitaphone Release 463 und 464, die »International Stars of Syncopation« (Liebman 2003: 18) Eubie Blake und Noble Sissle führen insgesamt fünf Songs für Gesang und Klavier im Jahre 1927 auf (Meeker 1981: Nr. 2313, 2314). Release 464 beinhaltet den »Negro Spiritual« *All god's children got shoes*, siehe hierzu Anm. 2. Nahezu zeitgleich werden die Bands von Blake und Sissle auf dem Vitaphone Label im Jahre 1932 veröffentlicht:
   b) *Pie, Pie, Blackbird*, Eubie Blake & Band, Vitaphone Release 1391 (Meeker 1981: Nr. 2506);
   c) *That's the Spirit*, Noble Sissle & his Orchestra, Vitaphone Release 1491 (Meeker 1981: Nr. 3306).

(5) Siehe Ausschnitt Eubie Blake, *Way down upon the Swanee River* (Abb. 6):

(6) *Suwannee River* ist die alte Schreibweise von *Swanee River*. Entsprechende Filmbilder zur Südstaaten-Rezeption im *Ausblick* (Abschnitt 4 dieses Beitrages).

(7) In dem von Blake und Sissle 1918 komponierten Song *Affectionate Dan* wechseln die ternären und binären Passagen in der Klavierbegleitung fließend: Ternäre Begleitung unterliegt dem Song in den Takten 9–16, 27–31 und 37–38; binäre Formeln bestimmen die Klavierbegleitung in den Takten 17–26, 32–36 und 39–45.

(8) Die von Hendler/Hoffmann (2010) ausgestrahlte Sendereihe *Early Jazz. Die Welt der Syncopated Music* belegt in zwei Sendungen die von Hendler getroffene Auswahl zur »Süd-Romantik«.

I. Sendung, verzeichnet als *Early Jazz 8*:
1. *I'se Gwine Back To Dixie* (1897) — Archeophone 9006 Nr. 18
2. *Circus Day In Dixie* (3.2.1916) — Archeophone 1003 Nr. 15
3. *There Ain't No Land Like Dixieland To Me«* (29.9.1927) — Proper 1362 Nr. 15
4. *My Little Dixie Home* (17.12.1929) — Joker SM 3556 B/3
5. *Dear Old Southland* (6.11.1923) — BYG 529090 A/5
6. *The Southern Stomps* (24.12.1923) — Archeophone OTR MM6 C2 II Nr. 20
7. *Southern Shout* (6.6.1927) — Wolf WJS-1004 B/1
8. *Louisiana* (21.9.1928) — Proper 1364 Nr. 14
9. *New Orleans Joys* (17.7.1923) — Fremeaux FA 039 I Nr. 3
10. *New Orleans Stomp* (16.10.1923) — Archeophone OTR MM6 C2 II Nr. 8
11. *New Orleans Wiggle* (1924) — Yazoo 2025 Nr.5
12. *That Creole Band* (25.6.1926) — Saga 066 481-2 Nr. 4
13. *Creole Belles* (1902) — Archeophone 1001A Nr. 9
14. *Sadie Green, Vamp Of New Orleans* (17.9.1926) — Rice RRS-004 I Nr. 21
15. *Watermelon Party* (13.11.1909) — Archeophone 1003 Nr. 16
16. *Here Comes The Hot Tamale Man* (22.6.1926) — Fremeaux FA 039 I Nr. 15
17. *Alligator Hop* (5.10.1923) — Archeophon2 OTR MM6 C2 II Nr. 1
18. *Mojo Strut* (1926) — Yazoo 2024 Nr. 5

II. Sendung, verzeichnet als *Early Jazz 9*:
1. *When The Midnight Choo-Choo Leaves For Alabam'* (5.11.1912) — Archeophone 9005 Nr. 3
2. *Alabama Strut* (2.10.1928) — Oldie Blues OL 2811 A/5
3. *Alabama Shuffle* (1929) — Yazoo 2025 Nr. 22
4. *Marching Through Georgia* (1909) — Rice RRS-004 I Nr. 2
5. *Georgia Grind* (26.2.1926) — Encyclopedia 232093-31 Nr. 11
6. *Georgia Crawl* (19.4.1928) — CDM 574 1302 Nr. 21
7. *Georgia Swing* (11.6.1928) — RCA T21015 A/3
8. *Georgia Bound* (1929) — CDM 574 1303 Nr.9
9. *Atlanta Rag* (März 1929) — BYG 529.061 B/6
10. *Turkey In The Straw* (19.12.1896) — Archeophone 9004 Nr. 20
11. *Old Black Joe* (1898) — Archeophone 1005 II Nr. 2

12. *The Darkie's Awakening*
    (Januar 1904)   Archeophone 1001A Nr. 26
13. *De Little Old Log Cabin In De Lane*
    (1907)   JEMF-109 B/7 (Nr. 16)
14. *Land Of Cotton Blues* (August 1923)   Fremeaux FA 018 I Nr. 2
15. *Ol' Man River* (23.7.1932)   ASV CD AJA 5276 Nr. 1
16. *Ol' Man River* (7.7.1928)   Proper 1364 Nr. 9
17. *Mississippi Swayer* (1916)   JEMF-109 A/1 (Nr. 1)
18. *Steambot Bill* (26.5.1927)   Fremeaux FA 041 I Nr. 7

(9) Eine Sichtung der Music Shorts und die Systematik ihre Bildmotive erscheint als lohnende Aufgabe ganz im Sinne der von Engell und Wendler (2009) geforderten »Medienwissenschaft der Motive«.

Literatur

Abbott, Lynn/Seroff, Doug (2007): *Ragged But Right: Black Traveling Shows, Coon Songs and the Dark Pathway to Blues and Jazz*. New Orleans.
Abbott, Lynn/Seroff, Doug (2009): *Out of Sight: The Rise of African American Popular Music. 1889-1895*. New Orleans.
Brooks, Tim (2004): *Lost Sounds. Blacks and the Birth of the Recording Industry 1890-1919*. Urbana, Chicago.
Crafton, Donald (1997): *The Talkies: American Cinema's Transition to Sound, 1926-1931*. New York.
Dauer, Alfons M. (1982): Jazz und Film. Ein historisch-thematischer Überblick. In: Alfons M. Dauer/Franz Kerschbaumer (Hg.), *Jazzforschung/Jazz Research* 12. Graz, S. 41-58.
Engell, Lorenz/Wendler, André (2009): Medienwissenschaft der Motive. In: *Zeitschrift für Medienwissenschaft (ZfM) Heft 1*. Berlin, S. 38-49.
Engell, Lorenz (2010): *Playtime. Münchener Film-Vorlesungen. Schriften des Internationalen Kollegs für Kulturtechnikforschung und Medienphilosophie Bd. 4*. Konstanz.
Gomery, Douglas (1992): *Shared Pleasures. A History of Movie Presentation in the United States*. Madison.
Hagen, Wolfgang (2005): *Das Radio. Zur Geschichte und Theorie des Hörfunks – Deutschland/ USA*. München.
Hagener, Malte (2007): *Moving Forward, Looking Back. The European Avantgarde and the Invention of Film Culture, 1919-1939*. Amsterdam.
Hendler, Maximilian/Hoffmann, Bernd (2010): *Early Jazz. Die Welt der Syncopated Music.* (MS), WDR 3 Jazz. Westdeutscher Rundfunk, Köln. (Auf WDR 3, monatliche Sendungen, jeweils 22.00-23.00 Uhr).

Hendler, Maximilian (2010): *Syncopated Music. Frühgeschichte des Jazz (= Beiträge zur Jazzforschung 14)*. Graz.

Hippenmeyer, Jean-Roland (1973): *Jazz sur films ou 55 années de rapports jazz-cinéma vus à travers plus de 800 films tournés entre 1917 et 1972*. Yverdon.

Hoffmann, Bernd (1994): Zur Tradition poetischer Strukturen in Blues- und Rap-Music. In: Helmut Rösing (Hg.), *Grundlagen, Theorien, Perspektiven(= Beiträge zur Popularmusikforschung 14)*. Baden-Baden, S. 34–46.

Hoffmann, Bernd (1998): Sacred Singing. In: *MGG II, Sachteil*, Bd. 8. Sp. 793–830.

Hoffmann, Bernd (2006): Salzige Träume – Akkulturation im Jazz aus dem Blickwinkel agrokaribischer Rhythmik. In: Franz Kerschbaumer/Franz Krieger (Hg.): *Jazzforschung/Jazzresearch 38*. Graz, Sp. 793–830.

Hoffmann, Bernd (2007): Und der Duke weinte – Afro-Amerikanische Musik im Film. Zu Arbeiten des Regisseurs Dudley Murphy (1929). In: Bernd Hoffmann/Franz Krieger (Hg.), *Jazzforschung/Jazz Research 39*. Graz, S. 119–152.

Liebman, Roy (2003): *Vitaphone Films. A Catalogue of the Features and Shorts*. Jefferson/London.

Lotz, Rainer E. (1989): Foolishness Rag. Ragtime in Europa – neue Gedanken zu alten Tonträgern. In: Alfons M. Dauer/Franz Kerschbaumer (Hg.): *Jazzforschung/Jazz Research 21*. Graz, S. 97–137.

Lotz, Rainer E. (1997): *Black People: Entertainers of African Descent in Europe and Germany*. Bonn.

Meeker, David (1981): *Jazz in the Movies*. London.

Rust, Brian (1970): *Jazz Records 1897–1942, Vol. 2*. London.

Wondrich, David (2003): *Stomp and Swerve: American Music Gets Hot, 1843–1924*. Chicago.

Werner Jank

Verstehen von Musik oder Teilhabe an musikalischen Praxen?
Aspekte eines Paradigmenwechsels

> »Braucht jemand ein wirkliches Problem
> für eine Doktorarbeit, sollte dieses bei ihm
> zuerst die ästhetische Form besitzen.«
> (Mead 2008a: 194)[1]

Dieser Satz ist ein schöner Einstieg in ein Doktoranden-Kolloqium. Zugleich führt er zum zentralen Punkt in George Herbert Meads *Philosophy of Education*. Was meint Mead mit »ästhetischer Form«? Er unterscheidet drei Phasen des »reflexiven Prozess[es] des Bewusstseins«:

- Die unmittelbare Wahrnehmung oder »emotionale Phase«. (Mead 2008a: 101) In ihr »wird der Sinninhalt [im Original: ›sensuous content‹] auf seinen kleinsten Nenner reduziert. […]. In der Regel erkennen wir gerade so viel, wie nötig ist, damit die Handlung weitergehen kann«. (Mead 2008a: 72f.; Mead 2008b: 57)
- Die »ästhetische Phase«
  In dieser Phase präsentiert sich uns etwas als Sinn-Ganzes, »nicht als einzelner Bruchteil, der dazu dient, eine mit seinem Gebrauch zusammenhängende Reaktion auszulösen, und auch nicht als Objekt, das es zu analysieren und klassifizieren gilt. Eine Funktion des ästhetischen Zustands besteht also darin, das Objekt als Ganzes zu präsentieren und ihm gleichzeitig einen Wert beizumessen«. (Mead 2008a: 74)
- Die »intellektuelle Phase«
  Hier geht es um das Analysieren, Zergliedern und Reflektieren, »um im Bezug auf das Objekt zu handeln«. (Mead 2008a: 101)

---

[1] »So if one would get a real problem for a doctor's degree, it must first take with him the aesthetic form.« (Mead 2008b: 173) Ich werde im Folgenden bei Zitaten aus Schriften von George Herbert Mead und John Dewey dann, wenn die deutsche Übersetzung relativ frei formuliert, das Zitat auch in der Originalsprache wiedergeben.

Mead betont, dass ein Objekt als Sinn-Ganzes vom Wahrnehmenden »konstruiert« wird (Mead 2008a: 42; vgl. sinngemäß auch Mead 1973: 44) und bezeichnet diese Konstruktion als »schöpferischen Akt« (Mead 2008a: 88) – »a creation« (Mead 2008b: 70).

Auf diese drei Phasen bezieht Mead das eingangs Zitierte: Nur aus der Anschauung des Sinn-Ganzen in der ästhetischen Phase und seiner Bewertung kann ein echtes Problem, eine sinnvolle Frage entstehen und das Denken, Analysieren und Reflektieren in Gang setzen. Das Problem für eine Doktorarbeit sollte deshalb zuerst die ästhetische Form besitzen – also aus einem Sinn-Ganzen heraus entwickelt werden.

Ich werde im Folgenden einige Aspekte dessen beleuchten, was zwei Gründerväter des Amerikanischen Pragmatismus zur Philosophy of Education sagten (George Herbert Mead und John Dewey), von dort ausgehend musikdidaktische Aussagen zum Verhältnis von Subjekt und (musikalischem) Objekt aufgreifen und daran einige Folgegedanken anschließen.

Konstruktion und Vermittlung von Bedeutungen

George Herbert Mead (1863–1931) unterrichtete nach seinem Bachelor-Abschluss 1883 kurze Zeit an einer Schule, wurde aber wegen seiner Art disziplinäre Probleme zu lösen, entlassen. 1887 bis 1891 studierte er Philosophie sowie Psychologie, Griechisch, Latein, Deutsch und Französisch an der Harvard Universität, danach Philosophie, Psychologie und Nationalökonomie in Leipzig und Berlin (unter anderem bei Wilhelm Dilthey). Nach einigen Jahren, in denen er an der Universität von Michigan unterrichtete, holte ihn John Dewey 1894 als Assistenz-Professor für Philosophie an die neu gegründete Universität von Chicago. (Tröhler/Biesta 2008: 7 f.)

Die erst 2008 in deutscher Sprache veröffentlichte *Philosophie der Erziehung* hat eine eigene, für die Lektüre wichtige Entstehungsgeschichte: Sie ist die Vorlesungsmitschrift einer Studentin, Juliet Hammond. Mead hat in den Jahren zwischen 1905 und 1911 insgesamt viermal an der University of Chicago eine Vorlesung zur Philosophie der Erziehung angeboten. Die Mitschrift entstand 1910/11. Der Text ist also nicht authentisch. Nach Meinung der Mead-Forscher Gert Biesta und Daniel Tröhler jedoch, die den Band zuerst in englischer, nun auch in deutscher Sprache herausgaben,

> »vermittelt uns die Vorlesung eine Theorie der Erziehung, die hochgradig mit denjenigen Ansichten übereinstimmt, die Mead in seinen anderen Veröffentlichungen vertrat [...]. Es [das Typoskript; W. J.] enthält [...] eine Übersetzung von Meads allgemeineren Ansichten über den Ursprung

der Bedeutung und des Bewusstseins in das Feld der Erziehung«. (Tröhler/Biesta 2008: 9 f.)

Das zentrale Thema der Philosophy of Education ist für Mead das Vermitteln von Bedeutungen: »Education is the conveying of meanings«. (Mead 2008b: 172) Deshalb geht es für ihn im Kern um »die Rolle der Kommunikation in der Erziehung und die Rolle der Erziehung in der Kommunikation«. (Mead 2008a: 97)

Die oben genannten drei Phasen des reflexiven Bewusstseins führen direkt zu diesem Thema: »Zwischen der Phase der unmittelbaren Wahrnehmung und der Analyse und Reflexion [...] liegt die ästhetische Phase des Bewusstseins, die ein Sinnganzes darstellt, die ein Gefühl für alle Beziehungen und Bewertungen des Objektes als Ganzes beinhaltet und die das geeignete Objekt für die Wahrnehmung des Kindes im zarten Alter ist«. (Mead 2008a: 79)[2] Dieser Umstand sei für Erziehungstheorien von großer Bedeutung, und auch darüber hinaus: »Der religiöse Kult und Mythos entwickeln sich aus dieser ästhetischen Phase heraus, ebenso wie der Impuls zu berichten, zu schildern und zu erklären – dieser führt zur Theologie, zur Mythologie und zur Wissenschaft. Alle diese Erscheinungen haben ihren Ursprung im ästhetischen Ganzen und verleihen ihm Wert«. (Mead 2008a: 77)

Den Zusammenhang der drei Phasen beschreibt Mead anhand eines Beispiels:

> »(1) Eine Person, die es in eine neue Umwelt verschlägt, schützt sich instinktiv vor dem Neuen. In jeder Situation, in der einem alles unvertraut ist, nimmt man diese emotionale Haltung ein, zum Beispiel Fremde oder ein dunkles Zimmer. Dies ist das erste Stadium der Handlung. (2) Nun schreitet man von einer emotionalen Haltung zum nächsten Schritt der Entwicklung voran, der in der Konstruktion eines Objektes besteht. Die Aufmerksamkeit wendet sich dem Objekt zu, um herauszufinden, um was es sich dabei genau handelt. Dieses Konstrukt des Objektes entspricht dem, was wir das ästhetische Stadium nannten. (3) Sodann folgt das Intellektuelle, das Zergliedern, das Analysieren. Diese intellektuell abwägende Analyse erfolgt nicht um ihrer selbst willen, sondern um im Bezug auf das Objekt zu handeln«. (Mead 2008a: 101)[3]

---

[2] »Now there lies between these the aesthetic phase of consciousness which is a sensuous whole, which embodies a feeling of all relations, and an appreciation of the object as a whole, and this is the proper object of perception for the child of tender years.« (Mead 2008b: 63 f.)

[3] Mead verwendet im Original ebenfalls die Begriffe »construction« und »construct«. (Mead 2008b: 84)

In einem Zwischenfazit will ich festhalten:

1. Der »reflexive Prozess des Bewusstseins« nach George Herbert Mead ist, vor allem in seiner zweiten Phase, ein schöpferischer Akt bzw. eine Konstruktion, nicht bloß passives Wahrnehmen.
2. Wenn in der ästhetischen Phase ein Problem oder ein Widerstand für das weitere Handeln sichtbar wird, kommt es zur Reflexion und Analyse und damit zum Denken.
3. Die Analyse wird nicht um ihrer selbst willen angestellt, sondern um zu handeln und damit ein Problem zu lösen.
4. Sie beginnt mit dem Zergliedern und Herauslösen von Einzelelementen aus dem Sinn-Ganzen, also mit einer Abstraktion.[4]

Vor diesem Hintergrund beschreibt Mead, »wie die Methode beschaffen sein muss«: Sie müsse sich aus den Problemen des Kindes selbst entwickeln, denn nur aus seinen echten Problemen heraus könne das Kind seine eigenen Abstraktionen vornehmen. »[...] für das Kind ist nichts eine Tatsache, was nicht seiner eigenen Erfahrung entstammt. Dazu braucht es reale Probleme«. (Mead 2008a: 194) Kinder könnten Abstraktionen nicht einfach von Anderen auf dem Weg sprachlicher Vermittlung übernehmen: »Unser Geist lässt sich nicht mit Fakten füttern, wie dies von der herkömmlichen pädagogischen Praxis vorausgesetzt worden ist.« (Mead 2008a: 194) Vielmehr müssten die Kinder selbst ihre Abstraktionen aus ihrem eigenen Bewusstsein heraus entwickeln. (Mead 2008a: 183; vgl. Dewey 1993: 212f. Deshalb sei es nötig, dass das Kind die Gelegenheit bekomme, ein Objekt in der ästhetischen Phase wahrnehmen und würdigen zu können. Denn dann gewinne das Objekt für das Kind Bedeutung, errege sein Interesse und seine affektive Reaktion und bleibe eher im Gedächtnis. (Mead 2008a: 81)

> »Somit halten wir fest, dass wir erstens das Problem den Kindern in dieser ästhetischen Form präsentieren müssen. Das Material muss konkret und direkt sein, es sollte für das Kind interessant sein, d.h. es muss einfach und sinnlich etc. sein. Zweitens muss die Lösung aus der Erfahrung des Kindes heraus kommen und sollte seiner eigenen Welt entsprechen.« (Mead 2008a: 194f.)[5]

---

4   Mead verwendet den Begriff »abstraction«. (Mead 2008b: 170)
5   »So we note in the first place 1) that it is [in] this aesthetic form that the problem must be presented to children. The material must be concrete, direct, and we say it must have interest, i.e., be simple, sensuous, etc. 2) The solution must come from the child's experience, must answer to his own world.« (Mead 2008b: 174)

Auf dem Weg zur Lösung müsse das Kind außerdem auch das Prüfen und das Experimentieren selber durchführen, also in Eigentätigkeit. (Mead 2008a: 183; vgl. auch Dewey 1993: 218)

Noch deutlicher wird Meads Position anhand seiner Kritik an der Assoziationspsychologie in der Fassung von Johann Friedrich Herbart, die er durch seinen Deutschland-Aufenthalt vermutlich gut kannte. Herbart gehe von der Annahme aus, dass der Erwerb von Wissen bzw. die Aufnahme eines neuen Gedankeninhalts über den Weg der Sprache erfolge. Die »apperzeptive Masse« assimiliere ähnliche Ideen. Mead kritisiert v. a., dass hier ein Bedeutungsbewusstsein bereits als vorhanden vorausgesetzt werde. Assoziationen würden nur als intellektueller Vorgang, nicht als sozialer Prozess der Kommunikation verstanden. (Mead 2008a: 193 f.)

Mead bettet diese Einsichten ein in den sozialen Zusammenhang der Entstehung und Weitergabe von Bedeutungen: »Bedeutungen entstehen aus dem sozialen Verkehr heraus; sie sind nicht einfach vorhanden, um anschließend ausgedrückt zu werden. Wir sollten einsehen, dass wir dem Kind die Dinge, die es benötigt, nicht in der Art und Weise geben können, wie man einen leeren Behälter füllt. Bedeutung muss im kindlichen Bewusstsein über den Umgang mit anderen Personen entstehen. [Dazu bedarf es der; Tröhler/Biesta] Sprache, als Medium, mit dessen Hilfe Erfahrungen analysiert und zu Bewusstsein gebracht werden.« (Mead 2008a: 199)

Vor diesem Hintergrund lassen sich die vier Punkte des Fazits oben um zwei weitere Punkte ergänzen:

5. Bedeutungen werden von den Menschen im sozialen Verkehr konstituiert und sind letztlich auf ihr Handeln bezogen.[6]
6. Der soziale Verkehr – und ihm folgend das Reflektieren, Analysieren und Denken – vollzieht sich im Medium der Sprache. »Unser Denken ist ein ständiges Mit-uns-selber-Sprechen. Die Bedeutung eines Wortes erschließt sich uns in Begriffen unserer Reaktion auf es.« (Mead 2008a: 175;[7] vgl. auch Mead 1973: 86 f.)

---

[6] Den gleichen Gedanken hat Hermann J. Kaiser mit Bezug auf die Mitteilbarkeit ästhetischer Erfahrung – nicht gestützt auf Mead, sondern auf andere Autoren – ausführlich hergeleitet. (Kaiser 1992: v. a. 112 f.) Unschwer sind hier Kerngedanken von Meads Kommunikations- und Identitätstheorie und des darauf aufbauenden Symbolischen Interaktionismus zu erkennen (dies kann hier nicht ausgeführt werden).

[7] »Our thinking is always conversing; you get the meaning of a word in terms of your response to it.« (Mead 2008b: 154)

Durch Erfahrung lernen

Dewey (1859–1952; vgl. Hylla 1993) war ab 1894 Professor und Leiter der Abteilung für Philosophie, Psychologie und Pädagogik an der Universität in Chicago, ab 1904 in New York. Mead und Dewey waren befreundet und arbeiteten lange Zeit eng zusammen. Dewey gründete in Chicago, dem damaligen Zentrum einer Schulreformbewegung, eine Reformschule und gilt, zusammen mit anderen, als der Vater der Projektmethode. Deweys Theorien sind zentral für das amerikanische Demokratie-Verständnis und für die Philosophie des Amerikanischen Pragmatismus. In Philosophie und Pädagogik sind seine Ansätze in den USA allgegenwärtig. Sein pädagogisches Hauptwerk *Democracy and Education* erschien 1916. In der deutschen Musikpädagogik wurde Dewey, abgesehen von der zentralen Stellung seiner Pädagogik in Rudolf Nykrins *Erfahrungserschließender Musikerziehung* (1978), wenig rezipiert (siehe jedoch neuerdings etwa Rolle 1999: v. a. 41–55).

Die große Nähe zwischen den oben dargelegten Positionen Meads und den Auffassungen Deweys lässt sich vielfach in Deweys *Demokratie und Erziehung* nachweisen (zum Beispiel 205 f.). Enger als Mead bezieht Dewey sich auf die Schule als Lernort:

> »Wenn wir uns klarmachen wollen, was eine wirkliche Erfahrung, eine lebendige Situation ist, so müssen wir uns an diejenigen Situationen erinnern, die sich außerhalb der Schule darbieten, die im gewöhnlichen Leben Interesse erwecken und zur Betätigung anregen. […] Diese Situationen geben dem Schüler etwas zu tun, nicht etwas zu lernen, und dieses Tun ist von der Art, dass es das Denken, absichtliche Beobachtung von Beziehungen erforderlich macht; dabei ergibt sich das Lernen als notwendiges Nebenerzeugnis.«[8] (Dewey 1993: 206)

Für Dewey spielt der Begriff »Erfahrung« eine zentrale Rolle. Ich kann diesen Begriff hier nicht in der Breite seiner Bedeutungen und Geschichte aufnehmen (vgl. etwa Buck ²1969; Engler 1992), sondern hebe drei für Dewey bedeutsame Aspekte hervor:

- »Erfahrung« hat ein aktives und ein passives Element: »Die aktive Seite der Erfahrung ist Ausprobieren, Versuch – man *macht* Erfahrungen. Die passive Seite ist ein Erleiden, ein Hinnehmen. Wenn wir etwas erfahren, so wirken

---

[8] Der letzte Satz im Original: »They give the pupils something to do, not something to learn; and the doing is of such a nature as to demand thinking, or the intentional noting of connections; learning naturally results.« (Dewey 2009: 169)

wir auf dieses Etwas zugleich ein, so tun wir etwas damit, um dann die Folgen unseres Tuns zu erleiden«.[9] (Dewey 1993: 186; Hervorh. im Orig.)

- Bloße Betätigung ist noch keine Erfahrung. Erfahrung schließt Veränderungen ein, und zwar solche Veränderungen, die bewusst in Verbindung gebracht werden mit den Rückwirkungen, die von einem Tun ausgehen: (Dewey 1993: 186f.) »Wenn eine Betätigung hineinverfolgt wird in ihre Folgen, wenn die durch unser Handeln hervorgebrachte Veränderung zurückwirkt auf uns selbst und in *uns* eine Veränderung bewirkt, dann gewinnt die bloße Abänderung Sinn und Bedeutung; dann lernen wir etwas. Es ist keine Erfahrung, wenn ein Kind in eine Flamme greift; es ist Erfahrung, wenn die Bewegung mit dem Schmerz, den es infolgedessen erlebt, in Zusammenhang gebracht wird. In die Flamme greifen bedeutet für das Kind von nun an ›sich verbrennen‹.« (Dewey 1993: 187; Hervorh. im Orig.)

- Eine oft zitierte Stelle aus *Demokratie und Erziehung* rückt dies in ein zeitliches Kontinuum und in die pädagogische Dimension:
  »Durch Erfahrung lernen heißt das, was wir den Dingen *tun*, und das, was wir von ihnen *erleiden*, nach rückwärts und vorwärts miteinander in Verbindung bringen. Bei dieser Sachlage aber wird das Erfahren zu einem Versuchen, zu einem Experiment mit der Welt zum Zwecke ihrer Erkennung. Das sonst bloß passive ›Erleiden‹ wird zum ›Belehrtwerden‹, d.h. zur Erkenntnis des Zusammenhanges der Dinge.
  Daraus folgen zwei pädagogisch wichtige Schlüsse.
  1. Erziehung[10] ist in erster Linie eine Sache des Handelns und Erleidens, nicht des Erkennens.
  2. Der Maßstab für den Wert einer Erfahrung liegt in der größeren oder geringeren Erkenntnis der Beziehungen und Zusammenhänge, zu der sie uns führt.«[11] (Dewey 1993: 187f.; Hervorh. im Orig.)

---

[9] Die Übersetzung erscheint mir als etwas unglücklich. Sie betont den Aspekt des »Erleidens«, das im Deutschen pejorativ konnotiert ist. Dewey selbst formulierte offener: »On the active hand, experience is trying – a meaning which is made explicit in the connected term experiment. On the passive, it is undergoing. When we experience something we act upon it, we do something with it; then we suffer or undergo the consequences.« (Dewey 2009: 153)

[10] Im Original steht an dieser Stelle nicht der Begriff »education«, sondern »experience« (siehe Fußnote 11).

[11] Auch hier liegt in der Übersetzung eine Überbetonung des »Erleidens« vor. Dewey im Original: »To ›learn from experience‹ is to make a backward and forward connection between what we do to things and what we enjoy or suffer from things in consequence. Under such conditions, doing becomes a trying; an experiment with

Solches Erfahrungslernen ist für Dewey die Grundlage des Denkens:

> »Sein Gedächtnis wie ein Notizbuch anfüllen mit Tatsachen, die als abgeschlossen und erledigt angesehen werden, ist nicht denken. Wer so verfährt, arbeitet wie ein Registrierapparat. Denken heißt erwägen, welchen Einfluss die gegenwärtigen Vorgänge auf die in Zukunft möglichen haben können und haben werden.« (Dewey 1993: 196)

Diese »Fähigkeit, gegenwärtige Umstände mit zukünftigen Folgen und zukünftige Folgen mit gegenwärtigen Tatsachen in Verbindung zu setzen«, wird in der Übersetzung als »Verständnis« bezeichnet. (Dewey 1993: 141; bei Dewey: »mind«; Dewey 2009: 114) »Verständiges« Handeln (»acting intelligently«) geschieht, wenn jemand auf ein Ziel hin handelt. (Dewey 1993: 113; 141)

Alles bisher Angesprochene beschreibt, *wie* das Lernen, wie die Erziehung geschieht oder besser: geschehen sollte. Damit sind weder die Ziele der Erziehung und des Lernens beschrieben und begründet, noch die Inhalte umrissen. Die kritische Diskussion dieser Fragenkreise muss einer anderen Gelegenheit vorbehalten bleiben.

Bildung

Für die Fragen, die in der nordamerikanischen Tradition die Philosophy of Education bearbeitet, sind in der deutschen Wissenschaftstradition Bildungstheorie und Allgemeine Didaktik zuständig. Der Begriff »Bildung« wurde am Ausgang der Epoche der Aufklärung und im Übergang zum Neuhumanismus zu Beginn des 19. Jahrhunderts wichtig. Rückblickend spricht man heute von Friedrich Daniel Ernst Schleiermacher, Wilhelm von Humboldt, Johann Heinrich Pestalozzi und anderen als den »Klassikern« der Bildungstheorie.

Im Prozess der Bildung, wie ihn die Klassiker beschreiben, geht es um das Verhältnis des Einzelnen zur ihn umgebenden Welt und zu sich selbst. Einerseits prägt das Ich seine Welt, andererseits ist das Ich »aber zugleich auch schicksalhaft-zufällig durch diese Welt bestimmt«. (Meyer 2000: 35) Humboldt: Seine Natur dränge den Menschen,

> the world to find out what it is like; the undergoing becomes instruction – discovery of the connection of things.
> Two conclusions important for education follow. (1) Experience is primarily an active-passive affair; it is not primarily cognitive. But (2) the measure of the value of an experience lies in the perception of relationships or continuities to which it leads up.« (Dewey 2009: 154)

»beständig von sich aus zu den Gegenständen außer ihm überzugehen, und hier kommt es nun darauf an, dass er in dieser Entfremdung nicht sich selbst verliere, sondern vielmehr von allem, was er außer sich vornimmt, immer das erhellende Licht und die wohltätige Wärme in sein Inneres zurückstrahle. Zu dieser Absicht aber muss er die Masse der Gegenstände sich selbst näher bringen, diesem Stoff die Gestalt seines Geistes aufdrücken und beide einander ähnlicher machen.« (Humboldt, *Fragment zur Theorie der Bildung des Menschen*, vermutlich 1794; zitiert nach Meyer 2000: 35 f.)

Die Dialektik von Entfremdung und Rückkehr aus der Entfremdung ist konstitutiv für den Prozess der Bildung des Menschen:

»Nach Humboldt können nur solche Tätigkeiten bildend wirken, die eine Hinwendung zu Fremdem, noch Unbekanntem so gestatten, dass wir uns selbst fremd werden und Neues so lernen, dass von dem Neu-Erfahrenen Anregungen zu fortschreitender Entfremdung und Weltaneignung ausgehen können.« (Benner ³2003: 105)

Es wird deutlich, dass die deutschen bildungstheoretischen Klassiker Bildung als einen Prozess der Auseinandersetzung eines Individuums mit der Welt, in der es lebt, sehen, also als einen Prozess der Auseinandersetzung zwischen dem Subjekt und der objektiven Welt, deren Bedeutungen es zu verstehen gilt.

In näherer Bestimmung lassen sich mit Wolfgang Klafki (Klafki 1986: 458–465) vier zentrale Charakteristika der klassischen Bildungstheorien unterscheiden, die bis heute in der aktuell wieder verstärkt geführten Diskussion des Bildungsbegriffs relevant sind (vgl. ausführlicher Jank/Meyer ¹⁰2011: 209 f.; Meyer/Meyer 2007: 100–103):

- Bildung zielt auf die Befähigung zu vernünftiger Selbstbestimmung. Sie ist das Ziel (die entfaltete Fähigkeit zu vernünftiger Selbstbestimmung) und zugleich der Weg dorthin (der Prozess, in dem sich jemand zu dieser Fähigkeit bildet).
- Bildung wird im Rahmen der historisch-gesellschaftlich-kulturellen Gegebenheiten erworben. Sie bedarf der Auseinandersetzung mit der Welt, in der wir leben: mit der gesellschaftlichen und politischen Situation, mit den technischen Errungenschaften, mit den kulturellen Schöpfungen usw.
- Bildung im Sinn von vernünftiger Selbstbestimmung und Selbstständigkeit kann jede(r) nur für sich selbst und selbsttätig erwerben – niemand kann einem dies abnehmen.
- Bildung benötigt aber zugleich die Auseinandersetzung mit der Gemein-

schaft der anderen Menschen – schon allein deshalb, weil die Freiheit des Einzelnen ihre Grenze an der Freiheit der jeweils anderen Menschen findet. Die neuhumanistischen Bildungstheoretiker legten vor diesem Hintergrund ein Lernen nahe, in dem sich das Subjekt – in der Schule mithilfe des vermittelnden Lehrers – den Objekten und den von ihnen getragenen Bedeutungen zuwendet, und zwar im Kreislauf der Entfremdung und der Rückkehr aus ihr, mit analytisch wachem Intellekt und unter dem Anspruch zunehmenden Verstehens.

Gegenüber dem diesem Verständnis von Bildung zugrunde liegenden Dualismus von Subjekt und Objekt sehen knapp 100 Jahre später die Väter des Amerikanischen Pragmatismus »education« als einen ganzheitlichen Prozess, in dem das Individuum die für sein Handeln relevanten Bedeutungen im sozialen Kontext konstituiert. Für die neuhumanistischen Bildungstheoretiker ist die objektive Welt Träger von Bedeutungen, die ich mir im Prozess der Entfremdung und Rückkehr aus der Entfremdung verstehend aneigne. Für die amerikanischen Pragmatisten bin ich involviert in Handlungen und Interaktionen und ich konstituiere die für mein Handeln relevanten Bedeutungen aus dem sozialen Verkehr heraus. (Mead 2008a: 199; vgl. Engler 1992: 144f.) Es liegt auf der Hand, dass Meads Position auf spätere, sozialkonstruktivistische Positionen vorausweist.

Mead und Dewey (vgl. Dewey 1993, etwa Kapitel 22 und 25 sowie in polemischer Zuspitzung: 188) haben ihre pragmatistische Position in strenger, zuweilen polemischer Abgrenzung »zu allen philosophischen Dualismen, seien es Subjekt-Objekt, Geist-Materie, Seele-Körper, Wesen-Erscheinung etc.« (Engler 1992: 119) formuliert. Das schließt die Abgrenzung gegenüber europäischen, geisteswissenschaftlich geprägten Philosophie-Traditionen ein, die Mead sicherlich spätestens während seines Deutschland-Aufenthalts kennen gelernt hatte.

Der amerikanische Pragmatismus legte auf dieses Basis ein Lernen nahe, das davon ausgeht, dass Bedeutungen nicht »vermittelt« werden können, sondern als subjektiv relevante Bedeutungen individuell aus der handelnden Erfahrung in sozialen Kontexten heraus unter dem Anspruch der zunehmend selbst bestimmten Verfügung über das eigene Handeln und seine Folgen konstituiert werden.

Musikpädagogischer Ausblick[12]

Was dies alles mit Musikpädagogik heute zu tun hat? Ich sehe historisch und systematisch interessante Aspekte.

---

[12] Dieser abschließende Ausblick ist eine Skizze und deutet lediglich einige Aspekte knapp an.

In historischer Perspektive zeigt sich die ungebrochen hohe Bedeutung der klassischen bildungstheoretischen Fragen und Antworten bis in die Gegenwart im deutschsprachigen Raum. Sie bestimmten die Geisteswissenschaftliche Pädagogik von ihren Anfängen im 19. Jahrhundert an, sie standen seit den späten 1950er-Jahren im Zentrum der Bildungstheoretischen Didaktik und sie motivieren heute zahlreiche Publikationen im Anschluss an die PISA-Studien und in der kritischen Auseinandersetzung mit Bildungsstandards und Kompetenzmodellen (vgl. zum Beispiel Moschner/Kiper/Kattmann 2003; Beichel/Fees 2007). Prominentestes Beispiel ist Wolfgang Klafkis *Kategoriale Bildung* (Klafki 1957). Sie kann als ein Versuch gelesen werden, das dualistische Gegenüber von Subjekt und Objekt in eine dialektische Verschränkung weiterzuführen (vgl. Jank/Meyer ^{10}2011: 216–219).[13]

Auch in der Musikdidaktik in Deutschland seit den 1970er-Jahren stehen die verschiedenen musikdidaktischen Modelle und Konzepte mehr oder weniger in der Tradition des dualistischen Gedankens von einem Subjekt, das sich einem musikalischen Objekt verstehend zuwendet.[14] Dies wird besonders deutlich bei allen Ansätzen, die sich auf die Interpretation von Musik beziehen, also in der Kunstwerkorientierung bei Michael Alt, in der didaktischen Interpretation von Musik bei Karl Heinrich Ehrenforth und Christoph Richter[15] und in den USA zum Beispiel in der *Philosophy of Music Education* von Bennett Reimer (1970). Im Einzelfall mehr oder weniger stehen aber auch ganz andere, zum Teil konträre Ansätze mit einem Bein auf dieser Traditionslinie, etwa

- die Auditive Wahrnehmungserziehung mit ihrer Konzentration auf die hörbare Umwelt und die Sachsystematik musikalischer Parameter,
- Ansätze interkulturellen Musikunterrichts – besonders deutlich in den Ansätzen, die sich mit »dem Fremden« in der Musik beschäftigen (etwa Schneider 1996) – vor seiner maßgeblich von Volker Schütz und Thomas Ott bewirkten transkulturellen Wende (Schütz 1996a; Ott 1995),
- viele aktuelle konzert- und theaterpädagogische Ansätze der Musikvermittlung,
- in mancher Hinsicht auch Teilaspekte des Ansatzes der Inszenierung ästhetischer Erfahrungsräume (Rolle 1999), wenn nämlich ästhetische Erfahrung aus

---

[13] In der späteren Weiterentwicklung zur Kritisch-Konstruktiven Didaktik maß Klafki der Interaktion und Kommunikation im sozialen Kontext – und damit der Sprache – nun erheblich größere Bedeutung zu (vgl. Meyer/Meyer 2007: 135–138).

[14] Ich habe dies aus einem anderen Blickwinkel heraus an anderer Stelle ausführlich analysiert. (Jank 1996)

[15] Die Metaphern, mit denen diese Autoren sprechen: Dialog zwischen Subjekt und Objekt, Horizontverschmelzung (Hans-Georg Gadamer), »Treffpunkte« zwischen Mensch und Musik u. ä.

dualistischer Sicht gedacht wird als eine Erfahrung, die ein Subjekt an einem Gegenstand macht, wenn es sich diesem in ästhetischer Einstellung nähert.

Deweys Erziehungsphilosophie wurde dagegen in der Musikpädagogik in Deutschland selten aufgenommen, und noch weniger wurde auf Mead rekurriert. Eine Ausnahme bildet Rudolf Nykrins *Erfahrungserschließende Musikerziehung*. Die zentralen Grundannahmen zum Handeln, zur Erfahrung als einem Prozess der Bedeutungskonstruktion im sozialen Kontext, zum Verhältnis von Handeln und Erfahrung sowie zur Rolle der Sprache bei Dewey und Mead bilden für Nykrins Didaktik zentrale Grundlagen (vgl. mehr dazu bei Jank ³2009: 51–53). Folgerichtig ist für ihn Unterrichtsinhalt nicht etwas, was nach dem dualistischen Prinzip von Subjekt und Objekt der Lehrer vermittelt und die Schüler sich aneignen. Vielmehr »bestimmt sich das ›Curriculum‹ (verstanden nun als das, was tatsächlich gelernt wird)« erst in der konkreten Interaktion der Beteiligten im Unterrichtsprozess selbst, in dem der Unterrichtsentwurf »von Schülern mit je spezifischen Erfahrungshintergründen […] in seiner Intentionalität vielfach gebrochen und gedeutet« wird. Wie diese Bestimmung des Curriculums ausfallen werde, könne unterrichtsvorgängig nicht präzise gesagt werden. (Nykrin 1978: 117) Eine breitere musikdidaktisch-systematische Diskussion über solche Positionen entstand daraus in Deutschland nicht.

Ich denke, es liegt nicht zuletzt an den beschriebenen grundsätzlichen Unterschieden der bildungs- und erziehungsphilosophischen Ausgangspunkte, warum sich die deutschsprachige (Musik-)Pädagogik immer schwer getan hat mit der Rezeption der nordamerikanischen (Musik-)Pädagogik – und umgekehrt –, obwohl sich beide vielleicht viel zu sagen hätten.

In systematischer Perspektive lassen sich demgegenüber seit wenigen Jahren zunehmend deutliche musikdidaktische Positionsverschiebungen beobachten. Am Übergang stehen zum Beispiel Arbeiten von Thomas Ott und Christian Rolle aus dem Jahr 1999. Thomas Ott fragte, mit einer deutlichen Spitze in Richtung des Ansatzes der didaktischen Interpretation von Musik: »Könnte es nicht sein, dass wir nicht nur zu wenig, sondern auch zu viel verstehen und dass wir wieder lernen und lehren sollten, auf anständige Art *nicht* zu verstehen?« (Ott 1999: 18; Hervorh. i. Orig.) An einem Beispiel komplexer afrikanischer Rhythmen zeigt er den Weg zu einem angemessenen Nicht-Verstehen und fragt, ob es nicht heilsam wäre,

> »nach solchen Punkten systematisch zu suchen, um an ihnen dann *eines* zu erproben: Eine Ethik des Umgangs mit dem, das uns am Fremden notwendig fremd bleiben muss, anstelle eines universellen und grenzenlos zirku-

lären Verstehensanspruchs, der gerade auch gegenüber anderen Kulturen etwas Imperiales, um nicht zu sagen Imperialistisches hat«. (Ott 1999: 21; Hervorh. i. Orig.)

Rolle rückt den Begriff der Erfahrung in das Zentrum musikdidaktischer Reflexion, nun aber nicht – wie Nykrin – primär auf der Grundlage der pädagogischen Schriften Deweys, sondern unter anderem auf der Grundlage einer Kritik von Deweys ästhetischen Schriften. Einerseits stellt er fest, dass Deweys Begriff der ästhetischen Erfahrung wenig geeignet erscheint, um das Besondere der spezifisch ästhetischen Erfahrung gegenüber der Erfahrung im Allgemeinen zu fassen. Andererseits gewinnt er mit Dewey »einen Anhaltspunkt zur Formulierung eines Begriffes ästhetischer Rationalität, die nicht in einem in den Werken waltenden ästhetischen Gesetz oder in einer das Material regierenden musikalischen Logik Zuflucht suchen muss«. (Rolle 1999: 54 f.) Folgerichtig untersucht er im weiteren Verlauf das Verhältnis von »Musik und Bedeutung« (Kapitel 4) und ortet Bedeutung nicht mehr als Eigenschaft von Objekten, die es zu verstehen gilt, sondern im Prozess des Vollzugs (Rolle 1999: 147–150), in dem musikalische Bedeutungen in intersubjektiv geteilter musikalischer Praxis generiert und als individuelle, leiblich fundierte musikalische Erfahrung verarbeitet werden. (Rolle 1999: 150–155)

An diesen beiden Texten lässt sich schön zeigen, wie sozusagen die Plattentektonik musikdidaktischer Positionen und Argumente in Bewegung gerät: Ott macht in der Gegenüberstellung von Verstehen und Nicht-Verstehen zunächst deutlich, dass diese kollidierenden Kategorien möglicherweise grundsätzlich nicht im Umgang mit jeglicher Musik angemessen sind – zumindest nicht im Umgang mit Musik von der Art seiner Beispiele aus Afrika. Er fragt dann weiter: »Welchen Sinn hat denn diese Struktur [das afrikanische Pattern seines Beispiels aus dem Zhem-Tanz der Dagomba in Ghana] dort, wo sie zuhause ist, nämlich im musikalischen Bewusstsein der Afrikaner, die spielend, singend, tanzend, sehend und fühlend an ihr teilhaben?« (Ott 1999: 20) Damit verschiebt er die Frage nun weg vom Verstehen eines (musikalischen) Objekts hin zur Erfahrung von Sinn im Zuge der Teilhabe an einem leiblich und körperlich fundierten Geschehen (vgl. hierzu einige Jahre früher auch Schütz 1996b: 7). Diese Erfahrung von Sinn ist eben nicht dasselbe wie »Verstehen« von Musik, sondern in der Terminologie Otts eine »anständige Art *nicht* zu verstehen«. Was Ott von einem konkreten musikalischen Phänomen ausgehend beschreibt, trifft sich, wenn ich das recht sehe, mit der theoretisch von Dewey und anderen her gewonnenen Position Rolles, dass (musikalische) Bedeutung im individuellen Vollzug intersubjektiv geteilter musikalischer Praxen generiert wird (s. o.).

Seither sind einige Arbeiten erschienen, die auf sehr unterschiedliche Weise sensibel und differenziert genau dies unter die Lupe nehmen. Auf zwei dieser Arbeiten sei stellvertretend hier verwiesen.

Dorothee Barth (2008) entwickelt in ihrer grundlegenden, von theoretisch formulierten Kulturbegriffen ausgehenden Analyse als erste einen »bedeutungsorientierten Kulturbegriff« in klarer Abgrenzung zum normativen und zum ethnisch-holistischen Kulturbegriff. Seine wesentliche Merkmale fasst sie zu fünf Punkten zusammen:

- Unsere Wirklichkeit ist sinnhaft konstituiert.
- »Kultur« als Erklärung für menschliches Handeln verweist auf die geteilten Sinndeutungen der Akteure.
- Hinter den geteilten Sinndeutungen, die dem einzelnen Handeln Sinn verleihen, liegen historisch-gesellschaftlich entstandene kollektive Sinnsysteme bzw. symbolische Ordnungen.
- Diese liegen den Handlungen und Überzeugungen der Individuen – bewusst oder unbewusst, beabsichtigt oder unbeabsichtigt – zugrunde und manifestieren sich im Anwenden, im Vollzug.
- »Menschen *gehören derselben Kultur an*, wenn sie die Prozesse der Bedeutungsgenerierung und Bedeutungszuweisung in Bezug auf den gegenständlichen Inhalt von Urteilen« teilen. (Barth 2008: 166; Hervorh. i. Orig.)

Für Heinrich Klingmann (2010) zählen die Ergebnisse der Untersuchung von Barth bereits zu den selbstverständlichen Ausgangspunkten. Er zeigt in seiner grundlegenden, von der Ausführungspraxis ausgehenden Analyse mit großer Klarheit und eindrücklich, dass die groove-typische »rhythmische Mehrdeutigkeit und koordinierte Unabhängigkeit im Ensemble« ein Resultat des Interagierens in kulturell geprägten sozialen Handlungssituationen ist (Klingmann 2010: 224), in das körperlich codierte Bedeutungen eingehen, die als Verweise auf kulturelle Kontexte dienen können bzw. als solche wahrgenommen werden. (Klingmann 2010: 142–148; 176–182) Theoretisch erfassen könnten dies am besten, so Klingmann, praxeologische Kulturtheorien, weil sie den Blick auf die kulturellen Praktiken der »Herstellung« von Kultur und auf deren unterschiedliche Kontexte lenken, und damit letztlich auf die Subjekte als Akteure, die ständig Interpretationsleistungen vollbringen und Handlungsentscheidungen treffen. (Klingmann 2010: 276–290) Vor diesem Hintergrund beschreibt er Musik als »soziale Praktik« und als Vollzug in einem Dreieck, das aufgespannt wird von den Gegenständen (»das Spiel«), den sozialen Handlungssituationen (»die Spielregeln«) und den Habituierungen, Dispositionen bzw. Identitäten, die sich manifestieren in der Gestaltung des Umgangs mit den Gegenständen in den sozialen Handlungssituationen (»Auslegung der Spielregeln«). (Klingmann 2010: 381)

Eine ganze Reihe von Arbeiten, die sich mit solchen bedeutungstheoretischen Fragen, konstruktivistischen Grundlagen und praxeologischen Perspektiven des (Musik-)Lernens grundlagentheoretisch befassen, ist in den letzten etwa fünf Jahren erschienen.[16] International gesehen hat einige Jahre zuvor der nicht zuletzt in pragmatistischer Tradition stehende praxeologische Ansatz von David J. Elliott (1995) starkes Echo gefunden, und die langsam zunehmende, stark von Lucy Green (2008) mit angeregte Diskussion über informelles (Musik-)Lernen ist verwandt mit den genannten Ansätzen.

Damit befinden wir uns musikdidaktisch-theoretisch mittlerweile sozusagen jenseits von Verstehen und Nicht-Verstehen (Heinrich Jacoby möge die Paraphrase verzeihen). Mir erscheint dies alles längst keine Modewelle mehr zu sein und auch nicht nur Ausdruck eines der wiederkehrenden Bocksprünge musikdidaktischer Richtungswechsel, sondern ein veritabler Paradigmenwechsel: Zentrale Grundbegriffe und Selbstverständnisse unseres Faches werden auf nichtdualistischer Grundlage neu definiert: Verstehen, (musikalisch-)ästhetische Wahrnehmung und Erfahrung, musikalische Praxis und musikalisches bzw. musikbezogenes Handeln, usuelle und verständige musikalische (Gebrauchs-) Praxis, Sinn, Bedeutung und Bedeutsamkeit von Musik, Leiblichkeit der Musik, Musiklernen und viele weitere. Im Zuge dieser aktuellen Diskurse könnte es sich als interessant und hilfreich erweisen, den Anschluss an die pragmatistischen Traditionen pädagogischen Bildungs- und Erziehungsdenkens bei George Herbert Mead, John Dewey und anderen zu suchen und die heutigen Positionen an der kritischen Rezeption dieser Traditionen zu schärfen.

Im Gefolge dieser musikpädagogischen Neuorientierung tritt umso deutlicher hervor, wie schroff eine sich historisch an einem Werke-Kanon orientierende Musikpädagogik und kulturwissenschaftlich fundierte, bedeutungsorientierte Auffassungen heute gegenüber stehen. Die Auseinandersetzungen um den von der Initiative »Bildung der Persönlichkeit« der Konrad-Adenauer-Stiftung (Gauger 2006) vorgeschlagenen Werke-Kanon für einen wertkonservativen Musikunterricht (Gauger 2006: 448–466) haben gezeigt, dass ein konstruk-

---

[16] Um das Literaturverzeichnis nicht über Gebühr anschwellen zu lassen, nenne ich nicht die bibliografischen Details der mittlerweile beträchtliche Zahl solcher Arbeiten, sondern ohne Vollständigkeitsanspruch und ausgewählt auf der Basis meiner eigenen, beschränkten Literaturkenntnis einige der hier bedeutsamen Autorinnen und Autoren in alphabetischer Reihenfolge: Heinz Geuen, Stephan Hametner, Markus Kosuch, Martina Krause, Stefan Orgass, Henning Scharf, Maria Spychiger, Wolfgang M. Stroh.

tiver Dialog hier praktisch nicht möglich ist, weil die jeweiligen Basis-Theorien in keiner Weise kompatibel sind (vgl. Kaiser et al. 2006; Gauger/Wilske 2007). Musikpädagogik heute muss sich hier entscheiden. Jeder Versuch einer ausgleichenden Balance oder eines Sowohl-als-auch führt schnell in nicht auflösbare theoretische Aporien und didaktische Widersprüche.

»Musikalische Gebrauchspraxen – und nicht musikalische Werke – sind Ausgangs- und ständiger Bezugspunkt für eine musikdidaktische Perspektive« – so habe ich 2005, ausgehend von Hermann J. Kaisers Auseinandersetzung mit dem Begriff und der Bedeutung von »musikalischer Bildung« (Kaiser 1995), formuliert. (Jank ³2009: 87) Dieser Ausgangspunkt schließt die Anerkennung der mit dem Paradigmenwechsel verbundenen Implikationen ein, von denen oben mit Ott, Rolle, Barth und Klingmann sowie am Beginn dieses Beitrags mit Mead und Dewey die Rede war. Aus heutiger Sicht lässt sich bekräftigen: Im Musikunterricht muss es darum gehen, was, wie und warum Menschen gemeinsam oder alleine mit Musik tun – darum, an welchen musikalischen Praxen Menschen auf welche Weisen und mit welchen Motiven und Zielen *teilhaben*. Deshalb ist eine Neubestimmung und -bewertung der Rolle des eigenen musikalischen Handelns im Kontext des Klassenmusizierens und im Verhältnis zur Pluralität der gesellschaftlich vorfindlichen musikalischen Gebrauchspraxen erforderlich. Sie kann auf Vorarbeiten bauen, an denen Thomas Ott maßgeblich beteiligt war (etwa Günther/Ott 1984; Ott 1997; zahlreiche weitere Schriften Otts, etwa zum Musizieren afrikanischer Musik). Und sie erhält neue Impulse und eine neue Legitimation durch den Beitrag von Hermann J. Kaiser im vorliegenden Buch. (S. 122–147; Vorabdruck: Kaiser 2010)

Es wird spannend werden zu beobachten, wie sich der bisher primär im Akademischen kreisende Paradigmenwechsel und die Neubestimmung des Musizierens im Unterricht auf dem Weg in die schulische Praxis didaktisch und methodisch konturieren. Diese Aufgabe ist musikdidaktisch noch nicht bewältigt.

Literatur

Barth, Dorothee (2008): *Ethnie, Bildung oder Bedeutung? Zum Kulturbegriff in der interkulturell orientierten Musikpädagogik.* Augsburg.

Beichel, Johann J./Fees, Konrad (Hg.) (2007): *Bildung oder outcome? Leitideen der standardisierten Schule im Diskurs.* Herbolzheim.

Benner, Dietrich (³2003): *Wilhelm von Humboldts Bildungstheorie. Eine problemgeschichtliche Studie zum Begründungszusammenhang neuzeitlicher Bildungsreform.* Weinheim/München.

Buck, Günther (²1969): *Lernen und Erfahrung. Zum Begriff der didaktischen Induktion.* Stuttgart u. a.
Dewey, John (1993): *Demokratie und Erziehung. Eine Einleitung in die philosophische Pädagogik* (1916). Hg. u. mit einem Nachwort von Jürgen Oelkers. Weinheim/Basel.
Dewey, John (2009): *Democracy and Education* (1916). Norderstedt.
Elliott, David J. (1995): *Music Matters. A New Philosophy of Music Education.* New York u. a.
Engler, Ulrich (1992): *Kritik der Erfahrung. Die Bedeutung der ästhetischen Erfahrung in der Philosophie John Deweys.* Würzburg.
Gauger, Jörg-Dieter (Hg.) (2006): *Bildung der Persönlichkeit.* Hg. im Auftrag der Konrad-Adenauer-Stiftung e. V. Freiburg u. a.
Gauger, Jörg-Dieter/Wilske, Hermann (Hg.) (2007): *Bildungsoffensive Musikunterricht.* Hg. im Auftrag der Konrad-Adenauer-Stiftung e. V. Freiburg u. a.
Green, Lucy (2008): *Music, Informal Learning and the School. A New Classroom Pedagogy.* London u. a.
Günther, Ulrich/Ott, Thomas (1984): *Musikmachen im Klassenunterricht – 10 Unterrichtsreihen aus der Praxis.* Wolfenbüttel u. a.
Hylla, Erich (1993): Vorwort zur 3. Auflage der deutschen Ausgabe. In: Jürgen Oelkers (Hg.), *John Dewey: Demokratie und Erziehung. Eine Einleitung in die philosophische Pädagogik.* Weinheim u. a., S. 6–10.
Jank, Werner (1996): Didaktische Interpretation von Musik oder Didaktik musikalisch-ästhetischer Erfahrung? Eine Problemskizze. In: Thomas Ott/Heinz von Loesch (Hg.), *Musik befragt – Musik vermittelt. Peter Rummenhöller zum 60. Geburtstag.* Augsburg, S. 228–261.
Jank, Werner/Meyer, Hilbert (¹⁰2011): *Didaktische Modelle.* Berlin.
Jank, Werner (Hg.) (³2009): *Musik-Didaktik. Praxishandbuch Sekundarstufe I und II.* Berlin.
Kaiser, Hermann J. (1992): Meine Erfahrung – Deine Erfahrung?! Oder: Die grundlagentheoretische Frage nach der Mitteilbarkeit ästhetischer Erfahrung. In: Hermann J. Kaiser (Hg.), *Musikalische Erfahrung. Wahrnehmen – Erkennen – Aneignen (= Musikpädagogische Forschung, Bd. 13).* Essen, S. 100–113.
Kaiser, Hermann J. (1995): Die Bedeutung von Musik und musikalischer Bildung. In: *Musikforum 83/1995.* S. 17–26.
Kaiser, Hermann J. et al. (2006): *Bildungsoffensive Musikunterricht? Das Grundsatzpapier der Konrad-Adenauer-Stiftung in der Diskussion.* Regensburg.
Kaiser, Hermann J. (2010): Verständige Musikpraxis. Eine Antwort auf Legitimationsdefizite des Klassenmusizierens. Vorabdruck. In: *Zeitschrift für Kritische Musikpädagogik 2010.* S. 47–68.
Klafki, Wolfgang (1957): *Das pädagogische Problem des Elementaren und die Theorie der kategorialen Bildung.* Weinheim.
Klafki, Wolfgang (1986): Die Bedeutung der klassischen Bildungstheorien für ein zeitgemäßes Konzept allgemeiner Bildung. In: *Zeitschrift für Pädagogik, 32. Jg., Heft 4.* S. 455–476.
Klingmann, Heinrich (2010): *Groove – Kultur – Unterricht. Studien zur pädagogischen Erschließung einer musikkulturellen Praktik.* Bielefeld.

Mead, George Herbert (1973): *Geist, Identität und Gesellschaft aus der Sicht des Sozialbehaviorismus* (1934). Hg. und eingel. von Charles W. Morris. Frankfurt am Main

Mead, George Herbert (2008a): *Philosophie der Erziehung* (1910/11). Hg. und eingel. von Daniel Tröhler und Gert Biesta. Bad Heilbrunn.

Mead, George Herbert (2008b): *The Philosophy of Education* (1910/11). Edited and introduced by Gert Biesta and Daniel Tröhler. Boulder, London.

Meyer, Meinert A. (2000): *Didaktik für das Gymnasium. Grundlagen und Perspektiven*. Berlin.

Meyer, Meinert A./Meyer, Hilbert (2007): *Wolfgang Klafki. Eine Didaktik für das 21. Jahrhundert?* Weinheim u. a.

Moschner, Barbara/Kiper, Hanna/Kattmann, Ulrich (Hg.) (2003): *PISA 2000 als Herausforderung. Perspektiven für Lehren und Lernen*. Baltmannsweiler.

Nykrin, Rudolf (1978): *Erfahrungserschließende Musikerziehung. Konzept – Argumente – Bilder*. Regensburg.

Ott, Thomas (1995): Der Körper als Partitur. Erfahrungen mit Musik und Musikern aus Westafrika. In: *Musik und Bildung 2/1995*. S. 14–19.

Ott, Thomas (1997): Musizieren und Lernen. In: Johannes Bähr/Volker Schütz (Hg.), *Musikunterricht heute. Beiträge zur Praxis und Theorie, Bd. 2*. Oldershausen, S. 7–15.

Ott, Thomas (1999): Zur Begründung der Frage, ob Nicht-Verstehen lehrbar sei. In: Franz Niermann (Hg.), *Erlebnis und Erfahrung im Prozess des Musiklernens. (Fest-)Schrift für Christoph Richter*. Augsburg, S. 18–21.

Reimer, Bennett (1970): *A Philosophy of Music Education*. Englewood Cliffs.

Rolle, Christian (1999): *Musikalisch-ästhetische Bildung. Über die Bedeutung ästhetischer Erfahrung für musikalische Bildungsprozesse*. Kassel.

Schneider, Ernst Klaus (1996): *Vom Umgang mit dem Fremden. Treffpunkte außereuropäischer und europäischer Musik*. Frankfurt am Main

Schütz, Volker (1996a): Schwierigkeiten bei der Verständigung über Musik in Zeiten der Transkulturalität. Über einige Probleme eines Musikpädagogen mit der Musikwissenschaft. In: Thomas Ott/Heinz von Loesch (Hg.), *Musik befragt – Musik vermittelt. Peter Rummenhöller zum 60. Geburtstag*. Augsburg, S. 91–105.

Schütz, Volker (1996b): Welchen Musikunterricht brauchen wir? Teil I: Klärung einiger Voraussetzungen. In: *AfS-Magazin 1/1996*. S. 3–8.

Tröhler, Daniel/Biesta, Gert (2008): Einleitung: George Herbert Mead und die Entwicklung einer sozialen Erziehungskonzeption. In: Daniel Tröhler/Gert Biesta (Hg.), *George Herbert Mead, Philosophie der Erziehung*. Bad Heilbrunn, S. 7–26.

Hermann J. Kaiser
Verständige Musikpraxis – eine Antwort auf Legitimationsdefizite des Klassenmusizierens

I. Ausgangssituation

Wohl kaum eine andere Frage hat in den letzten drei Jahrzehnten die Diskussion um die Gestalt des Musikunterrichts in der allgemeinbildenden Schule in einer Weise angeregt, gleichzeitig aber auch aufgeregt, wie jene nach Aufgabe und Funktion, welche dem gemeinsamen Musizieren in der Klasse (Klassenmusizieren) zuzuweisen seien und welche Erscheinungsform(en) dieses annehmen könne bzw. solle.[1] Dabei hat diese Frage bereits eine längere Vorgeschichte. Entzündete sich doch bereits anfangs der 50er-Jahre des vergangenen Jahrhunderts eine heftige Diskussion um Form und Funktion des schulischen Musizierens im Klassenunterricht und damit um die Gestalt des Musikunterrichts in der Schule insgesamt. Zwischen den Polen von Hindemiths viel zitierter Äußerung, dass Musikmachen besser sei als Musikhören, und Adornos Votum gegen ein gegenüber der gesellschaftlichen Musikpraxis jener Zeit distantes und daher für dessen Implikationen blindes, musikpädagogisch verkürztes Musizieren, bewegte sich dieser »Diskurs«.[2] Demzufolge präsentieren unterschiedliche sprachliche Auseinandersetzungen um das »gemeinsame Musizieren in der Schulklasse« letztlich unterschiedliche Gegenstände. Die Kennzeichnung des musikalischen

---

[1] In einem kurzen differenziert abwägenden Beitrag hat sich Hans Bäßler 1997 mit den Möglichkeiten und Grenzen des *Musikmachens mit der ganzen Klasse* auseinandergesetzt. Die Argumente pro und contra schienen, folgt man seinen Darlegungen, ausgetauscht. Gegenwärtig jedoch kündigt der Arbeitskreis für Schulmusik (AfS) seinen Bundeskongress 2011 unter dem Motto *Musizieren mit Schulklassen* an. Wenn dann in der Kongress-Ankündigung gefragt wird: *Musikpraxis in der Schule: Wie – weshalb – wie viel?*, so ist das ein untrüglicher Hinweis auf weiterhin bestehende Begründungsdefizite für diesen Bereich schulmusikalischer Tätigkeit.

[2] Der Begriff Diskurs findet hier statt jenem der Diskussion ganz bewusst Verwendung. Damit mag der Hinweis von Foucault beherzigt sein, dass jeder Diskurs den Gegenstand, um den er sich müht, in eben diesem Diskurs selbst (erst) hervorbringt. (Foucault[6]1994: 74)

Tuns von Teilen der musischen Bewegung durch Thomas Ott macht diesen Sachverhalt recht deutlich:

> »Volkslied und Volksmusik als Restdomäne des Urtümlich-Gesunden inmitten einer denaturierten Zivilisation; unreflektiertes Sich-Einschwingen in den »Gefühlsgehalt« des Musizierten [...].« (Günther/Ott 1984: 13)

Hier zeigt sich ein gegenüber der umfassenden gesellschaftlichen Musikpraxis beträchtlich verkürzter Musikbegriff; gleichfalls ein ebenso deformiertes Verständnis gesamtgesellschaftlicher Praxis jener Zeit, in der Musik als soziale Tätigkeit genuin verwurzelt ist. In einer knappen historischen Rekonstruktion der später erfolgenden musikpädagogischen Antworten auf die kritisierte Musizierpraxis der »Musischen« zeigt Ott, dass sie – bei aller Unterschiedlichkeit der Reaktionen –

> »in der Wendung gegen eine Musik-Subkultur in der Schule [übereinstimmen], die es sich mit kind- und jugendgemäßen Formen des Musizierens genug sein lässt – gleichgültig, ob diese ein Pendant außerhalb der Schule haben oder nicht – und die damit an der Realität vorbei- oder gar in höchst illusionistischer Weise gegen sie angeht, wie die musische Erziehung das getan hatte.« (Ott 1984: 14)

Die Verwirklichung der allen kritischen Ansätzen seit den 50er-Jahren gemeinsamen Vorstellung, dass für Musik in der Schule der Anschluss an die außerschulische Musikproduktion grundlegend sei (bzw. sein müsse), konnte hinsichtlich des Musizierens in der Schulklasse auf Grund der Komplexität der außerschulischen Musikproduktion nicht eingeholt werden. So ist es kaum verwunderlich, dass für viele Musikpädagogen jener Zeit die »Ausrichtung der Unterrichtsziele auf das bewusste Hören« leitend war. Dabei wurde das Musizieren zwar nicht ausgeschlossen, musste sich jedoch in erster Linie vor den Zielen der Hörerziehung legitimieren (vgl. Ott 1984: 15; insbesondere Alt 1968).

Vor diesem Hintergrund setzt im Jahre 1978 das Projekt von Ulrich Günther und Thomas Ott an: *Musikmachen im Klassenunterricht – 10 Unterrichtsreihen aus der Praxis* (veröffentlicht 1984). Es dürfte kaum zuviel behauptet werden, wenn man dieser Publikation bzw. dem darin dokumentierten Projekt und seiner Begründung die Funktion einer Initialzündung für den am Ende der 70er-Jahre einsetzenden und bis heute sich durchhaltenden Diskurs um das Klassenmusizieren beimisst. Dabei muss man dessen ungesicherte Begründungssituation vor dem Hintergrund der seinerzeit gegebenen unterschiedlichen Erscheinungsformen von Musik und einer großen Vielfalt der von den

Musiklehrern bereits realisierten Musiziermöglichkeiten mitbedenken, in denen sich die Autoren seinerzeit befunden haben, und die Ott in der Frage zuspitzt:

> »Was liegt hier vor: opportunistische Anpassung an Schülerbedürfnisse (das Musikmachen liegt an erster Stelle unter den Schülerwünschen an den Musikunterricht!) und darüber hinaus an manipulierte Geschmackspräferenzen, ans ›schlechte Bestehende‹ des Musikmarkts mit seinen entmündigenden Konsumzwängen? Welchen Sinn hat das alles, auf welche Fähigkeiten läuft es hinaus, welchem Begriff musikalischer Bildung lässt es sich zuordnen, und wie ist dieser zu begründen? Denn dass solcher Musikunterricht den Beteiligten einfach Spaß macht, wird zwar jeder begrüßen, der die heutige Schulwirklichkeit kennt. Wenn man mit der Geschichte der Musikpädagogik vertraut ist, weiß man aber auch, wohin solcher ›Spaß‹ gelegentlich schon geführt hat. Spaß ist sicher eine wichtige Voraussetzung für gelingende Lernprozesse; zur Begründung reicht er allein nicht aus.« (Ott 1984: 16)

Der historisch-rekonstruierende Durchgang durch verschiedene Versuche, dem Musizieren in der Schule eine Legitimationsbasis zu sichern, zeigt, so Ott zufolge, – auf Grund der Heterogenität der Ansätze, aber teilweise auch auf Grund ihrer argumentativen Dürftigkeit in den Begründungen – nur unbefriedigende Ergebnisse. Auch von der empirischen Unterrichtsforschung erwartete Ott keine Hilfe für die *Begründung* des Musizierens in der Schule. Das ist auch kaum verwunderlich. Denn dem Faktischen kann weder Normativität in inhaltlicher Hinsicht noch regulative Qualität hinsichtlich des methodischen Zugriffs in der Legitimationsfrage zugesprochen werden. Das von Ott mitverantwortete Projekt bezog daher seine Theoriegrundlage aus der methodologischen Anknüpfung an die geisteswissenschaftliche Pädagogik Dilthey'scher Provenienz über den Begriff einer *Hermeneutik der Erziehungswirklichkeit*. Die darin liegende Gefahr einer unzulässigen Beanspruchung von Objektivität (für die auf diesem Hintergrund gewonnenen Forschungsergebnisse) und einer Verkennung des normierenden Drucks dieser Wirklichkeit (auf den Theorie- und Forschungskontext) umgeht das Projekt durch eine *Reduzierung* des Anspruchs. Es will *Beschreibungen* liefern von Unterrichtsprozessen, die ihrerseits zur Hypothesenbildung für weitere Analysen und Untersuchungen zur Verfügung stehen. Ein solches Vorgehen liefert – bestenfalls – Erfahrungen, deren Tragfähigkeit sich in darauf folgenden Handlungskontexten erweisen musste. Dessen sind sich Ott und Günther, wie ihr die Veröffentlichung beschließendes Resümee kenntlich macht, bewusst:

»Wenn wir nun versuchen, diese Analysen und Erkenntnisse zusammenzufassen, so stoßen wir immer wieder auf sehr unterschiedliche Einzelerfahrungen, die sich aus der konkreten Situation ergaben, wobei neben den Rahmenbedingungen wohl die Person des Lehrers, seine musikalisch-pädagogische Sozialisation und sein Selbstverständnis als Musiklehrer die ausschlaggebende Rolle zu spielen scheinen.« Dennoch lässt sich von einem Gesamteindruck und einer Gesamterfahrung sprechen. Musikmachen im Klassenunterricht ist eine komplexe Thematik, die didaktisch-thematische Wege nach allen Seiten hin öffnet. Deshalb ist es schwierig, der Position zu widersprechen, für die das Musikmachen in curricular-didaktischer Beziehung zentral oder fundamental ist, und zwar nicht nur in musikalisch-didaktischer, sondern auch in pädagogischer Hinsicht; denn es vermag offenkundig ein in positiver Hinsicht verändertes und veränderndes Verhalten der Schüler untereinander und zwischen Schülern und Lehrer zu bewirken. Diese Folgerungen können freilich vorerst nur als eine Hypothese gelten, die jedoch zur Überprüfung ebenso anregt wie herausfordert.« (Günther/Ott 1984: 199f.)

Ein wenig verkürzend lässt sich zusammenfassen: Das Verdienst von Günther und Ott besteht u.a. darin, dass sie über die Dokumentation von musikunterrichtlicher Wirklichkeit, hier in einem Projekt des Musizierens in der Schulklasse, auf das Defizit seiner theoretischen Begründung »zeigen«. Sie geben jedoch noch keine Begründung im strengen Sinne des Wortes curricularer Legitimation; in klassischer (kantischer) Redeweise: Sie exponieren (illustrieren) das Problem, geben aber noch keine Deduktion (Rechtfertigung). Demzufolge muss heute die Legitimationsfrage in einen neuen, anders gearteten Horizont positioniert und darin neu gestellt werden.

1995 war vom Autor dieses Beitrags der Versuch gemacht worden, das Musikmachen im Schulunterricht in einem bildungstheoretischen Rahmen zu verorten; dessen weiter ausgefaltete Begründung erschien 2001. Beide Arbeiten lassen sich verstehen, das von Ott aufgezeigte Legitimationsdefizit zu beheben; aber sie blieben – aus heutiger Sicht – noch unvollständig. Musikmachen im Klassenunterricht wurde auf eine *Grundorientierung von Musik in der Schule* bezogen, die als »Überführung (Transformation) einer real oder verdeckt in die Schule hineinreichenden usuellen Musikpraxis, wie sie durch die Kinder und Jugendlichen in die Schule hineingetragen wird, in eine »Verständige Musikpraxis« begrifflich gefasst worden war. Für diese Transformation war musikalische *Tätigkeit im engeren Sinne* als zentrales (ja, als konstitutives) Moment aufgewiesen worden. (Kaiser 2001: 96) Diese, aus den damaligen

Überlegungen hervorgehende Begründung des Musizierens im Schulunterricht, wurde inzwischen von einer Reihe von Autorinnen und Autoren konstruktiv[3] bzw. kritisch[4] aufgegriffen. Dieses geschah z. T. auch weiterführend, wenn der Anspruch der Verständigkeit zum Beispiel auf den gesamten Musikunterricht, im Begriff des »verständigen Musikunterrichts«, ausgedehnt wurde. Neben den gewissenhaften u. a. kreativen Aufnahmen dieser Vorstellung ist doch auch hin und wieder der Wunsch nach weitergehender Aufschlüsselung aufgetreten. Dem mögen die im Folgenden vorgetragenen Darlegungen dienen.[5]

Diese umfassen vier gedankliche Schritte. Die ersten drei bindet das systematische Interesse am Begriff »Verständige Musikpraxis«, wohingegen das Abschlusskapitel, musikdidaktisch orientiert, den Begriff »Verständige Musikpraxis« zu der Analyse und Konstruktion (Planung) von Musikunterricht in Beziehung setzt.

Ausgang (in Kap. II. 1) bildet – anknüpfend an frühere Beschäftigungen mit dem Problem Verständiger Musikpraxis – der Rückgriff auf jenen historisch weit zurückliegenden Impuls, den Aristoteles in der *Nikomachischen Ethik* gegeben hat und der bis in die gegenwärtige handlungstheoretische Diskussion hineinwirkt. Die darin vollzogene Abgrenzung der Praxis, des kommunikativ-politischen Handelns, von der herstellenden (poietischen) Tätigkeit, die auch für die Musik als bestimmend angesehen wird, wird als Folie der weiteren Erörterungen kurz aufgenommen. Es wird angedeutet, dass dieser Praxisbegriff nach den Erfahrungen der industriellen Moderne nicht zu halten ist. Die Reservierung des Handlungsbegriffs ausschließlich für das kommunikativ-politische Tätigsein wird aufgegeben zu Gunsten eines erweiterten Handlungsbegriffs, der im Umkreis der analytischen Philosophie in Amerika entwickelt worden ist (Kap. II. 2). Dessen spezifische Leistung (und auch Grenze) wird im Hinweis auf einen phänomenologisch orientierten Handlungsbegriff verdeutlicht. – Der Begriff einer Verständigen Musikpraxis bleibt so lange unvollständig, wie er eine für Individuum und Gesellschaft konstitutive Dimension nicht einbezieht, Arbeit. Die Überlegungen in den Kapiteln II. 3 und II. 4 widmen sich dem Begriff Arbeit in seinen historisch gegebenen negativen und produk-

---

[3] So zum Beispiel Werner Jank in Jank 2005: 86 ff. sowie Johannes Bähr in Jank 2005: 163.
[4] Vgl. zum Beispiel Martina Krause 2008: 296 ff.
[5] Besonderer Dank gilt in diesem Zusammenhang meinen beiden Kollegen Werner Jank und Ortwin Nimczik sowie den Damen und Herren ihres gemeinsamen Doktorandenkollegs auf einem Symposion 2009 in Detmold. Deren Nachfragen und Anregungen haben nicht unbeträchtlich zu den hier angebotenen Überlegungen beigetragen.

tiven Konnotationen, um sich dann im Kapitel III der mit Arbeit unmittelbar zusammenhängenden *Schaffung* von Arbeitskraft und damit ihrer schulischen Form, dem Lernen zuzuwenden. Mit der Trias von Herstellen – Handeln – Schaffung von Arbeitskraft ist jener neuzeitliche Begriff von Praxis umrissen, der für das musikbezogene Tätigsein von Kindern und Jugendlichen in der allgemeinbildenden Schule Gültigkeit beansprucht. So führen die Vorarbeiten in Kapitel II und III in die Formulierung des Begriffs einer *Verständigen Musikpraxis in der Schule* (Kap. IV). Wie zuvor bereits angedeutet, stellt – die gesamten Überlegungen abschließend – das Kapitel V den Begriff der Verständigen Musikpraxis in den »klassischen«[6] unterrichtstheoretischen Rahmen von Analyse und Planung (Konstruktion) von Musikunterricht.

II. Herstellen, Handeln, Arbeiten – konstitutive Momente verständiger Musikpraxis in der Schule

1. Problemgeschichtlicher Hintergrund: Die Dichotomie von Handeln und Herstellen

Zentral für den zuvor angesprochenen Begründungsrahmen ist der Begriff der Praxis. In der zuvor noch einmal aufgenommenen Aufgabenbestimmung von Musik*unterricht* taucht der Begriff Praxis zweimal auf: einmal als Usuelle, zum andern als nachdenkliche, d. h. »Verständige Musikpraxis«. Der Begriff »Usuelle Musikpraxis« meint das Ensemble von musikbezogenen Fähigkeiten, über das Kinder, Jugendliche und auch Erwachsene unhinterfragt verfügen und situationsbezogen jeweils aktivieren. Darin eingeschlossen ist jegliche Form des alltäglichen Musikmachens und des Hörens von Musik; gleichfalls das im Kontext der eigenen sozialen Gruppe stattfindende Sich-Äußern, das Stellung nehmen, die Artikulation der durch Musik angeregten emotionalen Befindlichkeiten.

Gegenüber einer Verständigen Musikpraxis werden in einer Usuellen Musikpraxis alle Formen musikbezogener Tätigkeit (noch) nicht Gegenstand eines expliziten Nachdenkens, eines selbstbezüglichen Nach-Denkens darüber mit der Möglichkeit des Darüber-Sprechens.

»Verständige Musikpraxis« dagegen ist das Ineins von musikbezogenen Tätigkeiten (wie zuvor beschrieben) und distanzierender Reflexion, das über den »Gegenstand Musik« hinausgeht. Der differenzierte individuelle Umgang damit wird für das musizierende, über Musik nachdenkende Subjekt thematisch. Es wird im »Gegenstand Musik« sich selbst zum Thema (der

---

[6] Vgl. Heimann/Otto/Schulz 1965.

Auseinander-Setzung). Dabei geht es keineswegs nur um Fragen technischer Art wie zum Beispiel Habe ich richtig gespielt? Ist mein Tempo dem Stück angemessen? Produktiv: Gibt es in meiner Produktion eine Logik des Aufbaus? Welcher harmonischen, formalen und instrumentalen Mittel habe ich mich bedient? usf. Es geht vielmehr um die Reflexion des Bezuges, den ich als hörendes, musizierendes usf. Subjekt gegenüber meinen musikbezogenen Tätigkeiten einnehme.«

Seitdem der Praxisbegriff aus dem antiken in neuzeitliches Denken hineingewachsen ist, sind ihm vielfältige Bedeutungen zugewachsen. Der Begriff hat im alltäglichen Gebrauch eine beträchtliche Weite und damit Unbestimmtheit erfahren, seine begrifflichen Ränder sind »ausgefranst«. So kann diesem Begriff ein ganzes Ensemble von Tätigkeiten und Institutionen eingefügt sein, wenn zum Beispiel von Lernpraxen oder Arztpraxen gesprochen wird. Einen weiteren Beleg für die angesprochene Diffusität bildet ein Begriff wie »gesamtgesellschaftliche Praxis«. Gerade auch im musikpädagogischen Schrifttum und in den ihm vorausgehenden Diskursen finden sich ganz unterschiedliche Begriffsverwendungen und damit Bedeutungszuweisungen. So stehen zum Beispiel Begriffe wie Musikpraxis oder Ensemblepraxis im Musikunterricht sowie in der Musiklehrerausbildung jeweils für ein weites Feld von ganz unterschiedlichen musikbezogenen Tätigkeiten. Der Begriff markiert dann *jeweils* ein mehr oder weniger fest umrissenes Aufgabenfeld. Auch findet sich der Begriff im Plural, zum Beispiel Musikpraxen. Dann steht er einfach nur für Tätigkeiten wie Singen, Instrumentales Musizieren, Ensemblespiel u.v.m. Äußerst selten jedoch findet der Praxis-Begriff im musikpädagogischen Schrifttum eine Verwendung, die seine historischen Wurzeln aus der klassischen Antike nicht verleugnet und damit ein bis heute geltendes konstitutives Moment dessen (u.a. gegenüber dem Begriff Technik) aufrechterhält (vgl. zum Beispiel Vogt 2004). Praxis ist in dieser Denktradition eine auf das Gute, auf das gelingende Leben zielende und sich davor rechtfertigende verantwortete Lebensform. Praxis ist gegenüber dem herstellenden Tätigsein in spezifischer Weise ausgezeichnet.[7] Sie hat *Zweck*charakter, d.h. sie rechtfertigt sich vor und in sich selbst.

Dagegen hat das herstellende Tätigsein aus der Sicht des Aristoteles *Mittel*charakter: etwas tun, um damit etwas anderes zu erreichen, zu bewirken u.ä. Auf Musik bezogen heißt das: Es wird zwischen musikalischem Handeln und herstellender musikalischer Tätigkeit unterschieden. In moderner Terminolo-

---

[7] Dass der Begriff der Tätigkeit hier eine andere Bedeutung hat als in den tätigkeitstheoretischen Arbeiten der russischen Schule von Leontjev, Luria und Vygotski, sei – um Missverständnisse zu vermeiden – vorsichtshalber angemerkt.

gie: Herstellende Tätigkeit findet ihre Verankerung in instrumenteller Vernunft, Praxis in sittlich und damit wesentlich reflexiv gegründetem Handlungswissen (vgl. Kaiser 2001: 95; Vogt 2004: 10). So ist zum Beispiel das Üben eines Musikstückes zum Zwecke seiner (möglichst) angemessenen Reproduktion ein Prozess des Herstellens, an dessen Ende die angemessene Darbietung des Musikstückes, die Aufführung, steht. Musikalische Praxis – in des Wortes grundlegender Bedeutung – dagegen kennzeichnet eine Form des Lebens, in dem Musik, das tätige sich darin Bewegen, das Wissen um und über sie usf. diesem Leben eine spezifische und je individuelle Form gibt. Insofern ist sie eine prinzipiell nicht zu Ende gehende »Dauerangelegenheit« (und auch Dauer*aufgabe*).

Die Differenzierung von Handeln und Herstellen geht letztlich auf die Vorstellung zurück, wie sie Aristoteles – bis heute nachwirkend (vgl. u. a. Hannah Arendt 1958, Oskar Negt 1984 und 2001) – in der Antike entwickelt hat. Die für beide Tätigkeitsformen charakteristischen Merkmale und Unterschiede lassen sich am einfachsten der folgenden Gegenüberstellung entnehmen (vgl. Kaiser 2001: 96).

Poiesis	Praxis
1. Herstellende Tätigkeit (Poiesis) geht auf die Produktion eines von der Tätigkeit auch theoretisch ablösbaren Produkts.	1. Praxis meint sittliches Handeln. Hier entsteht kein von diesem Handeln ablösbares Produkt. Die Form des Handelns selbst als sittliches ist kennzeichnend.
2. Grundlage für eine herstellende Tätigkeit ist Technik.	2. Grundlage einer Praxis ist die im Menschen liegende Haltung. Aristoteles nennt dieses: Tugend (Arete).
3. Gewonnen wird Technik durch Übung.	3 Praxis entwickelt sich – als sittliche – durch handlungsbezogenes Wissen (Klugheit, Aristoteles: Phronesis).
4. Herstellende Tätigkeit verwirklicht sich im Produkt.	4. Praxis verwirklicht sich als Ausfluss eines sittlichen Charakters.

2. Ein sprachpragmatischer Handlungsbegriff

Ein Blick in die Problemgeschichte lässt nun eine Reihe von Fragen aufkommen. Ist die aristotelische Reservierung des Begriffes Handeln für das kommunikativ-politische Tun im Staate heute noch durchzuhalten? Verschwindet die menschliche Tätigkeit des Herstellens wirklich im Produkt? Wo bleibt der Begriff der Arbeit? Ist der Begriff Praxis wirklich nur auf die Dimension des Handelns anwendbar?

Dass an dieser Stelle die vorliegende Diskussion des Handlungsbegriffes seit der Antike bis in die Gegenwart hinein nicht einmal ansatzweise rekonstruiert werden kann, liegt auf der Hand. Eines aber ist unbezweifelbar: Der Handlungsbegriff ist anders zu positionieren. Um die ontologischen Fußangeln, wie sie mit der Frage *Was ist Handeln?* verknüpft sind (vgl. Poppers Vorbehalt gegenüber der Was-Frage) zu umgehen, wird im Folgenden die Frage leitend: Wann nennen wir ein menschliches Tun ein Handeln? bzw. Welche Bedingungen müssen für eine notwendige und hinreichende Bestimmung des Begriffes Handeln gegeben sein? Die Beantwortung dieser Frage(n) erfolgt auf dem Hintergrund der Überlegungen von David Rayfield, die dieser bereits 1968 vorgelegt hat. Rayfield nennt vier Kriterien, von denen die Erfüllung eines jeden für sich genommen eine *notwendige* Bestimmung des Begriffes Handeln darstellt; aber erst alle vier zusammen stellen eine *hinreichende* Bedingung dafür dar, dass wir ein bestimmtes menschliches Tun ein *Handeln* nennen können. Das folgende Beispiel mag einen zunächst intuitiven Zugang zu dieser Problemlage eröffnen.

Alexander (=A) spielt *Vogel als Prophet* (=V) aus den *Waldszenen* von Robert Schumann. Handelt es sich einfach um ein *Tun* oder *handelt* Alexander? Die bestätigenden Antworten auf die folgenden vier Fragen qualifizieren das Tun von Alexander als Handeln. (1) Was tut Alexander? bzw. Was hat Alexander getan? – Er hat *Vogel als Prophet* gespielt. (2) Kann man sich überhaupt dazu entscheiden (es muss keineswegs Alexander sein), *Vogel als Prophet* zu spielen? – Sicherlich, man kann sich dazu entscheiden. (3) Ist Alexander für sein Spiel verantwortlich? – Ja, er ist dafür verantwortlich. Er wurde weder von seinen Eltern noch von sonst einer Instanz dazu gezwungen (wenigstens hier im Beispiel), *Vogel als Prophet* zu spielen. (4) Alexander antwortet auf die Frage, ob er *Vogel als Prophet* gespielt habe: Ja, ich habe *Vogel als Prophet* gespielt.

Formalisiert man die einzelnen Stationen dieses Beispiels, so ergibt sich:

F1 ist eine Frage von der Form »Was tut A?« bzw. »Was hat A getan?«
F2 ist eine Frage von der Form »Könnte man sich in irgendeiner Situation zur Tätigkeit V entscheiden?«
F3 ist eine Frage von der Form »Ist A für die Tätigkeit V verantwortlich?«
F4 ist eine Frage von der Form »Tust *du* V?« oder »Hast *du* V getan?«

Nicht unentscheidend ist die Reihenfolge dieser Fragen. Denn eine verneinende Antwort auf die Frage 3 zum Beispiel lässt die Tätigkeit, auf die sich diese Fragen beziehen, zu einem bloßen Tun werden. Ähnliches gilt zum Beispiel wenn zwar die Fragen F1 bis F3 bejahend beantworte wurden, die Frage F4 jedoch verneint wird. (Das kann passieren, wenn im obigen Beispiel jemand anderes für Alexander gehalten wird und an ihn die Frage F4 gestellt würde, die er mit nein beantworten würde.)

Was sich auf den ersten Blick vielleicht als ein wenig gekünstelt liest, erhält doch seine Überzeugungskraft, wenn man die vier Bedingungen in gängige Begrifflichkeit transformiert.

1. Das Gegebensein eines Tuns, einer Tätigkeit und dessen inhaltliche Bestimmung.
2. Freiheit, eine bestimmte Tätigkeit vollziehen zu können.
3. Verantwortlichkeit: Sich und anderen eine Antwort auf die beiden Fragen zu geben: Was tust Du? Und warum tust Du das?
4. Rückbezug dieses Tuns auf den Tätigen und (mögliche) Affirmation seines Tuns durch ihn.

Die Valenz dieser vier Kriterien für die Beschreibung von Verständiger Musikpraxis wird später noch einmal detaillierter gezeigt.[8]

Man muss natürlich sehen, dass diese Bestimmung des Handlungsbegriffes – genauer die Bestimmung von Bestimmungen, mit/unter denen wir ein Tun als Handeln beschreiben können, sehr bescheiden auftritt. Dass sie jedoch äußerst hilfreich für die Entfaltung des Begriffs einer Verständigen Musikpraxis ist, wird sich noch zeigen.

Wie vorsichtig und unprätentiös diese Bestimmung sich darstellt, wird deutlich, wenn man sich als Gegenbild eine andere, wirkungsmächtige Bestimmung des Handlungsbegriffes[9] vor Augen führt:

> »Sprechend und handelnd schalten wir uns in die Welt der Menschen ein, die existierte, bevor wir in sie geboren wurden, und diese Einschaltung ist wie eine zweite Geburt, in der wir die nackte Tatsache des Geborenseins bestätigen, gleichsam die Verantwortung dafür auf uns nehmen. [...] In diesem ursprünglichsten und allgemeinsten Sinne ist Handeln und etwas Neues Anfangen dasselbe; jede Aktion setzt vorerst etwas in Bewegung, sie agiert im Sinne des lateinischen *agere*, und sie beginnt und führt etwas an im Sinne des griechischen *archein*. Weil jeder Mensch auf Grund des

---

8   Eine vielleicht irritierende Frage drängt sich allerdings hier auf: Wie steht es um die *Entscheidungsfreiheit* und die *Verantwortlichkeit* für das im Unterricht geforderte Tun von Schülerinnen und Schülern der allgemeinbildenden Schule? Inwieweit sind beide in der Institution Schule, die eine »Zwangsinstitution« (vgl. zum Beispiel Schul*pflicht*) darstellt, überhaupt gegeben bzw. hinsichtlich der Verantwortlichkeit einzufordern?

9   Hier wird auf die faszinierende Arbeit von Hannah Arendt Bezug genommen. Über historische Rekurse entfaltet sie die Grundformen menschlicher Tätigkeit hinsichtlich ihrer individuellen, sozialen und politischen Bedeutsamkeit. Im Kontrast dazu wird jedoch die Leistungsfähigkeit einer sprachpragmatischen Bestimmung des Handlungsbegriffes, wie er zuvor unter Hinweis auf die Arbeit von David Rayfield vollzogen wurde, sichtbar. Diese Weise des Zugriffs, die nicht nach den mit einem Begriff verbundenen *Funktionen*, sondern nach seiner *Verwendung in einer Sprache* fragt, wird im Folgenden auch leitend für die weitere Bestimmung des Begriffes Verständige Musikpraxis.

Geborenseins ein *initium*, ein Anfang und Neuankömmling in der Welt ist, können Menschen Initiative ergreifen, Anfänger werden und Neues in Bewegung setzen.« (Arendt 2001: 215)

Das Problem einer phänomenologisch orientierten Handlungstheorie wird in diesen Zeilen deutlich. Sie zeigt, was mit der Vielfalt des unter einem Begriff Begriffenen verbunden ist bzw. sein kann; sie setzt allerdings das *Vorverstandensein* des Begriffes *Handeln* unbefragt voraus. Wohlweislich enthält sie sich des Versuchs einer ontologischen Bestimmung des Begriffs, die von der Frage geleitet wäre: Was *ist* Handeln? Diese Frage aber dürfte nicht zu beantworten sein im Gegensatz zu der zuvor erörterten Frage: Wie sprechen wir über Handeln und Handlung? bzw. Was bezeichnen wir sprechend als Handeln? Arendt gibt statt dessen eine Liste von Funktionen, die Handeln für den Handelnden selbst und für jene, die mit diesem in Verbindung gebracht werden, hat:

Handeln ist nicht rückgängig zu machen.

- Es gibt keine verlässliche Kontrolle über einmal initiierte Handlungsprozesse, da Handeln sozial-interaktiv ist.
- Kein Mensch weiß wirklich, was er tut, wenn er handelt.
- Handeln hat Folgen. Insofern sind die Folgen von Handlungen als Antworten anderer auf das initiierte Handeln zu verstehen.
- Der Mensch ist unfähig, alle Folgen seines Handelns vorauszusehen und seine Motive des Handelns verlässlich zu ergründen.
- Getanes kann nicht ungeschehen gemacht werden.
- Herstellungsprozesse – gut aristotelisch – verausgaben ihre Kraft in der Herstellung und erlöschen in ihren jeweiligen Endprodukten.
- Dagegen erlischt die Kraft, die durch Handlungsprozesse entfesselt wurde, nicht.
- Handlungskraft kann durch keine Tat erschöpft werden.

Um nicht missverstanden zu werden: Es geht hier nicht um eine beckmesserische Kritik an den Überlegungen von Hannah Arendt. Die vorhergehenden Hinweise wollen nur eines deutlich machen, dass ihre Darlegungen keine nähere Bestimmung dessen ergeben, was wir meinen, wenn wir sagen, »sie« oder »er handelt«. Ihre funktionalen Bestimmungen des Handelns jedoch und deren historische Einbettung widersprechen in keiner Weise den analytisch erarbeiteten Bestimmungen des Sprechens über Handeln; im Gegenteil, sie spannen in ihrer phänomenologischen Perspektive das gesamte Feld *funktionaler* Bestimmungen (Möglichkeiten) des Handlungsbegriffes auf.

Für die weiteren Überlegungen bleibt daher, wie zuvor schon angedeutet, der sprachpragmatisch orientierte Handlungsbegriff bestimmt. Dieser ermöglicht, aus dem *Gebrauch* des Begriffes *Handeln* Konsequenzen für die Bestimmung des Begriffs einer Verständigen Musikpraxis zu ziehen. Dabei ist zu bedenken, dass der Rückgriff auf *Herstellen* und *Handeln* allein noch keine hinreichende Bestimmung von Verständiger Musikpraxis (in der Schule) gewährleistet. Diese ist ohne die Dimension der *Schaffung von Arbeitskraft* nicht angemessen zu denken.

3. Der »verachtete« Modus Arbeiten

Die Aufnahme der beiden Formen des Tätigseins von Menschen, des *Herstellens* und *Handelns*, erfolgt – wie bereits gesagt – auch gegenwärtig noch weitgehend durch den Rückbezug auf Aristoteles. Dabei kommt selten ausreichend zu Geltung, dass Aristoteles sie diskutiert – zunächst unausgesprochen – vor dem Hintergrund einer dritten Tätigkeitsform, des *Arbeitens*, der *Arbeit.*[10] Dieser Hintergrund »Arbeit« bildet allerdings nur eine Art Negativfolie für die Diskussion des hervorbringenden, herstellenden Tuns; sowie für jenes Tätigsein, das in sich selbst sein Telos findet: Handeln. Arbeit wird identifiziert mit jenen Tätigkeiten, welche aus der physischen Verfasstheit des Menschen entspringen und der damit unablösbar verbundenen Notwendigkeit, diese Verfasstheit über Arbeit zu produzieren: Die Produktion des Lebens erfolgt über körperliche Arbeit. Diese aber ist Aufgabe der Sklaven. Sie werden, wie Aristoteles sagt, »nur für die Arbeiten des Lebensbedarfs gebraucht«. (Aristoteles Politik 1260 a 33; auch: 1254 b ff. bes. 25 f.)

Fasst man die Bestimmungen von Arbeit bzw. des Arbeitens, wie sie Aristoteles für die griechische Antike und die folgenden Jahrhunderte maßgeblich formuliert hat, zusammen, so ergibt sich folgendes Bild:

- Arbeit dient der materiellen (Re)Produktion des Lebens; sie bedeutet Mühsal.
- Arbeit entsteht aus Notwendigkeit; und nicht aus Freiheit.

---

[10] Explizit wird das Problem der Arbeit nicht in der *Nikomachischen Ethik* diskutiert, und zwar aus folgendem Grunde. Arbeit erfolgt aus Notwendigkeit der materiellen (Re)Produktion des Lebens. Notwendigkeit aber steht im Gegensatz zur freien Betätigung des athenischen Bürgers. Nicht-notwendige Tätigkeit, also freies Tun, ist jene Voraussetzung für ein Tun, das nach ethisch-moralischen Grundsätzen be- bzw. verurteilt werden kann. Daher wird Arbeit bzw. arbeiten nicht in jenem Zusammenhang diskutiert, dem die Erörterungen der *Nikomachischen Ethik* gelten. Diese Diskussion findet ihren Ort in der »*Politik*«. Denn für das anstrengende, den ganzen athenischen Bürger fordernde Geschäft der Tagespolitik ist die Frage danach, wie und durch wen die Lebensbedürfnisse des »Polites«, des Bürgers, gestillt werden, da dieser keine Zeit dazu hat, eine lebenswichtige Frage (vgl. dazu Arendt, [12]2001: 419/419, Anm. 10).

- Im Gegensatz zum herstellenden Tun kennt sie kein Resultat, weil sie in ihrer Erfüllung, der materiellen Produktion des Lebens, aufgeht, d. h. darin verschwindet.
- Arbeit ist daher Aufgabe des unfreien Menschen, des Sklaven.

Dass diese negative Bewertung von Arbeit allerdings nicht nur für die griechische Antike, sondern für viele folgende Jahrhunderte gilt, darauf macht Oskar Negt aufmerksam:

»Arbeit in vorbürgerlichen Gesellschaftsordnungen ist Sklavenarbeit in einem buchstäblichen Sinne. Ihr Jenseits, das die gegenwärtige Mühsal bricht, ist ihre einfache Verneinung, die Aufhebung der Mühsal. Arbeit im Zuschnitt materieller Produktion dieser Beschwernisse enthält nicht die geringste Spur eines Versprechens von Glück, einer utopischen Dimension, es sei denn, man versteht darunter den Lohn des Himmels. Selbst Arbeit im Mönchsgewand, mit der Trostformel ora et labora (bete und arbeite) wurde als Sündenabtragung verstanden, und wo Klöster auf andere Weise reich werden konnten, durch Beraubung der Bauern und durch ergaunerte Stiftungen, taten sie es mit Vorliebe.« (Negt 2001: 291)

Aristoteles diskutiert die Tätigkeitsform der Arbeit aus der Sicht des freien athenischen Bürgers im Kontext der Frage nach der Organisation des Hauswesens. Da das Hauswesen entwicklungsgeschichtlich gesehen die Grundlage des Staatswesens bildet, macht er seine Überlegungen auch für das Staatswesen und die Staatsverfassung geltend. Darin spielt die Frage nach den Herrschaftsverhältnissen eine gewichtige Rolle. (Aristoteles Politik ⁴1981: 1253 b 1 ff.) Die *Lehre vom Besitz* ist als Teil der *Lehre von der Haus(Staats)verwaltung* nicht unerheblich. Darin wird gezeigt, dass – wie für die einzelnen Künste (technai) – für die Erledigung bestimmter Aufgaben die entsprechenden Werkzeuge vorhanden sein müssen. Sie unterscheiden sich darin, ob sie der Herstellung von Gegenständen oder dem Handeln dienen. Durch ein Werkzeug wird etwas hergestellt, etwas produziert, das von seinem Gebrauch verschieden ist. (Aristoteles Politik ⁴1981: 1254 a 1) Das Handeln aber unterscheidet sich vom Herstellen dadurch, dass es nicht etwas von ihm Verschiedenes herstellt, bedarf deshalb – gegenüber dem Herstellen – auch davon unterschiedener Werkzeuge. Für das Handeln des Hausverwalters ist u.a. der Besitz ein Werkzeug zum Leben. In der Differenzierung nach beseeltem und unbeseeltem Besitz wird der Sklave zum beseelten Besitz (Besitz = Mittel zum Leben) und folglich ein Werkzeug zum Leben.

4. Von der Arbeit als Last zu Arbeit als Produktion des Lebens

In diesem Zusammenhang nun macht Aristoteles eine höchst aufschlussreiche Bemerkung. Das darin enthaltene Problem findet seine volle Entwicklung und das Verständnis dafür erst im 18. und 19. Jahrhundert: »Jeder Diener ist gewissermaßen ein Werkzeug, das viele andere Werkzeuge vertritt.« (Aristoteles Politik ⁴1981: 1253 b 33) Hier ist es also nicht die konkrete Arbeit, auf die abgehoben wird, sondern – modern gesprochen – auf die Arbeits*kraft*. Sie ermöglicht es, verschiedenartige Arbeiten zu verrichten sowie Leistungen zu erbringen, die über die jeweilig bestimmte Arbeit und das jeweils arbeitende Einzelsubjekt hinausgehen. Selbst wenn der Begriff *Arbeitskraft* einen modernen Terminus darstellt, so klingt das damit Gemeinte bereits also schon lange vor Marxens Analyse in »Lohnarbeit und Kapital« an; wenngleich es nicht weiter verfolgt wird bzw. wurde (vgl. Marx ¹²1980: 23 f.). Die Bedeutung dessen für moderne Arbeitstheorien hat Hannah Arendt sehr deutlich herausgestellt:

> »Von noch größerer Bedeutung [für das Zustandekommen moderner Arbeitstheorien, Anm. HJK] aber ist, was schon die klassische Nationalökonomie gespürt und Marx dann eigentlich entdeckt und begrifflich formuliert hat, dass nämlich rein sachlich und ganz unabhängig von historischen Umständen dem Arbeiten in der Tat eine nur ihm eigene ›Produktivität‹« zukommt trotz der Flüchtigkeit seiner ›Produkte‹, und dass diese Arbeitsproduktivität sich sowohl im privaten wie im öffentlichen Bereich durchsetzt. Nur beruht diese ›Produktivität‹ nicht in den jeweiligen Ergebnissen der Arbeit selbst, sondern vielmehr in der Kraft des menschlichen Körpers, dessen Leistungsfähigkeit nicht erschöpft ist, wenn er die eigenen Lebensmittel hervorgebracht hat, sondern imstande ist, einen ›Überschuß‹ zu produzieren, d. h. mehr als zur ›Reproduktion‹ der eigenen Kraft und Arbeitskraft notwendig ist. [...] es ist der Kraftüberschuß des menschlichen Körpers und nicht die Arbeit selbst, worin eigentlich das ›Produktive‹ des Arbeitens besteht. Denn im Unterschied zu der Produktivität des Herstellens, das dem gegenständlichen Bestand der Welt dauernd neue Gegenstände hinzufügt, ist das Gegenständliche, das die Arbeitskraft produziert, nur gleichsam das Abfallprodukt der Tätigkeit selbst, die im wesentlichen darauf gerichtet bleibt, die Mittel ihrer eigenen Reproduktion sicherzustellen. Nur weil sich ihre Kraft hiermit nicht erschöpft, kann sie dazu benutzt werden, die Reproduktion der Lebensmittel für mehr als ein Leben sicherzustellen; aber darum bleibt sie doch immer der ›Produktion des Lebens‹, des eigenen oder des sie ›ausbeutenden‹ fremden verhaftet. So kann die Gewalt in einer Sklavengesellschaft oder die Ausbeutung in einer kapitalistischen Gesellschaft so ausgenutzt werden, dass ein Teil der je-

weils vorhandenen Gesamtsumme menschlicher Arbeitskraft hinreichend ist, das Leben aller zu reproduzieren.« (Arendt ¹²2001: 105 f.)

Was Arendt im Hinblick auf die körperliche Arbeit sagt, gilt – mutatis mutandis – auch für die Kopfarbeit. Es ist nicht möglich, an dieser Stelle die Unterschiedlichkeit und auch Gemeinsamkeit von Kopf- und Handarbeit in extenso zu diskutieren. Dieses wäre nicht weiterführend im Hinblick auf die hier verfolgte Fragestellung der Bestimmung von Verständiger Musikpraxis. Es möge genügen, für die weiteren Überlegungen zwischen beiden keinen prinzipiellen Unterschied hinsichtlich der zuvor angesprochenen Problematik zu konstruieren. Denn auch der geistig Arbeitende arbeitet – mit seinem Kopf, der auf einem Körper sitzt (vgl. ausführlich dazu Arendt ¹²2001: 107 ff.).

Wie sind nun aber vor dem Hintergrund einer bis in die Neuzeit hinein bestehenden Abwertung von Arbeit gegenwärtige Überlegungen einzuschätzen, die Arbeitslosigkeit, also gerade das Frei-sein von Arbeit, als Gewaltakt bezeichnen, sie als Anschlag auf körperliche und seelisch-geistige Integrität, auf die Unversehrtheit der von ihr betroffenen Menschen bestimmen (u. a. Negt 2001: 10; auch bereits Negt 1984: 8)? Arbeit muss also eine ganz andere Funktion erfahren und einen anderen gesellschaftlichen Stellenwert zugesprochen bekommen haben; ihr muss eine ganz andere *Würde* zugesprochen worden sein. Frei-sein von Arbeit heißt dann nicht, von mühseliger Tätigkeit entbunden zu sein, sondern: der Entzug von Arbeit bzw. der Möglichkeit zu arbeiten ist als Deprivation zu verstehen, als Entzug eines konstitutiven Moments der Selbstkonstitution, der Identitätsstiftung (-bildung) und Identitätssicherung.

Negt verweist auf zwei *kopernikanische Wenden* im Verständnis von Arbeit, welche die Schwellenzeit (zwischen Mittelalter und Neuzeit) zur Selbstkonstitution der bürgerlichen Welt bestimmen. Dabei handelt es sich um die Veränderung grundlegender Sichtweisen und deren soziale und ökonomische Folgen: 1. Es erfolgt ein Wechsel vom geozentrischen zum heliozentrischen Weltbild. 2. Der religiöse Individualismus – Katholizismus hie, Protestantismus dort – und die dadurch für den einzelnen Menschen erzwungene Wahl zwischen beiden sowie die damit zugleich vorausgesetzte Wahlfreiheit und Wahlmöglichkeit messen dem einzelnen Ich eine Bedeutung zu, die es zuvor nicht gehabt hat. Arbeit wird zu einer Schlüsselkategorie, weil die »Freiheit eines Christenmenschen« (Luther) durch die Art und Weise sowie den Umfang bestimmt ist, wie dieser durch (mühevolle) Arbeit den durch die Erbsünde mitgegebenen Fluch abträgt. Das gilt sowohl für die Binnenausstattung der Subjekte als auch für die Stiftung des gesellschaftlichen Zusammenhalts. Für die Wandlung der Einschätzung und Würdigung der *Arbeit* und in deren Folge des Arbeits*begrif*-

fes spielt die gesellschaftliche Entwicklung im Kontext und in der Folgezeit der Reformation eine kaum zu überschätzende Rolle. Hierauf hat Max Weber in seinen Darlegungen zur protestantischen Arbeitsethik nachdrücklich hingewiesen. Der Arbeitsbegriff gewinnt in der Sicht von Negt

> »eine bis dahin unbekannte Bedeutung für das, was mit Beginn der bürgerlichen Epoche als eine Konstitution des Subjekts in der Philosophie und in der Psychologie bezeichnet werden kann. Zur Schaffung des gesellschaftlichen Reichtums ist Arbeit als Kategorie der Realität in doppelter Hinsicht wichtig: zum einen in den marktvermittelten Produktionszusammenhängen, in denen lebendige Arbeit als Quelle des Wertes und des Mehrwertes erscheint; zum anderen aber, und das keineswegs weniger wichtig, als Medium der Subjektbildung, als Prozeß der Verinnerlichung von Arbeitsdisziplin, von Zeitökonomie, von Sparsamkeit, insgesamt für die Regulierung von Gefühlen, Affekten, Aggressionen. Jahrhunderte nimmt es in Anspruch, bis aus Arbeit ein Aspekt der Lebensbefriedigung, ja des Glücks werden kann.« (Negt 2001: 296)

Es bedarf keiner besonderen Hellsichtigkeit, um hierin das anthropologische und arbeitstheoretische Erbe Marx'ens zu erkennen:

> »Das Große an der Hegelschen *Phänomenologie* [...] ist also einmal, dass Hegel die Selbsterzeugung des Menschen als Prozeß fasst, die Vergegenständlichung als Entgegenständlichung, als Entäußerung und als Aufhebung dieser Entäußerung; dass er also das Wesen der *Arbeit* faßt und den gegenständlichen Menschen, wahren, weil wirklichen Menschen, als Resultat seiner *eigenen Arbeit* begreift.« (Marx 1986a: 574)

Damit ist auch die auf Hegel zurückgehende Traditionslinie einer Verhältnisbestimmung von Mensch und Arbeit markiert. Der Mensch arbeitet, um seine Lebensbedürfnisse zu befriedigen. Durch Arbeit schafft der Mensch aber nicht nur die Befriedigung seiner unmittelbaren Lebensbedürfnisse; denn indem er neue Objekte schafft, in denen er sich vergegenständlicht, wird er selbst zum Objekt dieser Welt, in dem er sich selbst anschauen kann (vgl. Marx 1986b: 517). Diese »neue« Welt schafft ihrerseits neue Bedürfnisse. Das heißt, durch die im Arbeitsprozess erfolgende Schaffung von seiner Bedürfnisbefriedigung dienenden Objekten verändert sich der Mensch selbst, er wird Resultat seiner Arbeit, er produziert sich selbst.

Mit dieser Bestimmung des Verhältnisses von Arbeit und Gegenstand wird die aristotelische Trennung von Arbeiten und Herstellen nicht länger aufrechterhalten. Arbeit verschwindet nicht länger in ihrem Konsum, sondern schafft etwas von sich Verschiedenes. Die Arbeitskraft des Menschen stellt etwas her, das über das jeweils erstellte Produkt hinausgeht; sie schafft damit Mehr-Wert. Die Vergegenständlichung des Menschen in seiner Arbeit kann sowohl Segen als auch Fluch sein. Denn das von ihm Geschaffene kann ihm zu fremden Nutzen entwendet werden, ja sogar gegen ihn verwendet werden.

Wenn *Arbeit* Selbsterzeugung des Menschen bedeutet (s. o.), dann geht darin sowohl das Herstellen als auch das Handeln als deren konstitutive Momente ein. Arbeit ist ohne die technische Seite des Herstellens und die kommunikative des Handelns nicht denkbar. Das hat gravierende Folgen für den Begriff *Praxis*. Er geht weit über den aristotelischen Praxisbegriff hinaus, und zwar insofern, als für ihn *das Ineins von Herstellen, Handeln und die Schaffung von Arbeitskraft* (die für die notwendige Arbeit zur Produktion sowohl des individuellen als auch des gesellschaftlichen Lebens verantwortlich zeichnet) grundlegend ist.

Arbeit gewinnt durch die mit ihr verbundene Vorstellung der Selbsterzeugung des Menschen eine spezifische Würde:

- Arbeit meint tätige Auseinandersetzung mit Natur und Sozietät.
- Sie dient der Produktion des Lebens, sie ist Selbsterzeugung des Menschen.
- Sie entspringt der Arbeitskraft des Menschen.
- In der Arbeit verwirklicht der Mensch seine gesellschaftliche Natur.
- In schöpferischer Arbeit überschreitet der Mensch den rein instrumentellen Charakter der (zum Lebensunterhalt notwendigen) Arbeit.

III. Schaffung von Arbeitskraft – dritte Dimension eines erweiterten Praxisbegriffes

Wenn im Folgenden von Arbeitskraft gesprochen wird, so ist dieser Begriff nicht beschränkt auf die Realisation körperlicher Arbeit. Arbeit ist – über die Auseinandersetzung mit der Natur hinaus – Auseinandersetzung mit der Sozietät. Insofern schafft die Arbeitskraft auch die Artefakte und geistigen Produkte der Menschen sowie die sozialen und gesellschaftlichen Institutionen. Arbeitskraft schafft etwas, wodurch der Mensch sich in den von ihm erstellten Produkten/Gegenständen gespiegelt findet.

Nun stellt sich im Kontext einer weiteren Bestimmung des Begriffs »Verständige Musikpraxis« die Frage: Welche Bedingungen müssen für eine notwendige und hinreichende Bestimmung des Begriffes Arbeitskraft gegeben sein? Vier Bedingungen lassen sich auf dem Hintergrund der Geschichte des Begriffes ausmachen:

1. Ist der Tätige in der Lage, im Vorhinein das zu schaffende Produkt, den zu erstellenden Gegenstand, eindeutig zu bestimmen? (Dazu zählt auch die angemessene Kenntnis der Erstellungs*bedingungen*.)
2. Verfügt der Tätige über die technisch-praktischen Voraussetzungen für den Erstellungsprozess des Gegenstandes?
3. Sind auf Seiten des Tätigen die theoretischen und ideellen Voraussetzungen für das zu erstellende Produkte gegeben?
4. Besitzt der Tätige die Fähigkeit, den erstellten Gegenstand, das erstellte Produkt und den Herstellungsprozess angemessen zu präsentieren?[11]

Zweifellos ist die Schule in ihrer Funktion als Ort des Lernens eine Institution zur *Schaffung von Arbeitskraft*. Denn *Lernen* ist Schaffung von Arbeitskraft. Kaum eine Bestimmung von Aufgabe und Ziel der allgemeinbildenden Schule und von schulischem Unterricht negiert diese Tatsache, wenn auch wohlmeinende Zielsetzungen dieses nicht auf den ersten Blick erkennen lassen. Selbst noch so unbestimmte Formulierungen wie »Ausstattung des Schülers für die Bewältigung seines zukünftigen Lebens«, offenkundig jedoch Formulierungen wie:

»Die Zukunft der Kinder und Jugendlichen sowie die Zukunft der Gesellschaft und der Wirtschaft in Deutschland hängen heute stärker als jemals zuvor von der Qualität der Bildung ab. Bildung bietet persönliche Orientierung in einer immer komplexer werdenden Welt, Bildung ermöglicht die Teilhabe und die Gestaltung des gesellschaftlichen Lebens und Bildung ist der Schlüssel zum Arbeitsmarkt und die Grundlage für wirtschaftliche Entwicklung.« (Bundesministerium für Bildung und Forschung 2003: 5)

belegen die zuvor gemachte Behauptung. Musik in der Schule und Musikunterricht sind in diesen Rahmen eingepasst. Sie können dessen Grenzen auch nicht überschreiten. Denn damit würden sie die gesellschaftliche Funktion von Schule infrage stellen, welches unsere Gesellschaft wohl kaum zuließe, um ihres Erhalts willen auch wohl nicht zulassen könnte.[12] Begriffe wie Schularbeit(en) und Klassenarbeit – selbst wenn zunehmend Begriffe wie Test

---

[11] Diese Bedingung ist nicht auf den ersten Blick einsichtig. Was hat Produktion mit Präsentation, Darbietung zu tun? Diese Frage findet jedoch ihre Antwort, wenn man bedenkt, dass Produkte und Artefakte letztlich Tauschgegenstände sind, die für etwas anderes hergegeben werden (können) (vgl. dazu Simmel 1989: 59 ff.; auch Kappelhoff 1993; spezifisch musikbezogen Kaiser 2008: 79 ff.).

[12] Das gilt auch, wenn man dem Schulfach Musik nur geringe Bedeutsamkeit in curricularen Kontexten und schulischem Alltag zubilligt und kaum arbeitsmarktspezifische Bedeutsamkeit beimisst.

usf. an ihre Stelle treten – verweisen ganz deutlich auf die Schule als Ort von Arbeit bzw. als Ort der Schaffung von Arbeitskraft. Musikbezogenes Lernen ist Teil dieses Prozesses. »Verständige Musikpraxis« in der Schule ist nicht etwas, das vom Himmel fällt. Ihre Entfaltung in den einzelnen Schülerinnen und Schülern ist unhintergehbar an Lernprozesse gebunden. Damit ist die Frage zu beantworten: Welche Bedingungen müssen für eine notwendige und hinreichende Bestimmung des Begriffes »Schaffung von Arbeitskraft« als Dimension einer Verständigen Musikpraxis in der Schule gegeben sein?

Auch hier gilt wieder – wie zuvor bei *Herstellen* und *Handeln* –, dass die allgemeine Perspektive gegenstandsspezifisch modelliert werden muss.

Den zuvor entwickelten allgemeinen Bedingungen entsprechend sind vier notwendig und in ihrer Gesamtheit auch hinreichend:

1. Die Produktion bzw. die Reproduktion eines musikalischen Zusammenhanges ist ohne eine vorwegnehmende Vorstellung des Ergebnisses undenkbar, wie diffus die Vorstellung auch sein mag.
2. Musizieren und Komponieren sind gebunden an die Beherrschung der jeweiligen musikpraktischen sängerischen/spielerischen/kompositorischen Voraussetzungen. Diese werden erarbeitet durch Üben, in Gemeinschaft: durch Proben.
3. Üben und Proben erfolgen niemals blind. Das heißt, sie werden realisiert auf dem Hintergrund spezifischen – historisch vorliegenden – sanges- bzw. spieltechnischen und kompositorischen Wissens. Dieses Wissen muss man sich – wenigstens bis zu einem gewissen Grade – erarbeiten, soll das Üben erfolgreich sein.
4. Die Produkte des Musizierens bzw. Komponierens sind präsentierbar, zumindest in der schulischen (häufig auch öffentlichen) Darbietung. Schule als Institution gemeinschaftlichen Lernens kann darauf nicht verzichten.[13]

Es ist leicht einzusehen, dass alle vier Bedingungen zusammen genommen die »materiale« Grundlage des Herstellens von Musik sowie des musikbezogenen Handelns schaffen. Insofern zeigt sich die Schaffenskraft als »Möglichkeitsbedingung« des Herstellens und Handelns.

---

[13] Die Ergebnisse werden »getauscht« entweder gegen Zensuren oder bei öffentlichen Darbietungen gegen die Anerkennung der Zuhörer (vgl. dazu Coleman 1995: 169 f. und 175 ff.).

IV. Der Begriff einer »Verständigen Musikpraxis«

Nunmehr ist es möglich, die Bedingungen anzugeben, die für eine notwendige und hinreichende Bestimmung des Begriffs »Verständige Musikpraxis« gegeben sein müssen. Die vorhergehenden Darlegungen haben die Dimensionen kenntlich gemacht, aus denen heraus die notwendigen und in ihrer Gesamtheit hinreichenden Bedingungen dafür formuliert werden können, dass wir ein bestimmtes Tun Verständige Musikpraxis (in der Schule!) nennen können.

Verständige Musikpraxis, will sie dem Begriff »Praxis« Genüge tun, umfasst *Herstellen*, das Machen von Musik, sei es reproduzierend oder produzierend sowie *Handeln* als das Moment der Freiheit und der damit verknüpften Verantwortung für das erstellte bzw. herzustellende Produkt einerseits und der »selbst-bestätigenden Reflexion« andererseits sowie die – beides letztlich erst ermöglichende – *Schaffung von Arbeitskraft*.

Die Dimension HERSTELLEN

F1: Kann die Schülerin/der Schüler sagen, was sie/er gespielt bzw. komponiert hat?

F2: Kann die Schülerin/der Schüler sagen, welche musiktheoretischen Grundlagen für das Gespielte/das Komponierte wesentlich sind?

F3: Kann die Schülerin/der Schüler geschichtliches Hintergrundwissen zum Gespielten/Komponierten beibringen?

Die Dimension HANDELN

F4: Konnte die Schülerin/der Schüler sich dazu *entscheiden*, zu spielen/zu komponieren/im Klassenverband mitzuspielen?

F5: Ist die Schülerin/der Schüler für ihr/sein Musizieren *verantwortlich*? (Beispiele für Hindernisse hinsichtlich der Verantwortlichkeit: Krankheit, latenter Zwang, technische Unfähigkeit usf.)

F6: Kann die Schülerin/der Schüler zu ihrem/seinem Spiel bzw. ihrem/seinem Komponieren stehen oder möchte sie/er es ungeschehen sein lassen?

F7: Kann die Schülerin/der Schüler auf die Frage, ob das Spiel/das Komponieren für sie/ihn wichtig war/ist, mit ja antworten?

Die Dimension SCHAFFUNG VON ARBEITSKRAFT

F8: Hat die Schülerin, der Schüler sich vor dem Musizieren eine Vorstellung von der Gestalt, der Funktion und dem Zweck dieses Musizierens gemacht (machen können)?

F9: Kann die Schülerin/der Schüler die Frage, ob sie/er übt bzw. geübt hat, mit ja beantworten?

F10: Kann die Schülerin/der Schüler die Frage, ob sie/er versucht (hat), sich ein Wissen um die theoretischen Hintergründe, die Aufführungs- bzw. Kompositionspraxis usf. anzueignen, mit ja beantworten?

F11: Kann die Schülerin/der Schüler die Frage bejahen, ob sie/er grundsätzlich bereit sei, das Resultat ihrer/seiner Arbeit vor anderen zu präsentieren?

Die folgende Grafik zeigt die drei Dimensionen jener Bedingungen, durch deren Erfüllung im Musikunterricht der Schule wir eine Tätigkeit Verständige Musikpraxis nennen können, im Zusammenhang. Ihre Entwicklung verdankt sich einem *theoretischen* Interesse, der Begründung und Rechtfertigung einer spezifischen Form von musikalischer Tätigkeit in der Schule. Die Reihenfolge von links nach rechts erfolgt auf dem Hintergrund ihrer vorhergehenden Entwicklung und Darstellung; sie impliziert weder eine qualitative Stufung noch eine hierarchische Ordnung. Das heißt, erst das Zusammenspiel von Herstellen, Handeln und Arbeit kann musikalisches Tätigsein zu Verständiger Musikpraxis formen, die als ein zentraler Tätigkeitsbereich im Musikunterricht der allgemeinbildenden Schule anzusehen ist.

Herstellen	Handeln	Schaffung von Arbeitskraft
■ Musizieren/Komponieren/Improvisieren ■ Musiktheoretische Orientierungen einbringen ■ Geschichtliches Hintergrundwissen einbringen	■ Entscheid zur Herstellung ■ Übernahme der Verantwortung für Herstellung und Produkt ■ Kritischer bzw. bestätigender Selbstbezug	■ Entwicklung von Klang-, Gestalt- und Funktionsvorstellungen ■ Üben, Proben ■ Erarbeitung von produktspezifischem Hintergrundwissen ■ Präsentation des Resultats der Arbeit

V. Didaktische Funktionen des Begriffs »Verständige Musikpraxis«

Die Präzisierung jener Bedingungen, unter denen wir eine Tätigkeit als Verständige Musikpraxis in der Schule bestimmen konnten, ist sicherlich eine notwendige und unter dem Gesichtspunkt des Theorie-Diskurses in der »scientific community« einer wissenschaftlichen Musikpädagogik unvermeidliche Aufgabe. Aber wirft sie auch etwas ab für musik*unterrichtliche* Tätigkeit von Schülerinnen, Schülern und Lehrern? Könnte sie musikbezogenes Lernen in der Schule beglückender und musikbezogene Lehre befriedigender machen?

Unsere Behauptung geht dahin, dass sich sowohl eine analytische als auch eine konstruktive Funktion der durch die elf Bedingungen erfolgten Bestimmung von Verständiger Musikpraxis zeigen lässt.

Erstens: Was heißt nun analytische Funktion? Formal gesehen heißt Analyse: Auflösung (analyein = griech. auflösen) eines gegebenen Ganzen in seine Teile. Nun kann nur die Zerlegung einer Ganzheit in ihre Teile noch keine hinreichende Bestimmung des hier gemeinten Begriffes von Analyse bilden. So würden wir wohl kaum die Tätigkeit eines kleinen Jungen, dem das Handy seines Vaters in die Finger gerät und der es dann mit Hammer, Zange und Schraubenzieher daraufhin »untersucht«, was wohl in dem kleinen schwarzen Ding drin sein mag und es strahlend »auseinander nimmt«, als analytischen Prozess kennzeichnen. Diesen Prozess würden wir wohl eher »von Neugier geleitete Zerstörung« nennen. Zur Zerlegung in einzelne Teile muss folglich etwas hinzukommen, damit dem Begriff Analyse Genüge getan wird. Die einzelnen Teile eines Ganzen sind nur dadurch, dass sie eine bestimmte *Funktion* in einem Ganzen wahrnehmen, eben Teile dieses Ganzen. Das heißt: Bei der Analyse muss diese Funktion, welche jedes einzelne Teil im Gesamt wahrnimmt, sichtbar (gemacht) werden. Kurz: Es muss ein »Bauplan« o. ä. kenntlich werden, unter dem die einzelnen Teile zu einem Ganzen zusammengefügt waren.

Versteht man den Begriff »Verständige Musikpraxis« als jene Einheit, die zuvor in elf Fragen aufgelöst erschien, so fragt man »cui bono«, wem dient das? Bereits die Form ihrer Formulierung verweist darauf, dass sie zuvörderst den Schülerin und Schüler dienen.

In den vorhergehenden Darlegungen wurden die Bestimmungen des Begriffes einer Verständigen Musikpraxis ganz wesentlich von der Position der Schülerin bzw. des Schülers her entwickelt. Bis zu einem gewissen Grade ist dieses unumgänglich. Denn nur die einzelne Schülerin, der einzelne Schüler kann – wie zu Beginn gesagt – die Transformation Usueller Musikpraxis in eine Verständige Musikpraxis vollbringen. Nur sie bzw. er kann schließlich entscheiden, ob ihr bzw. ihm dieses gelingt. Insofern sind die als Fragen formulierten Bedingungen Fragen, welche nur die Schülerin, der Schüler an sich selbst richten und beantworten kann. Darin verweisen sie deutlich auf das einer verständigen Musikpraxis in der Schule inhärente reflexive Strukturmoment. Sie erlaubt es ihr bzw. ihm, sich in seinen musikalischen Produkten gegenüberzutreten und anzuschauen. Denn erst dieses ermöglicht, Verantwortung in ihrer zweifachen Bedeutung zu übernehmen: (a) Antwort zu geben hinsichtlich dessen, *was* man tut bzw. getan hat und (b) *warum* man etwas tut bzw. getan hat, das heißt die *Rechtmäßigkeit* seines Tuns vor sich selbst und vor anderen darzulegen, falls notwendig: auch zu verteidigen. Auch sind Zufriedenheit oder Beglückung als

Resultate des Gelingens einer Transformation der zunächst vorhandenen usuellen Möglichkeiten in eine Verständige Musikpraxis jeweils nur individuell erfahrbar.

Hier wird ein wesentliches Moment Verständiger Musikpraxis deutlich. In einer Transformation verschwindet das, was transformiert wird, keineswegs. Die einem jungen Menschen zur Verfügung stehenden musikbezogenen Fähigkeiten, seine musikalischen Traditionen usf. werden nicht negiert. Sie bleiben erhalten, gewinnen aber eine bis dahin nicht gekannte Erweiterung und Umgestaltung. Dieser Prozess ist somit ein Moment, das zu einer Veränderung der Person führt und damit einen unverzichtbaren Beitrag zur Selbstkonstitution leistet.

Der Begriff »Verständige Musikpraxis« steht folglich für einen Prozess, dessen Realisierung erst *nach* Vollzug dieses Prozesses, also *ex post*, feststellbar ist. Unter analytischem Gesichtspunkt wird daher erst die vollzogene, teilweise oder gar nicht gelungene Transformation einer Usuellen in eine Verständige Musikpraxis zu einem Gegenstand der Analyse.

Zweitens: In welcher Weise ist nun der Begriff *konstruktive Funktion* zu verstehen, der im Zusammenhang mit den zuvor entwickelten Bedingungen zur Bestimmung von Verständiger Musikpraxis verbunden worden war? Unter Konstruktion versteht man für gewöhnlich, etwas aus gegebenen Teilen zu einem Ganzen zusammenzusetzen. Ein einfaches Beispiel: Mathematisch gesehen, lässt sich ein Dreieck aus drei Teilen konstruieren. Entweder man hat eine Seite und zwei Winkel, oder einen Winkel und zwei Seiten. Drei Teile und eine hinzukommende eindeutige Konstruktionsvorschrift, wie mit diesen Teilen umzugehen ist, sind für die Konstruktion notwendig, aber auch hinreichend. Mehr wird zur Konstruktion eines Dreiecks nicht benötigt. Die Konstruktionsvorschrift bildet die vorgestellte Antizipation eines Endzustandes, der mit bestimmten *Materialien* (Winkel und Seite(n)) hergestellt werden soll. Das heißt, die Konstruktionsvorschrift ist rein formal. »Material« aber gilt sie für eine unendliche Zahl von Dreiecken; denn erst genaue Angaben über die Größe der Winkel und die Länge der Seite(n) ermöglichen die Konstruktion eines bestimmten Dreiecks.

Was soeben im Hinblick auf das Dreieck-Beispiel ausgeführt wurde, gilt im übertragenen Sinne auch für die »Konstruktion« Verständiger Musikpraxis im Musikunterricht. Das heißt, unter konstruktiver Absicht ist die Tätigkeit des Lehrers angesprochen. Es geht also um Unterricht, der sich (u. a.) die Ermöglichung von Verständiger Musikpraxis als Aufgabe gesetzt hat. Diese lautet: Gestalte deinen Unterricht in der Weise, dass du den Schülerinnen und Schülern die Chance gibst, über die zuvor ausführlich diskutierten drei Dimensionen eine Verständige Musikpraxis realisieren und damit eine vorhandene Usuelle in eine Verständige Musikpraxis überführen zu können.

Nun mag der Einwand kommen, der Lehrer habe es nicht nur mit einer Person, sondern mit sehr vielen zu tun. Das Postulat der Ermöglichung von Verständiger Musikpraxis für viele junge Menschen gleichzeitig sei illusorisch. Dagegen sei daran erinnert, auch die im Vorigen diskutierten drei Dimensionen mit ihren elf Fragen bilden ein *formales* Instrumentarium, das für unterschiedliche konkrete Ausformungen des Transformationsprozesses dienlich ist. Damit das möglich ist, müssen die aus der Perspektive der Schüler formulierten Fragen im Hinblick auf den Unterrichtenden konstruktiv gewendet werden. Erläutert sei dies an der dritten Dimension »Schaffung von Arbeitkraft«. Die darin formulierten Bedingungen lauten in unterrichtskonstruktiver Absicht für den Lehrer:

Schaffe in deinem Unterricht die Voraussetzungen dafür,

- dass Schülerinnen und Schüler in die Lage versetzt werden, sich vor jeder musikalischen Tätigkeit im Musikunterricht eine Vorstellung von der Gestalt, Funktion und dem Zweck dieses Musizierens zu machen;
- dass die Schülerinnen und Schüler Möglichkeiten des Übens haben;
- dass den Schülerinnen und Schülern die Möglichkeit gegeben wird, sich die angemessenen theoretischen Hintergründe ihres Musizierens aneignen zu können;
- dass Rahmenbedingungen für die Präsentation erarbeiteter musikalischer Zusammenhänge geschaffen werden.

Es dürfte nicht schwer sein, die zunächst in theoretischer Absicht entwickelten Bedingungen Verständiger Musikpraxis der anderen beiden Dimensionen, Herstellen und Handeln, in ähnlicher Weise konstruktiv zu wenden.

Noch einem weiteren möglichen Einwand ist zu begegnen: Die Bedingungen dafür, dass eine Tätigkeit oder auch ein Ensemble von Tätigkeiten Verständige Musikpraxis genannt werden darf, seien so formuliert, dass sie bestenfalls für Leistungskurse der Oberstufe des Gymnasiums ihre Geltung beanspruchen könnten. Dem ist entgegen zu halten: Alle musikdidaktischen Regulative für die Konstruktion von Unterricht sind, sofern sie prinzipiell formuliert sind, jeweils alters- und klassenspezifisch zu übertragen; nicht nur das. Insbesondere werden sie im Hinblick auf die gesellschaftlichen und sozialen Kontexte, in denen die Schülerinnen und Schüler sich jeweils bewegen bzw. bewegt haben, ihre spezifische Transformation erfahren müssen. Eine derartige Transformation zu vollziehen, ist Aufgabe, aber auch Leistung der Musiklehrerin, des Musiklehrers vor Ort.

Literatur

Arendt, Hannah (^{12}2001): *Vita activa oder Vom tätigen Leben*. München.
Alt, Michael (1968): *Didaktik der Musik – Orientierung am Kunstwerk*. Düsseldorf.
Aristoteles (1985): *Nikomachische Ethik*, hg. von Günther Bien. Hamburg.
Aristoteles (^{4}1981): *Politik*; hg. von Olof Gigon. München
Bähr, Johannes (2005): Klassenmusizieren. In: Werner Jank (Hg.), *Musikdidaktik. Praxishandbuch für die Sekundarstufe I und II*. Berlin, S. 159–167.
Bäßler, Hans (1997): Musikmachen mit der ganzen Klasse. Basisartikel. In: *Musik & Bildung Heft 1, Januar/Februar 1997.* S. 4–5.
Bundesministerium für Bildung und Forschung (2003): *Expertise zur Entwicklung nationaler Bildungsstandards*. Bonn.
Coleman, James S. (1995): Grundlagen der Sozialtheorie, Bd. 1, Handlungen und Handlungssysteme. München/Wien.
Foucault, Michel (^{6}1994): *Archäologie des Wissens*. Frankfurt am Main
Günther, Ulrich/Ott, Thomas (1984): *Musikmachen im Klassenunterricht – 10 Unterrichtsreihen aus der Praxis*. Wolfenbüttel/Zürich.
Heimann, Paul/Otto, Gunter/Schulz, Wolfgang (1965): *Unterricht – Analyse und Planung*. Hannover.
Jank, Werner (2005): *Musikdidaktik. Praxishandbuch für die Sekundarstufe I und II*. Berlin.
Kaiser, Hermann J. (2001): Auf dem Wege zu verständiger Musikpraxis. In: Karl Heinrich Ehrenforth (Hg.), *Musik – unsere Welt als andere*. Würzburg, S. 85–97.
Kaiser, Hermann J. (1995): Die Bedeutung von Musik und Musikalischer Bildung. In: Deutscher Musikrat (Hg.): *Musikforum Nr. 83*. Mainz, S. 17–26.
Kaiser, Hermann J. (2008): Musikalische Praxis – Zur Ethik des symbolischen Austauschs. In: Martin Pfeffer/Christian Rolle/Jürgen Vogt (Hg.), *Musikpädagogik auf dem Wege zur Vermittlungswissenschaft?* Münster/Berlin, S. 74–98.
Kappelhoff, Peter (1993): *Soziale Tauschsysteme*. München.
Krause, Martina (2008): *Bedeutung und Bedeutsamkeit. Interpretation von Musik in musikpädagogischer Dimensionierung*. Hildesheim.
Marx, Karl (1968a): Kritik der Hegelschen Dialektik und Philosophie überhaupt. In: Ökonomisch-philosophische Manuskripte 1844. In: *Marx-Engels Werke, Erg. Bd., 1. Teil, Schriften – Manuskripte – Briefe bis 1844*. Berlin, S. 568–588.
Marx, Karl (1968b): Die entfremdete Arbeit. In: Ökonomisch-philosophische Manuskripte 1844. In: *Marx-Engels Werke, Erg. Bd., 1. Teil, Schriften – Manuskripte – Briefe bis 1844*. Berlin, S. 510–522.
Marx, Karl (^{12}1980): *Lohnarbeit und Kapital*. Berlin. (ursprünglich in: Neue Rheinische Zeitung 1849)
Negt, Oskar (1984): *Lebendige Arbeit, enteignete Zeit – Politische und kulturelle Dimensionen des Kampfes um die Arbeitszeit*. Frankfurt/New York.
Negt, Oskar (2001): *Arbeit und menschliche Würde*. Göttingen.
Rayfield, David (1968): Action. In: *Nous, 2, 1968*, S. 131–145; deutsch: Handlung. In: Meggle, Georg (Hg.) (1985), *Analytische Handlungstheorie, Bd. 1, Handlungsbeschreibungen*. Frankfurt am Main, S. 69–88.

Simmel, Georg (1989): *Philosophie des Geldes*. Frankfurt am Main

Vogt, Jürgen (2002): Genie oder Arbeit? Annäherungen an eine produktionsorientierte Theorie musikalisch-ästhetischer Erfahrung. In: *Zeitschrift für Kritische Musikpädagogik*. www.zfkm.org.

Vogt, Jürgen (2004): (K)eine Kritik des Klassenmusikanten. Zum Stellenwert Instrumentalen Musikmachens in der Allgemeinbildenden Schule. In: *Zeitschrift für Kritische Musikpädagogik*, www.zfkm.org.

Margret Kaiser-el-Safti
Über Wunderkinder im Allgemeinen und das Wunder Wolfgang Amadé Mozart[1]

Das Thema »Wunderkind« wird in der Literatur über Mozart derzeit eher nüchtern behandelt. Der Biograf Martin Geck registriert mit Genugtuung, »dass auch musikalische Wunderkinder ins Mannesalter kommen müssen, ehe sie zu wirklich Großem fähig sind.« (Vgl. Geck 2006: 250) Das ist richtig, aber kein großer Mensch kommt als solcher auf die Welt, sondern entwickelt sich, ob Genie oder nicht, aus seinen kindlichen Anfängen.

Dieses »wirklich Große« – kann es zum Gegenstand psychologischer Forschung gemacht werden? Zweifellos hängt das Werk auch mit der Entwicklung der Person zusammen; aber die biografischen Zeugnisse über Mozart sind wenig vertrauenswürdig und werden dementsprechend unterschiedlich gedeutet. Vermag die Psychologie, wenn sie schon nicht die außergewöhnliche Persönlichkeit und das kompositorische Werk erklären kann, vielleicht mit ihren methodischen Mitteln herauszubekommen, warum Mozarts Musik angeblich bei vielen Menschen unmittelbar Gefühle auslöst? Wie sie, häufig zu stimulierender Begleitmusik herabgewürdigt, alle möglichen menschlichen und sogar tierischen Tätigkeiten und Fähigkeiten günstig zu beeinflussen vermag? Oder sollte die Neuropsychologie hier weiterhelfen, die sich seit einiger Zeit auffallend für die musikalische Wahrnehmung interessiert und in die Erwartung investiert, »dass Musik der Schlüssel zu den innersten Geheimnissen unseres Geistes ist«, wie der Musikpsychologe Robert Jourdain behauptet (vgl. Jourdain 1998: 7). Ist der neuropsychologische Ansatz für die Mozartforschung verwendbar? *Unmittelbar* sicher nicht, aber es lassen sich, wie später auszuführen sein wird, Hinweise finden, die ein wenig an Person und Werk heranführen. Ich möchte zunächst etwas über Wunderkinder im Allgemeinen und das Wunderkind Mozart im Besonderen vorausschicken.

Wunderkinder erregten jederzeit Aufsehen; Kinder, die mit vier oder fünf Jahren mehrere Sprachen sprechen, meisterhaft Schach spielen, mathematische und

---

[1] Beim vorliegenden Text handelt es sich um einen Vortrag, den die Autorin anlässlich des von Thomas Ott initiierten Mozarttages am 28. Juni 2006 an der Erziehungswissenschaftlichen Fakultät der Universität zu Köln gehalten hat.

juristische Probleme bewältigen, aus eigenem Antrieb Musik machen, erscheinen wie wunderbare Wesen aus einer anderen Welt. Jedoch: »Logisch nicht Erklärbares pflegen wir mit dem Wort »Wunder« zu umschreiben, des Wunders Kind aber ist die Legende«, kommentiert der Wunderkinderforscher Toni Meissner (vgl. Meissner 1991: 24). Was kann die Wissenschaft, unter Verzicht auf Legenden und Klischees, zu dem rätselhaften Phänomen beitragen?

Der Begriff »Wunderkind« wurde erstmals 1559 auf das wunderbare Kind Jesus angewendet; erst später wandelte sich der Begriff im Sinne geistiger Frühreife. Während Klischees suggerierten, dass Wunderkinder früh sterben, psychisch labil und sozial unterentwickelt sind, konnten empirische Untersuchungen diese Vorurteile, von Ausnahmen abgesehen, entkräften (vgl. Gembris 1998: 154). Nicht eindeutig geklärt wurde die Frage, ob Wunderkinder in hohem Maße einseitig begabt sind; einerseits wurden Spezialisten in ihnen gesehen, die für ihr Expertentum mit Defiziten in anderen Bereichen bezahlen müssen, andererseits vermutete man, dass eine besondere Begabung sich bereichsübergreifend auf alle Leistungen des Kindes auswirkt. Das entspricht den in der Psychologie vertretenen unterschiedlichen Auffassungen über Intelligenz und Begabung – der bereichsübergreifenden Theorie von Jean Piaget und der bereichsspezifischen Theorie Howard Gardners auf der Basis der Genbiologie und Neuropsychologie (vgl. Gardner 1999).

Neben der Frage nach dem Anteil angeborener Fähigkeiten interessiert die Einflussnahme der Eltern. Ist das Wunderkind Produkt ihres Ehrgeizes und Opfer ihrer Dressur, oder kommt es in den Genuss sorgfältiger und liebevoller pädagogischer Förderung? Da Wunderkinder an die menschliche Sensationslust appellieren, wurden sie nicht selten von ihren Eltern ausgebeutet, die materiellen Profit aus ihnen schlugen und sie in ihrer Entwicklung schädigten. Unkindgemäße rücksichtslose Behandlung muss aber nicht der Grund dafür sein, wenn aus Wunderkindern keine hochleistungsfähigen Erwachsenen werden. Ein musikalisches Wunderkind verliert seine Besonderheit häufig mit Einsetzen der Pubertät. Der Bruch in der Entwicklung scheint jedoch durch großen Fleiß, überdurchschnittliche Willenskraft, Ehrgeiz und Durchhaltevermögen überbrückbar zu sein, denn viele berühmte Musiker, Virtuosen und Komponisten waren ehemalige Wunderkinder.

Weniger leicht als Klischee abzutun ist die Auffassung, dass außergewöhnliche Leistungsfähigkeit im Kindesalter »angeboren« (vererbt) sei. Weder für diese These noch für die Annahme des erzieherischen Einflusses lassen sich valide wissenschaftliche Belege beibringen. Man bevorzugt heute auch andere Fragen, nämlich in welchem Alter und mit welchen Methoden ein Kind optimal gefördert werden muss, wenn überdurchschnittliche Leistungen erbracht werden sollen. Die sogenannte Neue Säuglingsforschung hat ergeben, dass Musikalität bereits pränatal gefördert werden kann, weil der Hörsinn der erste, bereits im Mutterleib entwickelte Sinn ist (vgl. Spitzer 2004: 143 f.). Dennoch sind frühreife und hochbegabte Kinder noch keine Wunderkinder oder Genies, denn Frühreife und kindliche Hochbegabung bieten keine Garantie dafür, dass diese sich nicht früher oder später den »Normalen« angleichen. Interessanterweise ist die Zahl der Wunderkinder seit 1950 rückläufig, wofür eine Erklärung noch aussteht.

Wie lassen sich die Ausgangsbedingungen des kleinen Mozart vor dem geschilderten Hintergrund deuten? 1756 in eine Familie hineingeboren, in der sowohl der Vater, ein professioneller Musiker und Musikpädagoge, als auch die vier Jahre ältere Schwester tagaus tagein musizierten, der Kleine also schon im Mutterleib mit Klängen vertraut wurde, überrascht es nicht, dass er von früher Kindheit an Interesse für Musik zeigt. Bereits mit vier Jahren spielt Mozart Geige und Klavier; mit fünf notiert der Vater die ersten kompositorischen »Erfindungen« seines Sohnes, die sich durch Witz und eigene Erfindungskraft ausgezeichnet haben sollen. Leopold Mozart ist von dem überdurchschnittlichen Talent seiner beiden Kinder überzeugt und scheut keine Mühe, Reisen zu arrangieren, auf denen die Kinder einem interessierten Publikum vorgeführt werden. Der Erfolg bleibt nicht aus; inwieweit Wolfgang und seine Schwester auch überfordert wurden, lässt sich heute nicht mehr entscheiden. Überprüfbar ist allein die Qualität der bereits zu dieser Zeit entstandenen Kompositionen, Sonaten und Symphonien des sechs- bis achtjährigen Mozart; ob der Vater mit- und nachgeholfen hat, muss offenbleiben; zweifellos hat das Kind auf den Streifzügen durch Europa auch viel Außermusikalisches gesehen und gelernt. Bereits der Elfjährige versucht sich an einem Singspiel, ein Jahr später entstehen kleinere, aber musikalisch bereits bedeutende Opern, wie *La finta semplice* und das Singspiel *Bastien und Bastienne*. Italienreisen, stets in Begleitung des Vaters, verschaffen Mozart die Begegnung mit bedeutenden Musikschaffenden. Bei aller Vielseitigkeit und der Absicht, sich in allen musikalischen Genres perfekt auszubilden, bevorzugt Mozart die Oper und wird sie zu einer niemals mehr übertroffenen Meisterschaft entwickeln.

Aus dem kleinen Wunderkind ist ein großer Musiker geworden, dem die üblen Seiten der Wunderkindexistenz anscheinend erspart blieben. Zwar hat der Vater stets viel von seinem Sohn verlangt und wird ihn lebenslang kontrollieren und bevormunden, aber das Kind hängt mit großer Liebe am Vater und scheint auch von sich aus zu ungewöhnlichen Anstrengungen bereit gewesen zu sein.

Was das Wunderbare an Mozarts Entwicklung anbelangt, macht sich heute eine relativistische Tendenz bemerkbar. So vertritt Geck die These: »Das ganz frühe künstlerische Wachstum Mozarts hat nichts von Zauberei an sich. Bis zur großen ersten Europareise verläuft es organisch und harmonisch – als eine Einführung in die Musik, wie sie sich ein Kind nicht schöner denken kann; vermutlich hat Mozart davon lebenslang gezehrt.« (Geck 2006: 24) Mozart sei keine »Spezialbegabung« gewesen, sondern eine »seelisch rege und dabei konzentrierte Person«. Als Voraussetzungen für eine musikalische Karriere soll die Devise gelten: »Gute Entscheidungsmöglichkeiten bei großen Auswahlmöglichkeiten.« (Geck 2006: 29) Dies trifft allerdings für *jedes* einigermaßen gut veranlagte Kind zu und wurde auch schon vor 200 Jahren von dem Pädagogen und Psychologen Herbart allen Erziehern ans Herz gelegt, nämlich dem Kind zunächst einmal eine reiche Auswahl zu bieten, damit Möglichkeiten der Entscheidung überhaupt zustande kommen könnten (vgl. Herbart 1806/1887). Etwas spezifisch Musikalisches oder gar Geniales garantiert dies allerdings nicht.

Der Neuropsychologe Lutz Jäncke glaubt aus der Sicht des Naturwissenschaftlers verneinen zu müssen, dass die Leistungen des kleinen Mozart überhaupt etwas mit Genialität zu tun gehabt hätten. Der romantische Geniebegriff sei »durch die psychologische Forschung längst widerlegt«. Jäncke plädiert für angeborenes Talent und frühe musikalische Beeinflussung, deren Auswirkung auf die Plastizität des kindlichen Gehirns in Rechnung zu stellen sei. »Das Gehirn stellt sich extrem früh auf die Umwelt ein, es hat sich in der Evolution zu einem Kulturorgan entwickelt, das ungeheuer vielfältige Anpassungsmöglichkeiten bewerkstelligt.« Mozart sei nicht als Genie, sondern lediglich als »Experte« zu betrachten und habe dafür mit erheblichen Defiziten bezahlen müssen. Letztere macht Jäncke an Mozarts Ungeschicklichkeit im zwischenmenschlichen Umgang, lebenslanger Unselbstständigkeit und Abhängigkeit vom Vater, am infantilen Liebesleben und der Unfähigkeit wirtschaftlicher Lebensplanung fest. Musikalische Höchstleistung wird konzediert, aber diese soll sich nur dem Grad nach und nicht prinzipiell von den Leistungen anderer Menschen, beispielsweise berühmter Fernsehstars, unterschieden haben. »Er hatte, wie jeder Mensch, ein Musikkonzept entwickelt«, nur dass es für Mozart das wichtigste seiner Persönlichkeit gewesen sei (vgl. Jäncke 2006: 59).

Der Neurologe setzt an die Stelle menschlicher Schaffenskraft die Leistungsfähigkeit des Gehirns als letzte Erklärungsinstanz, gestützt durch die Erforschung der Umwelteinflüsse und die psychologische Motivationsanalyse. Diese Sicht scheint sich um so mehr zu empfehlen, wenn Auffälligkeiten im Verhalten mit überdurchschnittlichen Leistungen einhergehen, wie dies bei Mozart der Fall war. Die neurophysiologische Perspektive argumentiert jedoch etwas kurzschlüssig und die Bezeichnung »Kulturorgan« für das Gehirn verschleiert lediglich die schwierige Aufgabe, etwas *Konkretes* über das *Wechselverhältnis* zwischen Kultur und Natur, kulturellen Wertvorstellungen, Verarbeitungsweisen des Gehirns und individuellen Strategien des Lernens und der Lebensbewältigung aufzuklären.

Mit anderen Mitteln und Motiven suchte Wolfgang Hildesheimer der romantischen Verklärung Mozarts entgegenzutreten – nicht aus Verkleinerungssucht, sondern um der besseren *Erkenntnis der Musik* zu dienen. Hildesheimer war weder Musikwissenschaftler noch Psychologe, sondern Schriftsteller, Dichter und Maler; ihm ging es nicht um Werkanalyse oder um eine im traditionellen Sinn verfasste Biografie. Der Autor bemüht sich, *psychoanalytisch* geschult, um ein authentisches, aus der Subjektivität geborenes Mozartverständnis. Er rüttelt nicht an der Unerklärbarkeit dieses »unfassbar großen Geistes«, er hat auch kein Problem damit, Mozart als das »größte Genie der Menschheitsgeschichte« auszuzeichnen. Hildesheimer will vor *falscher* Verehrung warnen; er möchte Missverständnisse aufklären, die sich durch Wunschvorstellungen der Biografen, Schönfärberei, falsche Idealisierung und Götzendienst gebildet haben, kurz: er möchte verhindern, dass Mozart als »Devotionalie« missbraucht wird. Hildesheimer ist bemüht, die Motive dieser Idolatrie zu entlarven und regt zu einem anderen Umgang mit dem »Wunder« an. Die Verehrung Mozarts diene häufig nur der Selbstdarstellung des Biografen und in der Beschönigung werde das Unverständliche, das Unangenehme und das Anstößige der Persönlichkeit getilgt und verdrängt zugunsten einer konsumierbaren glatten Fassade, welche das Klischee von der Popularität, Leichtigkeit und Eingängigkeit der Musik Mozarts bediene.

Nach Hildesheimer besteht in der Tat eine psychologisch bemerkenswerte Diskrepanz zwischen der »himmlischen Musik« und der häufig bizarr erscheinenden Persönlichkeit, der scheinbar leichten und unbegrenzten Produktivität und dem schweren, ja tragischen Leben des Künstlers. Diese Diskrepanz zwischen Werk und Leben darf nach Hildesheimer nicht verringert, sie soll vielmehr vertieft werden, und obwohl das tragische Ende, Mozarts Vereinsamung in den letzten Lebensjahren, seine Armut und sein früher Tod, bekannt sind, sollen sie bei der Betrachtung aller Lebensabschnitte stets präsent sein.

Hildesheimer will mit Hilfe der Psychoanalyse in jenen *unbewussten* Bezirk zwischen Werk und Leben eindringen. Auch er bringt die negativen Seiten der Persönlichkeit Mozarts zur Sprache, Abhängigkeit vom Vater, Infantilität, Albernheit und sprachliche Vulgarität (bekannt geworden durch die lange verheimlichten Bäsle-Briefe), die sich aber nur im Leben, nie in der Musik gezeigt hätten. Mozart irritierte seine Zeitgenossen durch ein kindisches Verhalten, durch Ticks, die plötzlich ausbrachen. Er habe sich und andere aus einem Mangel an Selbstreflexion und Selbstbewusstsein nicht richtig einschätzen können. »Er war seiner eigenen Seele nicht kundig«, betont Hildesheimer. (Hildesheimer 2005: 60) An einer anderen Stelle heißt es: »Bis spät – zu spät – in seinem Leben wusste er nicht, wer er war.« (Hildesheimer 2005: 68) Der Autor erklärt sich diese Kluft zwischen künstlerischer Größe und bizarrer Persönlichkeit folgendermaßen: Mozart habe seine Lebensumstände und Seelenzustände unbewusst, aber systematisch, verdunkelt. Hildesheimer kann zur Erhärtung seiner These allerdings nur *einen* Zeugen beibringen, den Schauspieler Josef Lange, Ehemann von Aloisia Lange, geb. Weber, ältere Schwester der späteren Ehefrau Constanze. Lange sei, so Hildesheimer, der einzige Mensch in Mozarts Nähe gewesen, der die *Notwendigkeit* des befremdlichen Verhaltens erkannt habe, nämlich als *Wille zur Selbstentblößung* und zum radikalen Sich-gehen-Lassen, als Ventil für das, was er sich in seiner Musik versagt habe. (Hildesheimer 2005: 286) Psychologisch ist diese These zwar interessant, aber erklärt sie uns, wie Mozart seinen Operngestalten, besonders den weiblichen, jenen Reichtum an Gefühlen in einer mit Worten nicht wiederzugebenden vielfältigen, differenzierten Ausdrucksfähigkeit zu geben vermochte? Wie und woher schöpfte diese, häufig gewöhnlich oder bizarr erscheinende Persönlichkeit das Wissen über feinste seelische Empfindungen und den von Joseph Haydn ausdrücklich bescheinigten »musikalischen Geschmack«? (Vgl. Einstein 2005: 23 f.)

Norbert Elias, gleichermaßen *soziologisch* und *psychoanalytisch* geschult, kritisiert den Ansatz von Hildesheimer (vgl. Elias 1993: 70). Es diene nicht dem Verständnis Mozarts, die Kluft zwischen Leben und Musik so weit aufzureißen. Elias bemüht sich dagegen um eine Verbindung zwischen beiden, indem er die Trieb- und Sublimierungstheorie Sigmund Freuds zu Hilfe nimmt: Das dem Genie im Übermaß zur Verfügung stehende energetische TriebPotenzial werde in künstlerische Tätigkeit »sublimiert«. Diesem energetischen Konstrukt habe auf der Verhaltensebene ein unersättliches, der Kindheit entstammendes Liebesbedürfnis entsprochen, das, nie erfüllt, Mozart zu seinen Werken motivierte. Als am Lebensende die Erfüllung des Liebesverlangens immer noch ausblieb, habe sich Sinnleere breitgemacht; Mozart gab sich auf und starb. (Elias 1993: 94)

Trotz feiner psychologischer Hinweise scheint auch dieser Ansatz wenig hilfreich. Das psychoanalytische Sublimierungskonstrukt ist zu allgemein gefasst. Möglicherweise motivierte ein überstarkes Liebesverlangen die Anstrengung, Außergewöhnliches zu leisten; vielleicht drohte der Vater dem sensiblen Kind auch mit Liebesentzug, um seine Produktivität zu steigern und erzeugte so die infantile Abhängigkeit. Derartige psychologische Erkenntnisse bringen uns vielleicht der Person, aber nicht dem Werk näher.

Geck relativiert die tragische Version Hildesheimers, ohne den Anspruch zu erheben, das Geheimnis Mozarts zu lüften. Weder müsste man die eigene Sinnsuche zu befriedigen suchen, noch sollte man unbedingt Logik und Folgerichtigkeit im Werk entdecken wollen; vielmehr sei es an der Zeit, »die Kontingenz des Kunstwerkes anzuerkennen: das Unverfügbare, nicht Auszurechnende, nicht Logische«. (Hildesheimer 2005: 212) Die daraus abzuleitende Haltung sei »interpretatorische Bescheidenheit«. Geck glaubt nicht mehr daran, dass das Schöne zu verstehen sei und beruft sich diesbezüglich auf den Maler Anselm Kiefer, nach dessen Ansicht das Bemühen um Verstehen von Kunst lediglich auf »ein Herumgehen um ein Unsagbares, um ein schwarzes Loch oder um einen Krater, dessen Zentrum man nicht betreten kann« hinauslaufe. Geck wählt für Mozarts Leben eine Metapher, welche das tragische Leben in eine Komödie verwandelt. Mozart sei ein komponierender Harlequin gewesen, der die Kunst beherrscht habe, das Schwere leicht und angenehm zu machen, der als tanzender Bühnenmensch eine Brücke zwischen Körper und Geist geschlagen habe. Tänzer, Harlekin, Theatermensch, Theatergenie – es ist gut belegt, dass Mozart nicht nur große Lust am Theater hatte: »Meine einzige Unterhaltung besteht im Theater«, schreibt er 1781 an seine Schwester – Geck will sogar nicht ausschließen, dass Mozart *immer* ans Theater gedacht habe. (Geck 2006: 92)

Die Opernbühne scheint für Mozart eine Art von Transzendenz dargestellt zu haben, als imaginärer Raum, in dem »Musik nicht unabdingbar an Zeit und Raum gebunden ist, sondern zugleich eine vielschichtige und unterschiedliche geschichtliche Erfahrungen überbrückende Wahrheit vorstellen kann«. (Geck 2006: 119) Die Bühne ist hier mehr als eine Metapher für Wirklichkeit, sie überhöht die Wirklichkeit ins Allgemeine, mehr noch durch die Musik als durch die Sprache. Mozart stelle nicht Tragödien und Schicksale dar, sondern inszeniere ein von ihm nach unbekannten Regeln wunderbar geleitetes Spiel. (Geck 2006: 159) Dass dieses Theatergenie den banalen Lebensalltag nicht geregelt bekam, interpretiert Geck als die »Sorge des Genies, ohne solche Eskapaden unterwürfig zu wirken. Schon das Wunderkind soll es jedem Deppen recht machen; und noch dem reifen Künstler wird abverlangt, sich ständig nach seinem Publikum umzuschauen«. (Geck 2006: 176) Mir leuchtet diese Deutung nicht ein; hatte Mozart es nötig, gegen das Spießertum und den zum Teil mediokren Kunstgeschmack durch Eskapismus und Clownerie aufzubegehren? Eine andere These Gecks erscheint mir einleuchtender; er sieht in Mozarts Ende keine Tragödie, sondern begreift sein Leben als eine »göttliche Farce«. (Geck 2006: 203) Mozart war nie wirklich im Alltagsleben und im realen Raum zu Hause, führte offenbar neben diesen ein anderes, vielleicht einsames, aber sicher nicht freudloses Leben.

An dieser Stelle könnte die neuropsychologische Erklärung im Sinne der Lokalisations- und Lateralisationstheorie greifen. Neuropsychologisch ließe sich die besondere Theaterleidenschaft Mozarts als extreme Ausbildung eines rechtshemissphärischen Typus interpretieren. Während die linke Gehirnhälfte für den Sprachprozess, das Erfassen zeitlicher Prozesse, kausales und logisches Denken zuständig ist, dominiert in der rechten Hälfte die Synthese, das ganzheitliche und strukturelle Erfassen, das räumliche Vorstellen und die Emotionalität. Natürlich arbeiten beiden Hälften miteinander, aber je nach dem, welche bevorzugt trainiert wird, dominiert sie auch. In der Mozartliteratur wird häufig auf Mozarts besondere Fähigkeit, mit dem Raum oder mit Räumen umzugehen, hingewiesen. Natürlich ist nicht der physikalisch-geometrische, sondern ein »intelligibler Raum«, d. h. eine Räumlichkeit gemeint, die den alltagspsychologisch erfahrbaren Raum transzendiert. Das Theater ist in der Tat ein Raum, der durch fantasierte, surreale, nur angedeutete Grenzen Dimensionen eröffnet, die den drei-dimensionalen Raum überschreiten, und die durch Sprache, Tanz und Musik, durch stimmliche und instrumentelle Klangkörper, die miteinander agieren, in ihrer Dynamik um ein Vielfaches komplexer erscheinen. Der professionelle Theatermensch ist jemand, der habituell alles um sich herum beobachtet, dies aber nicht auf sich, den konkreten Raum und die momentane Situation oder einen bestimmten Zweck bezieht, es vielmehr speichert, um es in späteren Situationen und Räumen wieder verwenden zu können. Dieses zweckfreie Fantasieren erfordert neben einer bestimmten Wahrnehmungs- und Erinnerungstechnik ein verändertes Ichverhalten. Man könnte von erweiterten Ichgrenzen sprechen, die bei aller Selbstbezogenheit des Subjekts zugleich auf zeitlich und räumlich Imaginäres gerichtet sind und eine durchaus nicht pathologische Persönlichkeitsspaltung zur Folge haben können. Allem Anschein nach sind die Grenzen zwischen dem Realen, dem Symbolischen und dem Imaginären hier durchlässiger, als das normalerweise der Fall ist.

Neuere neuropsychologische Forschungen zum räumlichen Vorstellen haften noch stark am geometrischen Raum; zwar wird eine, rechtshemisphärisch lokalisierte Verbindung hergestellt zwischen räumlich-geometrischem Vorstellen und Komponieren (vgl. Gembris 1998: 135 f.), aber der akustisch-musikalische Raum ist nicht mit dem vermessbaren mathematisch-geometrischen identisch. Bemerkenswerterweise war die psychologische Erforschung der räumlichen Wahrnehmung und des räumlichen Vorstellens ein bevorzugtes Thema bei den Pionieren der Musikpsychologie, insofern Zeit und Raum in der akustischen Wahrnehmung einen anderen Stellenwert haben als in der visuellen (vgl. Kaiser-el-Safti 2009a und 2009b).

Müssen Kunstschaffende die Gefühle, die sie zum Ausdruck bringen, »am eigenen Leib« erlebt haben? Keineswegs, denn der alle Künste umfassende Kulturraum hält einen unerschöpflichen Schatz an latenten Werten, realisierbar durch Formgefühl und Wertgefühl, bereit, den derjenige ausschöpfen kann, der für diesen Schatz sensibilisiert ist. Mozart muss nicht den musikalisch zum Ausdruck gebrachten Gefühlsreichtum selbst erlebt haben; er kann und wird sie aber aus den musikalischen Werken seiner Vorgänger geschöpft haben, nicht nachahmend, sondern umschaffend. Man weiß ja, dass Mozart akribisch die Werke anderer Komponisten studierte, aus ihnen das Beste herauszuhören und in oft überraschender Weise neu zu schaffen wusste. Sie, die Komponisten, nicht die Partner im realen Leben waren die Quellen, aus denen er seine Werke schöpfte. Vielleicht ist das Vorhandensein dieses kulturellen Schatzes ebenso wunderbar wie die Tatsache, dass es immer wieder Individuen gegeben hat (und geben wird), die lustvoll mit diesem Schatz zu arbeiten und ihn zu vermehren vermochten (vermögen).

Literatur

Einstein, Alfred (2005): *Mozart*. Frankfurt am Main
Elias, Norbert (1993): *Mozart: Zur Soziologie eines Genies*. Frankfurt am Main
Geck, Martin (2006): *Mozart. Eine Biografie*. Reinbek.
Gardner, Howard (1999): *Intelligence Reframed Multiple Intelligences for the 21st Century*. New York.
Gembris, Heiner (1998): *Grundlagen musikalischer Begabung und Entwicklung*. Augsburg.
Herbart, Johann Friedrich (1806/1887): *Allgemeine Pädagogik aus dem Zweck der Erziehung abgeleitet*. Langensalza.
Hildesheimer, Wolfgang (2005): *Mozart*. Frankfurt am Main/Leipzig.
Holodynski, Manfred (2006): *Entwicklung und Regulation der Gefühle*. Heidelberg.
Jäncke, Lutz (2006): Kein Wunder! In: *SZ Wissen*. 09.
Jourdain, Robert (1998): *Das wohltemperierte Gehirn*. Darmstadt.
Kaiser-el-Safti, Margret (2009a): Aisthesis et esthéthique dans l'oeuvre de J. F. Herbart et de Carl Stumpf du point de vue de la philosophie du réalisme. In: Celine Trautmann-Waller/Carole Maigné (Hg.), *Formalismes esthétiques et héritage herbartien Vienne, Prague, Moscou*. Hildesheim u. a., S.151–178.
Kaiser-el-Safti, Margret (2009b): Der »Witz« (in) der Tonpsychologie Carl Stumpfs. In: *Gestalt theory. An international Multidisciplinary Journal, Vol. 31, No. 2 (June 2009)*. S.143–174.
Spitzer, Manfred (2004): *Musik im Kopf. Hören, Musizieren, Verstehen und Erleben im neuronalen Netzwerk*. Stuttgart/New York.

Oliver Kautny
Migrantischer Hip-Hop in Deutschland.
Ein Problemaufriss für die Musikdidaktik und für die Hip-Hop Studies

I.

Die Hip-Hop-Kultur[1] erfreut sich in Deutschland seit ihren Anfängen in den 1980er-Jahren besonders unter Jugendlichen mit Migrationshintergrund großer Beliebtheit. (Mehler/Wartenberg 1984: 546; Güngör/Loh 2002; BPjM 2008: 28; Wilke 2009: 166) Anliegen dieses Beitrages ist es, einige zentrale Aspekte dieser nicht zuletzt durch Migranten[2] geprägten Jugendkultur näher zu beleuchten. Anlass für meine Ausführungen ist ein Diskurs in der Interkulturellen Musikerziehung (IME)[3], der in den letzten Jahren Hip-Hop als Facette der Migrantenkultur[4] bzw. der Migrationsgeschichte in Deutschland ins Zentrum musikdidaktischer Überlegungen gerückt hat. (Klebe 2003, 2008; Barth 2007, 2008) Warum und in welcher Hinsicht es nicht nur für die Hip-Hop Studies[5], sondern auch für die Musikdidaktik notwendig ist, erneut über migrantischen[6] Hip-Hop in Deutschland nachzudenken, möchte ich im Folgenden darlegen.

---

[1] Hip-Hop ist der Überbegriff für Graffiti, Hip-Hop-Tanz (zum Beispiel Breakdance), DJing, Beatboxing (Mundperkussion) und Rap.
[2] Aus Gründen der leichteren Lesbarkeit verzichte ich im Folgenden auf die Nennung beider Geschlechter.
[3] Dieser Begriff scheint mir der tendenziell etwas häufiger gebrauchte und wird hier mit der pragmatischen Absicht gewählt, Anschluss an den Diskurs herzustellen. Ebenso verwendet werden u. a. folgende Bezeichnungen: Transkulturelle Musikerziehung, interkulturelle bzw. interkulturell orientierte Musikpädagogik.
[4] Vgl. zur Verwendung des Begriffes: Barth 2008 bzw. ISGV 2008.
[5] Mit Blick auf das Fachgebiet, für das es keine gebräuchliche deutsche Bezeichnung gibt, wird die englische Schreibung des Genres übernommen (Hip-Hop). In allen anderen Fällen wird die gebräuchlichste deutsche Schreibung gewählt (Hip-Hop).
[6] Eine analoge Verwendung des Adjektivs »migrantisch« findet sich in der ethnologischen Forschung, vgl. exemplarisch die Studie zum migrantischen München, durchgeführt vom Institut für Volkskunde/Europäische Ethnologie in München: Hess 2010.

Für eine größere Öffentlichkeit wurde erst mit der Verspätung eines knappen Jahrzehnts sichtbar, dass zahlreiche Akteure der Hip-Hop-Kultur jugendliche Migranten der zweiten und dritten Generation waren. Publik wurde dieser Umstand insbesondere im Laufe der 1990er-Jahre durch die – mitunter stereotype – Vermarktung des sogenannten Oriental-Hip-Hop[7]. (Elflein 1998; Çaglar 1998) Berichte aus den Medien (u. a. *Der Spiegel* 16/1997[8]) sowie wissenschaftliche Publikationen unterschiedlicher Provenienz zeugen in diesen Jahren von einem gesteigerten Interesse an Hip-Hoppern mit Migrationshintergrund. Neben Vertretern der Wissenschaft, etwa der Ethnologie oder der Musikwissenschaft (u. a. Tertilt 1996; Elflein 1997, 1998; Çaglar 1998; Greve 2000, 2003; Kaya 2001, 2003), brachten sich nachfolgend auch Mitglieder der Hip-Hop-Szene mit Dokumentationen über ihre Kultur in die Debatte ein. (Güngör/Loh 2002; Verlan/Loh 2006) Im Fokus der meisten Untersuchungen steht die Hochphase des Oriental-Hip-Hop zwischen 1995 und 2000, während die Entwicklungen des Hip-Hop in den 2000er-Jahren bisher selten unter dem Aspekt der Migration untersucht wurden. (Verlan/Loh 2006: 69–83) Über die Hip-Hop-Kultur der sogenannten Old-School (bis zu den frühen 1990er-Jahren) kann man sich insbesondere durch Hannes Lohs, Sascha Verlans und Murat Güngörs Material- und Interviewsammlungen informieren, die als Ergebnis journalistischer Recherche unbedingt gewürdigt werden müssen, die jedoch keiner wissenschaftlichen Methodik verpflichtet sind.[9] Insgesamt fällt auf, dass in den genannten Publikationen kaum detailliert über die ästhetische Praxis des migrantischen Rap informiert wird. Am ehesten noch finden sich Informationen zu Songtexten, die vereinzelt abgedruckt und gelegentlich auch übersetzt wurden.[10] Über die musikalischen Aspekte (Flow, Sampling[11]) liegen nahezu keine eingehenden Untersuchungen vor. Artikeln, die auf einen grundlegenden Überblick über musikgeschichtliche und soziokulturelle Entwicklungen abzielten (u. a. Elflein 1997, 1998; Greve/Kaya 2004), sind m.W.

---

[7] Ich schließe hier an die gebräuchliche Schreibung an. Eigentlich müsste man von Oriental-Rap sprechen. Vgl. Fußnote 1.
[8] Die Berichte und Interviews (zum Beispiel mit dem Rapper Hakan Durmus alias Killa Hakan [Islamic Force/Kan-AK], ehemaliges Mitglied der Jugendbande der »36er«) sind auf den ersten Blick weniger reißerisch als der Titel des Themenschwerpunktes *Gefährlich fremd. Ausländer und Deutsche. Das Scheitern der multikulturellen Gesellschaft* vermuten lässt. Kritisch hierzu: Akrap 2003.
[9] Vgl. etwa das Vorwort zu Verlan/Loh 2006: 16.
[10] Einige wenige Textabdrucke, z.T. übersetzte Raps, finden sich bei Greve 2000, 2003; Kaya 2001, 2003; Greve/Kaya 2004; Klebe 2003; Güngör/Loh 2002; Verlan/Loh 2006.
[11] Vgl. Kautny 2009, 2010.

keine Einzeluntersuchungen gefolgt. Überdies begrenzen sich die publizierten Erkenntnisse meist auf türkisch-deutschen[12] und afro-deutschen Rap, während andere Minoritäten-Szenen praktisch unerforscht sind (bosnisch-deutscher, kroatisch-deutscher[13], russisch-deutscher Rap[14] usw.). Hier eröffnet sich den Hip-Hop Studies künftig ein lohnenswertes Arbeitsgebiet.

In den 1990er-Jahren avancierte migrantischer Hip-Hop auch zum Thema der Musikdidaktik. So stellte Karin Pilnitz bereits 1996 veränderte Hörgewohnheiten bei den migrantischen Schülern der Sekundarstufe I fest, die in ihrer informellen Umfrage oftmals »türkischen« Rap als ihre Lieblingsmusik nannten. (Pilnitz 1996: 8f.) Jürgen Terhag (1996b) empfahl im gleichen Jahr in *Populäre Musik und Pädagogik (II)* die Kooperation von Schule und musikbezogener Sozialer Arbeit[15], wie sie etwa von den Berliner Hip-Hop-Mobilen insbesondere in sogenannten »sozialen Brennpunkten« praktiziert wurde, um das Problem mangelnder jugendkultureller Kompetenz und Authentizität auf Lehrerseite durch Einbezug außerschulischer Expertise zu lösen. (Terhag 1996b: 257ff.) In Praxisbeiträgen dieses Sammelbandes (u.a. Happel 1996; Bick 1996) wurde – meines Erachtens erstmals in der musikdidaktischen Literatur für die allgemeinbildende Schule – die schon seit einigen Jahren existierende Vernetzung von Hip-Hop-Szene und migrantenorientierter sozialer Arbeit dargestellt, die historisch bis in die 1980er-Jahre zurückverfolgt werden kann. Die dort entwickelte Infrastruktur sollte nun auch für den Musikunterricht an Schulen fruchtbar gemacht werden, ohne allerdings explizit auf eine interkulturelle Musikerziehung abzuzielen. Unter dem Gesichtspunkt interkultureller Erziehung wurde dieser Projektansatz in der musikdidaktischen Debatte meines Wissens nicht weitergedacht, anders etwa als in der musikbezogenen Sozialen Arbeit, aus der der Impuls, Hip-Hop und Pädagogik miteinander zu verbinden, ursprünglich auch entstammte. (Pleiner 2004: 207; Peschke 2010: 155f.)

---

[12] In welchem Maße der Migrationshintergrund für einen migrantischen Hip-Hopper bzw. für seine kulturelle Praxis tatsächlich relevant ist, muss von Fall zu Fall geklärt werden. Kategorien, wie »türkisch-deutscher Rap«, werden in diesem Beitrag nicht mit essentialistischen Vorstellungen von Ethnie verbunden. Sie dienen behelfsmäßig dazu, etwa über Migrationskultur und ihre transnationalen Verflechtungen sprechen zu können.
[13] Man denke etwa an den kroatisch-deutschen Rapper Cronite: vgl. hierzu den Rap-Sampler *Decks ›n‹ Mics 2*. Vgl. auch http://www.cronite.de/ [10.8.2010].
[14] Zum Beispiel der russisch-deutsche Rapper Maxat, http://www.maxat-music.de/ [13.8.2010].
[15] Ich greife den Vorschlag auf, Soziale Arbeit als Überbegriff für Sozialarbeit und Sozialpädagogik zu verwenden, vgl. Wickel 2005.

Ab den 2000er-Jahren avancierte Hip-Hop als Migrantenkultur[16] erstmals zum Inhalt des interkulturellen Musikunterrichts. Es ist insbesondere Dorit Klebes (2003) Verdienst, türkisch-deutschen Hip-Hop für den Musikunterricht auf hohem musikanalytischen Niveau aufbereitet zu haben. Klebe schöpft hier aus dem Wissensreservoir musikethnologischer Forschung, um Migrationsgeschichte als spezifisch musikalisches Thema für den Unterricht anschaulich werden zu lassen. Ihr Aufsatz ist ein Beleg dafür, wie fundierter (interkultureller) Musikunterricht von musikwissenschaftlicher Forschung profitieren kann. Mit Klebes Beitrag ist die Migrationsgeschichte mit dem Fokus auf Hip-Hop freilich noch nicht erschöpfend bearbeitet – weder musikwissenschaftlich noch musikdidaktisch.

Zum einen fällt auf, dass Klebe – sicherlich auch historisch bedingt – nur einen begrenzten Ausschnitt der Hip-Hop- und Migrationsgeschichte in den Blick nimmt. Die Zeit der sogenannten Old-School der 1980er-Jahre erwähnt sie leider nicht. Diese Phase der Hip-Hop-Geschichte mag damals möglicherweise nur spezialisierten Kennern des Hip-Hop ein Begriff gewesen sein. Neuere Entwicklungen in den 2000er-Jahren fallen z. T. in die Zeit nach der Publikation des Artikels. Aber auch eine spätere Publikation Klebes zeigt (2008), dass Rap, der nicht im engeren Sinne auf türkische Volks- oder Arabeskmusik bezogen ist, außerhalb des Fach- bzw. Interessengebiets der Autorin zu liegen scheint. Hier bestätigt sich, dass eine Kooperation von Musikpädagogen, Ethnologen und Vertretern der Popular Music Studies (hier: Hip-Hop Studies) grundsätzlich von Vorteil sein könnte. (Kautny 2010b: 42) Eine vollständige Darstellung des migrantischen Hip-Hop in Deutschland steht also sowohl für die Hip-Hop Studies als auch für den interkulturellen Musikunterricht noch aus. Dieser Beitrag versteht sich als sondierende Vorarbeit zu diesem aufwendigen Projekt.

Zum anderen lässt sich bei Klebe ein Kulturbegriff ausmachen, der der komplexen kulturellen Wirklichkeit von Kindern und Jugendlichen mit Migrationshintergrund nicht vollkommen gerecht wird. Dorothee Barth (2008: 189, 196 f.) kritisiert zu Recht, dass Klebe zu sehr auf das Sampling türkischer Musik abhebt und dies zu ausschließlich als ethnische Rückwendung entwurzelter Jugendlicher auf der Suche nach herkunftskulturell verorteter Heimat deutet. Dass Migrantenkultur auch in späteren Einwanderergenerationen zwar sehr wohl auf die Herkunftskultur der Eltern oder Großeltern rekur-

---

[16] Migration wird als ein zentraler Themenkreis interkultureller Erziehung bzw. Musikerziehung betrachtet. Siehe hierzu u. a. Volk 1998: 3; Auernheimer 1995: 38 f.; Merkt 1996: 134; Kruse 2003: 7.

rieren kann, wird von Barth gar nicht bestritten. (Barth 2008: 189) Sie plädiert lediglich dafür, in der IME in stärkerem Maße die Heterogenität migrantischer Lebensentwürfe wahrzunehmen und dafür sensibel zu werden, dass herkunftskulturelle Bezüge mit unterschiedlichen Bedeutungen versehen sein können. Die Verortung in einer ethnisch definierten Herkunftskultur ist eine von vielen Möglichkeiten. Es muss nach Barth jedoch auch an jene Migranten gedacht werden, die sich mehreren ethnischen Kontexten zuordnen oder sich sogar weitgehend unabhängig von ethnischen Kategorien definieren (zum Beispiel innerhalb einer länder- bzw. ethnienübergreifenden Jugendkultur). Barths Einsicht in die Heterogenität migrantischer Lebenswelten, denen man mit ethnischen Zuschreibungen auf eine Herkunftskultur nicht immer gerecht werden kann, wird durch eine Studie des Sinus-Instituts untermauert. (Wippermann/Flaig 2009; Ott 2008: 8f.) Barth schlägt daher vor, stereotype Fremdzuschreibungen seitens der Lehrer zu vermeiden. (Barth 2008: 196) Schülern sollte Raum gegeben werden, um dort ihre kulturelle Identität selbst zu finden bzw. zu formulieren. Und Hip-Hop sei Barth zufolge eine ideale Ausdrucksform, mit der junge Migranten ihren eigenen kulturellen Standpunkt zur Sprache bringen können. (Barth 2008: 199)

Ich möchte an dieser Stelle nicht weiter erörtern, welche Herausforderungen Barths Ansatz mit sich bringt, der die Notwendigkeit der Anerkennung von Schüleridentitäten betont und dadurch eine große Nähe zu Modellen der Sozialen Arbeit aufweist, zugleich aber die erzieherische Einwirkung auf Haltungen und Identifikationen der Schüler fordert.[17] Mein Interesse gilt vielmehr Barths differenzierter Sicht auf Migranten und deren vielfältige kulturelle Verortungen, die mich dazu anregt, meinen kurzen Abriss zur Geschichte des migrantischen Hip-Hop nach systematischen Aspekten zu ordnen. Ich skizziere daher im Folgenden zentrale historische Entwicklungslinien des Hip-Hop von den frühen 1980er-Jahren bis heute und frage in systematischer Hinsicht danach, wie sich junge Migranten in Deutschland mittels Hip-Hop, insbesondere mittels Rap, zwischen internationaler Jugendkultur und der Kultur des Herkunfts- bzw. des Aufnahmelandes verortet haben. Diese historische Betrachtung dürfte auch für jenen Musikunterricht von Bedeutung sein, den Barth vor Augen hat. Denn migrantische Kinder, Jugendliche und Erwachsene (zum Beispiel Workshopleiter), die mit Hip-Hop sozialisiert wurden, darf

---

17 Maßnahmen, die zur Würdigung außerhalb der Schule bereits existierender Haltungen und Identifikationen führen sollen, können durchaus in Konflikt geraten mit den von Barth ebenfalls verfolgten Zielen ästhetischer Bildung. Hierzu kritisch: Kautny 2010b: 39f.

man sich wohl nicht als kulturelle »Tabula Rasa« vorstellen, die in eine für sie neutrale schulische Auseinandersetzung mit Hip-Hop eintreten. Zu fragen wäre folglich, welche kulturellen Standpunkte es im migrantischen Hip-Hop gibt und ob sie jene von Barth anvisierten Unterrichtsprozesse begünstigen, die mit Hip-Hop Räume jenseits des »›Zwischen-den-Kulturen-Lebens‹« eröffnen sollen? (Barth 2008: 195) Ist hier möglicherweise auch mit Identifikationen zu rechnen, die dem zuwiderlaufen? Welche vielfältigen kulturellen Verortungen im migrantischen Hip-Hop geschichtlich schon vorgeprägt sind (Güngör 2005: 474) und der Lehrkraft potenziell begegnen könnten, erfahren wir erst in der Durchdringung der Geschichte migrantischer Hip-Hop-Kultur.

II.

Die frühe Phase des deutschen Hip-Hop, von den 1980er- bis hin zu den beginnenden 1990er-Jahren wird – insbesondere von den damals involvierten Hip-Hoppern selbst – in Anlehnung an die Geschichte des US-Hip-Hop oftmals als Old-School[18] bezeichnet. Für unsere Fragestellung ist bedeutsam, dass in dieser Phase des Hip-Hop eine Vision von jugendkultureller Zusammengehörigkeit formuliert wurde, für die ethnische Herkunft kaum oder gar nicht relevant war. Verbürgt ist dies hauptsächlich durch damals beteiligte Hip-Hopper, die sich zum Beispiel in Interviews mit Loh, Verlan bzw. Güngör oder in Songtexten an diese Zeit erinnerten. Ganz im Sinne dieser Programmatik rappte 1993 einer der bekanntesten multiethnisch besetzten, oft aber als »türkisch« rezipierten Rap-Crews, Islamic Force: »It really doesn't matter, where you're from« (in dem Song *The Whole World Is Your Home*).

Eine zentrale Referenz für die junge Hip-Hop-Szene in Deutschland waren Hip-Hop-Filme wie *Wild Style* (1982), die ein spezifisches Bild des US-Hip-Hop zeichneten (Elflein 1998: 256), das die Pflege aller vier bzw. fünf Elemente dieser Kultur in den Mittelpunkt stellte. Graffiti, Breakdance[19] – zwei Formen, die in Deutschland besonders früh verbreitet waren – DJing[20], Rap und Beatboxing galten als zusammengehörige Teile eines Ganzen. Dieses Ideal suchte

---

[18] Man denke an den 1993 erschienenen Sampler *Alte Schule*. Vgl. zur Begriffsverwendung exemplarisch: Verlan/Loh 2006: 49.
[19] Gegenüber Feridun Zaimoglu äußerte Ali, ab ca. 1988 Rapper bei Da Crime Posse, dass er von 1983 an bereits in der Breakdance-Szene aktiv war. (Zaimoglu ⁵2000: 29)
[20] Möglicherweise war DJ Khan einer der ersten migrantischen Hip-Hop-DJs, der in der Tradition der Block-Parties »open air« für Breakdancer auflegte. (Schwann 2002: 53)

die Old-School auf Hip-Hop-Jams zu verwirklichen[21], deren Hochphase von ca. 1987 bis in die frühen 1990er-Jahre reichte. (Verlan/Loh 2006: 174–184) Wie eingangs erwähnt, soll der Anteil an Migranten innerhalb dieser Szene schon damals besonders groß gewesen sein, was durch unterschiedliche Zeitzeugen, auch von solchen außerhalb der Szene, belegt ist. (Mehler/Wartenberg 1984: 546; Elflein 1998: 261f.) Aus Sicht der Migranten war Hip-Hop nicht zuletzt deshalb so attraktiv, weil ihre US-amerikanischen Vorbilder, die meist afroamerikanischen, karibischen und italienischen Ursprungs und Außenseiter der Gesellschaft waren, durch gemeinschaftliches Tanzen, Malen und Musikmachen selbstbestimmt agierten. So berichteten viele migrantische Rapper in Deutschland davon, wie bedeutsam es für sie war, diesem Beispiel zu folgen und sich erstmals nicht mehr als marginalisierte Objekte, sondern als kreative Subjekte zu empfinden. (Güngör/Loh 2002: 96) Für viele war es eine neue, positive Erfahrung, sich mit Gleichgesinnten zusammenzuschließen, öffentlich sicht- und hörbar zu sein und sich – im ganz wörtlichen Sinne – neue Identitäten, neue Namen und fantasievolle Alter Egos zuzulegen.[22] Dazu gehörte für einen Teil dieser jungen Szene, auf Jams im europäischen Ausland internationale Kontakte zu knüpfen. (Güngör 2005: 479f.) Andere taten dies wenigstens in ihrer Vorstellung.

»Immer wieder hat die Begegnung mit Hip-Hop in diesen Erzählungen [der Rapper, Anm. O.K] einen Sinn stiftenden Charakter: Hip-Hop als Kraft, auch in anderen, bisher problematischen Bereichen zu bestehen, Hip-Hop als Weg aus der Vereinzelung. Gemeinsam [...] erlebt man sich als Teil einer weltweiten Bewegung.« (Güngör/Loh 2002: 95)

In den Aussagen vieler migrantischer Rapper findet sich im Anschluss an die amerikanische Szene nun der Gedanke, dass Marginalität als wertvolles Kapital gesehen und auf unterschiedliche Weise zur Herstellung »authentischer« Hip-Hop-Kultur genutzt werden kann. Das Erlebnis sozialer Ausgrenzung, nicht jedoch unbedingt die Erfahrung kultureller Differenz, wurde so bisweilen zu einer Teilnahmevoraussetzung[23], wenngleich es eine gewisse soziale Durchlässigkeit zwischen sozial deprivierten und bürgerlichen Schichten gegeben haben

[21] Vgl. Fotografien dieser Jams in Verlan/Loh 2006, insbesondere die Fotoeinlage ab S. 224.
[22] Zur Selbstermächtigung und Selbstfiktionalisierung durch die Rap-Stimme: Hörner/Kautny 2009. Zur Rolle der Namensgebung im migrantischen Hip-Hop: Birken-Silverman 2003: 279.
[23] Dies formulieren die von Loh und Güngör interviewten Migranten immer wieder (exemplarisch: Güngör/Loh 2002: 17f.).

soll.²⁴ Den stolzen Ausruf junger türkisch-deutscher Hip-Hopper, sie seien »die Schwarzen Deutschlands« (Çaglar 1998: 248), erklärt sich vor dem Hintergrund des US-Hip-Hop. Die afroamerikanische Herkunft ist dort für die Herstellung von Rap-Authentizität (»realness«) äußerst bedeutsam (vgl. Abb. 1).

Semantic Dimensions	Real	Fake
social-psychological	staying true to yourself	following mass trends
racial	black	white
political-economic	the underground	commercial
gender-sexual	hard	soft
social-locational	the street	the suburbs
cultural	the old school	the mainstream

Abb. 1: Hip-Hop-Realness (McLeod 1999: 139)

Es fällt jedoch schon in der Frühphase des Hip-Hop in Deutschland auf, dass der amerikanische Hip-Hop – von der zunächst durchgehenden Übernahme der englischen Sprache²⁵ und der verbreiteten Verwendung von Soul- und Funksamples einmal abgesehen²⁶ – durch migrantische Hip-Hopper auf sehr unterschiedliche Weise rezipiert wurde. Auf zwei zentrale Subgenres des Rap und seine unterschiedlichen Wertesysteme möchte ich hier eingehen:

a. Die seit 1985 aktive und außerordentlich bedeutsame multiethnische Hip-Hop-Crew Advanced Chemistry steht für die sozialkritische Tradition des Hip-Hop, die sich insbesondere auf das nach dem Rap-Song *The Message* (1982) von Grandmaster Flash and The Furious Five benannte Genre des Message-Rap sowie auf den politisch zugespitzten Black-Consciousness-Rap u. a. von Public Enemy bzw. auf die sozial engagierte Vereinigung The Zulu Nation beruft. The Zulu Nation wurde in den frühen 1970er-Jahren in der Bronx (New York) von DJ Afrika Bambaataa gegründet, um Gang-Gewalt mittels Hip-Hop zu sublimieren. In den 1980er-Jahren

---

²⁴ Güngör verweist darauf, dass Kategorien, wie materieller Status, Schichtzugehörigkeit, Geschlecht und ethnische Herkunft, im Old-School-Hip-Hop noch nicht im hohen Maße der szeneinternen Abgrenzung dienten. (Güngör 2005: 479)
²⁵ Es müsste erörtert werden, ob es gerechtfertigt ist, diese Phase als »imitative Lernphase« zu bezeichnen, wie es Arno Scholz für den Rap im romanischen Sprachraum tut. (Scholz 2003: 160)
²⁶ Wie Rap damals geklungen haben mag, wissen wir nur durch Zeitzeugen bzw. durch wenige frühe Studioaufnahmen. Vgl. eine ausführliche Beschreibung der damaligen Produktionsbedingungen: Rick 2010.

internationalisierte sich diese Vereinigung, die den Grundstein für eine sozialpädagogische Arbeit mit Hip-Hop legte. (Kautny/Erwe 2010) Eines der ersten Mitglieder ihrer deutschen Sektion war Frederik Hahn alias Torch[27] von Advanced Chemistry. Torch, DJ und einer der drei Rapper der Crew, verkörpert in besonderer Weise eine nicht-ethnische, international orientierte kulturelle Verortung in der Kultur des Hip-Hop. Ganz ohne Bezug zur Aufnahme- bzw. zur Herkunftsgesellschaft kommt seine Positionierung mittels Hip-Hop jedoch auch nicht aus. Zu prägend scheint das Lebensgefühl zu sein, aufgrund der haitianischen Wurzeln eines Elternteils nicht zum Kern der Gesellschaft zu gehören. Der Song *Fremd im eigenen Land* (1992)[28] von Advanced Chemistry drückt diese Marginalisierungserfahrung aus. Das Gefühl der Ausgrenzung prägte auch andere Songtexte von Migrantenrappern.[29] Für Migranten, die eine doppelte Fremdheitserfahrung machen mussten und sowohl in Deutschland als auch in dem Herkunftsland der Eltern oder Großeltern als Ausländer galten, verschärfte sich diese Problematik, die etwa in *Gurbetçi Çocukları* (*Gastarbeiterkinder*, 1997) von Islamic Force besungen wird. Martin Greve weist daraufhin, dass hier mit den Mitteln des Rap eine alte Tradition türkischer Liedermacher, der Aşık, fortgeführt wurde. (Greve 2000: 195 f.) Rapmusik zielt hier nicht zuletzt auf die Verarbeitung, Artikulation, Überlieferung und Veränderung von Migrationswirklichkeit ab. Politische Bezüge werden primär auf der Textebene, aber auch auf der Ebene der Musik hergestellt, zum Beispiel durch die Wahl politisch konnotierter Samples.[30] Es ist anzunehmen, dass die US-Rap-Gruppe Public Enemy, die dieses Stilmittel im Rap etabliert hat (zum Beispiel in *Fight The Power*, 1990) und in Deutschland zu einer der einflussreichsten Bands zählte, hier das musikalische Vorbild ist. Für unsere Fragestellung ist besonders interessant, dass

---

[27] Heute tritt Torch vornehmlich als DJ Haitian Star auf. Er war zudem Breakdancer und Graffiti-Writer.
[28] Der von der Band bereits in den späten 1980er-Jahren unter dem Titel *Stranger In My Own Land* auf Englisch gerappt wurde (Linguist zitiert nach Güngör/Loh 2002: 134 f.) und zu einem – nicht nur in der migrantischen Szene des Hip-Hop – äußerst einflussreichen Song avancierte. Etliche Rapper mit migrantischem Hintergrund beriefen sich ausdrücklich auf *Fremd im eigenen Land*. Vgl. Güngör/Loh 2002: 25 f., 63, 81.
[29] Vgl. zum Beispiel *Bir Yabancinin Hayati* (*Das Leben eines Fremden*) (1991) von King Size Terror aus Nürnberg.
[30] Zum Beispiel Nachrichten über die Brandanschläge auf Migranten. Man denke etwa an *Fremd im eigenen Land* (1992) von Advanced Chemistry oder *Black Hair* (1993) von Islamic Force.

es Torch eigenen Aussagen zufolge gelang, diese Erfahrungen nicht durch Rückzug in eine »ethnische Nische« zu verarbeiten. Bemerkenswert ist, wie er seine kulturelle Position des »Dazwischen«, des »Gemischtseins« als spannungsvoll, aber zugleich auch als positiv beschreibt. (Menrath 2003: 228f.) Er dürfte damit geradezu der Idealfall sein, den kulturwissenschaftliche Abhandlungen über Hip-Hop gemeint haben, wenn sie – meines Erachtens möglicherweise etwas zu überschwänglich – Hip-Hop als einen dritten Raum bezeichneten, in dem sich Migranten jenseits einer exklusiven Verortung in der Herkunftsgesellschaft bzw. der Aufnahmegesellschaft selbstbestimmt definieren können. (Kaya 2003; Çaglar 1998) In welchem Ausmaß Torchs Modell kultureller Verortung, zumindest in dieser puristischen Form, in migrantischen Kreisen verbreitet war bzw. ist, kann meines Erachtens derzeit kaum abgeschätzt werden. Exemplarisch sei an dieser Stelle auf einige bekannte migrantisch geprägte Rap-Crews bzw. Rapper, die Advanced Chemistrys gesellschaftskritisches Anliegen und deren nicht primär ethnische Verortung durch Hip-Hop tendenziell teilen, verwiesen: Fresh Familee aus Ratingen, Microphone Mafia aus Köln (Güngör/Loh 2002: 177f.) oder die Sons of Gastarbeita (S.O.G.) aus Witten. (Güngör/Loh 2002: 60ff.) In diesem Kontext muss auch der türkischstämmige Breakdancer, Rapper, Writer und Beatboxer Maxim genannt werden, der durch Verlan und Loh erstmals ausführlich porträtiert wurde. Die Autoren würdigen ihn als eine der zentralen Figuren der Berliner Hip-Hop-Szene, dessen künstlerisches und pädagogisches Wirken weit über die türkisch-deutschen Kreise hinaus ausstrahlte. Der 2003 verstorbene Maxim soll Hip-Hop im Sinne der Zulu-Nation gelebt und aktiv tradiert haben. (Verlan/Loh 2006: 39–68) Bis heute sind Rapper, die sich dieser Vision der Old-School verpflichtet fühlen, durch Workshops und Vorträge in pädagogischen Institutionen präsent.[31]

b. Gegen Ende der 1980er-Jahre etablierte sich in den USA das Genre des Gangsta-Rap (Kautny/Erwe 2010), das sich vor allem in seiner Ausprägung als G-Funk der 1990er-Jahre immer stärker als Gegenentwurf

---

[31] Man denke an S.O.G. (vgl. http://www.dersog.com/page/index.php, [17.8.2010]), Mutlu (vgl. http://www.migration-boell.de/web/integration/47_919.asp, [17.8.2010]) oder auch Deniz Bax. (Güngör/Loh 2002: 209f.) Auch Hannes Loh und Murat Güngör engagieren sich nicht nur durch ihre Publikationen, sondern auch durch Vorträge an Schulen und Hochschulen, um ihre Sicht auf die Hip-Hop-Kultur zu vermitteln. Vgl. hierzu Kautny 2010a; vgl. auch http://www.mediaculture-online.de/Gangsta-Rap-trifft-Paedagogik.1519.0.html 17.8.2010].

zum Message- bzw. Conscious-Rap³² entwickelte. Gangsta-Rap spielte in der migrantischen Hip-Hop-Community in Deutschland schon früh eine bedeutende Rolle. Bei jungen migrantischen Hip-Hop-Fans fanden die bisweilen martialischen Selbstinszenierungen von N.W.A. und Tupac großen Zuspruch. (Güngör/Loh 2002: 98 f.) Noch steht die Klärung aus, wann sich in Deutschland als Folge dieser Rezeption ein eigenständiges Gangsta-Rap-Genre ausgebildet hat und welche Rolle die migrantische Hip-Hop-Szene bereits in den späten 1980er- und frühen 1990er-Jahren dabei gespielt hat. Unübersichtlich wird die Lage dadurch, dass sich Ende der 1980er-Jahre – nach heutigem Kenntnisstand – vor allem, aber nicht exklusiv türkisch-deutsche, bisweilen gewalttätige Jugendgangs bildeten. Diese entwickelten eine Affinität zu Hip-Hop³³, wie etwa die Frankfurter Turkish Power Boys (Tertilt 1996) oder die Berliner Gang der »36er« (Verlan/Loh 2006: 42; Schwann 2002: 14), die aus Maxims Breakdance-Crew hervorgegangen sein soll. Die Übergänge zwischen in Gangs ausgeübter und durch Hip-Hop sublimierter Gewalt sind hier offenbar fließend und – auch aufgrund der derzeitigen Quellenlage – schwer zu rekonstruieren. Auf Maxim soll der Name der 1986 gegründeten Rap-Crew Islamic Force³⁴ zurückgehen (Verlan/Loh 2006: 48), deren Texte zunächst eher in der politischen Tradition des Conscious-Rap standen. (Kaya 2001: 191 ff.) Ab Mitte der 1990er-Jahre experimentierte die Gruppe auf dem türkischen Musikmarkt unter dem Namen Kan-AK³⁵ auch mit Gangsta-Images. (Greve/Kaya 2004: 171) Beispiele für eine Rezeption von Gangsta-Rap finden sich allerdings schon früher.

So erinnert zum Beispiel die Collage von Waffengeräuschen auf dem Track *IntroDUCKtion* des Albums *Ultimatum* von King Size Terror³⁶ (1994) den heutigen Rap-Hörer an Produktionen im Umfeld von 50 Cent oder Eminem, man denke etwa an dessen Mixtape *The Re-Up* (2006). Als Genre-Markierung wurden derlei Klänge bereits in N.W.A.'s *Gangsta, Gangsta* oder *Straight Outta Compton* aus dem Jahr 1988 eingesetzt.

32 Gebräuchliche, verkürzende Ableitung von Black Consciousness.
33 Zur Kompatibilität von Wettkampf- und Behauptungsstrukturen in Jugendgangs und in Hip-Hop-Crews: vgl. Elflein 1998: 262.
34 Besetzung: Maxim, Boe-B (türkisch-deutscher Rapper), DJ Derezon (spanisch-deutscher DJ), Nelie (albanische-deutsche Sängerin). In den 1990er-Jahren kam der türkisch-deutsche Rapper Killa Hakan hinzu.
35 Zur Doppeldeutigkeit des Begriffs vgl. Kaya 2001: 188 ff.: 1. Fließendes Blut; 2. Anspielung auf den Begriff Kanake.
36 Aus dieser Gruppe ging die Rap-Formation Karakan hervor.

Textlich weist der 1993 produzierte, englischsprachige Song *Gangway* der 36 Degree Posse[37] bereits einzelne Motive des Gangsta-Rap auf, etwa die Verherrlichung von Waffengewalt. Dieser Rap ist im Umfeld des Jugendkulturzentrums Naunynritze in Berlin entstanden, das um 1990 als Hochburg der Kreuzberger »36er« galt. (Kesting 2000: 2; Kaya 2001: 19f.) Die um 1988 gegründete Kieler Rap-Formation Da Crime Posse (Zaimoglu ⁵2000: 29) veröffentlichte auf dem Sampler *Cartel* 1995 den m.W. ersten deutschsprachigen Gangsta-Rap unter dem Titel *Der Weg, den du gehst*.[38] Auf die späteren Entwicklungen des Gangsta-Rap und seine Hochphase ab den 2000er-Jahren werde ich später noch eingehen.

Bemerkenswert ist, dass im Umfeld jener türkisch-deutschen Gangs und der z.T. mit ihnen verbundenen Hip-Hop-Crews bereits in den späten 1980er-Jahren erstmals stärkere ethnische Bezüge sichtbar wurden. Diesen ethnischen Referenzen, die im Laufe der 1990er-Jahre immer häufiger im Kontext des Hip-Hop in Deutschland zu finden sind, möchte ich mich im folgenden Kapitel widmen.

III.

Gegen Ende der 1980er-Jahre differenzierte sich die Hip-Hop-Szene mit Blick auf die Verwendung kultureller Bezüge stärker aus. Es entwickelten sich unter türkischen Migranten, deren Kultur nicht nur im Bezug auf Hip-Hop vergleichsweise gut dokumentiert ist und deswegen hier im Mittelpunkt steht, zunehmend hybride Diaspora-Identitäten. (Greve/Kaya 2004: 162ff.) Etwa im Hip-Hop kombinierten Migranten kulturelle Elemente miteinander, die aus ganz unterschiedlichen, teils lokalen oder regionalen, teils aber auch transnationalen oder globalen, nicht selten ethnisch definierten Kontexten entstammten. Die öffentliche Wahrnehmung des migrantischen Hip-Hop war in den 1990er-Jahren hingegen weniger an der Hybridität, als vielmehr an dem Unterscheidungskriterium »Ethnie« interessiert. So setzte sich in den 1990er-Jahren die Etikettierung von Hip-Hop-Tonträgern als Oriental-Hip-Hop bzw. Neuer Deutscher Sprechgesang durch. Die oft stereotype Einteilung in deutschen und türkischen Rap reduzierte komplexe Diskurse auf einfache ethnische Differenzen. Diese »Ethnisierung«[39] im Hip-Hop zu lokalisieren, ist

---

37 Besetzung: Honey T., Kareem, Dres (Rapper), DJ Crazie K.
38 Ali, einer der Rapper der Gruppe, reiht sich nach eigenen Aussagen in die gewaltlose Tradition der Zulu Nation ein. (Zaimoglu ⁵2000: 29)
39 Ethnie wird hier nicht als etwas Naturgegebenes, sondern als eine soziale Konstruktion begriffen. Die für diesen Kontext wichtigste Bezugsgröße ist die Kategorie des Volkes (zum Beispiel die »Türken«, die »Deutschen« usw.), die zum

freilich leichter, als die Bedeutungen, die die Akteure dieser Praxis beimaßen und heute beimessen, zu rekonstruieren. Ebenso schwierig ist die Frage zu beantworten, auf welche Ursachen diese Entwicklung zurückzuführen ist. Die folgenden Überlegungen sind als Annäherung an den Sachverhalt zu verstehen.

Die verstärkte Hinwendung zu einer »imaginären« türkischen Kultur (Greve 2003: 10 ff.) lässt sich nicht zuletzt an der Sprache und der Musik des Hip-Hop ablesen. Man denke etwa an die Namen von Jugendbanden und Hip-Hop-Crews. Neben solchen Namen, die sich stark an amerikanischen Vorbildern bzw. am gängigen englischen Szene-Jargon orientierten, wie etwa die Black Panthers (türkische Gang in Berlin-Wedding, Verlan/Loh 2006: 57; Greve/Kaya 2004: 165), Da Crime Posse[40] (Rap-Gruppe aus Kiel) oder King Size Terror (Rap-Gruppe aus Nürnberg)[41], finden sich nun auch Gruppennamen mit mehrdeutigen Referenzen, die sowohl auf die Türkei bzw. die dort mehrheitlich praktizierte Religion als auch auf den US-Kontext bezogen werden können. Die Berliner Gruppe Islamic Force, die auf ihrer Webseite jegliche religiöse Motivation dementiert, verweist auf die US-Band Soul Sonic Force als ihren Namenspatron.[42] Der provokativ gemeinte Vorsatz »Islamic« (Kaya 2001: 189) lädt freilich zu religiösen Fremdzuschreibungen ein. Eindeutiger als »türkisch« interpretierbare Namenselemente finden sich bei den Turkish Power Boys (1990–1992), bei der Gruppe Kan-AK oder bei dem Rapper Erci E.

Ein Meilenstein hin zu einer Ethnisierung war die Veröffentlichung des ersten türkischsprachigen Rap-Songs. 1991 publizierte King Size Terror mit *Bir Yabancinin Hayati* (*Das Leben eines Fremden*) als erste Band einen Rap, genauer: einen Teil eines Rap-Songs, auf Türkisch. (Elflein 1998: 257)[43] Es muss allerdings in diesem Zusammenhang erwähnt werden, dass sich ab etwa 1990 fast alle Rapper unabhängig von ihrer Herkunft vom Englischen abwandten und sich fortan, oft ganz pragmatisch mit Blick auf ihre Herkunft und/oder ihre Hörerschaft (Linguist zitiert nach Güngör/Loh 2002: 134 f.), für andere Sprachen entschieden. Während etwa die teilweise migrantisch geprägte Grup-

---

Beispiel bei diasporischen Identitäten nicht zwangsläufig mit der Kategorie der Nation identisch ist. (Greve 2003: 12 ff.)
40 Posse ist die Slang-Bezeichnung für eine Hip-Hop-Gruppe und/oder -Clique.
41 Vgl. etwa Songtitel von Public Enemy: *Mind Terrorist*, 1988; *Welcome To The Terrordome*. 1989.
42 Vgl. http://www.myspace.com/islamicforce [14.8.2010].
43 Während sich viele Texte der leidvoll erfahrenen Diaspora widmeten (Elflein 1998: 262), gab es durchaus auch eine inhaltliche Auseinandersetzung mit der Türkei, die bisweilen idealisiert wurde. Vgl. *Cehenneme Hoşgeldin* (1991) von Karakan. (Güngör/Loh 2002: 173)

pe Fresh Familee auf Deutsch rappte und noch vor den Fantastischen Vier den ersten deutschsprachigen Rap-Song der Hip-Hop-Geschichte veröffentlichte (*Ahmet Gündüz*, 1991), rappten andere Crews gleich in mehreren Sprachen (zum Beispiel Microphone Mafia: Türkisch, Deutsch, Italienisch; Da Crime Posse: Spanisch, Türkisch, Deutsch).[44]

Auch musikalisch zeichnete sich in den 1990er-Jahren eine Veränderung ab. Zahlreiche Gruppen sampleten nun nicht mehr fast ausschließlich jene Musik, die auch in den amerikanischen Produktionen primär Verwendung fand: Soul, Funk, Rock, Elektro. Produzenten griffen nun erstmals auch auf Musikaufnahmen zurück, die im weitesten Sinne als türkisch gedeutet werden konnten. Es finden sich nun Hip-Hop-Beats, die Versatzstücke unterschiedlichster türkischer Genres enthielten, von der Volksmusik (1991: Fresh Familee: *Ahmet Gündüz*, Saz-Sample; 1992: Islamic Force: *My Melody/Istanbul*, Halay-Sample[45]; 1993: Boulevard Bou: *Eski Okul* [*Old School*], Darabuka-Sample) bis hin zum Progressive Rock der 1970er-Jahre (Da Crime Posse: *Der Weg, den du gehst*, Sample: Barış Manço, *Gönül Dağı*, 1973). Bereits um 1992 soll hierfür das in Musikerkreisen teilweise kommerziell und somit negativ konnotierte Subgenre Oriental-Hip-Hop geprägt worden sein (Elflein 1998: 263), das in Deutschland insbesondere durch den 1995 publizierten Sampler Cartel sowie durch das Album *Es ist Zeit* (1997) von Aziza-A. medial beachtet wurde.[46] Dass sich diese neue musikalische Klangwelt ohne weiteres in den Hip-Hop-Kontext einfügen ließ, kann man aus der musikalischen Praxis des Hip-Hop bzw. der türkischen Migrantenkultur heraus erklären. Erstens basiert die Herstellung von Hip-Hop-Beats grundsätzlich und nicht ausnahmsweise, wie etwa in Crossover-Stilistiken des Rock, auf dem Prinzip des Mischens musikalischer Stile.[47] Zweitens ist von Musikethnologen mehrfach auf die stilistische Breite der von türkisch-deutschen Migranten rezipierten Musik hingewiesen worden. Auch speziell im Hip-Hop-Kontext der 1990er-Jahre wurde eine Koexistenz verschiedenster Musikarten von Volksmusik über Arabesk bis hin zu jugendkulturell geprägten Musikstilistiken beobachtet. (Nohl 2003: 308)[48]

---

[44] Vgl. hierzu näher: Greve 2000: 207 ff.
[45] Vgl. zur Halay-Rezeption im Oriental-Hip-Hop: Klebe 2003: 36 ff.
[46] Siehe zur Rezeptionsgeschichte insbesondere: Greve 2000.
[47] Die Hybridität der Hip-Hop-Beats ist eher auf der Ebene der Ornamentik anzusiedeln, während das formale Grundgerüst in der Regel auf dem Funk-Prinzip aufbaut, neuerdings aber auch auf Popsongstrukturen. (Elflein 2010)
[48] Die Erinnerung des Berliner Old-School-Rappers Deniz Bax, dass »alle Orientalen« in den Clubs zu *My Melody/Istanbul* Halay getanzt haben (Güngör/Loh 2002: 174), untermauert diese These.

Möchte man verstehen, was dieser Rückbezug – hier: auf das Türkische – von Fall zu Fall bedeuten mochte, ist es jedoch auch notwendig, auf einige übergeordnete soziale, kulturelle und politische Zusammenhänge hinzuweisen. Auf zwei zentrale Aspekte sei hier exemplarisch verwiesen.

a. Gesellschaftliche und politische Rahmenbedingungen
Es findet sich in der Migrationsforschung immer wieder die These, dass die Migranten die Ethnie als imaginären Zufluchtsort deshalb aufgesucht haben, weil sie von den mangelnden gesellschaftlichen Entwicklungschancen in der Diaspora enttäuscht waren.[49] Die Äußerungen des türkisch-deutschen Jungen Veli, als 17-Jähriger bereits »Leiter« der Nachwuchsgruppe der Turkish Power Boys, legt diese Deutung nahe: »›Die kleinen Jungs, die sind viel zu deutsch erzogen worden. [...] Das wollte ich damit verhindern, daß die da noch weiter ins Abseits, also ins deutsche Leben reinschlittern. Halt in einer Gruppe zusammenhalten, wo sich türkische Kultur ausleben läßt.‹« (Tertilt 1996: 62)[50] Die Annahme einer reaktiven Selbstethnisierung wird durch die Tatsache erhärtet, dass sich türkische Gangs nicht selten zusammenschlossen, um sich gegenüber rechtsextremen Gruppierungen zu verteidigen. (Verlan/Loh 2006: 54; Tertilt 1996: 22 f.; Güngör 2005: 478) Die Asyldebatte der 1990er-Jahre sowie die Anschläge auf Migranten in Hoyerswerda (24./25. September 1991), Rostock-Lichtenhagen (22. August 1992), Mölln (23. November 1992) und Solingen (29. Mai 1993) verschärften diese Situation (Çil 2009), auch aus der Sicht der migrantischen Hip-Hop-Szene. (Güngör/Loh 2002: 259–271; Burchart 2009: 283)

b. Kommerzielle Ethnisierung des Hip-Hop-Diskurses
Ganz entscheidend gefördert wurde die zunehmende diskursive Differenzierung in deutschen und türkischen Rap durch den Umstand, dass sich sowohl Musiker als auch Vertreter der Musikwirtschaft durch die nationale Etikettierung des Rap einen ökonomischen Nutzen versprachen.[51] Der Rap-Samp-

---

[49] Vgl. hierzu zum Beispiel Tertilt 1996: 62; Kaya 2001: 159.
[50] Diese ethnische Differenzierung ist die Steigerung der sozialen Kategorie des Marginalisierten bzw. des Ausländers. Die soziale Distinktion kann, wie im Falle dieser Bande, die ethnische Abgrenzung relativieren, sodass Kurden, Marokkaner und Jugoslawen zu der vermeintlich »türkischen« Gang, als solidarische Gemeinschaft der Ausgegrenzten, dazugehören (Tertilt 1996: 24 f., 28 f.).
[51] Dies muss im Kontext einer in den 1990er-Jahren neu entstandenen – in der Diaspora rezipierten – Medienlandschaft in der Türkei sowie einer sich in dieser Zeit generierenden transnationalen türkischen Popkultur gesehen werden. Vgl.

ler *Krauts With Attitude* setzte hier bereits 1991 mit dem Cover und seiner farblichen Anlehnung an die Fahne der Bundesrepublik Deutschland einen maßgeblichen Akzent, wenngleich die auf dieser Anthologie versammelten, z.T. multiethnischen Rap-Bands, die fast ausnahmslos auf Englisch rappten, dieser nationalen Zuordnung nur in einem sehr weiten Sinne entsprachen. Ganz offensichtlich ging es hier primär um die provokative Vermarktung von Musikern, deren einzige Gemeinsamkeit es war, dass sie in Deutschland Rap produzierten.[52] Erst in den Folgejahren etablierte sich deutschsprachiger Rap u.a. unter der Rubrik Neuer Deutscher Sprechgesang als feste Größe (Elflein 1998: 258f.), vor allem dank des kommerziellen Erfolges der Fantastischen Vier.

Fast zeitgleich etablierte sich das Subgenre Oriental-Hip-Hop, das mit der CD *Cartel* (1995) große mediale Aufmerksamkeit erregte. (Elflein 1998: 260; Greve 2000) Auf dieser Kompilation waren mit Karakan, Erci E. und Da Crime Posse stilistisch sehr unterschiedliche Rap-Gruppen versammelt, die teilweise aus einem ähnlichen Zusammenschluss, der White Nigger Posse[53] (1994), hervorgegangen waren (Çaglar 1998: 248). Wie in dem vorgeblich ›deutschen‹ Sampler *Krauts With Attitude* wird hier ebenfalls die sprachliche und musikalische Vielfalt zugunsten eines insbesondere auf die türkische Migrantenszene bzw. auch auf die Türkei abzielenden Marketings ausgeblendet. Auch hier ist die nationalsymbolische Referenz im Cover kaum zu übersehen. Dass hier neben der türkischen Sprache auch Strophen auf Spanisch, Englisch und Deutsch zu hören sind, dass die türkischen Musik- und Film-Samples[54] in einem musikalisch äußerst vielfältigen Kontext stehen, der sich u.a. aus Funk, Rock, Reggae/Dancehall und House speist, wird durch die verbale und bildliche Werbekampagne überdeckt. Es ist schwierig zu beurteilen, ob die PR-Strategie auch die Texte der Gruppen beeinflusst und das partiell zum Vor-

Greve 2000: 200f.
[52] Dies bestätigte mir Michael Reinboth, der für die Kompilation federführend zuständig war, in einem Telefongespräch (am 4.8.2010). Der Genese sowie der Rezeption dieses Samplers (wie auch der bisweilen missverständlich wirkenden CD-Heft-Kommentare), müsste an anderer Stelle einmal gründlich nachgegangen werden (vgl. Elflein 1998).
[53] Die White Nigger Posse bestand aus folgenden Gruppen: Karakan (Nürnberg, ehemals: King Size Terror), Da Crime Posse (Kiel), Mosh it up (Berlin), Mic Force (Wiesbaden; http://www.myspace.com/micforce11 [25.8.2010]), Islamic Force (Berlin).
[54] *Cek bir fir* (auf: *Cartel*) von Karakan enthält ein Stimm-Sample, das laut eines türkischen Internetforums einem Film mit Selim Naşit Özcan entnommen sein soll. Vgl. http://www.eksisozluk.com/ [15.8.2010].

schein kommende Bild transnationaler, ethnisch definierter Migrantenkultur, das Greve und Kaya als »reaktiv« und »trotzig« interpretieren (Greve/Kaya 2004: 170), verstärkt oder gar erzeugt haben könnte:

> »Habt Ihr immer noch nicht genug? Klein haben wir angefangen, haben uns in vielen Bereichen etabliert, wir sind stolz darauf und jeder soll es sehen und sagen: ›Schau, das ist eben ein Türke.‹ [...] in jeder Hinsicht sind wir bereit uns zu verteidigen [...] DU BIST TÜRKE in Deutschland.« (Da Crime Posse: *Yetmedimi [Reicht es nicht?]*. Auf: *Cartel*. Zitiert nach Greve/Kaya 2004: 170f.).[55]

Während sich diese CD, die neben der sozialkritischen Beschreibung des Migrantenlebens auch provokative Gangsta-Images präsentierte, nur in der Türkei in großen Stückzahlen verkaufte, sorgte sie in Deutschland vor allem für ein großes Interesse der Medien. Diese trugen durch ihre Berichterstattung, so Greve, zu einer stereotypen Wahrnehmung marginalisierter, ghettoisierter Migranten bei. (Greve 2000: 206f.) Hier jedoch alleine von einer stereotypen Fremdzuschreibung der Medien zu sprechen, greift angesichts der textlichen und bildlichen Inszenierungen durch die Rapper bzw. durch das Marketing meines Erachtens zu kurz. Dass die Medien offenbar die mit Klischees operierenden Bilder und Aussagen gerne angenommen und kommuniziert haben und darüber vergaßen, die ebenso vorhandenen Nuancen differenziert darzustellen, ist zwar bedauerlich, allerdings angesichts medialer Funktionsweisen auch wenig überraschend.[56] Die Folgen dieser ökonomisch wirksamen, aber kulturell stereotypen Selbst- und Fremdzuschreibung waren beträchtlich. Von nun war es außerordentlich schwierig, innerhalb des Genres Oriental-Hip-Hop jenseits der geprägten ethnischen oder gar nationalen Muster wahrgenommen zu werden, wie etwa am Beispiel der türkischstämmigen Rapperin Aziza-A. studiert werden kann. (Greve/Kaya 2004: 173, 176)

Ethnische Differenzierungen sind bis heute im Hip-Hop wirkmächtig. Auch aktuell prominente Rapper greifen auf ethnische Kategorien zurück, ohne dass immer deutlich erkennbar ist, ob politische Haltungen, kulturelle Prägungen oder kommerzielle Beweggründe hierfür den Ausschlag geben. Im Folgenden sei auf einige aktuelle Entwicklungen hingewiesen.

Prominentester Vertreter eines deutsch-national aufgeladenen Rap ist der Rapper Fler, auf dessen Alben *Neue Deutsche Welle* (2005) und *Fremd im eigenen Land* (2008) diffuse Vorstellungen nationaler Identität artikuliert

---

55 Zur Rezeptionsgeschichte: Greve 2000; Greve/Kaya 2004.
56 Dieser Diskurs müsste einmal akribisch nachgezeichnet werden.

werden, die kaum über das Bekenntnis, ein Deutscher zu sein (*Ich bin Deutscha*, 2008), hinausgehen. Zentrale Begriffe des Gangsta-Rap wie Ehre und Stärke fügen sich hier gut in den national-chauvinistischen Kontext. Zusätzliche Brisanz erhält diese Inszenierung durch motivische Anleihen an den Nationalsozialismus bzw. Neonazismus.[57] Dieses Beispiel zeigt, dass die Hip-Hop Studies auch der Frage nachgehen sollten, in welchem Maße sich Neonazi-Szene und Hip-Hop-Kultur miteinander verflochten haben. (Güngör/Loh 2002; Leopoldseder 2005)

Eine weitere Forschungsaufgabe läge darin, die Einflüsse des Islamismus auf den Hip-Hop zu untersuchen. Ob sich in Deutschland nach den Anschlägen des 11. September 2001 eine Verbindung von Islamismus und Hip-Hop ausgeprägt hat, wie sie jüngst im englischsprachigen Raum zu beobachten ist, müsste dringend geklärt werden. (Becker 2008)

Es zeigen sich jedoch in der jüngsten Vergangenheit neu strukturierte, teils interkulturell geöffnete ethnische Konstellationen im deutschen Rap, die in dieser Form in den 1990er-Jahren so noch nicht denkbar gewesen wären.

Zum einen möchte ich auf das Rap-Duo Snaga[58] & Pillath[59] aus dem Ruhrgebiet verweisen. Mit ihrem Song *R.U.H.R.P.O.T.T.* (feat. Manuellsen, 2007) rekurrieren sie auf jenen Ruhrgebiets-Mythos, der sich um Kohleabbau und Arbeiterkultur, soziale Marginalisierung und materielle Zukunftsträume rankt. Der regionalen Verwurzelung wird hier die Bedeutsamkeit einer nationalen Identität verliehen: »Das ist mehr als nur eine Heimat, mehr als eine Region/Wir sind eher wie ein Land, mehr wie eine Nation.« Für unseren Kontext ist vor allem das Video[60] interessant, das die vermeintliche Ruhrpott-Gemeinschaft, die aus Hip-Hop-Perspektive zugleich die eigene Posse darzustellen scheint, als multiethnische, überwiegend migrantische Gruppe inszeniert. Die Herkunft der Migranten wird durch zahlreiche Flaggen unterschiedlichster Nationen, von Ghana über Libanon, Türkei und Marokko bis hin zu Italien, repräsentiert. Aber auch die deutsche Fahne ist zu sehen, die sich gemeinsam mit den anderen Flaggen unter dem Banner der regionalen Identität des Ruhrgebiets zu vereinen scheint. Die nationalen Herkunftskultu-

---

[57] Dies geschieht insbesondere durch das Design des CD-Covers der LP *Neue Deutsche Welle*, auf dem sich Fler mit einer brennenden Flasche, einem Brandsatz gleich, und dem Zusatz »am 1. mai [sic] wird zurückgeschossen« abbilden lässt. Vgl. zu dem Rap-Song *Fremd im eigenen Land* der Gruppe Anti: Güngör/Loh 2002: 310f.
[58] Timm Zumbrägel.
[59] Oliver Pillath.
[60] Vgl. http://www.youtube.com/watch?v=Up75a9zp6B8 [15.8.2010].

ren fügen sich offenbar, wie Bundesländer im Verhältnis zu einer Republik, in eine Regionalidentität ein. Angestoßen wird dies von zwei Rappern, die m. W. keinen Migrationshintergrund haben.

Zum anderen möchte ich auf den in Deutschland lebenden türkischen Rapper Alpa Gun hinweisen, der im Juli 2010 die Single *Sor Bir Bana (Frag' mich mal)* veröffentlicht hat. Textlich knüpft der Song zunächst nahtlos an die Tradition der Rap-Aşık an, mit ihrer Klage über Migration, Fremdheit und Entwurzelung:

» [...] Ist doch egal, ob ich ein Deutscher oder ein Kanake bin /
Ich bin hier geboren. Ich weiß, dass es hier nicht so einfach ist /
Auch in der Türkei frag' ich mich, wo meine Heimat ist /
Hier bin ich ein Ausländer und drüben wie ein Tourist /
Leider hat sich nix geändert, weil es heute noch so ist [...].«
(Alpa Gun, Original in deutscher Sprache).

Die inhaltliche Übereinstimmung von Alpa Guns Song mit *Gurbetçi Çocukları (Gastarbeiterkinder,* 1997) von Islamic Force (Greve 2000: 196) oder *Almancı yabancı (Deutschländer oder Fremde,* 1997) von Karakan (Klebe 2003: 35) ist frappierend.

Auch musikalisch mutet Alpa Guns Song durch ein durchgehend zu hörendes Volksmusik-Sample an die Hochphase des Oriental-Hip-Hop an, wenngleich das Sample nicht der türkischen, sondern der griechischen Volksmusik entstammt, wie mir der Produzent dieses Beats versicherte. (E-Mail von Ömer [Beste Beatz] an den Verfasser, 14. August 2010)[61]

In mehrfacher Hinsicht unterscheidet sich *Sor Bir Bana* vom Rap der 1990er-Jahre allerdings beträchtlich. Hier wäre zunächst der Gastbeitrag des deutschen Rappers Sido zu nennen, der auf diesem Song auf Türkisch rappt, während Alpa Gun die deutschen Strophen sowie den türkischen Refrain übernimmt. Meines Wissens hat es einen vergleichbaren Tausch symbolischer Repräsentation von Ethnizität, die auf visueller Ebene wiederholt wird – die Rapper tragen zeitweise T-Shirts mit den Fahnen-Motiven der Nation des jeweils anderen –, bisher noch nicht gegeben. Zusätzliche Bedeutung erhält dies insbesondere durch die Prominenz Sidos, dessen Gastbeitrag dem Video zu einer erstaunlichen Popularität verholfen haben dürfte. Innerhalb eines Monats wurde es auf Youtube über 600 000 Mal aufgerufen.[62] 1600 User die-

[61]   Es handelt sich möglicherweise um ein Bouzouki-Sample. Nähere Angaben konnte der Produzent (sicher auch aus rechtlichen Gründen) leider nicht machen. An diesem Beispiel ließen sich ethnische, nationale Stereotype unterrichtlich par excellence dekonstruieren.

[62]   Vgl. http://www.youtube.com/watch?v=o9JwrTlLpTU [15.8.2010].

ser Plattform haben es bisher kommentiert. Immer wieder finden sich Kommentare, die die Darstellung des anerkennenden, freundschaftlichen Miteinanders als vorbildlich bezeichnen:

> »Freue mich einfach dass es so ist wie es ist: D/endlichmal ein türke und ein deutscher/diesmal kein gewalt .. nein nein kein gewalt: D.« (User auf *youtube*).

Interessant ist ferner, dass Alpa Gun in seinem Rap-Part über die Resignation bzw. über den im besten Falle vorsichtigen Optimismus der Aşık der 1990er-Jahre hinausgeht. »Wir werden wieder Ausländer/Doch wir werden unseren Weg finden«, heißt es 1997 in *Gurbetçi Çocukları*. (Greve 2000: 196) 13 Jahre später rappt Alpa Gun hingegen:

> »Guck' dir mein' Perso an, ich bin Türke und er ein Deutscher/
> Was zwischen mir und Sido läuft, ist eine wahre Freundschaft/
> Ich hab gelernt, hier zu leben und mich zu integrieren/
> Obwohl sich kein Politiker für uns hier interessiert.«

Abb. 1: Hintergrundbild der Myspace-Seite von Alpa Gun

Bei Alpa Gun zeigt sich, dass eine diasporische, ethnische Orientierung – er nennt die Türkei sein »Vaterland« (Alpa Gun zitiert nach Marquart 2010: 42) – mit einer positiven Zuwendung zur Aufnahmegesellschaft einhergehen kann. Denn zugleich sagt er von sich, in Deutschland integriert zu sein. Diese bikulturelle Identität wird auf Alpa Guns Myspace-Seite visualisiert, auf deren Hintergrund eine neukreierte Fahne zu sehen ist (siehe Abb. 1).

Abschließend ist anzumerken, dass auch diese erfreulichen Momente, wie etwa die Praxis der Anerkennung, wie wir sie in Alpa Guns Rap-Song entdecken können, in ethnische bzw. nationale Diskurse eingebettet sind.[63]

---

[63] Es sollte natürlich nicht vergessen werden, dass auch hier, wie bei jedem Produkt der Popkultur, kommerzielles Kalkül eine Rolle spielen könnte. Die Veröffentlichung der Single am 9.7.2010 fiel überdies in die Zeit der Fußball-Weltmeisterschaft, eine Hochzeit für Nationalsymbolik. Vgl. http://musicline.saturn.de/de/product/Alpa+Gun/Almanci/CD///602527419725 [14.8.2010]. Nationale Referenzen finden sich auch in Bushidos WM-Song *Fackeln im Wind* feat. Kay One, welcher der deutschen Nationalmannschaft als Motivationssong diente, was vom

IV.

Migrantischer Rap der 1990er-Jahre konnte sich in Deutschland kommerziell nicht durchsetzen (Greve/Kaya 2004: 175), unabhängig davon, ob er unter dem Label Oriental-Hip-Hop oder eher unter dem Vorzeichen einer international orientierten Old-School firmierte. Medial dominierend wurden ab Mitte der 1990er-Jahre hingegen Musiker, die meist bürgerlichen, nicht-migrantischen Schichten entstammten, wie die Fantastischen Vier, Fettes Brot oder Fünf Sterne Deluxe, die sich im Gegensatz zu den meisten der bisher beschriebenen Rappern an einer anderen Tradition des US-Rap, dem Party-Rap der 1970er- und frühen 1980er-Jahre, orientierten und ihre Songs auf Deutsch verfassten. Ihre Musik wurde überaus erfolgreich vermarktet und als Neue Deutsche Reimkultur bzw. Neuer Deutscher Sprechgesang kategorisiert. (Elflein 1998: 258 f.)[64] Gegen Ende der 1990er-Jahre bahnte sich allerdings ein erneuter Wandel in der Hip-Hop-Szene an, der migrantischen Rappern erstmals den Zugang zum deutschen Pop-Mainstream eröffnen sollte. Eine zentrale Rolle für diese Entwicklung scheint der türkischstämmige Rapper Kool Savas[65] gespielt zu haben, der um die Jahrtausendwende die Genres Porno- und Battle-Rap in der deutschen Rap-Szene auf eine Weise popularisierte, wie es zuvor keinem anderen Musiker gelungen war. Hier zeichnete sich ein antibürgerlicher Gestus ab, der sich in den frühen 2000er-Jahren Bahn brechen sollte. Als dominantes Genre des Rap etablierte sich neben dem Porno-Rap insbesondere der Gangsta-Rap und dessen – bisweilen martialische – Erzählung über soziale Marginalisierungserfahrungen, die sich insbesondere im Motiv des Ghettos verdichtet. Dieses Genre, das für den migrantischen Rap der 1990er-Jahre durchaus schon stilbildend gewesen war, ohne jedoch in der Regel eine größere Wirkung entfaltet zu haben, fand nun in der Hip-Hop-Szene und darüber hinaus eine größere Hörerschaft. Der prominenteste und kommerziell erfolgreichste Vertreter dieser Stilrichtung ist heute der tunesisch-deutsche Rapper Bushido, der mit drei Goldenen Schallplatten und zwei Platin-Auszeichnungen als einer der ganz wenigen Rapper in Deutschland einen Status als Pop-Star für sich reklamieren kann.[66] Bemerkenswert an dieser Entwicklung ist zweierlei.

---

tunesisch-deutschen Fußballspieler Sami Khedira nach eigenen Aussagen angeregt wurde. (Kneer 2010)

[64] Hier wäre zu prüfen, inwiefern es durch die Medien und die Musikwirtschaft (Musikfernsehen, Plattenfirmen) einen bewussten Ausschluss der migrantisch geprägten Old-School gegeben hat. Vgl. hierzu: Güngör/Loh 2002: 108–129.

[65] Vgl. Kool Savas, zitiert nach Schwann 2002: 62.

[66] Vgl. http://www.musikindustrie.de/gold_platin_datenbank_beta/#topSearch

Zum einen dürften noch nie so viele migrantische Rapper so nahe an das Zentrum der Hip-Hop- und Popkultur gerückt sein wie in den letzten Jahren. Ohne diese Beobachtung auf eine – noch ausstehende – eingehende Studie dieser Szene stützen zu können, sei exemplarisch auf einige bekannte Akteure mit migrantischem Hintergrund (folgend in Klammern) verwiesen: Bass Sultan Hengzt (italienisch-türkisch), G-Hot, Eko Fresh (türkisch), Xatar, Azad (kurdisch), Massiv (palästinensisch), Saad (libanesisch). Für manche von ihnen dürften sich die Hoffnungen erfüllt haben, die sich schon in den 1990er-Jahren junge, migrantische Rapper gemacht haben: »Ironically what is valorized as empowering the ›ghetto‹ is simultaneously conceived by the rappers as a ticket out of the ghetto.« (Çaglar 1998: 253)

Zum anderen ist erstaunlich, dass ethnische Selbst- oder Fremdzuschreibungen in diesem Kontext meist keine dominante Rolle zu spielen scheinen.[67] Natürlich gibt es nach wie vor eine primär als türkisch wahrgenommene transnationale Rap-Szene mit regen Kontakten zwischen Deutschland und der Türkei.[68] Man denke etwa an den ehemaligen »36er« und Islamic-Force-Rapper Killa Hakan oder an den türkischen Rapper Ceza. Und auf eine deutsch-nationalistische Variante wurde mit Fler im vorherigen Kapitel bereits verwiesen. Im Unterschied dazu werden die oben genannten Rapper, wie Bushido oder Eko Fresh, nicht so sehr als türkische oder tunesische Rapper, sondern eher als Rapper in Deutschland wahrgenommen.[69] Mit Vertretern dieses Genres, die keinen Migrationshintergrund haben, eint sie ein Image, das durch eine sozial deprivierte Herkunft gekennzeichnet und für die authentische Ausübung des Gangsta-Rap unerlässlich ist.[70] Die Analogie zum Authentizitäts-Diskurs der Old-School ist evident, wenngleich deren bisweilen politische, aufklärerische

---

[14.8.2010]. Kommerziell besonders erfolgreiche, seit den 1990er-Jahren aktive Rap-Formationen sind zum Beispiel die Fantastischen Vier und Fettes Brot, die jedoch aus Sicht der Hip-Hop-Szene keine Rapmusik im eigentlichen Sinne machen. Im Gangsta- und Porno-Rap der 2000er-Jahre gehört Sido zu den populärsten Rappern.

67 Vgl. Güngör/Loh über Kool Savas. (Güngör/Loh 2002: 215 f.)
68 Ähnliche transnationale Verknüpfungen scheint es in der russischen Szene zu geben, man denke an Seryoga. (Rohleder 2006)
69 Ich folge dem Islamwissenschaftler Jochen Müller in der Annahme, Bushidos Song *11. September* (nicht offiziell publiziert) und seine Anspielungen auf die Taliban nicht als weltanschauliche Äußerung oder kulturelle Verortung, sondern als schlichte Provokation zu deuten. (Müller 2007)
70 Dass migrantische Gangsta-Rapper zum Beispiel das Klischee des gefährlichen »Kanaken« bedienen (Verlan/Loh 2006: 28), ist meines Erachtens nicht zwangsläufig der Fall, da der Outlaw des Gangsta-Rap nicht ethnisch definiert ist.

Dimension im heutigen Gangsta-Rap einer meist materialistischen, individualistischen und gelegentlich gewaltverherrlichenden Erzählung gewichen ist.[71] Die hier formulierte Vision männlicher Stärke und materiellen Reichtums scheint insbesondere, wenngleich nicht ausschließlich, Kinder und Jugendliche zu faszinieren, die in sozial deprivierten Milieus leben und ihre Aussichten auf gesellschaftliche Teilhabe als gering einschätzen. (Herschelmann 2006, 2009, 2010; Kautny/Erwe 2010) Der Anteil von Migranten unter ihnen ist hoch. (Wilke 2009: 166)

V.

Was lässt sich nun aus diesem groben geschichtlichen Abriss der migrantischen Hip-Hop-Geschichte in Deutschland für die IME ableiten?

Wenn interkulturelles Lernen die Auseinandersetzung mit Migrationsthemen erforderlich macht[72], so dürfte es mit Blick auf die migrantische Schülerschaft naheliegend sein, die Migrationsgeschichte des eigenen Landes zu thematisieren. Und dass die Geschichte des Hip-Hop in Deutschland seit fast 30 Jahren ein insbesondere für Jugendliche nicht unbedeutender Teil der Migrationsgeschichte unseres Landes ist, sollte durch die vorangegangenen Kapitel angedeutet werden. An den unterschiedlichen Phasen der Hip-Hop-Geschichte lassen sich überdies sozial und kulturell definierte Konflikte sowie Ansätze zu ihrer Lösung studieren, die Kinder und Jugendliche durch den jugendkulturellen Bezug ansprechen dürften. In diesem Sinne wäre die Geschichte des Hip-Hop als Migrationsgeschichte Deutschlands – und hier möchte ich ausdrücklich an Klebe anschließen – als wichtiger und lohnenswerter Unterrichtsinhalt für den Musikunterricht aufzufassen, wenngleich die Fülle und die Art des Stoffes eine fächerübergreifende Thematisierung nahelegt. Notwendig wäre es meines Erachtens, sich zukünftig ein vollständigeres Bild von den musikalischen Praxen des migrantischen Hip-Hop zu machen. Das wäre eine wichtige Grundlage, um das spezifisch Musikbezogene dieses Teils der Migrationsgeschichte für einen anschaulichen Musikunterricht aufbereiten zu können. Diese Aufgabe verlangt meines Erachtens die interdisziplinäre Zusammenarbeit der IME u. a. mit den Hip-Hop Studies und der Musikethnologie.

Mit Blick auf Barths Vision, durch Hip-Hop die kulturelle Selbstbeschreibung der migrantischen Kinder und Jugendlichen zu ermöglichen, dürfte deut-

---

71 Kritisch hierzu: Güngör 2008: 53.
72 Hier schließe ich u. a. an die Positionen von Auernheimer, Kruse und Merkt an: Auernheimer 1995: 38 f.; Merkt 1996: 134; Kruse 2003: 7.

lich geworden sein, dass die Hip-Hop-Geschichte eine Vielzahl von kulturellen und sozialen Standpunkten hervorgebracht hat, die auch heute noch von Schülern eingenommen werden können, die aber pädagogisch nicht alle im gleichen Maße wünschenswert sind. Dass hier normative Konflikte zwischen Lehrern und Schülern bzw. auch unter den Schülern auftreten können, man denke etwa an Gangsta- bzw. Porno-Rap oder an ethnisch, politisch und/oder religiös radikale Spielarten des Rap, liegt auf der Hand. Hieraus ergeben sich viele weitere Fragen, von denen ich nur eine, meines Erachtens aber zentrale, anreißen möchte. Im Falle eines solchen Konfliktes zwischen Lehrer- und Schülerkultur wird meines Erachtens die grundsätzliche Frage angestoßen, wie sich die Durchsetzung pädagogischer Normen zum Gebot der Anerkennung »fremder« Schülerkulturen verhält. Es ist meines Erachtens ein Trugschluss zu glauben, dass es gegenüber der kulturellen Verortung eines Schülers eine umfassende und bedingungslose kulturrelativistische Perspektive seitens des Lehrers geben kann, der durch die Richtlinien oder auch durch die Verfassung[73] schließlich normativ gebunden ist. Thomas Ott sprach aus ethnologischer Perspektive davon, dass es angesichts des Inkonsumerablen, zum Beispiel eines gewaltsamen Initiations-Ritus in Guinea, die Notwendigkeit geben könne, auf den Grundwerten unserer Gesellschaft zu beharren. (Ott 1998: 313) Dies müsste meines Erachtens für die Schule als Ort der Erziehung umso mehr gelten.[74] Wie die Gratwanderung zwischen klarer normativer Positionierung und respektvoller, interessierter, zunächst fragender und nicht voreilig stereotypisierender Haltung des Lehrers gelingen kann, müsste in der IME zukünftig erörtert werden.[75]

Literatur

Akrap, Doris (2003): Killa Hakan. »Ich will keinen Augenkontakt«. In: *Jungle World, 9, 19. Februar.* Online unter: http://jungle-world.com/artikel/2003/08/10071.html [17.8.2010].

[73] Die *Richtlinien und Lehrpläne für die Grundschule in NRW* zitieren als »Präambel« einen Auszug aus der Landesverfassung (Ministerium für Schule und Weiterbildung des Landes NRW 2008: 10).
[74] Hier müssen verstärkt auch die unterschiedlichen Schulformen differenziert werden. Inwiefern ist Hip-Hop im dargestellten Sinne ein Thema für die Grundschule? Ist die eher niedrigschwellig operierende Soziale Arbeit mit Blick auf Hip-Hop stärker anerkennungsorientiert und welche Berührungspunkte gibt es zwischen ihr und insbesondere den Förderschulen bzw. Hauptschulen? Was bedeutet dies für die Thematisierung von Hip-Hop in interkultureller Perspektive?
[75] Vgl. hierzu Müller 2007.

Androutsopoulos, Jannis (Hg.) (2003): *Hip-Hop. Globale Kultur – lokale Praktiken.* Bielefeld.
Auernheimer, Georg (²1995): *Einführung in die interkulturelle Erziehung.* Darmstadt.
Barth, Dorothee (2007): 50 Cent für Cem. Interkulturelle Musikpädagogik – notwendig oder überflüssig? In: *Grundschule,* 9. S. 32–34.
Barth, Dorothee (2008): *Ethnie, Bildung oder Bedeutung? Zum Kulturbegriff in der interkulturell orientierten Musikpädagogik (Forum Musikpädagogik, 78).* Augsburg.
Becker, Matthias (2008): Rappen für den Heiligen Krieg. In: *Dw-world.de* [Online-Portal der *Deutschen Welle*] vom 13.11. Online unter: http://www.dw-world.de/dw/article/0,,3780270,00.html [14.8.2010].
Bick, Andreas (1996): Bum rush the show. Hip-Hop Mobil und Jugendkulturarbeit. In: Jürgen Terhag (Hg.), *Populäre Musik und Pädagogik, Bd.2. Grundlagen und Praxismaterialien.* Oldershausen, S. 267–272.
Birken-Silverman, Gabriele (2003): »Isch bin New School und West Coast ... du bisch doch ebe bei de Southside Rockern«: Identität und Sprechstil in einer Breakdance-Gruppe von Mannheimer Italienern. In: Jannis Androutsopoulos (Hg.), *Hip-Hop. Globale Kultur – lokale Praktiken.* Bielefeld, S. 273–296.
BPjM 2008 (Hg.): *Hip-Hop-Musik in der Spruchpraxis der Bundesprüfstelle für jugendgefährdende Medien (BPjM) – Rechtliche Bewertung und medienpädagogischer Umgang.* Bonn. Online unter: http://www.bundespruefstelle.de/bpjm/redaktion/PDF-Anlagen/bpjm-thema-Hip-Hop-broschuere-2008,property=pdf,bereich=bpjm,sprache=de,rwb=true.pdf [20.8.2010].
Burchart, Kati (2009): *Deutsche Rapmusik der neunziger Jahre. Kulturtransfers im Mainstream.* Hildesheim u. a.
Çaglar, Ayşe S. (1998): Popular Culture, Marginality and Institutional Incorporation. German-Turkish Rap and Turkish Pop in Berlin. In: *Cultural Dynamics, 10 (3).* S. 243–261.
Çil, Nevim (2009): Türkische Migranten und der Mauerfall. In: *Aus Politik und Zeitgeschichte,* 21–22. Online unter: http://www.bpb.de/popup/popup_druckversion.html?guid=52CFRX&page=0 [14.8.2010].
Der Spiegel 16/1997. Online unter: http://www.spiegel.de/spiegel/print/index-1997-16.html [13.8.2010].
Elflein, Dietmar (1997): Vom neuen deutschen Sprechgesang zu Oriental Hip Hop – einige Gedanken zur Geschichte des Hip-Hop in der BRD. In: Annette Kreutziger-Herr/Manfred Strack (Hg.), *Aus der neuen Welt. Streifzüge durch die amerikanische Musik des 20. Jahrhunderts,* Hamburg. S. 283–296.
Elflein, Dietmar (1998): From Krauts with Attitudes to Turks with Attitudes. Some Aspects of Hip-Hop History in Germany. In: *Popular Music, 17 (3).* S. 255–265.
Elflein, Dietmar (2010): Diggin' the Global Crates — Genrehybridität im Hip-Hop. In: Oliver Kautny/Adam Krims (Hg.), *Sampling in Hip-Hop.* In: *Samples,* 9. Online unter: http://aspm.ni.lo-net2.de/samples/.
Greve, Martin (2000): Kreuzberg und Unkapanı. Skizzen zur Musik türkischer Jugendlicher in Deutschland. In: Iman Attia/Helga Marburger (Hg.), *Alltag und Lebenswelten von Migrantenjugendlichen (Interdisziplinäre Studien zum Ver-*

hältnis von Migrationen, Ethnizität und gesellschaftlicher Multikulturalität, 11). Frankfurt am Main, S. 189–212.
Greve, Martin (2003): *Die Musik der imaginären Türkei. Musik und Musikleben im Kontext der Migration aus der Türkei in Deutschland*. Stuttgart u. a.
Greve, Martin/Kaya, Ayhan (2004): Islamic Force, Takım 34 und andere Identitätsmixturen türkischer Rapper in Berlin und Istanbul. In: Eva Kimminich (Hg.), *Rap. More Than Words*, Frankfurt am Main, S. 161–179.
Güngör, Murat (2005): Kommen, bleiben und verändern. In: Kölnischer Kunstverein/ DOMiT/ Institut für Kulturanthropologie und Europäische Ethnologie an der Universität Frankfurt/Main/ Institut für Theorie der Gestaltung und Kunst, HGK Zürich (Hg.), *Projekt Migration. Publikation zur Ausstellung*. Köln 2005, S. 474–481.
Güngör, Murat (2008): Hip-Hop – Jugendbewegung mit Brückenfunktion. In: *Neue Gesellschaft/Frankfurter Hefte, 10*. S. 50–53.
Güngör, Murat/Loh, Hannes (2002): *Fear of a Kanak Planet. Hip-Hop zwischen Weltkultur und Nazi-Rap*. Höfen.
Happel, Christoph (1996): Das Hip-Hop Mobil und die Berliner Rockmobile. Die Förderung Populärer Musik als Teil der Jugendkulturarbeit. In: Jürgen Terhag (Hg.), *Populäre Musik und Pädagogik, Bd.2. Grundlagen und Praxismaterialien*. Oldershausen, S. 260–266.
Herschelmann, Michael (2006): Als ob man dabei die ganze Zeit denkt: »Oh, ich bin ein Gangster«. Was Jungen zu sexistischem deutschen Gangsta-Rap sagen. In: *Kind, Jugend, Gesellschaft. Zeitschrift für Kinder- und Jugendschutz, 4*. S. 124–129.
Herschelmann, Michael (2009): Jungen und deutscher (Gangsta)Rap – Sinnrealisation in (stereotypen) Bedeutungen. In: Detlef Pech (Hg.), *Jungen und Jungenarbeit. Eine Bestandsaufnahme des Forschungs- und Diskussionsstandes*. Baltmannsweiler, S. 171–187.
Herschelmann, Michael (2010): *Gangsta- und Porno-Rap – gefährlich, für wen? Was Jungen mit deutschem Gangsta-Rap machen*. Vortrag am 21. Februar 2010. Lauchheim (Powerpointpräsentation).
Hess, Sabine (2010): *München migrantisch – migrantisches München. Ethnografische Erkundungen in globalisierten Lebenswelten (Münchner ethnografische Schriften, 5)*. München.
Hörner, Fernand/Kautny, Oliver 2009 (Hg.): *Die Stimme im Hip-Hop. Untersuchungen eines intermedialen Phänomens*. Bielefeld.
ISGV [Institut für Sächsische Geschichte und Volkskunde e. V.] (2008): *Aspekte des Religiösen in populären Musikkulturen. Internationale Tagung der Kommission zur Erforschung musikalischer Volkskulturen und dem Institut für Sächsische Geschichte und Volkskunde e. V. vom 8. bis 11. Oktober 2008 in Dresden* [Tagungsprogramm]. Online unter: http://web.isgv.de/index.php?page=957 [14.8.2010].
Kautny, Oliver (2009): Ridin the Beat. Annäherungen an das Phänomen Flow. In: Fernand Hörner/Oliver Kautny (Hg.), *Die Stimme im Hip-Hop. Untersuchungen eines intermedialen Phänomens*. Bielefeld, S. 143–171.
Kautny, Oliver (2010a): Fruchtbares Miteinander. Über die Vernetzung von Wissen-

schaft und Praxis in der Musiklehrerbildung. Fallbeispiel: die Hip-Hop Academy Wuppertal. In: *Musikforum*, 2. S. 53–55.

Kautny, Oliver (2010b): Populäre Musik als Herausforderung interkultureller Musikerziehung. In: *Zeitschrift für Kritische Musikpädagogik*, S. 26–46. Online unter: http://www.zfkm.org/10-kautny.pdf [13.8.2010].

Kautny, Oliver (2010c): Talkin all that Jazz. Ein Plädoyer für die Analyse des Sampling im Hip-Hop. In: Oliver Kautny/ Adam Krims (Hg.), *Sampling in Hip-Hop*. In: *Samples*, 9. Online unter: http://aspm.ni.lo-net2.de/samples/.

Kautny, Oliver/Erwe, Hans-Joachim (2011): Gangsta- und Porno-Rap im Spannungsfeld von Jugendkultur und Pädagogik. In: Eva Neuland/ Jürgen Baurmann (Hg.), *Jugendliche als Akteure, Sprachliche und kulturelle Aneignungs- und Ausdrucksformen von Kindern und Jugendlichen (Sprache – Kommunikation – Kultur, 8)*. Frankfurt am Main

Kautny, Oliver/Krims, Adam 2010 (Hg.): *Sampling in Hip-Hop*. In: *Samples*, 9. Online unter: http://aspm.ni.lo-net2.de/samples/.

Kaya, Ayhan (2001): »*Sicher in Kreuzberg*«. *Constructing Diasporas: Turkish Hip-Hop Youth in Berlin*. Bielefeld.

Kaya, Ayhan (2003): »Scribo Ergo Sum«. Islamic Force und Berlin-Türken. In: Jannis Androutsopoulos (Hg.), *Hip-Hop. Globale Kultur – lokale Praktiken*. Bielefeld, S. 246–272.

Kesting, Martin (2000): Offene Jugendarbeit in der Naunynritze in Berlin Kreuzberg. In: *Berliner Forum Gewaltprävention, 3 (Sondernummer)*. Online unter: http://www.berlin.de/imperia/md/content/lb-lkbgg/praevention/rechtsextremismus/jugendarbeit/05_martin_kesting.pdf?start&ts=1239198420&file=05_martin_kesting.pdf [14.8.2010].

Klebe, Dorit (2003): Zum »Crossover« in der Hip-Hop-Musik türkischer Migrantenjugendlicher in Deutschland – auf der Suche nach ihren Wurzeln. In: Matthias Kruse (Hg.), *Interkultureller Musikunterricht (Musikpraxis in der Schule, 7)*. Kassel, S. 32–46.

Klebe, Dorit (2008): Zwischen Türk Rap und Oriental Hip-Hop. In: *Musikforum*, 2. S. 37–40.

Kneer, Christof (2010): »Südländische Leichtigkeit«. Sami Khedira über Integration, die Nationalhymne, den Rapper Bushido und die Mischung aus deutschen Tugenden und Spaßfußball wie auf dem Bolzplatz. In: *Süddeutsche Zeitung*, 15. Juni, Online unter: http://www.sueddeutsche.de/sport/wm-sami-khedira-im-interview-suedlaendische-leichtigkeit-1.959849 [15.8.2010].

Kruse, Matthias (Hg.) (2003): *Interkultureller Musikunterricht (Musikpraxis in der Schule, 7)*. Kassel.

Leopoldseder, Marc (2005): Warum sind Rap und Hip-Hop nicht anfällig für Rechtsextremismus? In: Land Brandenburg. Ministerium des Inneren (Hg.), *Dokumente der Fachtagung Musik und Hass. Eine Veranstaltung des Verfassungsschutzes am 7.12.2005 in Potsdam*, Potsdam, S. 42–45. Online unter: http://www.verfassungsschutz.brandenburg.de/sixcms/media.php/4055/Fachtagung%20Musik%20und%20Hass%20Web [26.5.2010].

Marquart, Oliver (2010): Eine Brust, zwei Seelen. Alpa Gun. In: *Juice, 131 (7–8)*. S. 40–43.

McLeod, Kembrew (1999). Authenticity Within Hip-Hop and Other Cultures Threatened with Assimilation. In: *Journal of Communication, 49 (4)*. S. 134–150.

Mehler, Frank/Wartenberg, Gerd (1984): Breakdance und Rap. Protest und Anpassung in einer neuen Jugendmode. In: *Deutsche Jugend*, 12. S. 545–552.

Menrath, Stefanie (2003): »I am not what I am«: Die Politik der Repräsentation im Hip-Hop. In: Jannis Androutsopoulos (Hg.), *Hip-Hop. Globale Kultur – lokale Praktiken*. Bielefeld, S. 218–245.

Merkt, Irmgard (1996): Populäre Musik und interkultureller Musikunterricht. In: Jürgen Terhag (Hg.), *Populäre Musik und Pädagogik, Bd. 2. Grundlagen und Praxismaterialien*. Oldershausen, S. 133–135.

Ministerium für Schule und Weiterbildung des Landes NRW (Hg.) (2008): *Richtlinien und Lehrpläne für die Grundschule in NRW*. Online unter: http://www.ritterbach.de/lp_online/2012%20Inhalt.pdf [17.8.2010].

Müller, Jochen (2007): »Ich bin ein Taliban ...« Islamismus und Jugendkultur. In: *Dossier Islamismus* [Bundeszentrale für politische Bildung]. Online unter: http://www.bpb.de/themen/6K9DMU,2,0,Ich_bin_ein_Taliban__.html [13.8.2010].

Nohl, Arnd-Michael (2003): Interkulturelle Bildungsprozesse im Breakdance. In: Jannis Androutsopoulos (Hg.), *Hip-Hop. Globale Kultur – lokale Praktiken*. Bielefeld, S. 297–320.

Ott, Thomas (1998): Unsere fremde Musik. Zur Erfahrung des »Anderen« im Musikunterricht. In: Martin Pfeffer/ Jürgen Vogt/ Ursula Eckhart-Bäcker/ Eckhard Nolte (Hg.), *Systematische Musikpädagogik oder: Die Lust am musikpädagogisch geleiteten Nachdenken. Eine Festgabe für Hermann J. Kaiser zum 60. Geburtstag (Forum Musikpädagogik*, 34). Augsburg, S. 302–313.

Ott, Thomas (2008): »Musikunterricht mit Immigranten – wie mögen Musikpädagogik und -didaktik damit fertig werden!« In: Thomas Ott/ Jürgen Vogt (Hg.), *Unterricht in Musik – Rückblick und aktuelle Aspekte. Symposion der Wissenschaftlichen Sozietät Musikpädagogik zum 90. Geburtstag von Heinz Antholz (Wissenschaftliche Musikpädagogik*, 3). Münster u.a., S. 6–15.

Peschke, André (2010): *Hip-Hop in Deutschland: Analyse einer Jugendkultur aus pädagogischer Perspektive*. Hamburg.

Pilnitz, Karin (1996): Zwischen Tradition und Integration. Die Musikwelt ausländischer Schüler. In: *AfS-Magazin*, 2. S. 7–10.

Pleiner, Günter (2004): Musikmobile. Rock- und Hip-Hop-Mobile, Soundtrucks, Jamliner. In: Theo Hartogh/ Hans Hermann Wickel (Hg.), *Handbuch Musik in der Sozialen Arbeit*. Weinheim u.a., S. 197–209.

Rick, Detlef aka DJ Rick Ski (LSD) (2010): Die Entstehung des Albums ›Watch Out For The Third Rail‹ der Band LSD. In: Oliver Kautny/ Adam Krims (Hg.), *Sampling in Hip-Hop*. In: *Samples*, 9. Online unter: http://aspm.ni.lo-net2.de/samples/.

Rohleder, Jörg (2006): Auftritt Eminemskij. In: *Fokus*, 41 vom 9.10. Online unter: http://www.focus.de/kultur/musik/musik-auftritt-eminemskij_aid_215292.html [13.8.2010].

Scholz, Arno (2003): Rap in der Romania. Glocal Approach am Beispiel von Musikmarkt, Identität, Sprache. In: Jannis Androutsopoulos (Hg.), *Hip-Hop. Globale Kultur – lokale Praktiken*. Bielefeld, S. 147–167.

Schwann, Karina (2002): *Breakdance, Beats und Bodrum. Türkische Jugendkultur.* Wien et. al.
Terhag, Jürgen (1996a) (Hg.): *Populäre Musik und Pädagogik, Bd. 2. Grundlagen und Praxismaterialien.* Oldershausen.
Terhag, Jürgen (1996b): Mobile Pädagogik zwischen Institution und Szene. In: Ders. (Hg.), *Populäre Musik und Pädagogik, Bd. 2. Grundlagen und Praxismaterialien.* Oldershausen, S. 257–259.
Tertilt, Hermann (1996): *Turkish Power Boys. Ethnografie einer Jugendbande.* Frankfurt am Main
Verlan, Sascha/Loh, Hannes (2006): *25 Jahre Hip-Hop in Deutschland.* Höfen.
Volk, Terese M. (1998): *Music, Education, and Multiculturalism. Foundations and Principles.* New York u. a.
Wickel, Hans Hermann (2005): Sozialpädagogik/Soziale Arbeit. In: Siegmund Helms/Reinhard Schneider/Rudolf Weber (Hg.), *Lexikon der Musikpädagogik.* Kassel, S. 229–230.
Wilke, Kerstin (2009): ›Ich fühl mich dann einfach cool!‹ Inszenierung von Männlichkeit durch Gangsta Rap. In: Katja Kauer (Hg.), *Pop und Männlichkeit. Zwei Phänomene in prekärer Wechselwirkung?* Berlin, S. 165–179.
Wippermann, Carsten/Flaig, Berthold Bodo (2009): Lebenswelten von Migrantinnen und Migranten. In: *Aus Politik und Zeitgeschichte, 5.* Online unter: http://www.bpb.de/publikationen/8X5CU6,0,Lebenswelten_von_Migrantinnen_und_Migranten.html [17.8.2010].
Zaimoglu, Feridun (⁵2000): *Kanak Sprak. 24 Mißtöne vom Rande der Gesellschaft.* Hamburg.

Diskografie

Advanced Chemistry (1992): *Fremd in eigenen Land* (Maxi). Mzee Records.
Alpa Gun feat. Sido (2010): Sor Bir Bana. Auf: *Almanci. Sektenmusik.*
Aziza-A. (1997): *Es ist Zeit.* Orient Express.
Barış Manço/Kurtalan Ekspres (1973): *Gönül Dağı.* Yavuz YA 1554 (vgl. http://www.barismanco.de/sing.html).
Boulevard Bou feat. Torch (1993): Eski Okul. Auf: V. A.: *Alte Schule.* Mzee Records.
Bushido feat. Kay One (2010): *Fackeln im Wind* (Single). Ersguterjunge (Sony Music).
Cartel (1995): *Cartel.* Mercury Records.
Eminem (2006): *The Re-Up.* Shady Records.
Fler (2005): *Neue Deutsche Welle.* Aggro Berlin.
Fler (2008): *Fremd im eigenen Land.* Aggro Berlin.
Fresh Familee (1991): Ahmet Gündüz. Auf: *Coming From Ratinga.* Ratingan.
Grandmaster Flash & The Furious Five (1982): *The Message* (Single). Sugar Hill Records.
Islamic Force (1992): *My Melody/Istanbul* (Maxi). First Class Records.
Islamic Force (1993): Black Hair. Auf: *The Whole World Is Your Home.* Juicefull Records.
Islamic Force (1993): The Whole World Is Your Home. Auf: *The Whole World Is Your Home.* Juicefull Records.
Islamic Force (1997): Gurbetçi Çocukları. Auf: *Mesaj.* De De Records.

Karakan (1991/1994): *Cehenneme Hoşgeldin*. Auf: King Size Terror: *Ultimatum*. Blunt Records.[76]
Karakan (1997): Almancı yabancı. Auf: *Al Sana Karakan*. Neşe & Plaza Müzik.
King Size Terror (1991): Bir Yabancinin Hayati. Auf: *The Word Is Subversion*. Vulkan Verlag.
King Size Terror (1994): IntroDUCKtion. Auf: *Ultimatum*. Blunt Records.
N.W.A. (1988): Gangsta, Gangsta. Auf: *Straight Outta Compton*. Ruthless Records, Priority Records.
N.W.A. (1988): Straight Outta Compton. Auf: *Straight Outta Compton*. Ruthless Records, Priority Records.
Public Enemy (1988): Mind Terrorist. Auf: *It Takes A Nation Of Millions To Hold Us Back*. Def Jam.
Public Enemy (1989): *Welcome To The Terrordome* (Maxi). Def Jam.
Public Enemy (1990): Fight The Power. Auf: *Fear Of A Black Planet*. Def Jam.
Snaga & Pillath feat. Manuellsen (2007): R.U.H.R.P.O.T.T. Auf: *Aus Liebe zum Spiel*. Deluxe Records.
V. A. (1991): *Krauts With Attitude*. Boombastic Records.
V. A. (1993): *Alte Schule*. Mzee Records.
V. A. (2000): *Decks 'n' Mics 2. Underground Stylez*. Deck8.
36 Degree Posse (1993): Gangway. Auf: *Skin/36 Degree Posse*. Naunynritze. Eigenverlag.

---

[76] Der erstveröffentlichte Tonträger aus dem Jahr 1991 ließ sich nicht finden. Vgl. zum Erscheinungsjahr die Homepage von Karakan: http://www.myspace.com/alperaga [20.8.2010].

Niels Knolle
Wer waren wir, und wenn, wie viele, und vor allem: warum?

Nun, wir sind also jetzt so weit, wir sind – die Beatles haben es in ihrem Song vorausgesehen – sixty-four, Thomas Ott ist es bereits, ich selbst bin es gerade noch. Nicht nur wir sind älter geworden, haben einige unserer Haare verloren, auch die Zeiten haben sich geändert und manches von ihrem Charme aus flower, power & love verloren – hinreichend Anlass also, bei einer bottle of wine einigen, wie ich hoffe, interessanten Fragen nachzugehen: Was haben wir aus unserem Studium an der Musikhochschule Hamburg gemacht; was hat das Studium aus uns gemacht; war das symptomatisch für die späten 60er-Jahre; hätte sich das auch ganz anders entwickeln können? Mir ist natürlich klar, dass ein noch so emphatischer Rückblick auf die späten 60er- und frühen 70er-Jahre des vorigen Jahrhunderts möglicherweise den LeserInnen dieser Erinnerungen eines Zeitzeugen so ergehen kann wie mir, der ich den Erzählungen meines Großvaters damals aus dem Ersten Weltkrieg zwar mit Neugier, aber eben auch mit Unverständnis zugehört habe. Ich werde mich also bemühen, nicht nur zu berichten, sondern auch zu erklären.

An einem Wochentag im Frühjahr 1966 saß ich in einem Abteil des Eilzugs von Bremen nach Hamburg, neben mir meine Freundin Hilke und mein Bruder Jens. Im Gepäck meines Kopfes hatte ich 20 Volkslieder mit allen Strophen, eine Klaviersonate von Beethoven, eine Chopin-Ballade und eine Bach-Partita. Die Lieder habe ich der Reihe nach laut gesungen. Verständlicherweise leerten sich die Abteile um uns herum, aber ich hatte keine andere Wahl, denn ich musste zur Aufnahmeprüfung für ein Schulmusikstudium an der Musikhochschule Hamburg. Dort würden grau-dunkel gekleidete Herren einer Kommission auf mich warten, der ich u. a. zwei von ihnen zu benennende Volkslieder ihrer Wahl vorzutragen hatte. Im Juni – ein Jahr später – steige ich im Bahnhof Hamburg-Dammtor aus dem Eilzug von Bremen nach Altona, gehe schnell die Treppe hinunter in Richtung Harvestehuder Weg, um in der Musikhochschule noch rechtzeitig eine Übezelle zu ergattern. Die Bahnhofshalle ist voller Menschen. Also verlasse ich über den Stadtausgang den Bahnhof, um dann unversehens von einer Kette junger Polizeirekruten mit nervösem Finger am Abzug einer Maschinenpistole umstellt zu sein. Berittene Polizei geht gegen die

Anti-Schah-Demonstranten am nahe gelegenen Opernhaus vor. Megaphone des ASTA der Hamburger Uni rufen dazu auf, morgen ins Audimax zu kommen, man werde über das autoritäre Schah-Regime und die Komplizenschaft der Bundesregierung informieren.

Für mich ist dieses Erlebnis ein Schlüsselerlebnis[1] gewesen, ich war ohne ein politisches Bewusstsein durch die Schule und die Bundeswehrzeit gegangen, nun aber wollte ich wissen, wie es zu diesen Ereignissen in Hamburg und in Berlin (Tod von Benno Ohnesorg) hatte kommen können. In der Musikhochschule konnte man dazu nichts erfahren, dort wurde geübt, und im dritten Semester ging es um den dreistimmigen Kontrapunkt. In der Uni hingegen gab es Teach-Ins und Vollversammlungen und im anschließenden Wintersemester auch wieder die Zeremonie der feierlichen Semestereröffnung. Ich war an diesem 9. November 1967 ebenfalls im Audimax, der Saal war voll, und dann schreiten die Ordinarien, geschmückt durch ihre Würde, langsam die Treppe zum Podium hinunter. Zwei Studenten gehen plötzlich vor ihnen, ein Transparent mit der Aufschrift »Unter den Talaren Muff von 1000 Jahren« halten sie vor den Magnifizenzen hoch. Auch diese Demonstration war für mich ein Schlüsselerlebnis, die Demonstration zeigte nämlich ummissverständlich, dass diese Professoren weder verstanden hatten, worauf der Text des Transparents hinwies, noch waren sie – vor Würde gehend erstarrt – fähig zu einer Reaktion der Abwehr oder auch nur des Erstaunens. Für alle Anwesenden, jedenfalls aber für mich, war offensichtlich geworden, dass diese Autoritäten über keine Autorität mehr verfügten.

Der Muff von 1000 Jahren, gab es den auch an unserer Musikhochschule? Nicht so, dass er für jedermann erkennbar gewesen wäre, aber einer unserer Dozenten für Unterrichtspraxis ließ uns in seinen Seminaren immer mal wieder wissen, dass er es für richtig halte, wenn die Probleme der Gegenwart endlich wieder im nationalen und sozialen Sinne gelöst werden würden. Leider haben wir Studierenden dazu nichts zu sagen gehabt.

Herr Ott war in dem Studienjahr über mir, die Studierenden dieses Studienjahres schienen also ein Jahr älter zu sein, um dieses Jahr auch erfahrener und souveräner, da lag es nahe, sie als die Älteren zu siezen. Und Herr Ott wusste

---

[1] Willi Lemke, Aufsichtsratsvorsitzender des SV Werder Bremen, hat im *stern* (Heft 52, 2007: 92) berichtet, dass er ebenfalls diesen Einsatz der Polizei beobachtet hat, auch für ihn war dies ein »Schlüsselerlebnis«: »Von da an, obwohl bereits vorher politisch aktiv, ließ mich das Interesse an Politik nicht mehr los. Ich wollte wissen, wie Politik funktionierte. Und ich wollte sie verändern. Ich erinnere mich an nächtelange Diskussionen darüber, wie man die Welt begreifen könne und was man tun müsse, um sie besser zu machen. Seitdem war ich immer politisch aktiv.«

seine Worte schon damals mit Bedacht, Überblick und bei Bedarf auch mit feiner Ironie zu setzen, schön also, dass er mich Anfang 1968 fragte, ob ich nicht in den ASTA der Musikhochschule gehen wolle. Ich wollte das. Aus Herrn Ott wurde Thomas, andere kamen auch dazu und schon bald gab es den »Arbeitskreis Sozialistischer Musikstudenten Hamburg« und ein Studentenparlament der Hamburger Musikhochschule.

Im Sommersemester 1968 überschlugen sich dann die Ereignisse. In Bonn wurden die Notstandsgesetze verabschiedet und der ASTA der Musikhochschule rief zum Vorlesungsstreik aus Protest dagegen auf. In unserem Informationsflugblatt hieß es: »Alle Dozenten und Studenten werden aufgefordert, den Unterricht an diesem Tag ausfallen zu lassen. Posten werden aufgestellt [...].« Einer dieser drei Posten war ich selbst, aber niemand von den Studierenden interessierte sich für unser Anliegen, und als ich in einem der Überäume einen »Streikbrecher« vom Üben abhalten wollte, kam es zu Handgreiflichkeiten. Viele sind wir nämlich nicht gewesen.

Als Vorsitzender des ASTA der Musikhochschule war ich 1968 von der Hochschulleitung gebeten worden, eine Rede zur Semestereröffnung im Mai zu halten, das war so üblich. Und ich habe diese Rede gehalten, ganz in Rot vom Frotteehemd über die Frotteehose bis hin zu den Socken. Es gab keinen Protest seitens der anwesenden Professoren und Studierenden, schwer zu entscheiden, ob sich darin Unverständnis oder repressive Toleranz (wir hatten inzwischen Marcuse gelesen) oder Gewöhnung an Ungewöhnliches zeigte, immerhin verfügten wir in unseren Reihen über den studierenden Aktionskünstler Niels F. Hoffmann. Ich habe diese Rede mit viel Ernst vorgetragen, es ging um den Warencharakter von Musik und ihre bewusstseinssteuernde Funktion in der Wohlstandsgesellschaft und daher ging es auch um die Aufgaben der Musikausbildung in der Musikhochschule und die anstehende Reform der Hochschulverfassung. Unsere Forderungen waren weitreichend: Hochschulöffentlichkeit in allen Sitzungen (außer in Personalfragen), Semiparität in allen Gremien, die studentische Belange berühren, und Drittelparität im Senat, in Berufungskommissionen und Prüfungskommissionen. Mit diesen Forderungen nach Mitbestimmung war die Frage nach der Macht gestellt – aber natürlich ist sie nicht in unserem Sinne beantwortet worden, wie sich aus einem Flugblatt, das wir in der Musikhochschule verteilten, entnehmen lässt: In einem Vermittlungsgespräch zwischen Studenten und Dozenten vertraten die »anwesenden Studentenvertreter Ott, Knolle, Florey und Jansen die vom Studentenparlament gebilligte Konzeption, dass mit einer neuen Verfassung notwendigerweise eine weitreichende Studienreform verbunden sein muss. Es entstand der Eindruck, dass unsere Vorstellungen zwar angehört aber nur wenig anerkannt werden.«

Wir haben uns davon nicht entmutigen lassen. Thomas hielt einen auch von einem Teil der Dozentenschaft stark beachteten Vortrag zum Verhältnis von Musikhochschule und Gesellschaft, in dem er kühl analysierte, dass die Musikhochschule (als ein Elefant auf dem Plakat dargestellt) und die Gesellschaft (ein zweiter Elefant) nichts miteinander zu tun haben und daher auseinanderstreben, andererseits aber mit ihren Schwänzen aneinander gebunden sind. Und ich habe im Rahmen der von uns Studierenden selbst organisierten Kritischen Musikhochschule (als Ableger der Kritischen Universität des Uni-ASTA) nicht nur ein Referat über beachtliche 40 Seiten zur Frage gehalten, was denn »Musik und Gesellschaft« miteinander zu tun haben, sondern auch Friedrich Gulda eingeladen, nach seinem Konzert in der Großen Musikhalle zu uns in die Musikhochschule zu kommen, um exklusiv uns Studenten (!) zu erläutern, warum er Jazz-Improvisationen auch oder gerade in seinen Klassik-Konzerten spielt. Er ist gekommen, die von ihm verlangte Flasche guten Rotweins (was konnte das im Erfahrungshorizont eines Studenten sein?) habe ich ihm besorgt.

Und auch Hans-Werner Henze ist zu uns gekommen, wir haben mit ihm über die anstehende Uraufführung seines »*Floßes der Medusa*« diskutiert, das dann ja auf dem Weg zum Hafen des NDR in einem Polizeieinsatz, provoziert durch eine Aktion des »Arbeitskreises Sozialistischer Musikstudenten Hamburg«, untergegangen ist. Wir haben damals unsere Sicht zum Scheitern der Uraufführung in einem Flugblatt *In Sachen Medusa* gerechtfertigt, das Flugblatt habe ich bis heute aufbewahrt. Auch hier geht es um den wahren Charakter der Musik, der ihr Warencharakter ist, die vermeintliche »autonome Kunst« wird als Gegenstand des Genusses zum Privileg »gebildeter« Bürger und als solche entlarvt. Ja, machte sich Henze nicht zum Handlanger der »herrschenden Klasse«, wenn er seinen »revolutionären Anspruch« dem Interesse des »kommerzialisierten Konzertbetriebs« preisgibt, nämlich die Uraufführung »im herkömmlichen Rahmen vor bürgerlichem Publikum zu zelebrieren«?! Der Sozialistische Deutsche Studentenbund SDS forderte damals die Studenten auf, »zu den Arbeitern« in den Hamburger Hafen zu gehen, um sie für die Revolution zu agitieren, wir suchten die Musiker der Uraufführung darüber zu belehren, dass sie »im bestehenden Kulturbetrieb zwangsläufig der Konservierung der herrschenden Gesellschaftsordnung dienen«, und dass sie sich daher »mit der Masse der Ausgebeuteten solidarisieren« und der »herrschenden Schicht den Dienst in den Institutionen verweigern müssen«.

Die Musiker haben das nicht getan, und wir selbst auch nicht. 1969 hat Thomas mit gewiss differenziertem Klavierspiel und klugen Worten in schriftlicher Hausarbeit und mündlicher Prüfung sein Examen gemacht und ein Jahr später tat ich das Gleiche. Wir haben den offenkundigen Widerspruch zwischen dem revolutionärem Pathos der Allwissenden und dem tatsächlichen Handeln der dem studentischen Alltag Ausgelieferten nicht gesehen, jedenfalls damals nicht. Gibt es dafür eine Erklärung?

Aus der Rückschau von heute wird auf der einen Seite von Bedeutung sein, dass ich – ich kann hier nur für mich selbst sprechen – in meiner Schulzeit angeleitet von engagierten und intellektuell anspruchsvollen Lehrern habe lernen können, mit einer Haltung der analytischen Neugier, des dialektischen Hinterfragens an mir neue Sachverhalte und Situationen heranzugehen. Und Gelegenheiten und Anlässe dafür gab es in den späten 60er-Jahren sowohl in der Musikhochschule als auch sonst mehr als genug. So mag sich erklären, dass wir, und eben auch ich, mit unseren bohrenden und mitunter provozierenden Fragen das Heft des verbalen Handelns in der Musikhochschule zunehmend in der Hand zu halten glaubten. So zum Beispiel, als ich bei Gelegenheit eines Go-Ins in das Hauptseminar des damals am Hamburger Musikwissenschaftlichen Institut hochbedeutsamen Prof. Dadelsen den Herrn Professor fragen konnte, warum denn an seinem Institut die Musik nach 1910 nicht behandelt werde, und er ex cathedra(le) uns belehrte, eben diese Musik sei »vor der Geschichte noch nicht ausgewiesen«! Nun wussten wir also, dass es die »Dummheit« nicht nur in der Musik gibt, sondern dass das Eisler-Wort auch auf die Musikwissenschaft übertragbar ist. Aber auf der anderen Seite hat uns die Macht der schnellen, wenn auch klugen Worte offensichtlich dazu verführt, sie in der öffentlichen Auseinandersetzung mit den Dozenten mitunter zu sehr als Symbole mit abstrakten Oberflächen einzusetzen in der Rede von »den Herrschenden«, dem »System«, dem »Kulturbetrieb« etc. Wenn aber die Analysen sich auf eine derart abgehobene Weise verselbständigen, bleibt für ein konkretes Handeln mit Auswirkungen auf den Alltag keine Notwendigkeit (und auch keine Möglichkeit). Gleichwohl, trotz all der gelegentlichen radikalverbalen Attitüde als unerbittliche Debattenredner – später würde man von den 68ern reden – sind wir liebenswerte, wenn auch individualistische Kinder des Bürgertums geblieben.

Und was hat das Studium aus uns gemacht? Gewiss war die Hamburger Musikhochschule zu dieser Zeit ein kulturkonservativer Elefant, um im Bild von Thomas zu bleiben. Aber es gab auch einen jungen ehrgeizigen Dozenten mit neuen Ideen und einem offenen Umgang mit uns Studenten bar jeglichen hierarchischen Selbstverständnisses. Ebenso wie wir vertrat auch Hermann Rauhe die Auffassung, dass die Erscheinungen der Musik und des Umgangs mit ihr nicht (mehr) primär musikimmanent mit dem Blick auf die musikalische Faktur angemessen zu verstehen seien. Immerhin hatte er 1962 in seiner programmatischen Schrift *Musikerziehung durch Jazz* schon frühzeitig auf die soziale Bedeutung des Jazz (und des Beat) als Ausdruck des Protests der (großstädtischen und gymnasialen) Jugend gegen die Zwänge der »bürgerlichen ›verwalteten Welt‹« (Rauhe 1962) hingewiesen, bis 1967 allerdings noch ein eher taktisches Verhältnis zu Jazz und Beat im Musikunterricht propagiert, wenn er seinen Lesern versprach: »Indem wir den Beat jedoch in den Musikunterricht einbeziehen, d. h. ihn in gewisser Weise anerkennen, berauben wir ihn seiner Protestfunktion und somit eines wesentlichen soziologischen Impulses. Eine analoge Wirkung der unterrichtlichen Einbeziehung ließ sich beim Jazz feststellen, dessen Beliebtheit bei den Schülern rapide nachließ, seit er von vielen Musikpädagogen behandelt wurde.« (Rauhe 1968: 79f)

Nach 1968 aber haben Thomas und ich einen Hermann Rauhe als Hochschullehrer kennengelernt, der in seinen Seminaren und Vorträgen für eine sozialwissenschaftlich orientierte Erweiterung der Fragestellungen und methodischen Ansätze des Musikunterrichts eintrat, »jugendsoziologische Ansätze einer kulturkritischen Bildungstheorie« (1969) zur Diskussion stellte und ihre musikpädagogischen Konsequenzen in aller Deutlichkeit aufzeigte, wenn er als oberstes Bildungsziel die »permanente, konstruktive Kulturkritik« forderte. Wir haben in den Seminaren, bald aber auch in ganz persönlichen Kontakten, gelernt, dialektisch und vor allem analytisch genau zu argumentieren. Thomas und ich hatten Teil an der Entwicklung von neuen hochschuldidaktischen Ideen, Rauhe gab uns Einblick in das Entstehen seiner musikpädagogisch avancierten Aufsätze, indem wir erste Entwürfe vorab lesen und mit kritischen Anmerkungen versehen durften, und so entstand über die Zeit ein gegenseitiges, von Respekt und Anerkennung getragenes Verhältnis zwischen Hermann Rauhe und Thomas und mir.

Wir haben Hermann Rauhe in den folgenden Jahren immer mal wieder getroffen, nicht nur anlässlich eines »tea for two« im Bredengrund, dem Haus von Hermann Rauhe. Vielleicht kann man sagen, dass daraus so etwas wie eine musikpädagogische Freundschaft geworden ist. Jedenfalls ist mir zunehmend bewusst geworden, dass das Studium bei Rauhe mich in meinem musikpädagogischen Selbstverständnis entscheidend geprägt hat, und vermutlich hat das Vertrauen, dass er in uns »junge Leute« in einer Situation des bildungspolitischen Umbruchs investiert hat, zu einem wesentlichen Teil das Entstehen eines engagiert vorgetragenen musikpädagogischen Selbstbewusstseins bei uns begünstigt.

Dieses musikpädagogische Selbstbewusstsein (mitunter auch Sendungsbewusstsein) hat uns aus der Musikhochschule hinaus in die berufliche Zukunft getragen. 1969 machte Thomas, wie schon gesagt, Examen, zur gleichen Zeit hielt er auf der 16. Bundestagung des Arbeitskreises für Schulmusik und Allgemeine Schulpädagogik einen Vortrag *Musikunterricht an Gesamtschulen* (Ott 1970: 114ff.), in dem er seine Hörer wissen ließ, dass die Vertreter des Faches Musik der Einrichtung von Schulversuchen mit Gesamtschulen weitgehend unvorbereitet gegenüber stehen, weil Fragen der Schulreform in Fachkreisen bisher kaum diskutiert worden seien, sodass es denn auch an didaktisch, methodisch und organisatorisch durchdachten Entwürfen für den Musikunterricht an Gesamtschulen mangele. 24 Jahre alt war Thomas da und kein bisschen leise. Und 1970 im Wintersemester habe ich dann Examen gemacht, eine schöne Gelegenheit, in der Gesangsprüfung noch einmal mit lauter Stimme das Lied von Schubert aus der Winterreise zu singen, in dem die hochfliegende Textzeile vorkommt: »Und will kein Gott auf Erden sein, so sind wir selber Götter« (Note: Ausreichend).

Am letzten Donnerstag des Januar 1971 – es war der letzte Tag meiner Prüfungen – kam ich abends wieder zu Hause in Bremen an. Bald klingelt das Telefon und Thomas fragt mich, ob ich nicht Interesse hätte, in der kommenden Woche einzusteigen in die Arbeit an der »Forschungsgruppe zur Wissenschaftlichen Begleitung der Gesamtschulschulen in Nordrhein-Westfalen, Sektion Musik« unter der Leitung von Prof. Gundlach. Ich hatte Interesse – aber keinerlei Gedanken daran, ob dieser sofortige Wechsel ins Berufsleben etwa ungewöhnlich sei. Gehörte denn nicht uns die Zukunft, und gab es denn nicht jede Menge zu tun bei der Reform von Musikunterricht und Musikpädagogik? Am Montagmorgen kam Thomas aus Hamburg mit seinem Renault 4 und wir fuhren voller Zuversicht nach Dortmund, noch am selben Tag hatte ich einen kleinen Wohnverschlag auf dem Dachboden eines Hauses an der Traumstraße gemietet.

Abb. 1: Thomas, Mai 1972

Natürlich waren Thomas und ich in der Forschungsgruppe und in den Schulen, mit denen sie zusammenarbeitete, keine »Götter« sondern einfache »Mitarbeiter«, eingebunden in einen überschaubaren, aber hierarchisch durch das Kultusministerium kontrollierten Arbeitsbereich. Unsere Aufgaben schienen ebenso einfach zu sein, wir sollten nämlich (unter Leitung von Prof. Gundlach, der aber als Dekan nicht viel Zeit einbringen konnte) einen »Rahmenlehrplan Musik für die Schuljahre 5 und 6« im Rahmen des Gesamtschulversuchs entwickeln sowie Projekte für den Musikunterricht unter Beteiligung von Lehrkräften der Gesamtschulen planen und vor Ort begleiten. Herr Ott, so weist das Protokoll der Forschungsgruppenkonferenz an meinem zweiten Arbeitstag aus, war dem Projekt »Elementare Klangerprobung« zugewiesen und ich dem Projekt »Popmusik«, außerdem hatte ich die Schulen bei der Anschaffung von Technischen Mittlern zu beraten. Wir beiden hatten es also mit Aufgaben zu tun, die in unserer eigenen Ausbildung entweder gar nicht (Curriculumentwicklung) oder nur theoretisch (Elementare Klangerprobung und Popmusik) vorgekommen waren.

Das dürfte erst recht für die Ausbildung der Musiklehrkräfte an den uns anvertrauten Gesamtschulen zugetroffen haben, hatten sie doch zur Zeit der Musischen Bildung studiert. Und so fuhr ich denn mit meinem laubfroschgrünen Renault 12 durch Sauerland und Ruhrgebiet und klärte die Lehrkräfte u. a. darüber auf, wie die Rockgruppe »Led Zeppelin« auf ihrer ersten LP mit vier Spuren den Sologesang von Robert Plant zweistimmig aufgenommen hat und, wichtiger noch, wie man dieses Geheimnis den SchülerInnen im Unterricht beibringen könne, und warum dies alles für einen modernen Unterricht unabdingbar sei.

Nun gut, in den zwei Tagen zwischen Examensabschluss und Dienstantritt habe ich natürlich kein Referendariat für Musikunterricht absolvieren können, auch während des Studiums war ich ja nicht im Fachpraktikum gewesen. Aber wie zeitgemäßer Musikunterricht stattfinden sollte, davon hatte ich eine klare und mit Emphase vorgetragene Vorstellung. Thomas wird es nicht anders gegangen sein, er hatte Einblick in die Vorplanungen und entstehenden Arbeitsmaterialien zum Musiklehrwerk *Sequenzen* durch den Mitautor Gundlach (weitere Autoren waren u. a. Fuchs, Günther, Frisius), und er war zugleich unbefangen und kreativ genug, um aus fremden und eigenen Ideen innovative Vorschläge für die Schulen zu entwickeln. Mir ist erst einige Jahre später bewusst geworden, dass unsere Beratungsfahrten in die Schulen im Grunde genommen so etwas wie der »musikpädagogische Ritt über den Bodensee des Musikunterrichts« gewesen sind – aber die Lehrkräfte an den Schulen waren viel zu erfahren und souverän, um nicht einschätzen zu können, was wir beiden einzubringen vermochten oder eben auch nicht.

Ab Frühjahr 1972 haben wir, Thomas und ich, unter der Aufsicht von Willi Gundlach dann den Rahmenlehrplan entwickelt. Ging es zunächst noch um die Sichtung geeigneter fachdidaktischer Materialien und die Aneignung der übergreifenden Vorgaben des Leitungsteams der Forschungsgruppe (bzw. der Ministeriums) für die Struktur und Lernzielorientierung des Lehrplans (alle Fachgruppen hatten jeweils Lehrpläne zu schreiben), so standen bald das Konzept und die konkrete Ausgestaltung »unseres« Musiklehrplans im Vordergrund. Im Hintergrund aber standen die zu diesem Zeitpunkt neu auf den pädagogischen Markt gekommenen Musiklehrwerke *Sequenzen* und *Musik aktuell*: So wie die beiden Lehrwerke auf einem breit gefächerten Musikbegriff basierten, der den Umgang mit Musik grundsätzlich in einen gesellschaftlichen Kontext zu stellen suchte, so stand auch in dem Rahmenlehrplan im Mittelpunkt nicht mehr die Zielvorgabe, die SchülerInnen zum musikalischen Kunstwerk hinzuführen, sondern Gegenstand des Musikunterrichts sollten nunmehr alles Hörbare (Schall & Musik), die auditive Umwelt des Schülers (Umwelt & Musikleben) und der Schüler selbst mit seinen musikalischen Verhaltensweisen und Erfahrungen (Kommunikation & Individuum) sein. Die drei Lernbereiche

Abb. 2: ›Knott & Olle‹ Mai 1972 bei der Lehrplankonstruktion

waren – dem didaktischen Selbstverständnis der Zeit folgend – strukturiert durch detaillierte Lernzielkataloge und einen Arbeitsplan, der sich aus einer Reihe von Unterrichtsthemen zusammensetzte, die wiederum durch arbeitsleitende Fragestellungen und Materialhinweise konkretisiert waren.

Im Sommer 1972 war der Rahmenlehrplan Musik (2 mus 020) fertig, 48 Seiten lang und angereichert mit Vorschlägen für die Nutzung des Arbeitsplans und der zehn ausgearbeiteten Unterrichtsthemen sowie »Strukturlinien für den Musikunterricht in den Schuljahren 7–10«. Innovativ war der Lehrplan, weil er im strikten Gegensatz zu dem überkommenen Lehrgangsdenken (Abel-Struth) und dem normativen Musikbegriff (Alt) stand und stattdessen die SchülerInnen in ihrem musikbezogenen Alltag zum Ausgangspunkt unterrichtlichen Handelns zu machen suchte.

Für uns selbst aber, Thomas und mich, war die Arbeit an dem Lehrplan wie überhaupt die Arbeit in der Forschungsgruppe Gesamtschule von Bedeutung insofern, als wir im stetigen Kontakt mit den Lehrkräften gleichsam im Anschluss an unser theorielastiges Hochschulstudium nunmehr eine praxisorientierte zweite Ausbildungsphase »vor Ort« absolvieren konnten. Gewiss, unsere Biografien zwischen 1968 und 1973 (und auch darüber hinaus) spiegelten ein grundsätzlich positives Lebensgefühl, alles was wir uns vornahmen zu tun, war mit der Perspektive der Verwirklichung auf unsere eigene Zukunft hin gedacht – wir haben aber auch das Glück gehabt, dass wir als »junge Leute« von Dozenten an den Hochschulen entdeckt und gefördert worden sind, die uns einerseits Impulse für neue Ideen gegeben und andererseits Freiräume für die musikpädagogische Selbstentwicklung gelassen haben. Hermann Rauhe, Willi Gundlach und später in Oldenburg auch Ulrich Günther sei Dank dafür bekundet.

Literatur

Rauhe, Hermann (1962): *Musikerziehung durch Jazz*. Wolfenbüttel.
Rauhe, Hermann (1968): Schlager – Beat – Folklore im Unterricht. Aktuelle didaktische Ansätze zur Schulung des Hörens und Differenzierung des Wertempfindens. In: Werner Krützfeldt (Hg.), *Didaktik der Musik 1967*. Hamburg.
Ott, Thomas (1970): Musikunterricht an Gesamtschulen. In: Werner Krützfeldt (Hg.), *Didaktik der Musik 1969*. Hamburg, S. 114–124.

Heinz von Loesch
Die Hexachordlehre – ein Schreckgespenst einst und jetzt

Dem Wunsch der Herausgeber, mich in der Festschrift für Thomas Ott mit einem Thema aus dessen Forschungsgebieten zu befassen, kann ich leider nicht im Geringsten nachkommen, ja in der Befassung mit einem Thema aus dem Bereich der mittelalterlichen und frühneuzeitlichen Musiktheorie scheine ich ihm so fern zu stehen wie überhaupt möglich. Allerdings handelt es sich bei meinem Thema nicht nur um ein Thema der Musiktheorie, sondern auch der Musiklehre oder sogar Musikpädagogik. Und ich trachte danach, es unter dem Blickwinkel seiner heutigen didaktischen Vermittlung zu diskutieren und zu kritisieren. Insofern ich also ein historisches musikpädagogisches Thema aus dem Blickwinkel seiner heutigen musikpädagogischen Vermittlung betrachte, hoffe ich, in dieser gleichsam quadrierten musikpädagogischen Themenstellung dann doch der Festschrift für einen Professor der Musikpädagogik gerecht zu werden.

In seinem nach wie vor höchst lesenswerten Artikel *Hexachord* in der ersten Auflage der Enzyklopädie *Die Musik in Geschichte und Gegenwart* schreibt Martin Ruhnke, dass der Versuch der Hexachordlehre des 16. Jahrhunderts, dem zunehmenden Gebrauch von chromatischen Zwischenstufen gerecht zu werden, »nur dazu angetan« gewesen sei, »das ganze System zu einem Schreckgespenst für die Musikschüler zu machen«. (Ruhnke 1957: 355) Ein Schreckgespenst ist die Hexachordlehre – das vom Mittelalter bis ins 18. Jahrhundert verbreitete Verfahren, ein acht-, zwölf- oder mehrstufiges Tonsystem mithilfe sechsstufiger Solmisationsreihen zu strukturieren und zu beherrschen – für die Studierenden der Geschichte der Musiktheorie auch heute. In der Regel bleiben sie nach den Erklärungen fassungslos zurück: fassungslos aufgrund einer eigentümlichen Mischung von Redundanz und Informationsdefizit.

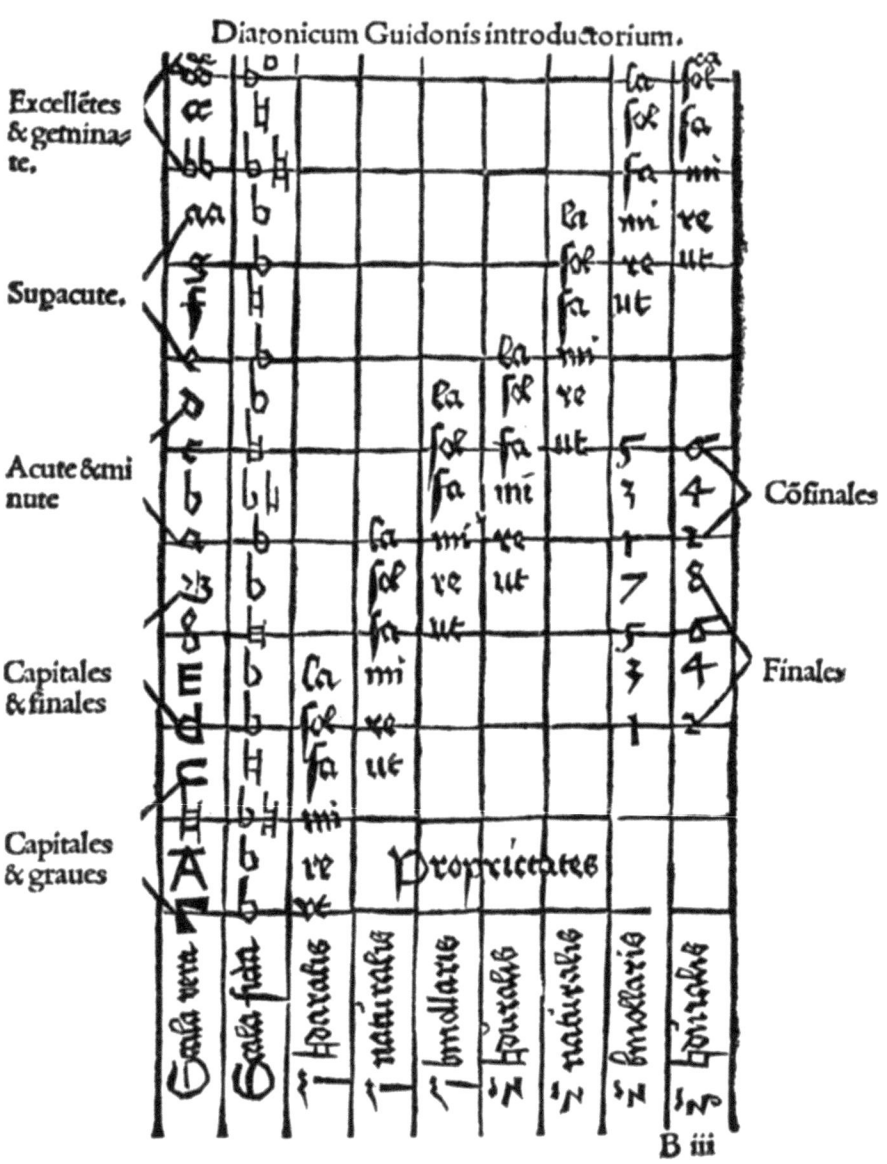

Abb. 1: Johannes Cochlaeus, Tetrachordum musices, Nürnberg 1512, fol. B III

Redundant sind die Darstellungen, indem sie sich viel zu lange mit der Erklärung der ganz leicht zu verstehenden Grundlagen der Hexachordlehre aufhalten: dem Sachverhalt, dass man vom Mittelalter bis in die frühe Neuzeit und darüber hinaus auf den Stufen *c*, *g* und *f* drei in ihrer Halbton-Ganzton-Struktur analoge Hexachorde (die Sechstonreihen *ut-re-mi-fa-sol-la* mit einem von zwei Ganztönen umgebenen Halbton in der Mitte) konstruierte: die Hexachorde naturale (*c–a*), durum (*g–e*; mit *h*) und molle (*f–d*; mit *b*), zwischen denen man je nach Bedarf hin und her wechselte – »mutierte« –, um so das ganze guidonische Tonsystem zu »besingen« (siehe in Abbildung 1 die Darstellung des guidonischen Tonsystems mit den Tonbuchstaben, der »Scala ficta« und den Hexachorden aus Johannes Cochlaeus' *Tetrachordum musices*, Nürnberg 1512). In der Regel wird darauf hingewiesen, dass es sich bei der Hexachord-Solmisation um ein mnemotechnisches Hilfsmittel handelte – der Versuch, sich bestimmte tonsystematische Konstanten durch die Assoziation mit Silben bzw. Vokalen zu vergegenwärtigen und sie zu verinnerlichen –, um dann im Detail diese tonsystematischen Sachverhalte auszumalen: *Mi* sei dadurch gekennzeichnet, dass es einen Halbton über sich und zwei Ganztöne unter sich, *fa* dadurch, dass es einen Halbton unter sich und zwei Ganztöne über sich, *re* dadurch, dass es einen Ganzton unter sich, über sich aber einen Ganzton und einen Halbton habe usw. Bei diesem Sachverhalt, einem wesentlichen Konstituens melodischer Tonalität, wird nicht nur gerne lange verweilt, ihm wird auch ein wissenschaftliches Pathos zuteil, das Staunen macht, handelt es sich dabei doch um etwas ganz ähnliches wie das, worüber jeder Blattsänger auch heute verfügen muss: eine genaue Vorstellung von der Halbton-Ganzton-Struktur des Tonsystems, in dem er sich bewegt.

Redundant sind die Darstellungen in dem Versuch, die ganz leicht zu verstehenden elementaren *Möglichkeiten* der Hexachord-Solmisation zu beschreiben: sich auf drei verschiedenen Stufen in analog strukturierten melodischen Räumen zu bewegen. Und das nimmt ein Studierender der Geschichte der Musiktheorie fraglos auch heute mit Gewinn zur Kenntnis. Zu einem wirklichen Verständnis nötig ist dann aber auch eine Beschreibung der *Grenzen* des Systems und eine Beantwortung der Frage, warum man mit ihnen so lange zu leben bereit war.

Auf eine der Grenzen wird immer wieder verwiesen: die der Diatonik. Hexachord-Solmisation ist sinnvoll nur bei diatonischer Musik. In dem Moment, in dem zu viele chromatische Zwischenstufen begegnen und Hexachorde auch auf anderen Stufen konstruiert werden müssen – sei es auf *d*, *e*, aber auch *cis* oder *des* –, Hexachorde, zwischen denen dann auch noch mutiert werden muss – um nämlich nicht nur in einer anderen Tonart zu singen, sondern um verschiedene Zwischenstufen zu erfassen –, wird die Hexachord-Solmisation extrem kompliziert, wächst sich eben zu dem »Schreckgespenst« aus, von dem Martin Ruhnke redete.

Kaum reflektiert wird dagegen eine andere Begrenzung: die des Sechstonraumes. Der Sechstonraum ist eben nicht nur *Möglichkeit*, er ist auch *Begrenzung*. Und sie ist es, die nach heutigen Vorstellungen zutiefst erklärungsbedürftig scheint. Die Begrenzung auf den Sechstonraum verursacht nämlich zwei Probleme. Zum einen muss bei Überschreitung in einen anderen Sechstonraum mutiert werden, was als solches bereits beschwerlich anmutet. Zum anderen ist mit der Mutation jedoch auch noch ein weiteres, viel gravierenderes, weil an den Grundfesten unserer tonsystematischen Ordnung rüttelndes Problem verbunden: das Problem der Preisgabe der Oktavidentität. Da man bei Überschreitung des Sechstonraumes etwa nach oben in der Regel in das nächst höhere Hexachord wechselte – beispielsweise aus dem hexachordum naturale je nach Vorkommen von *h* oder *b* in das Hexachordum durum oder molle –, musste bei einem Oktavsprung zum Beispiel das untere *d* mit *re*, das obere mit *sol* oder *la* solmisiert werden, nicht dagegen gleichfalls mit *re*. In der Musiklehre von Mathias Greiter aus dem Jahre 1544 gibt es dazu ein schönes Beispiel, das wir hier in Faksimile und Transkription wiedergeben (Abb. 2):

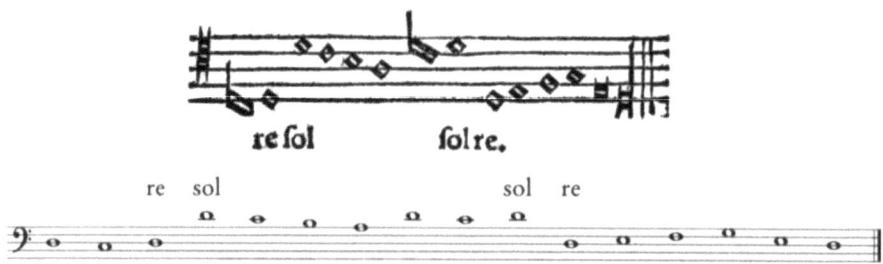

Abb. 2: Mathias Greiter, Elementale musicum, Straßburg 1544, fol. B und Transkription

Folgten mehrere Quart-, Quint- oder Oktavsprünge aufeinander, so sollten bei gleichen wie verschiedenen Tönen explizit die Solmisationssilben beibehalten werden. Martin Agricola nennt in seinem Traktat von 1533 folgenden Fall – ein Beispiel, das nach heutigem Dafürhalten die Hexachord-Solmisation ad absurdum führt (Abb. 3):

Abb. 3: Martin Agricola, Musica Choralis Deudsch, Wittenberg 1533, fol. B VII und Transkription

Einem Musiker von heute drängt sich unabweislich die Frage auf, warum man dem Problem nicht einfach entging, indem man kurzerhand noch eine siebte Silbe einführte und aus dem Hexachord ein Heptachord machte – wie es seit dem ausgehenden 16. Jahrhundert auch mehrfach versucht wurde.[1] Wer einem Musiker von heute das System der Hexachord-Solmisation klar machen will, der muss auch diese Frage beantworten. Der allgemeine Hinweis auf Mnemotechnik, oktatonisches Tonsystem und Kirchentonarten kann da nicht genügen, auch wenn darin in letzter Instanz tatsächlich die Gründe liegen dürften. Hier muss durch ausführlichere Erklärungen dem Verständnis auf die Sprünge geholfen werden.

Ich möchte die Frage, warum man nicht ganz einfach aus dem Hexachord ein Heptachord machte, in zweifacher Weise zu beantworten suchen: 1. Es war gar nicht so einfach, wenn nicht überhaupt unmöglich, eine siebte Silbe einzuführen. 2. Aus dem Blickwinkel der mittelalterlichen und frühneuzeitlichen Musiktheorie war die Ergänzung einer siebten Silbe aber auch nicht unbedingt nötig. Das, was uns stört, wurde als sehr viel weniger störend empfunden.

Ad 1. Man konnte nicht einfach eine siebte Silbe einführen. Da das Tonsystem nicht heptatonisch war, sondern aufgrund der eigentümlichen Doppelstu-

---

[1] Siehe dazu ausführlicher Werner Braun 1994: 68 ff.

fe *b*/*h* oktatonisch, hätte man auch noch eine achte Silbe einführen müssen. Im Prinzip wäre das natürlich ganz leicht möglich, nicht aber im Rahmen des Solmisierens – des Silbensingens. Der Sinn des Silbensingens besteht darin, dass man bestimmte tonsystematische Prinzipien mit dem Klang bestimmter Silben, zumindest aber Vokale, verbindet: die der genauen Halbton-Ganztonstellung. Eine besondere Bedeutung hatte innerhalb des diatonischen Systems naturgemäß der Halbton: Im Hexachord wurde er durch die Silben *mi* und *fa* ausgedrückt. Das unlösbare Problem der Erweiterung des Hexachords zum Heptachord und – unter Einbeziehung der untersten Note des nächst oberen Heptachords – zum vollständigen Oktavraum bestand darin, dass aufgrund der Doppelstufe *b*/*h* zwei mögliche Halbtöne durch entsprechende Silben oder Vokale hätten ausgezeichnet werden müssen: die Halbtöne *a*/*b* und *h*/*c* (der Halbton *b*/*h* kam nicht vor). Zugleich hätten die Töne *a* und *c* – je nachdem, welcher der beiden genannten Fälle wirksam war – aber auch gerade nicht auf einen Halbton verweisen dürfen. *a* hätte einmal als unterer Ton des Halbtonschritts markiert werden müssen (beim Vorkommen von *b*), das andere Mal aber gerade nicht (beim Vorkommen von *h*). *c* hätte einmal als oberer Halbton des Halbtonschritts markiert werden müssen (beim Vorkommen von *h*), das andere Mal hingegen nicht (beim Vorkommen von *b*). Dieser wechselnden Konstellation von je verschieden auszuzeichnenden Halb- und Ganztönen hätte ein stehendes Heptachord nicht gerecht werden können, Umbenennungen waren unausweichlich. Mit solchen operierte nun aber gerade die bestehende Hexachord-Solmisation unter Einbezug der Mutation.

Ad 2. Aus dem Blickwinkel der mittelalterlichen und frühneuzeitlichen Musiktheorie war die Ergänzung einer siebten Silbe nicht so nötig und naheliegend wie für uns. Und das, was uns stört, wurde als sehr viel weniger störend empfunden. Das Paradigma der Hexachord-Solmisation wie der Musiktheorie bis in die frühe Neuzeit war die Vokalmusik. In Vokalmusik, vor allem aber der Vokalmusik der Zeit, kommen große Sprünge und zumal Oktavsprünge kaum vor. Das Fehlen des Prinzips der Oktavidentität war also ein weit geringeres Problem als für uns. Das genannte Solmisationsbeispiel von Mathias Greiter beschreibt bereits eine besondere Situation – der Grund, weshalb es überhaupt zitiert wird. Und das horrende Beispiel, das Martin Agricola anführt, dürfte mit ziemlicher Sicherheit eine instrumentale bzw. instrumental inspirierte Bassstimme sein.

Noch wesentlicher aber ist der Sachverhalt, dass für das mittelalterliche und frühneuzeitliche Tonsystem die siebenstufige Skala nicht die Bedeutung hatte wie für uns. Die Buchstabenreihe zwischen zwei gleichen Buchstaben, die es ja gab (siehe das Diagramm von Cochläus auf S. 198, linke Spalte: der »Scala vera« liegt im Kern die Buchstabenreihe von *a* bis *a* zu Grunde), war ein numerisches Abstraktum, nicht wie für uns die Buchstabenreihe von *c* bis *c* der Inbegriff einer »Tonart« mit »Tonvorrat«, »Grundton« und »Leitton«. Die mittelalterliche und frühneuzeitliche Tonart, der »Modus«, beruhte auf den Kategorien »Ambitus« – der nicht unbedingt ein Oktavambitus sein musste –, »Finalis« und »Repercussa« – die keine harmonischen Funktionen erfüllten wie etwa Tonika und Dominante, sondern melodische Funktionen: Sie waren melodische Gerüsttöne, d. h. Töne, die häufig vorkommen und bestimmte Tonräume be- und umgrenzen. Ambitus, Finalis und Repercussa prägten die Vorstellungen von Tonalität, nicht die siebenstufige Skala zwischen *c* und *c*. Die Ergänzung des sechsstufigen Hexachords zum siebenstufigen Heptachord analog der vollständigen Buchstabenreihe schienen in Mittelalter und Frühneuzeit nicht als so naheliegend und notwendig wie zu späteren Zeiten.

Insgesamt muss man sagen, dass nicht nur hinsichtlich der Diatonik, sondern auch hinsichtlich der Gliederung in Sechstonräume den tonsystematischen Vorstellungen der Hexachordlehre durchaus eine künstlerische Realität entsprach. Viele Gesänge bewegten sich überhaupt nur im Sechstonraum. Und wenn sie diesen nach oben oder unten überschritten, dann sehr oft in die Region eines neuen Tonraumes, der gut durch ein anderes Hexachord zu beherrschen war. Von einem Raum in den anderen aber gelangte man über Repercussae – Zentral- oder Rahmentöne –, auf denen länger verweilt wurde und die gute Gelegenheit gaben, sich in aller Ruhe auf die neuen Räume einzustellen, d. h. zu mutieren.

Wenn man diese Momente mit in den Blick nimmt: Diatonik, Vokalmusik als Modell und einen Tonalitatsbegriff, für den die vollständige Skala von *c* bis *c* nicht so entscheidend ist wie für uns, dann dürfte das »Schreckgespenst« der Hexachord-Solmisation – hoffentlich – schon kleiner geworden sein.

Literatur

Braun, Werner (1994): *Deutsche Musiktheorie des 15. bis 17. Jahrhunderts. Zweiter Teil: Von Calvisius bis Mattheson (Geschichte der Musiktheorie 8/II)*. Darmstadt.
Loesch, Heinz von (2003): Musica – Musica practica – Musica poetica. In: Thomas Ertelt/Frieder Zaminer (Hg.), *Deutsche Musiktheorie des 15. bis 17. Jahrhunderts. Erster Teil: Von Paumann bis Calvisius (Geschichte der Musiktheorie 8/I)*. Darmstadt, S. 99–264, der Abschnitt über Solmisation S. 147–157.
Ruhnke, Martin (1957): Hexachord. In: *MGG I*, Bd. 6. Sp. 349–358.

Anne Niessen
Die Bedeutung von Selbstbestimmung im Musikunterricht aus Schülersicht

> »*Ich glaube, das Wichtigste ist,
> dass man mitarbeitet und nicht die Zeit absitzt.*«
> (Äußerung eines Schülers im Anschluss an die Musikstunde,
> die im Mittelpunkt des Textes steht)

1. Einleitung

Zu Beginn sei eine persönliche Bemerkung erlaubt, die für die Anlage des Textes bedeutsam ist. Der Adressat dieser Festschrift, Thomas Ott, spielt in meiner musikpädagogischen Biografie eine besondere Rolle: Im Studium stieß ich auf die Bände *Musikunterricht 1–6* und *Musikunterricht 5–11*. (Günther/Ott/Ritzel 1982; 1983) Dass die Mitgestaltung von Unterricht durch Schülerinnen und Schüler[1] kein Erfolgsrezept darstellt, sondern einen riskanten, aber chancenreichen und lebendigen Prozess, fand ich ebenso faszinierend wie das Kennenlernen der Textsorte dieser Bände, die nicht nur didaktische Überlegungen enthielten, sondern auch Einsichten in den Unterrichtsalltag ermöglichten. Ein weiterer für mich bedeutsamer Text war der zum Konzept des offenen Musikunterrichts. (Jank/Meyer/Ott 1986) Sowohl der Begriff der Lehrerhaltung, der darin eine wichtige Rolle spielt, als auch die Aufmerksamkeit gegenüber den Musiklehrenden als Protagonisten des Unterrichts beeinflussten und prägten mein berufliches Interesse. All diese Motive spielen in den folgenden Ausführungen eine Rolle – auch wenn damit nur ein winziger Teil des Spektrums gestreift wird, das Thomas Ott lehrend, schreibend und reflektierend für die Musikpädagogik erschlossen hat.

Zunächst knüpfe ich aber an eine Argumentation aus einem anderen Kontext an: Im Mittelpunkt einer Tagung, auf der auch Thomas Ott zu den Vortragenden gehörte, standen drei Musikstunden, zu denen nicht nur Unterrichtsmit-

---

[1] Aus Gründen der besseren Lesbarkeit wird im Folgenden die männliche grammatikalische Form gelegentlich für beide Geschlechter verwendet.

schnitte, sondern auch Interviews mit Lehrenden und Schülern vorlagen.[2] Ich hatte eine der drei Stunden ausgewählt und sie mit Hilfe qualitativer Methoden vor dem Hintergrund eines Modells zur Unterrichtsqualität aus dem Kontext der TIMSS-Studie untersucht. (Niessen 2010) Die Ergebnisse gaben zu der Vermutung Anlass, dass den meisten Schülerinnen und Schülern in der gewählten Stunde keine optimale Verarbeitungstiefe der Unterrichtsinhalte gelungen war. Abschließend stellte ich die These auf, dass dieses Problem womöglich durch ein gesteigertes Maß an Selbstbestimmung der Schüler hätte vermieden werden können. Ich möchte diesen Gedanken im vorliegenden Text aufgreifen und anhand einer weiteren Stunde aus dem Kontext der Leipziger Tagung, in der Schülerinnen und Schüler ganz offensichtlich selbständiger agierten, erneut diskutieren.

Dieser Versuch soll verbunden werden mit Aspekten aus den beiden oben genannten, von Thomas Ott mitverfassten Texten: Aus der Konzeption des schülerorientierten Musikunterrichts fließt die Frage ein, wie ein Unterricht gelingen kann, an dessen Planung und Durchführung Schülerinnen und Schüler maßgeblich beteiligt sind. Aus dem Text zum offenen Musikunterricht sei der Aspekt der unplanbaren ästhetischen Erfahrung aufgenommen. Das führt zu Fragen, um die es im Folgenden geht: Wie können Schülerinnen und Schüler in einem Unterricht, bei dem sie selbst wesentliche Aspekte mitbestimmen und mitgestalten können, ästhetische Erfahrungen[3] sammeln? Welche Beziehungen lassen sich zwischen selbstbestimmtem und ästhetischem Lernen auf der Basis empirischer Daten beschreiben? Aus dem Text zum offenen Musikunterricht wird das Motiv der Lehrerhaltung für die vorliegenden Überlegungen wichtig. Diese zusätzliche Perspektive führt zu einer weiteren Frage: Wie nehmen Schülerinnen und Schüler eine Lehrperson wahr, die selbstbestimmtes Lernen im Musikunterricht ermöglicht?

Die Leitfragen werden mit Hilfe der Analyse qualitativer Interviews in der

---

[2] Ende Oktober 2008 initiierte Christopher Wallbaum an der Hochschule für Musik und Theater Felix Mendelssohn Bartholdy in Leipzig eine Tagung mit dem Titel *Perspektiven der Musikdidaktik – Eine Stunde im Licht musikdidaktischer Theorien*. Weitere Informationen dazu sind erhältlich unter: http://www.hmt-leipzig.de/index.php?musikdidaktik [21.12.2009].

[3] Hermann J. Kaiser hat – einige Jahre nach Erscheinen des Textes von Jank/Meyer/Ott 1986 – die Begriffe musikalische und musikbezogene Erfahrung unterschieden und damit das Phänomen ästhetische Erfahrung domänenspezifisch ausgearbeitet (vgl. u. a. Kaiser 1992). Weil sich die vorliegenden Ausführungen aber eng an dem Text von Jank, Meyer und Ott orientieren, wird im Folgenden ausschließlich der Begriff der ästhetischen Erfahrung verwendet.

Tradition der Grounded Theory Methodologie (s. u. a. Glaser/Strauss 1998) beantwortet. Für den vorliegenden Text wurden in erster Linie die Schülerinterviews zu der entsprechenden Stunde ausgewertet; der Unterrichtsmitschnitt und die Lehrerinterviews dienten nur der ergänzenden Information und wurden dann zu Rate gezogen, wenn einzelne Äußerungen in den Schülerinterviews unklar blieben. Wie üblich bei qualitativer Forschung stellt sich an dieser Stelle die Frage nach der Reichweite der erzielten Ergebnisse. Tatsächlich führt die im Folgenden dokumentierte Fallanalyse zunächst zu Ist-Aussagen: Was hier beobachtet werden kann, belegt zumindest die Möglichkeit, dass Prozesse auf diese Weise stattfinden können. Darüber hinaus markiert die Analyse in einer übergeordneten Perspektive aber auch einen Beitrag zu einer Grounded Theory über die Wahrnehmung von Musikunterrichtsstunden durch Lehrer und Schüler, deren Entwicklung im Rahmen eines mit Andreas Lehmann-Wermser begonnenen Forschungsprojekts ihren Anfang nahm. (Niessen/Lehmann-Wermser 2006)[4]

2. Entfaltung des Begriffs »Selbstbestimmung«

In der für die Leipziger Tagung analysierten Stunde hatte sich herausgestellt, dass keiner der befragten Schüler der 6. Gymnasialklasse die im Unterricht thematisierten Begriffe Polyphonie und Homophonie verstanden oder gelernt hatte, obwohl die Begriffe in der Stunde ausführlich theoretisch und praktisch eingeführt worden waren. Zudem berichteten die Schülerinnen und Schüler davon, dass sie beim gemeinsamen Keyboardspiel sich entweder langweilten oder vor unüberwindlichen Schwierigkeiten standen – je nach Stand ihrer instrumentalpraktischen Fähigkeiten. Die individuelle Passung zwischen den jeweiligen Voraussetzungen der Schülerinnen und Schüler und dem Arbeits- und Lernniveau in der Stunde war offensichtlich nicht optimal. Das wirkte sich deutlich negativ auf die Verarbeitungstiefe beim Lernen und im Gefolge auf die Motivation der Klasse aus und zwar unabhängig davon, ob die einzelnen Schülerinnen und Schüler sich jeweils über- oder unterfordert gefühlt hatten. Einen Gedanken aus dem Modell der TIMSS-Studie zur Unterrichtsqualität aufnehmend (Klieme/Rakoczy 2008) hatte ich abschließend die Vermutung geäußert, dass die Verarbeitungstiefe hätte verbessert werden können, wenn der Grad der Selbstbestimmung im Lernen der Schülerinnen und Schüler erhöht worden wäre. (Niessen 2010) Deshalb wurde im Sinne des theoretical

---

4   Das Datenmaterial, das für die Tagung zur Verfügung stand, wurde nach dem Design des eben erwähnten Forschungsprojekts erhoben.

sampling (Glaser/Strauss 1998: 53–83) als nächstes eine Stunde für die Analyse ausgesucht, in der die Selbstbestimmung der Lernenden erkennbar größer war. Mich interessierte, wie Schülerinnen und Schüler ein höheres Maß an Selbstbestimmung im Unterricht erleben und wie diese Selbstbestimmung mit dem Lernen im Fach Musik in Verbindung stehen kann.

Was genau ist aber gemeint mit dem Begriff der Selbstbestimmung? Er wird im oben erwähnten Modell folgendermaßen bestimmt: »Erleben von Autonomie + Kompetenz + sozialer Einbettung = Selbstbestimmung«. (Klieme/Rakoczy 2008: 228) Zugrunde liegt die Selbstbestimmungstheorie von Edward Deci und Richard Ryan (1993). Diese beiden Psychologen beleuchten den Zusammenhang zwischen Motivation und Lernen auf der Basis einer Theorie des Selbst. Sie zeigen anhand verschiedener Forschungsergebnisse, dass sowohl intrinsische als auch bestimmte Formen extrinsischer Motivation als selbstbestimmt erlebt werden und dass diese Wahrnehmung von Selbstbestimmung positiven Einfluss auf die Qualität des Lernens nimmt, was wiederum an den Lernergebnissen abgelesen werden kann. Besonders bedeutsam ist in diesem Zusammenhang die Unterstützung oder Verhinderung des Bestrebens nach Autonomie, Kompetenz und sozialer Einbettung durch das jeweilige soziale Umfeld. (Deci/Ryan 1993: 236) Auch wenn hier nicht genügend Raum ist, diese für pädagogische Zusammenhänge interessante Theorie im Einzelnen darzustellen, sei doch auf zwei Aspekte hingewiesen, die im Folgenden bedeutsam sind:

Deci und Ryan unterscheiden vier verschiedene Typen extrinsischer Verhaltensregulation zwischen Verhalten, das lediglich auf Bestrafung oder Belohnung reagiert, und Verhalten, das entweder an sich für wertvoll erachtet wird (Internalisation = »der Prozess, durch den externale Werte in die internalen Regulationsprozesse einer Person übernommen werden«) oder dessen Ziele, Normen und Handlungsstrategien sogar vollständig für die eigene Person akzeptiert werden. (Integration = »der weitergehende Prozess, der die internalisierten Werte und Regulationsprinzipien dem individuellen Selbst eingliedert.«) (Deci/Ryan 1993: 226–227) Diese grundlegende Annahme verschiedener Grade extrinsischer Motivation widerspricht der These, dass Schule per se sinnvolles Lernen verhindert, weil dort Lernen zu einem großen Teil extrinsisch motiviert ist.

Forschungsergebnisse lassen darauf schließen, dass es möglich ist, auch bei extrinsisch motiviertem Verhalten Selbstbestimmung zu erleben. »Entscheidend ist [...] die eigene Wertschätzung des Handlungsziels auf der Basis intrinsischer oder integrierter extrinsischer Motivation.« (Deci/Ryan 1993: 236) Das Erleben von Selbstbestimmung spielt für die Motivation eine entscheidende Rolle.

Weil es möglich ist, mit Hilfe qualitativer Befragungen die Wertschätzung von Handlungszielen zu erfassen, können Interviewanalysen Aufschluss über den erlebten Grad von Selbstbestimmung geben.

Wenn man nun das Konstrukt Selbstbestimmung in der Konzeption des schülerorientierten Musikunterrichts sucht, stößt man auf die Forderung, Schülerinnen und Schüler als »Subjekte ihres Lernprozesses« ernst zu nehmen (Günther/Ott/Ritzel 1983: 30), ihnen »im Unterricht mehr Handlungsspielräume [zu] geben und das Entscheidungsmonopol des Lehrers [zu] begrenzen«. Im Fokus steht dort das »Moment der Schülermitbestimmung bei der Unterrichtsplanung« im Sinne von Wolfgang Schulz. (Günther/Ott/Ritzel 1983: 32) Die Merkmale des schülerorientierten Musikunterrichts können hier aus Platzgründen nicht im einzelnen ausgeführt werden, aber Metaunterricht, symmetrische Kommunikation zwischen Lehrenden und Schülern, Selbsttätigkeit und Gruppenarbeit sowie eine Ergebnisorientierung des Unterrichts (Günther/Ott/Ritzel 1983: 37–38) sollen den Lernenden das ermöglichen, was in der TIMSS-Studie mit dem Begriff »Selbstbestimmung« gemeint ist.

All diese Merkmale sind in der Musikstunde, die hier genauer betrachtet werden soll, zu beobachten: Es handelt sich um eine Doppelstunde in einem Wahlkurs der Klassenstufe 10 einer großstädtischen Gesamtschule. Die Schülerinnen und Schüler hatten selbständig – und wie sich in den Interviews herausstellt, sogar gegen die Bedenken des Lehrers – einen Song ausgesucht, den sie in der ersten Phase der Stunde arbeitsteilig in Instrumental- und Gesangsgruppen einübten und in der zweiten Phase gemeinsam realisierten. Im dritten Teil der Stunde reflektierten sie ihre Arbeit ausführlich im Plenum. Die Tatsache, dass die Schüler entscheiden durften, welches Stück sie wählen wollten, dass sie in den Gruppen lange Zeit ohne Lehrer arbeiteten und anschließend den Prozess gemeinsam reflektierten, belegt auf eine sehr grundlegende Weise, dass ihnen schon in Bezug auf Planung und Organisation der Stunde Selbstbestimmung eingeräumt wurde; damit ist ein zentrales Kriterium des schülerorientierten Unterrichts nach Günther, Ott und Ritzel erfüllt. Was bedeutete das für die Wahrnehmung der Schülerinnen und Schüler? Diese Frage soll bei der Analyse und Interpretation der Interviews zunächst geklärt werden:

Frage 1: Erleben die Schülerinnen und Schüler Selbstbestimmung in der fokussierten Musikstunde – und wenn ja: wie erleben sie sie?

Außerdem soll als Frage an die empirische Analyse der Interviews herangetragen werden, was Jank, Meyer und Ott in ihrem Konzept offenen Musikunterrichts als These aufgestellt haben: »Zwischen der Offenheit, Unplanbarkeit und Unverfügbarkeit ästhetischer Erfahrungen und der Offenheit eines schülerorientierten Unterrichts besteht eine Wechselwirkung« im Sinne einer »Strukturähnlichkeit«. (Jank/Meyer/Ott 1986: 110) Angesichts der Tatsache, dass diesem Zusammenhang auf der Basis empirischer Daten nachgegangen wird, muss die Frage etwas modifiziert werden. Sie lautet nun: Ist in einem Unterricht, der auf die Selbstbestimmung von Schülerinnen und Schülern setzt, das Sammeln ästhetischer Erfahrungen möglich? Damit kann – schon allein aus wissenschaftstheoretischen Gründen – die These von Jank, Meyer und Ott nicht verifiziert werden. Aber wenn sich an einem Fall zeigen ließe, dass Schülerinnen und Schüler in einem schülerorientierten Musikunterricht ästhetische Erfahrungen machen können, wäre die These der Autoren zumindest gestützt.

Wenn in den Daten qualitativer Befragungen nach ästhetischen Erfahrungen im Sinne von Jank, Meyer und Ott gesucht werden soll, muss zunächst der Begriff der ästhetischen Erfahrung geklärt werden, wie ihn die Autoren ihren Ausführungen zugrunde legen. In ihrer Definition weist er drei Ebenen auf:

- Unproblematisch ist eine Verständigung über die erste Ebene möglich, die »Herstellung eines geordneten Sinnzusammenhangs struktureller Momente«. (Jank/Meyer/Ott 1986: 110) Dieser Aspekt lässt sich in Bezug auf die Stunde tatsächlich kurz abhandeln: Der Sinnzusammenhang wird hergestellt, weil die Schülerinnen und Schüler mit dem musikalischen Material in ihrem praktischen Tun im besten Sinne strukturell umgehen.

- Bei der Ebene des Bedeutungsgehalts handelt es sich um die Ebene der Interpretation, die sich in der vorliegenden Stunde in der musikalischen Praxis realisiert und in der abschließenden Phase reflektiert wird. Laut Jank, Meyer und Ott schlägt sich diese Ebene nieder in einem »Zuwachs an subjektiver Bedeutsamkeit und Verbindlichkeit«. (Jank/Meyer/Ott 1986: 111) Spiegelt sich dieser Zuwachs an Bedeutsamkeit tatsächlich in den Schüleräußerungen zu der in Frage stehenden Stunde wieder?

- Auf der dritten Ebene entsteht zwischen dem Schüler und dem Musikstück ein »Kontakt«, den Jank, Meyer und Ott folgendermaßen näher beschreiben: »Wir haben es hier mit einer großen Bandbreite von Erlebnismöglichkeiten zu tun, die sich in Ablehnung, Langeweile, interessierter Aufmerksamkeit oder auch tiefer Betroffenheit äußern kann und zudem an ganz unterschiedlichen Wirkungsdimensionen eines Stückes haften kann: an Strukturelementen, an bildlichen Assoziationen, an der Gegensätzlichkeit der Ausdrucksebenen, an den Gefühlen, die beim Hören erlebt werden.« (Jank/Meyer/Ott 1986: 112) Jank, Meyer und Ott bemerken, dass diese Ebene »nicht didaktisierbar« sei (Jank/Meyer/Ott 1986: 112) und sich der Verfügung in der Planung und Durchführung von Unterricht entziehe. Lassen sich dennoch Spuren solcher Prozesse in den vorliegenden Schülerinterviews erkennen?

Frage 2: Sammeln die Schülerinnen und Schüler in der fokussierten Musikstunde ästhetische Erfahrungen im Sinne von Jank, Meyer und Ott?

3. Selbstbestimmung und ästhetische Erfahrungen
3.1 Erleben von Selbstbestimmung

Zunächst steht die erste Frage im Fokus, nämlich ob die Schülerinnen und Schüler im Unterricht überhaupt Selbstbestimmung erleben. Bei einer Analyse der Interviews springt sofort ins Auge, in welchem Maße die Schüler das Arbeiten im Unterricht als ihre eigene Angelegenheit beschreiben. In der folgenden Äußerung einer Schülerin klingt durch, wie differenziert und situationsangemessen sie diesen Prozess begreift und bewertet: »Ich denke mal, es wird ein bisschen problematisch, aber das könnten wir auch hinkriegen. Aber wir sind auch nicht so ganz sicher, das ist jetzt die erste Stunde gewesen, wo wir das Lied überhaupt gespielt und gesungen haben. Und ich finde, dafür war es schon ganz gut.« Zweifel klingen mit, aber auch Zuversicht, und deutlich taucht mit der Formulierung »wir« die Gruppe als bedeutsamer Faktor auf. Besonders in Bezug auf die Gesangsgruppe, die als größte eine besondere herausfordernde Aufgabe zu bewältigen und auch in musikalischer Hinsicht mit verschiedenen Schwierigkeiten zu kämpfen hatte, betont eine Schülerin, dass der Prozess positiv verlaufen ist, »[...] weil es einfach reibungslos geklappt hat: Wir haben alle gesungen, wir haben nicht lange rumge- [unverständlich], wir sind einfach zur Tat übergeschritten und das hat echt gut geklappt die ganze Zeit. Wir haben echt gut geübt. Wenn was war, haben wir das besprochen: ›Das klappt nicht gut‹. Und wir haben uns wirklich reingehängt, finde ich, und deswegen würde ich uns eine gute Note geben.« In der Wahrnehmung der Schülerin gab es also großes Engagement bei allen Beteiligten, das sie uneingeschränkt positiv bewertet. Auch in weiteren Interviewpassagen wird deutlich, wie stark die Schülerinnen und Schüler den Unterrichtsprozess schon in der Stunde und ohne den Lehrer miteinander reflektierten – und damit das realisierten, was Jank, Meyer und Ott als Meta-Unterricht beschreiben. (Jank/ Meyer/Ott 1986: 37) Dabei spielt sich intensives Lernen ab, wie es sich beispielsweise in dieser Äußerung eines Schülers spiegelt: »Wir wissen jetzt, was wir machen müssen und wo wir dran arbeiten müssen, weil jetzt haben wir gemerkt, wo die Schwächen sind.«⁵ Das Bewusstsein vorhandener Schwierigkeiten tut der grundsätzlichen Zustimmung zu dieser Form von Unterricht keinen Abbruch; auf die Frage, was ihnen an der Stunde gefallen hat, formuliert eine Schülerin: »Dass wir so zusammengehalten haben und es alleine doch irgendwie geschafft haben, das auf die Reihe zu kriegen.« Deutlich ist in dieser Äußerung ihr Stolz auf die gemeinsame Leistung abzulesen.

Im TIMSS-Modell wird, wie bereits erwähnt, Selbstbestimmung beschrieben als Erleben von Kompetenz und Autonomie in sozialer Einbettung. Alle drei Komponenten sind in der folgenden Äußerung eines Schülers enthalten: »Also, im Vergleich zum letzten Jahr hat sich das Teamplay und die Spielzusammengemeinschaft stark verbessert und – [Mitschüler lachen]. Ja, das ist ein komisches Wort, ich weiß. Hätten wir das Lied vor einem Jahr gemacht, da hätte es anders ausgesehen, als hätten wir es jetzt gemacht, weil das inzwischen schon so ein, ich sage mal, eingespielter Ablauf ist, dass das jetzt heute schon ganz okay war und letztes Jahr vielleicht ganz anders ausgesehen hätte, weil: Wir sind zwar keine Profis, aber schon ziemlich gute Minderjährige!« Nicht nur auf der Basis dieser letzten Äußerung ist zu konstatieren, dass die Schüler in der fokussierten Stunde Selbstbestimmung positiv wahrgenommen und erfahren haben. Bezugnehmend auf die Theorie von Deci und Ryan lässt sich festhalten, dass die befragten Schüler zwar extrinsisch motiviert gehandelt, dass sie aber ihr Handeln als selbstbestimmt erlebt haben, indem sie die Handlungsziele vollständig in das eigene Wertesystem integriert und damit die höchste Stufe extrinsischer Motivation erreicht haben.

3.2 Ästhetische Erfahrungen

Nun stellt sich die Frage, ob die Schüler in der beschriebenen Unterrichtsstunde ästhetische Erfahrungen gemacht haben, wenn man den Begriff der ästhetischen Erfahrung nach Jank, Meyer und Ott zu Grunde legt. Vor allem ist interessant, ob die Schüler Erfahrungen auf der Ebene des Bedeutungsgehalts gesammelt und einen Zuwachs an subjektiver Verbindlichkeit in Bezug auf die Musik erlebt haben.

An dieser Stelle muss eine methodologische Anmerkung eingeschoben werden. Auch wenn das Vorgehen bei der Analyse der Interviews an das der

---

5   Im vorliegenden Kontext kann nicht ausführlich das Niveau diskutiert werden, auf dem die Schülerinnen und Schüler in der Stunde gelernt und gearbeitet haben. Darüber ließe sich in Bezug auf die konkrete Realisierung des Songs sicherlich streiten. Beeindruckend ist in dieser Hinsicht aber die abschließende Reflexionsphase, in der sich offenbart, dass die Schülerinnen und Schüler auf einer Metaebene zu differenzierten neuen Erkenntnissen gekommen sind.

Grounded Theory Methodologie angelehnt ist, gibt es doch eine grundsätzliche Einschränkung: Die Unterrichtsstunde wurde zwar im Sinne des theoretical sampling (s. u. a. Glaser/Strauss 1998) theoriegeleitet aus einer Anzahl weiterer Stunden für die Analyse ausgewählt, aber die Daten waren nicht im Hinblick auf die sich verändernde Fragestellung erhoben worden; die Leitfäden für die Interviews konnten also nicht dem Stand der Theorieentwicklung angepasst werden. Die Re-Interpretation qualitativer Daten, um die es sich de facto handelt, stellt in der qualitativen Forschung weitgehend Neuland dar (s. u. a. van den Berg 2005) und bedeutet auch in diesem Fall ein Problem für die Auswertung. Trotzdem können Spuren ästhetischer Erfahrung in den Äußerungen der Schüler gefunden werden.

So beschreibt eine Schülerin deutlich ästhetische Erfahrungen, allerdings zunächst einmal nur in Bezug auf andere Stunden: »Also ich finde, wenn man das öfters probt, ich glaube, dann kommt eher dieses Feeling rüber, also in einem selber. [...] also da muss man halt viel mehr üben und dann muss man den Text sicher können und dann kann man auch richtig mit Gefühl rangehen [...]. Sonst aber, wenn man das öfters singt, dann wippen wir auch schon mal mit, oder so. [lacht]« Hier ist durchaus ein Grad an subjektiver Verbindlichkeit zu spüren, der dadurch besondere Bedeutung gewinnt, dass die Schülerin beschreibt, wie diese subjektive Verbindlichkeit anwächst, je länger sie sich mit einem Stück Musik beschäftigt. In diesem Zusammenhang scheint ein wichtiges Thema die Frage zu sein, wie die Schüler die Spannung zwischen der Original- und der von ihnen musizierten und gesungenen Version des Liedes empfinden. Darüber gibt es unterschiedliche Ansichten. Gemeinsam sehen alle Schülerinnen und Schüler aber die Version, wie sie ihnen in der Stunde gelungen ist, noch nicht als optimal an. Einige meinen, dass es schon noch besser werde, bei anderen ist die Skepsis größer. Ausgangspunkt ist aber stets die Begeisterung für das Stück: »Man findet dieses Lied so toll und will auch, dass es ein bisschen so wird. Und das wird es ja auf jeden Fall nicht. Und jetzt hatten wir auch noch die Unterstützung, dass wir es nebenher laufen hatten [...]. Ja, der Schein trügt so ein bisschen, oder wie man das sagt. [lacht] Also, ich glaube, hinterher wird es nicht so gut, wie alle denken.« An dieser Bemerkung fällt auf, wie deutlich der Schüler die Unterstützung durch die mitlaufende CD wahrnimmt und wie klar er die Diskrepanz zwischen dem Original und der eigenen Realisierung benennt. Ein weiterer Schüler, der über den Entscheidungsprozess für den Song spricht, betont aber, wie bewusst die Klasse diese Diskrepanz in Kauf genommen hat: »Ja, wir konnten das hören, auf die Melodie achten, auf den Gesang, ob wir das wirklich umsetzen können, weil wenn es dann wirklich unmachbar ist, dann brauchen wir das gar nicht machen. Aber wir haben uns auch entschlossen, das nicht haargenau so hinzukriegen wie im Musical, aber unsere eigene Sache so ein bisschen reinzubringen.« Bemerkenswert ist hier die Formulierung »unsere eigene Sache«. Die Erfahrung, dass die selbst erstellte Version anders klingt, wird umgewertet und in einer bewussten Entscheidung als »eigenes Ding« positiv wahrgenommen und musikalisch gestaltet – ein Zuwachs an subjektiver Verbindlichkeit kann kaum deutlicher dargestellt werden.

Auf die Frage, was im Unterricht eigentlich vermittelt wurde, beschreibt ein Schüler, dass Lernen im Musikunterricht andere Dimensionen haben kann als in anderen Fächern: »Herr L. macht das eher so ein bisschen –, nicht Wissen abfragen, sondern es ist eher kreativ, sag ich mal in Anführungsstrichen [...]. Alles ist eigentlich richtig.« Auch wenn der letzte Satz sicher nicht wörtlich gemeint war und zu verstehen ist, kann diese Äußerung durchaus als Ergebnis ästhetischen Lernens gedeutet werden: Die Schülerinnen und Schüler erfahren im Musikunterricht, dass in ästhetischen Zusammenhängen verschiedene Möglichkeiten positiv bewertet werden können. In seiner Äußerung bringt der Schüler diese Erfahrung aber auch mit der Person des Musiklehrers in Verbindung. Bevor dieses Statement überleiten soll zum letzten Teil der Ergebnisdarstellung, sei an dieser Stelle festgehalten, dass es in den Interviews deutliche Spuren ästhetischer Erfahrungen im Sinne von Jank, Meyer und Ott gibt, am deutlichsten vielleicht auf der letzten Ebene eines Zuwachses an subjektiver Verbindlichkeit.

4. Erleben der Lehrerhaltung

Im »offenen Musikunterricht« geht es ja im Kern um eine Offenheit von Unterricht, die nicht geplant oder prognostiziert werden kann. Dennoch ist sie nicht »zufällig und beliebig«, sondern an den Kommunikationsstil und die Person des Lehrers gebunden: »Offenheit des Unterrichts setzt Eindeutigkeit der Lehrerhaltung voraus.« (Jank/Meyer/Ott 1986: 117) Die Autoren machen »stabile, verlässliche Strukturen der Lehrerhaltung« aus, die sie folgendermaßen beschreiben: Befriedigung des Bedürfnisses der Schüler, »selbst etwas zu tun«, Akzeptanz von »Distanz und Kritik der Schüler«, Vielfalt in Inhalten und Methoden des Unterrichts und Einsicht in die Unplanbarkeit des Lernerfolgs. (Jank/Meyer/Ott 1986: 117) Nun könnte man die Frage, ob der Lehrer der fokussierten Stunde über diese Einsichten verfügt, vermutlich am besten anhand der Lehrerinterviews beantworten. Im Rahmen der vorliegenden Analyse wird aber konsequent die Schülerperspektive eingenommen und so stellt sich nun eine weitere Frage:

Frage 3: Wie nehmen Schüler einen Lehrer wahr, der ihnen ästhetische Erfahrungen in einem auf Selbstbestimmung abzielenden Unterricht ermöglicht?

Betrachtet man die Äußerungen der Schüler über den Lehrer, fällt als erstes auf, wie bedeutsam es für sie ist, dass sie die Entscheidung für das Stück selbst getroffen haben – und zwar gegen seinen Rat: »Aber ich fand es einen totalen Vorteil, dass er auch gefragt hat, was wir gerne machen wollen.« Im weiteren Verlauf der Äußerung erzählt die Schülerin von einem Erlebnis mit anderen Lehrern, die der Klasse letztlich ihre eigene Entscheidung untergeschoben hatten: »Im letzten Jahr zum Beispiel, [...] da war es dann auch unser eigenes Ding, aber am Ende war es dann mehr, was die Lehrer wollten [...], gar nicht, was wir wollten, sondern, was die wollten, weil es angeblich besser ist, weil wir das nicht schaffen. Und dann war es gar nicht mehr das, was wir wollten.« Das führt nicht nur zu einer Enttäuschung in Bezug auf die Lehrenden, sondern zu einem gravierenden Einbruch der Motivation: »Und dann kommen am Ende eigentlich auch nur schlechte Zensuren raus. Wenn man unzufrieden ist, dann ist man unzufrieden mit sich selber, und dann ist es [...].« Hier scheint noch einmal die Bedeutsamkeit der Selbstbestimmung in aller Deutlichkeit auf: Als die Schüler erkennen, dass die Lehrer Schwierigkeiten für sie aus dem Weg geräumt haben, erleben sie ihr Handeln auf einmal nicht mehr als selbstbestimmt und verlieren ihre Motivation fast vollständig, was in ihrer Wahrnehmung wiederum zu einem Abfall ihrer Leistungen führt. Diese Passage scheint mir aber auch ein Schlüssel zum Verständnis der Bedeutsamkeit der Lehrperson: Die Schüler fühlen sich von ihrem jetzigen Lehrer wirklich ernst genommen. Das ist ihnen wichtiger als im Erarbeitungsprozess vor Schwierigkeiten geschützt zu sein. Sicher lässt sich die Äußerung dieser Schülerin nicht beliebig verallgemeinern, sie gilt zunächst einmal nur für diesen Kontext, aber bemerkenswert ist doch, wie wertvoll den Schülern das Gefühl von Selbstbestimmung ist und wie deutlich sie den Zusammenhang von Motivation und Selbstbestimmung darstellen.

Nun zu der Frage, wie die Klasse das Handeln des Lehrers konkret bewertet: Positiv wird gesehen, dass der Lehrer »unterstützt und hilft«, auch wenn er de facto in den meisten Gruppen nur kurze Zeit präsent war: »Herr L. war ja die meiste Zeit draußen, und er hat uns dann auch in der Lage geholfen, dass wir den Ton dann halt ausklingen lassen sollen. Deswegen fand ich das eigentlich auch ganz gut heute.« Das gilt offenbar auch über die Stunde hinaus: »Er bleibt sehr ruhig auch, finde ich. Musik ist ja meistens immer so wuschig und da geht er voll auf uns ein, also das finde ich am besten eigentlich. Er fragt, was wir wollen, ob wir das gut finden, er fragt in der Stunde, was ist gut und was ist nicht so gut gelaufen.« Immer wieder scheint in den Äußerungen nicht nur dieser Schülerin durch, dass die Klasse es schätzt, von ihrem Musiklehrer wahr- und ernst genommen zu werden. Ein Schüler äußert: »Der kriegt allgemein von mir immer eine Eins, weil das einer der Lehrer ist, der wirklich […] sich drum kümmert.« Und die Schüler nehmen dieses Ernstnehmen nicht als aufgesetzt, sondern als authentisch wahr: »Er macht den Unterricht ja so, wie seine Art eigentlich ist. Und das ist das Schöne daran.« Als Fazit lässt sich also festhalten: Für die Schülerinnen und Schüler ist entscheidend, dass der Lehrer sich für sie interessiert, ihre Wünsche und Entscheidungen, aber auch ihre Meinungen über den Unterricht ernst nimmt, sie unterstützt, so weit das möglich ist, und nicht zuletzt: dass er ihnen authentisch gegenübertritt.

5. Fazit

Noch einmal sei daran erinnert, dass die Reichweite der Ergebnisse dieser Einzelfallanalyse begrenzt ist. Es lässt sich aber in Bezug auf die vorliegenden Interviews festhalten, dass die Schülerinnen und Schüler Selbstbestimmung im Musikunterricht positiv wahrnehmen, dass sie der Beteiligung an den Unterrichtsentscheidungen erhebliches Gewicht beimessen und den selbst gestellten Aufgaben mit großer Ernsthaftigkeit gegenübertreten. In ihrer Reflexion über die Arbeit an den nicht unerheblichen Schwierigkeiten bei der Realisierung des Songs schlagen sich ästhetische Erfahrungen nieder – beispielsweise in der kritischen Bewertung der eigenen Version im Vergleich zum Original. Gerade wegen der Ermöglichung eines hohen Maßes an Selbstbestimmung wird die Person des Lehrers ausgesprochen positiv wahrgenommen. So rechnen die Schüler es ihm besonders hoch an, dass er ihren Wunsch, ein bestimmtes Stück zu realisieren, gegen seine eigenen Bedenken akzeptiert. Aber auch in anderen Aspekten schlägt sich seine den Schülern zugewandte Haltung nieder. Damit sind die im Laufe des Textes aufgeworfenen Fragen im Sinne von Ist-Aussagen folgendermaßen zu beantworten: Selbstbestimmung kann im Musikunterricht positiv, sogar sehr positiv wahrgenommen werden und offensichtlich zu hoch motiviertem Lernen und zum Sammeln ästhetischer Erfahrungen beitragen. Die Thesen von Jank, Meyer und Ott zum Konzept des offenen Musikunterrichts werden auf diese Weise erneut empirisch illustriert und geben zu der Hoffnung Anlass, dass sich über den Einzelfall hinaus strukturelle Ähnlichkeiten zwischen der Offenheit des Musikunterrichts und der Offenheit ästhetischer Erfahrungen feststellen lassen.

Erinnert sei abschließend an eine These, die Jank, Meyer und Ott in Bezug auf ästhetische Erfahrungen wesentlich erschien: »Lernprozesse auf der dritten Ebene ästhetischer Erfahrung sind nicht didaktisierbar.« (Jank/Meyer/Ott 1986: 113) Es sollte hier nicht der Eindruck entstanden sein, dass Selbstbestimmung als Voraussetzung für ästhetische Erfahrungen funktionalisiert werden sollte. Vielmehr ist das Ernstnehmen von Schülerinnen und Schülern als »Subjekte ihres Lernprozesses« in erster Linie eine ethisch motivierte und pädagogische Entscheidung. Wenn aber im vorliegenden Text gezeigt werden konnte, dass für Schüler ein hohes Maß an Selbstbestimmung im Musikunterricht mit ästhetischen Erfahrungen einher gehen kann, möge das eine Ermutigung für das Anliegen darstellen, das Thomas Ott mit vorgetragen hat, nämlich immer wieder den Versuch zu unternehmen, der Selbstbestimmung von Schülerinnen und Schülern im Musikunterricht mehr Raum zu geben.

Literatur

Deci, Edward L./Ryan, Richard M. (1993): Die Selbstbestimmungstheorie der Motivation und ihre Bedeutung für die Pädagogik. In: *Zeitschrift für Pädagogik, 2*, S. 223–238.

Glaser, Barney G./Strauss, Anselm L. (1998): *Grounded theory. Strategien qualitativer Forschung.* Bern.

Günther, Ulrich/Ott, Thomas/Ritzel, Fred (1982): *Musikunterricht 1-6.* Weinheim.

Günther, Ulrich/Ott, Thomas/Ritzel, Fred (1983): *Musikunterricht 5-11.* Weinheim.

Jank, Werner/Meyer, Hilbert/Ott, Thomas (1986): Zur Person des Lehrers im Musikunterricht; methodische Probleme und Perspektiven zu einem Konzept offenen Musikunterrichts. In: Hermann J. Kaiser (Hg.), *Unterrichtsforschung. (Musikpädagogische Forschung 7).* Laaber, S. 87–131.

Kaiser, Hermann J. (1992): Meine Erfahrung – Deine Erfahrung?! oder: Die grundlagentheoretische Frage nach der Mitteilbarkeit musikalischer Erfahrung. In: Ders. (Hg.), *Musikalische Erfahrung. Wahrnehmen, Erkennen, Aneignen. (Musikpädagogische Forschung 13).* Essen, S. 100–113.

Klieme, Eckhard/Rakoczy, Katrin (2008): Empirische Unterrichtsforschung und Fachdidaktik; outcome-orientierte Messung und Prozessqualität des Unterrichts. In: *Zeitschrift für Pädagogik, 2.* S. 222–237.

Niessen, Anne (2010): Die Bedeutung von Verarbeitungstiefe im Musikunterricht; Dimensionen von Unterrichtsqualität in einer Musikstunde. In: Christopher Wallbaum (Hg.), *Perspektiven der Musikdidaktik. Eine Stunde im Licht musikdidaktischer Theorien.* Leipzig, S. 63–82.

Niessen, Anne/Lehmann-Wermser, Andreas (2006): Musikunterricht im Spiegel mehrperspektivischer Sinnzuschreibungen. In: Niels Knolle (Hg.), *Lehr- und Lernforschung in der Musikpädagogik (Musikpädagogische Forschung 27).* Essen, S. 239–252.

Van den Berg, Harry (2005). Reanalyzing Qualitative Interviews From Different Angles: The Risk of Decontextualization and Other Problems of Sharing Qualitative Data [48 paragraphs]. In: *Forum Qualitative Sozialforschung/Forum: Qualitative Social Research, 6,* Art. 30. Online: http://nbn-resolving.de/urn:nbn:de:0114-fqs0501305 [12.12.2009].

Günther Noll
Opposition im Neuen Geistlichen Jugendsingen in der DDR – ein Beitrag wider das Vergessen

Zur Begründung des Themas

Zwar gab es schon seit Bestehen der Deutschen Demokratischen Republik in der Bundesrepublik Deutschland ein bestimmtes Maß an Literatur über die DDR, aber ihre eigentliche Aufarbeitung begann erst nach der friedlichen Revolution im November 1989 und der Wiedervereinigung am 3. Oktober 1999. Die Bundesregierung setzte zum Beispiel zwischen 1992 und 1995 Enquete-Kommissionen zur »Aufarbeitung von Geschichte und Folgen der SED-Diktatur in Deutschland« ein, dokumentiert in den Protokollen des Deutschen Bundestages und ihrer Zusammenfassung in neun Bänden, darunter auch Band VI/1-2: *Rolle und Selbstverständnis der Kirchen in den verschiedenen Phasen der SED-Diktatur* (1995). Inzwischen befassen sich mehr als 40 Institutionen in der Bundesrepublik mit der DDR-Aufarbeitung. Als zentrale Organisation seit 1998 ist die »Bundesstiftung zur Aufarbeitung der SED-Diktatur« in Berlin zu nennen, deren Aufgabe darin besteht, »Projekte der gesellschaftlichen Aufarbeitung privater Archive und von Opferverbänden, der Wissenschaft und der politischen Bildung« zu fördern und »zur Sicherung, Sammlung und Dokumentation von Materialien und Dokumenten, insbesondere aus Widerstand und Opposition gegen die SED-Diktatur« beizutragen (vgl. Bundesstiftung 2009a). Inzwischen sind zahlreiche Arbeiten von ihr gefördert worden, die ein breites Themenspektrum abdecken. (Bundesstiftung 2009b)

Im Frühjahr 2005 wurde von der Bundesbeauftragten für Kultur und Medien Christina Weiss eine Expertenkommission eingesetzt, die ein »Konzept für einen dezentral organisierten Geschichtsverband zur Aufarbeitung der SED-Diktatur« erarbeiten sollte. Die »Orte des Erinnerns« sollten sich »konzeptionell und praktisch stärker aufeinander beziehen und miteinander vernetzen« und Modelle »für die Weiterentwicklung der Institutionen, ihrer Kooperation und Schwerpunktsetzung entwickeln«. Trotz der im Ganzen inzwischen breit gefächerten Publizistik zum Thema DDR wurde »eine erhebliche Disproportionalität zwischen den einzelnen Schwerpunkten der Aufarbeitung« festgestellt:

»Während die repressiven und überwachenden Aspekte der SED-Diktatur breit vergegenwärtigt werden, sind die Bereiche ›Opposition und Widerstand‹ sowie ›Herrschaft und Gesellschaft‹ in unvereinbarer Weise unterrepräsentiert.« Daher wird als konzeptionelles Ziel der zu erarbeitenden Empfehlungen erklärt, »dass der geplante Geschichtsverband sowohl zur Aufklärung über den Diktaturcharakter der DDR, über Formen und Ausmaß politischer Repressionen des SED-Regimes und zur Würdigung von Widerstand und Opposition beiträgt, als auch die Vielschichtigkeit, ›Veralltäglichung‹ und konstitutive ›Widersprüchlichkeit‹ der DDR abbildet und in die vergleichenden und beziehungsgeschichtlichen Dimensionen der deutsch-deutschen Doppelstaatlichkeit, der Blockintegration und des Ost-West-Konflikts rückt«. (Sabrow et al. 2007: 9;11) Angesichts der Dimensionen einer 40-jährigen DDR-Geschichtsaufarbeitung wird deutlich, dass dies langfristig Jahrzehnte in Anspruch nehmen wird.

Nach der Wiedervereinigung konnten endlich auch Kontakte zu ostdeutschen Fachkolleginnen und -kollegen aufgenommen werden, um nach den langen Jahren der Abschottung gegenüber der Bundesrepublik an die gemeinsame Aufgabe der Aufarbeitung heranzugehen. Thomas Ott, der sich zeitlebens in seinem Wirken und seinen Arbeiten für Bereiche eingesetzt hat, die aktuelle Brennpunkte darstellen und auch weit über die engeren Fachgrenzen hinausgehen,[1] hat sich früh und intensiv für die Aufarbeitung der DDR in seinem Fachgebiet Musikpädagogik eingesetzt und zum Beispiel, gemeinsam mit Birgit Jank und Bernd Fröde aus Ostdeutschland, an der Hochschule der Künste in Berlin im Februar 1997 ein Kolloquium zu »Problemen der Erfassung schulischen Musikunterrichts in der DDR« initiiert und durchgeführt, das weitreichende Impulse vermittelte.

In zahlreichen Arbeiten zur DDR-Musikpädagogik bildete der Bereich »Lied und Singen« einen besonderen Schwerpunkt, da er im Musikunterricht der allgemeinbildenden polytechnischen Oberschule eine zentrale Rolle spielte. Da »Lied und Singen« zugleich, auf die Gesamtheit der Musikalischen Volkskultur bezogen, ein breit gefächertes Segment mit einer Fülle von Ausprägungen in Geschichte und Gegenwart darstellt, lag es nahe, dass sich am Institut für Musikalische Volkskunde der Universität zu Köln (seit 2010: Institut für Europäische Musikethnologie), dem der Verfasser eine Reihe von Jahren vorstand, ein eigener Forschungsbereich herausbildete, innerhalb dessen wiederum mehrere Schwerpunkte entstanden, etwa zum Singen in der NS-Diktatur unter

---

[1] Hier sei nur auf sein Engagement in der Interkulturellen Pädagogik verwiesen, zum Beispiel in seinen Untersuchungen zu den Musikinteressen von Immigrantenkindern in Kölner Schulen (2006).

besonderer Berücksichtigung des oppositionellen und widerständigen Liedes, zum Lied in den Konzentrationslagern, zum politischen Missbrauch des Liedes neben anderen (vgl. Noll et al. 2004a; 2004b).

Musikalische Volkskunde und Musikpädagogik als disziplinär eng miteinander verbundene Wissenschaften machten dies zu ihrem gemeinsamen Anliegen. Den Anstoß dazu gab der Institutsgründer Prof. Dr. Klusen. Wilhelm Schepping sowie Gisela Probst-Effah entwickelten dies zu Schwerpunkten ihrer Arbeit. Es war ein besonderes Anliegen des Instituts, die auch im Fach Musikalische Volkskunde bis zur »Wende« nicht möglichen Kontakte zu ostdeutschen Kollegen aufzunehmen. So konnten zum Beispiel auf der vom Institut initiierten Internationalen Fachtagung der Kommission für Lied-, Musik- und Tanzforschung in der Deutschen Gesellschaft für Volkskunde e. V. in Weimar 1992 (unter der Leitung des Verfassers), die unter dem Thema »Musikalische Volkskultur und die politische Macht« stand, erstmals Referate zur Aufarbeitung der DDR von ost- und westdeutschen Referentinnen und Referenten vorgetragen werden, was sich in weiteren Tagungen fortsetzte. (Noll 1994a)

Im Forschungsbereich »Lied und Singen« des Instituts für Musikalische Volkskunde (jetzt: Institut für Europäische Musikethnologie) bildete sich nunmehr nach 1989 ein weiterer Schwerpunkt mit Arbeiten zur DDR-Diktatur heraus. Der Verfasser konnte hierzu Untersuchungen aus dem Forschungsfeld »Kinderlied- und Kindersingen« vorlegen, in denen expressis verbis oder im Kontext die DDR thematisiert wurde. (Noll 1994a; 1994b; 1995; 1996; 2002; 2003; 2004a; 2006; 2009) Bei meinen Untersuchungen 2008 zum »Neuen Kinderlied in der religiösen Unterweisung der Kirchen in der DDR«[2] innerhalb eines größer projektierten Forschungsprojektes zum »Neuen Geistlichen Jugendsingen in der DDR« wurde sehr schnell klar, dass weitere Untersuchungen zu den Machtmechanismen des unversöhnlichen ideologischen Kampfes des SED-Regimes gegen die Kirchen notwendig sind, wie sie sich im Liedgut widerspiegelten. Lieder bilden innerhalb der Musikalischen Volkskultur gene-

---

[2] Verfasser legte auf der Internationalen Fachtagung der »Kommission zur Erforschung musikalischer Volkskulturen in der Deutschen Gesellschaft für Volkskunde e. V.« und des »Instituts für Sächsische Geschichte und Volkskunde (ISGV)« in der Technischen Universität Dresden vom 9.–11. Oktober 2008, welche die »Aspekte des Religiösen in populären Musikkulturen« thematisierte, mit dem Referat »Das Neue Kinderlied in der religiösen Unterweisung der Kirchen in der DDR – Anmerkungen zu den religiösen Kinderwochen (RKW) in der katholischen Kirche« die ersten Ergebnisse dieser Untersuchung vor. (Bröcker/Seifert [Hg.] 2010: 29–52)

rell jenes Genre, in dem sich gesellschaftliche, politische, staatliche, religiöse, private etc. Wirklichkeiten, intellektuelle, emotionale, ideelle, ideologische etc. Befindlichkeiten in sehr differenzierter, außerordentlich intensiver sowie nachhaltiger Weise widerspiegeln, besonders dann, wenn innere Spannungen nach einem Ventil im Singen suchen, was häufig der Fall ist.

Der vorliegende Beitrag unternimmt den Versuch, erste Beobachtungen bei den Religiösen Kinderwochen der Katholischen Kirche in der DDR, die allerdings erst am Ende des SED-Staates stattfanden, durch Untersuchungen mit dem Schwerpunkt Evangelisch-Lutherische Kirche zu erweitern, in der sich Opposition gegen das herrschende Staatssystem und ihre marxistisch-leninistische Parteidoktrin in den Texten des neuen geistlichen Liedes schon sehr viel früher entwickelte. Der Begriff »Opposition« ist in dieser Untersuchung weit gefasst. Er meint, weil es die besonderen Bedingungen der SED-Diktatur nicht anders zuließen, jene Textaussagen in Liedern, die den Parteidoktrinen, ihren staatlichen Maßnahmen und ihrem Sprachgebrauch zuwiderliefen und in dieser Form öffentlich ohne persönliche Gefährdungen nicht geäußert werden durften, sondern nur verschlüsselt mittels Konnotationen oder Metaphern. Sie artikulieren oppositionelles Denken, wobei Liedautoren und Singende eine Solidargemeinschaft bilden. Der hier verfügbare Raum erlaubt jedoch nur die Darstellung einiger weniger ausgewählter Beispiele, die für sich jeweils eigene Forschungsfelder bilden. Sie möchten aber einen ersten Einblick in einen weit dimensionierten Problembereich vermitteln.

Die Untersuchungen stützen sich primär auf Quellen, die schwer zugänglich sind. Es handelt sich vor allem um hektografierte, für den innerkirchlichen Gebrauch selbst hergestellte Hefte aus Privatbeständen ehemaliger, im Bereich der Kirchen- und Jugendmusik in der DDR tätigen Persönlichkeiten, die sie mir freundlicherweise zur Einsichtnahme zur Verfügung stellten und zugleich auch mit Interview-Aussagen behilflich waren, wofür ich ihnen großen Dank schulde! Diese Liedblatt-Sammlungen sind leider nach 1989 weitgehend »entsorgt« worden, da sie nicht mehr benötigt wurden. Reste sind in weit verstreuten Archiven bibliothekarisch kaum erschlossen, soweit überhaupt vorhanden. Sie bilden aber für diese Untersuchung die zentralen Quellen. Der vorliegende Beitrag kann daher nur als ein weiterer Baustein innerhalb des Gesamtprojekts angesehen werden, dem noch weitere Untersuchungen zu folgen haben. Um die Bedeutung des Singens von neuen geistlichen Liedern für Jugendliche in der DDR, die mit ihrer christlichen Einstellung besonderen Schwierigkeiten ausgesetzt waren, besser verstehbar zu machen, seien einige Anmerkungen zum allgemeinen politischen Hintergrund jener Zeit vorangestellt.

Zum Status der Kirchen in der DDR und zum Widerspruch zwischen Verfassungsgarantie und Realität

Eigentlich hätten die Kirchen in der DDR beruhigt sein können, sicherte ihnen doch die Verfassung den Schutz des Staates zu. In der Verfassung vom 7. Oktober 1949 sind »Religion und Religionsgemeinschaft« als ein eigenes Kapitel mit acht Artikeln verankert. Es heißt zum Beispiel: »Jeder Bürger genießt volle Glaubens- und Gewissensfreiheit. Die ungestörte Religionsausübung steht unter dem Schutz der Republik.« [Artikel 41(1)] »Die Ausübung privater oder staatsbürgerlicher Rechte oder die Zulassung zum öffentlichen Dienst sind unabhängig von dem religiösen Bekenntnis.« [Artikel 42 (2)] »Es besteht keine Staatskirche. Die Freiheit der Vereinigung zu Religionsgemeinschaften wird gewährleistet.« [Artikel 43 (1)] »Das Recht der Kirche auf Erteilung von Religionsunterricht in den Räumen der Schule ist gewährleistet [...].« [Artikel 44 (1)] (Verfassung 1949) In der Verfassung vom 9. April 1968, geändert durch Gesetz vom 7. Oktober 1974, hingegen befindet sich nur noch ein einziger Artikel, der die Religion betrifft: »1: Jeder Bürger der Deutschen Demokratischen Republik hat das Recht, sich zu einem religiösen Glauben zu bekennen und religiöse Handlungen auszuüben. [Artikel 39 (1)] 2: Kirchen und andere Religionsgemeinschaften ordnen ihre Angelegenheiten und üben ihre Tätigkeit aus in Übereinstimmung mit der Verfassung und den gesetzlichen Bestimmungen der Deutschen Demokratischen Republik. Näheres kann durch Vereinbarungen geregelt werden.« [Artikel 39 (2)] (Verfassung 1968/74)

Keine Rede ist mehr vom Religionsunterricht in Schulräumen, was inzwischen verboten wurde. Offen bleibt, ob die Religionszugehörigkeit bei der Zulassung zum öffentlichen Dienst eine Rolle spielt. Der Hinweis auf die »Übereinstimmung« mit Verfassung und Gesetzen ist bewusst offen gehalten, um der SED die Möglichkeit zu geben, die Kirchen in ihren Aufgaben und die Gläubigen in ihrer Religionsausübung zu behindern, was in systematischer und massiver Weise in der gesellschaftlichen Wirklichkeit des »real existierenden Sozialismus« auch geschah: »Die Gummiparagrafen des DDR-Strafgesetzbuches erlaubten es dem MfS [Ministerium für Staatssicherheit], gegen nahezu jedes Verhalten strafrechtlich vorzugehen.« (Knabe 2008:14) Wie ein Hohn müssen den DDR-Bürgern die Zusicherung von Freiheit und freier Meinungsäußerung vorgekommen sein, zum Beispiel: »Achtung und Schutz der Würde und Freiheit der Persönlichkeit sind Gebot für alle staatlichen Organe, alle gesellschaftlichen Kräfte und jeden einzelnen Bürger.« [Artikel 19 (2)] »Die Persönlichkeit und die Freiheit jedes Bürgers der Deutschen Demokratischen Republik sind unantastbar.«

[Artikel 30 (1)] »Jeder Bürger der Deutschen Demokratischen Republik hat das Recht, den Grundsätzen dieser Verfassung gemäß seine Meinung frei und öffentlich zu äußern. Dieses Recht wird durch kein Dienst- oder Arbeitsverhältnis beschränkt. Niemand darf benachteiligt werden, wenn er von diesem Recht Gebrauch macht.« [Artikel 27 (1)] Oder: »Der Staat sichert die Möglichkeit des Übergangs zur nächsthöheren Bildungsstufe bis zu den höchsten Bildungsstätten, den Universitäten und Hochschulen, entsprechend dem Leistungsprinzip, den gesellschaftlichen Erfordernissen und unter Berücksichtigung der sozialen Struktur der Bevölkerung.«[Artikel 26 (1)] (Verfassung 1968/74)

Zu den Widersprüchen zwischen »Verkündung« und Realität hier nur einige typische Beispiele: Kinder von Pastoren waren grundsätzlich vom Studium ausgeschlossen. Der bekannte Theologe und Religionspädagoge Jürgen Henkys, der zahlreiche neue geistliche Lieder aus den Niederlanden, nordeuropäischen Ländern sowie aus Amerika und Kanada ins Deutsche übertragen hat, berichtete dem Verfasser zum Beispiel, dass sein ältester Sohn 1972 nicht studieren durfte – der »heute noch damit zu tun hat, dass er für die Position, die er in seinem Beruf wahrnimmt, keine akademischen Papiere vorweisen kann« –, da er an einer Ost-Berliner Kirchlichen Hochschule – die sich aus politischen Gründen nicht so nennen durfte – von 1965 bis 1990 als »Dozent des Kirchlichen Lehramtes« tätig war und als Pfarrer galt! Er durfte auch nicht in Berlin wohnen.[3]

Häufig wurde Schülerinnen und Schülern, die sich zum Christentum bekannten, der Besuch der Erweiterten Oberschule (EOS) verweigert. Sie waren damit von der Möglichkeit eines Studiums ausgeschlossen und in ihren Berufs- und Lebensperspektiven entscheidend behindert. Landeskirchenmusikdirektorin Christiane Werbs berichtete dem Verfasser zum Beispiel, dass ein Mädchen, das sich im Kirchenchor und der »Jungen Gemeinde« engagierte, zwar ihr Abitur machen durfte, aber keinen Studienplatz erhielt und erst nach 1989 Medizin studieren konnte. Jugendliche, die bei einer von ihr geleiteten Aufführung des *Weihnachtsoratoriums* von J. S. Bach mitgesungen hatten, wurden am nächsten Morgen in der Schule von einer Lehrerin zur Rechenschaft gezogen, die eigens zu diesem Zweck der Aufführung beigewohnt hatte. Mitsingen hatte Bekenntnischarakter! Sie selbst, als Nichtmitglied der FDJ sowie ohne Jugendweihe bekennende Christin und damit in offener Opposition zur staatlich verordneten Ideologie des Marxismus-Leninismus, durfte trotz schulbesten Abschlusszeug-

---

[3] Brief von Prof. Dr. Jürgen Henkys an Verfasser vom 11. Juni 2008. Jürgen Henkys ist mir mit freundlichen Hinweisen sehr behilflich gewesen, wofür ihm hier herzlich gedankt sei.

nisses der 10. Klasse die Erweiterte Polytechnische Oberschule nicht besuchen und damit kein Abitur als Studienvoraussetzung ablegen. Erst nach Absolvierung eines Kolloquiums konnte sie an einer Kirchenmusikschule studieren: Sie kommentierte: »Es war kein Einzelfall«, was generell auch für die geschilderten Schikanen bei Schülern zutraf. Sie berichtete weiter, dass auch Stasi-Spitzel in der kirchlichen Arbeit tätig waren, dass man vorsichtig sein musste und »alle gut beherrschen, was man sagen durfte und was nicht.«[4] Diese doppelten Bewusstseins- und Verhaltensebenen – scheinbar widersprüchliche Verhaltensweisen – können für den größten Teil der DDR-Bevölkerung als typisch gelten.

Mit der Roten Armee, Volksarmee, Grenztruppe, Kasernierten Bereitschaftspolizei, den paramilitärischen »Betriebskampfgruppen« und »Kasernierten Einsatzkräften der Zivilverteidigung« waren in der DDR 1,3 Millionen (!) für ein 17 Millionen-Volk unter Waffen, auch nach innen gerichtet. Dass das DDR-Volk es mit seiner friedlichen Revolution fertiggebracht hat, diese waffenstarrenden Systeme nicht zum Einsatz kommen zu lassen und damit eine Tragödie größten Ausmaßes verhindern konnte, sehe ich als eine der größten Leistungen unseres Volkes in der Gegenwart an, auch wenn dies ohne die Veränderungen in der Sowjetunion durch Michael Gorbatschows »Perestroika« und »Glasnost« wahrscheinlich so nicht möglich gewesen wäre. Das immer stärker ausgebaute Netz des Ministeriums für Staatssicherheit (MfS), das 1989 über 91 000 hauptamtliche und etwa 180 000 Inoffizielle Mitarbeiter umfasste, hatte mit Hilfe seiner Informanten, seinen technischen Möglichkeiten und dem »Zugriff auf Banken, Betriebe, Schulen und sogar Ärzte« (Knabe 2008:16) ein totales Kontroll- und Überwachungssystem geschaffen. Erich Mielke, Leiter des MfS, zuletzt als Armeegeneral, war schließlich im Politbüro der SED, dem zentralen Machtzentrum der DDR-Diktatur, nach Honecker »der zweite Mann« und mit höchsten Befugnissen ausgestattet. Dass sich der größte Teil der DDR-Bevölkerung daher »Nischen« suchte, um dem Druck durch die Partei und damit auch der Stasi partiell zu entgehen, ist allzu verständlich.

Von 1951 bis 1989 wurden allein in der zentralen Untersuchungshaftanstalt des MfS in Berlin-Hohenschönhausen etwa 20 000 Menschen inhaftiert und brutalen, menschenverachtenden Methoden, vor allem einem systematischen psychischen Terror ausgesetzt. Insgesamt kamen aus politischen Gründen seit Gründung der DDR zwischen 200 000 und 250 000 Menschen ins Gefäng-

---

4   Interview mit Christiane Werbs in Warnemünde am 11. Juli 2008. Christiane Werbs hat mir eine Reihe von Liederbüchern zur Einsichtnahme verfügbar gemacht, Arbeiten aus ihrer Chorpraxis überlassen und als Interviewpartnerin wichtige Informationen vermittelt. Dafür sei ihr herzlich gedankt.

nis. (Knabe 2008: 15) Die erschütternden Berichte ehemaliger Häftlinge geben beredtes Zeugnis über Entwürdigung und Ohnmacht, zum Beispiel von der Bürgerrechtlerin Freya Klier: *Tagebuch einer Haft* (Knabe 2008: 334347) oder dem Schriftsteller Jürgen Fuchs: *Dann kommt die Angst.* (Knabe 2008: 268–300) »Angst« oder »Misstrauen« zu verbreiten kann überhaupt als zentrales psychologisches Disziplinierungsmittel der Partei, ihrer Organe und ihrer Helfershelfer in der DDR angesehen werden, zumindest all denen gegenüber, die sich der Staatsdoktrin des Marxismus-Leninismus offen verweigerten und ihr eigenes Denken zu erhalten suchten, was vor allem bekennende Christen betraf. Nur ein typisches Beispiel hierzu: Der Lehrer Vogt, der 1961 vor einer Kreislehrerkonferenz gegen den Mauerbau protestiert hatte und von seinen Kollegen anschließend »geschnitten« wurde, da auch sie Angst hatten, sagte auf einer Anhörung der Enquete-Kommission »Aufarbeitung von Geschichte und Folgen der SED-Diktatur in Deutschland« am 30. November 1992 hierzu aus: »Ich persönlich habe […] immer am Rande des Abgrundes laviert. Ich hatte auch Angst. Angst, als ich meine Kinder nicht zur Jugendweihe schickte, dass die Familie darunter leiden würde, dass die Kinder nicht zum Abitur zugelassen werden usw. Der scharfe Druck war ja da, und da nahm man manches zurück. Man sollte alles viel mehr äußern!« (Deutscher Bundestag 1993: 37f.)

Das Neue Geistliche Jugendsingen als Möglichkeit, unter dem Schutzdach der Kirche Opposition zu artikulieren – Beispiele

Die bisherigen Darlegungen haben deutlich zu machen versucht, wie riskant und gefährlich es war, öffentlich oder sogar privat Kritik am DDR-Regime und seiner Ideologie zu äußern. Dies war schon allein durch die bloße Kundgabe einer Einstellung als bekennender Christ oder Pazifist möglich, was zum Beispiel unweigerlich in Konflikt zur atheistischen Erziehungsdoktrin oder zur Militärdoktrin der DDR einschließlich der Einführung des Wehrkundeunterrichts an Schulen[5] und der Pflichtteilnahme an der vormilitärischen Ausbildung in der GST[6] geriet. Das Neue Geistliche Jugendsingen öffnete mit seinen aktuellen, zeitbezogenen Texten Möglichkeiten, zur politischen Situation der DDR kritisch Stellung zu beziehen, in Opposition zu gehen, d. h. ideellen Widerstand zu leisten. Das damit verbundene GefährdungsPotenzial erlaubte

---

[5] Einführung 1978/79 für die Klassen 9–11 als Pflichtunterricht.
[6] GST = »Gesellschaft für Sport und Technik«, eine Tarnbezeichnung für eine Organisation, die der vormilitärischen Ausbildung, einschließlich des Dienstes an der Waffe, diente (Mädchen für Aufgaben der Zivilverteidigung: Sanitätsdienst) und Anfang der 1950er-Jahre eingeführt wurde.

dies allerdings nur getarnt, d. h. weitgehend mit Hilfe von Konnotationen. Es handelte sich zwar um christliche Aussagen, aber man verstand ihre politische Botschaft. Es war ein Akt der verbotenen Freiheit des Denkens.

Neue geistliche Lieder, die »DDR-sensible« Formulierungen enthielten, um diesen Arbeitsbegriff zu gebrauchen, konnten naturgemäß in den öffentlichen Publikationsorganen der Kirche in dieser Textgestalt nicht publiziert werden, zum Beispiel in kirchlichen Zeitschriften oder Liederbüchern der Evangelischen Verlagsanstalt Berlin. Dies galt in gleichem Maße für den katholischen St. Benno-Verlag oder katholische Zeitschriften. Sie hätten ihre Existenz gefährdet und unterlagen der staatlichen Zensur, aber auch der Selbstzensur von kirchlichen Institutionen oder der Autoren selbst, um eine Publikation von vornherein oder auch die Institution selbst nicht zu gefährden. Dass trotzdem Autoren die Kontrollsysteme zu unterlaufen suchten und damit nonkonformes Verhalten demonstrierten, zeigen zwei Beispiele, die mir Jürgen Henkys aus seiner eigenen Arbeit schilderte: In seiner Sammlung *Steig in das Boot. Neue niederländische Kirchenlieder* (Berlin 1982; Neukirchen/Vlyn 1982) musste er vor der Veröffentlichung auf Anraten der Evangelischen Verlagsanstalt Berlin die vierte Strophe seiner Nachdichtung eines Liedes von Tom Naastepad über die Geschichte von David und Goliath *David heeft de reus verslagen*[7] ändern. Sie hieß zuerst:

> »Brauchst vorm Riesen nicht zu staunen/ Leiste ruhig Widerstand.
> Seine Losungen und Fahnen/ Sind zu Asche längst verbrannt.«

Um den neuralgischen Begriff »Widerstand« zu vermeiden, hieß es nun:

> »Kannst den Riesen gern erwarten/ Schau ihm frei ins Angesicht.
> Die Parolen und Standarten/ Blenden nur und töten nicht.«[8]

Henkys kommentiert: »Diese neue Fassung war ja wahrhaftig auch polemisch. Aber sie ging durch. Viele andere Erfahrungen bei Genehmigungsproblemen bestätigen: Bei Ersetzung von Reizworten konnte ein Text gerettet werden.« Wenn dies aber bewusst nicht geschah, handelte es sich um Opposition.

In der Nachdichtung eines Friedensliedes des Holländers Jan Nooter: *Geef vrede, Heer, geef vrede*[9] sollte die »anstößige« Zeile »Recht wird durch Macht

---

[7] Aus: *Liedboek voor de kerken*, s'Gravenhage 1973, Nr. 10, S. 794, eine Sammlung von Liedern, die dazu geeignet sind, Kinder mit dem Gesangbuch vertraut zu machen.
[8] Brief von Jürgen Henkys an den Verfasser vom 21. Mai 2008.
[9] Aus: Liedboek voor de kerken, siehe Anm. 7, Nr. 285.

entschieden« ersetzt werden. Statt

»Gib Frieden, Herr, gib Frieden, die Welt nimmt schlimmen Lauf.
Recht wird durch Macht entschieden, wer lügt, liegt obenauf [...].«

hieß es nun:

»Gib Frieden, Herr, gib Frieden, die Welt will immer Streit.
Was recht ist, wird gemieden, die Lüge macht sich breit.«

Dass diese Strophe doch noch in der ersten Fassung in der regionalen Kirchenzeitung *Potsdamer Kirche* und in der *Christenlehre* erschien, war einer zufälligen redaktionellen Konstellation zu verdanken. Dazu schreibt Jürgen Henkys: »Die Selbstzensur der Redaktion und des Liedautors erwies sich also als voreilig. Oder aber: Ein Text an weniger prominenter Stelle, vermischt mit anderen Materialien, galt der Behörde als nicht so gefährlich.«[10] Mir scheinen aber in der »gemäßigten« Fassung immer noch deutliche Konnotationen erkennbar zu sein. Die beiden letzten Zeilen ließen sich durchaus auf die Situation in der DDR beziehen und wären somit als oppositionell zu werten.

Für die Auswahl neuen Liedgutes für Kinder und Jugendliche in der Katholischen Kirche in der DDR galt über Jahrzehnte hinweg die strikt eingehaltene Vorgabe, sich ausschließlich auf geistliche Inhalte zu konzentrieren. Schon 1961 hatte die katholische Kirchenleitung unter Bischof Bengsch mit dem seinerzeitigen stellvertretenden Vorsitzenden des Ministerrats Willy Stoph einen Modus Vivendi ausgehandelt, bei dem sich die Katholische Kirche verpflichtete, sich weder in zustimmender noch in kritischer Weise zu tagespolitischen Fragen zu äußern. Als Gegenleistung wurde daher die Ermöglichung einer ungestörten Religionsausübung erwartet (vgl. Heinecke 2002: 448; 543). In den Liedmaterialien zum Beispiel, die für die seit 1951 alljährlich stattfindenden Religiösen Kinderwochen (RKW)[11] bereitgestellt bzw. geschaffen wurden, sind daher bis 1989

---

[10] Brief von Jürgen Henkys an den Verfasser vom 21. Mai 2008.
[11] Religiöse Kinderwochen (RKW) waren von der Katholischen Kirche in der DDR eingerichtet worden, um Kindern, die nicht der Staats-Jugendorganisation »Junge Pioniere« angehörten, eine Möglichkeit für Ferienfreizeiten zu geben. Sie gehörten zur religiösen Unterweisung und damit zur Religionsausübung der Katholischen Kirche. Es wurden umfangreiche Materialien erarbeitet, da sie auch eng mit der Katechese verbunden waren. Spiel und Gebet schlossen sich nicht aus. Darunter befand sich jeweils ein eigenes Liedheft, manchmal auch ergänzt durch ein Heft mit Spielpartituren in variablen Besetzungen. Später ergänzten Einspielungen per

keine Lieder mit Konnotationen zu finden. Dies ist aber in den Materialien für 1990 der Fall. Die Vorbereitungen der RKW liefen jeweils ein Jahr voraus. Bei der Planung für 1990 im Sommer 1989 musste man daher von den bisherigen Bedingungen und ihren Gefährdungen durch Repressionen ausgehen, da niemand ahnen konnte, dass bis dahin eine friedliche Revolution die SED-Diktatur beseitigt hatte. Es gehörte daher viel Mut in der Katholischen Kirche dazu, neues geistliches Liedgut zu vermitteln, dessen Texte eindeutig konnotativ politisch besetzt und damit gegen den Staat und seine Doktrinen gerichtet waren.

In den Liedmaterialien der RKW 1990, die unter dem bezeichnenden Titel: *Kleines Senfkorn Hoffnung* stand und – wie bisher – mühsam handschriftlich und im Vervielfältigungsverfahren hergestellt waren, finden sich plötzlich Aussagen, die sich insbesondere gegen die Militarisierung in der DDR (s. o.) richteten. In dem Lied *Wenn die Welt Frieden hätt'* (T. und M. von Dietrich Mendt) zum Beispiel heißt es in der ersten Strophe: »Die Panzer baun wir alle zu Mähmaschinen um. Wir machen aus den Stiefeln Schuh mit bunten Kordeln dran«. Weiter heißt es: »Die schweren Bomben schneiden wir auseinander schnell und falten sie zu Schachteln für Sardinen in Öl« (2. Str.); »Zum General, da sage ich: ›Lauf in den Keller nun und hole Kohlen mir herauf! Du hast ja nichts zu tun.‹« (5. Str.); und in der letzten Strophe: »Dann kommen Kriege nicht mehr vor. Keiner geht mehr hin. Der Marschall kratzt sich hinterm Ohr: ›Es hat ja keinen Sinn!‹«. Dieses Spottlied, ein »Eigenbau« ohne jeglichen literarischen Anspruch, offensichtlich auch auf die Nationale Volksarmee gemünzt, wäre zuvor undenkbar gewesen (RKW Liederheft 1990, Nr. 1).

In dem Lied von Wilhelm Willms (T.) und Hans-Jörg Böckeler (M.) kündigt schon die Incipitzeile an: »Die Waffen verrotten zu Staub, die Bomben werden taub, unser Zählen reicht nicht nur bis zu zehn, wir werden auferstehn [...].« (1. Str.). Es heißt weiter: »Kleider von Motten zerfressen, mit neuem Maß wird gemessen, Verlogenes wird nicht bestehen, wir werden auferstehn [...].« (2. Str.); »Die Träume werden wahr, die Blinden sehen klar, die Lahmen wieder gehen, wir werden auferstehn [...].« (4. Str.) (RKW Liederheft 1990, Nr. 3). Um ein weiteres Beispiel zu zitieren: In dem Lied *Meine Angst* von Jürgen Fliege (T.) und Carl Lehmann (M.) lautet die erste Strophe: »Meine Angst ist wie ein rotes Licht, sie sagt: Halt, wach auf und schlafe nicht, du kannst doch die Augen nicht schließen, wenn Menschen auf Menschen schießen. Refrain: Ich bleibe nicht stumm, ich bleibe stehn, und ich frage, warum, und ich frage, für wen, jetzt will ich die Großen fragen, warum sie das alles ertragen.« Überhaupt durchzieht der Friedensgedanke die meisten Lieder dieser Sammlung.

Tonband und Kassette die Liedmaterialien (vgl. Noll 2010).

Neues Geistliches Liedgut entstand auch bei Liedermachern und Liedgruppen, die in kleiner Besetzung, von zwei bis zu etwa sechs Mitgliedern, in der kirchlichen Jugendarbeit in hohem Maße tätig waren, zum Beispiel bei Jugendabenden, Werkstatt-Treffen, Band-Treffen sowie Konzerten in Kirchen, bei Jugendwochenenden o. a. Die Verbreitung ihrer Lieder erfolgte in hektografierten Liedheften oder Sonderheften mit Texten einzelner Liedermacher (Landesjugendpfarramt [1984], [1989a], [1989b]) oder Gruppen der Landesjugendpfarrämter, grundsätzlich unter dem Schutzmantel »Nur zum innerkirchlichen Dienstgebrauch«. Wenngleich hier zahlreiche Lieder bereits deutliche Konnotationen aufweisen, sind in diese Sammlungen bestimmte Lieder nicht aufgenommen worden, weil sie in der Deutlichkeit ihrer Sprache dem Autor sowie den Herausgebern hätten gefährlich werden können. Dazu gehört zum Beispiel die 1985 geschriebene provokante Textfassung zu *Die Gedanken sind frei* von Ingo Barz:

»Ich denk' mir ein Haus aus Reimen und Noten,
wo keinem der Aus- und der Eintritt verboten.
Die Türen stehn offen für alle die hoffen,
wer will komm herbei, die Gedanken sind frei!

Ich denk' mir ein Land mit tiefgrünen Wäldern,
mit sauberem Strand und kornschweren Feldern,
wo See, Fluß und Tümpel frei sind von Gerümpel,
von Stickstoff und Blei, die Gedanken sind frei!

Ein Volk denk' ich mir, das nicht schon erblindet,
beim Geldzählen hier nur Seligkeit findet,
das Mut hat zu streiten, wo auch Minderheiten
sich finden dabei, und Gedanken sind frei!

Ich denk' mir die Welt mit Tischen für jeden,
ein freundliches Zelt zum Essen und Reden.
Kein Hunger, kein Schweigen, ein fröhlicher Reigen
Und Menschlichkeit sei, und Gedanken sind frei!

Ich denk' mir ein Lied aus Güte und Klarheit,
das, wo es geschieht, im Anspruch auf Wahrheit
nicht hart und verbittert die Hirne vergittert,
das ohne Geschrei die Gedanken lässt frei.«

(Barz/Boddien 2000: 96)

In einem selbst hergestellten Liedheft mit hektografierten Liedtexten fand der Verfasser das Lied in seiner Originalfassung. Unter dem Strophentext stand die grafisch ausgestaltete Notiz: »Gedankenfreiheit?«! (Textheft a, 37)[12]

In dem Lied *Tür zu* von Ingo Barz heißt es zum Beispiel in der 4. Strophe:

»Du brauchst deine Sicherheiten – Tür zu!
Darum darfst du dich nicht streiten – Tür zu!
Lieber, wie ein Wurm sich krümmen – Tür zu,
als sein Tun selbst zu bestimmen – Tür zu!
Sing nur die erlaubten Lieder
In erlaubtem Ton.
Wenn man deinen Abgang fordert,
mach dich still davon – Tür zu!«

(Barz/Boddien 2000: 14)

Über die Verbreitung seiner Lieder schreibt Ingo Barz: »Sie verbreiteten sich von Mund zu Mund, von Ohr zu Ohr, von Hand zu Hand und immer von Herz zu Herz. Da wurden Konzert-Mitschnitte so oft kopiert, bis kaum noch etwas zu hören war. Da kamen Texte, mühevoll per Schreibmaschine und Blaubogen getippt, zu beeindruckenden Auflagen. Da wurde nachgesungen, vorgelesen, ausgetauscht und weitergegeben. Das Völkchen in den Nischen war fleißig und voller Ideen. Und da wurde auch schon mal etwas »ersetzt«, wo eine Zeile nicht mehr lesbar, nicht mehr hörbar war [...].« (Barz 2005a: 51) Angemerkt sei hier noch: Die Bedeutung der Liedermacher für die Lied- und Singkultur einer Gesellschaft überhaupt, möge sie eine Diktatur oder eine freiheitliche Demokratie sein, wird im Allgemeinen in der Forschung bisher unterschätzt. Birgit Jank hat in ihrem verdienstvollen Beitrag über Ingo Barz zu Recht darauf hingewiesen, dass das Anliegen der Liedermacher, »die Suche nach den Werten, die Freiheit in einer Gesellschaft ausmachen« auszudrücken und bewusst zu machen, »aktueller denn je« sei. (Jank 2006: 39)

Ingo Barz, 1951 geboren, von 1977 bis 1989 als Kreisjugendwart in der Evangelisch-Lutherischen Landeskirche Mecklenburg und heute freischaffend tätig, kam schon früh in das Visier der Stasi. Von 1979 an wurden seine Veranstaltungen kontinuierlich observiert, der sogenannten Operativen Personenkontrolle und von 1982 bis 1989 einer der brutalsten Methoden dieser Spitzel-

---

[12] Texthefte dieser Art, die keine Angaben zu Ort, Herausgeber und Datum enthalten, werden in diesem Beitrag als Quellen alphabetisch gekennzeichnet. Die Originale oder Kopien befinden sich im Besitz des Verfassers.

behörde, der staatssicherheitlichen »Zersetzung« ausgesetzt. Viele seiner Lieder aus dieser Zeit spiegeln die persönliche Bedrückung in bewegender Weise. (vgl. Barz 2005b) Der Staat hatte sehr wohl das oppositionelle Potenzial in der christlichen Jugend und ihrem Singgut erkannt. Wie menschenverachtend die Bespitzelung vorging und wie bereitwillig sich Menschen dazu hergaben, denn sie wussten schließlich, welche Folgen ihre Observationsberichte für die Betroffenen haben konnten, dokumentieren die Eintragungen in den Stasi-Akten, von denen Ingo Barz 1999 einige Auszüge veröffentlichte. Hierzu nur ein Beispiel:

> »Der [...] [darüber handschr.: Barz I] wurde seit dem 24.06.1982 in dem OV [»Operativer Vorgang«, Anm. GN] aufgrund operativer Verdachtshinweise gemäß § 106 StGB bearbeitet. Er trat als Initiator einer sogenannten staatlich unabhängigen Friedensbewegung im Verantwortungsbereich der KD Ribnitz-Damgarten in Erscheinung. Dabei mißbrauchte er Formen der kirchlichen Jugendarbeit und übte auf die daran teilnehmenden Jugendlichen und Jungerwachsenen einen politisch-negativen Einfluß aus. Als sogenannter ›Liedermacher‹ trat der [...] [darüber handschr.: Barz I] im Rahmen kirchlicher Veranstaltungen auf. In den dabei durch ihn vorgetragenen Liedern und Texten wurden in teilweise religiös-verbrämter Weise Teilbereiche der sozialistischen Gesellschaftsordnung in der DDR angegriffen und verunglimpft. Im Rahmen dieser Veranstaltungen verteilte er durch ihn hergestellte Aufnäher, Symbole, nicht lizensierte Plaketten und Schriftenmaterial mit pazifistischem Inhalt.«

Die letzte Zwischeneinschätzung und Zielstellung erfolgte am 25. September 1986: »Ständige operative Kontrolle der OV-Person, die Einschränkung ihres Wirkungskreises und *Schaffung von Voraussetzungen zur kurzfristigen Liquidierung* [Hervorhebung GN], wenn es die politische Situation erfordert.« (Barz, Covertext 1999) Ob damit der »Wirkungskreis« oder die Person gemeint war, muss offen bleiben. Die Staatsmacht offenbart, für wie »gefährlich« sie das bloße Singen oppositioneller Lieder hielt!

Um wenigstens noch einige andere Namen aus der kritischen Liedszene (hier in Mecklenburg) zu nennen: Die Sammlung *Knospen am Baum – Liederleute ohne ›Spielerlaubnis‹ in Mecklenburg 1979–1989* zum Beispiel veröffentlicht Liedtexte folgender Autoren: Sven Ahlheim, Wilfried Baganz, Annemari Blaschek, Clemens Blaschek, Uwe Bobsin, Burkhardt Ebel, Karsten Henschel, Martin Maercker, Eckart Reinmuth, Klaus-Peter Sandmann, Mathias Schabow und Christian Utpatel. (Barz/Boddien 2000: 99)

1986 (bis 1991) hatten Ingo Barz, Karl Scharnweber und Jörg Boddin unter der Schirmherrschaft der Musikarbeit des Landesjugendpfarramtes in Schwerin unter Verantwortung von Karl Scharnweber die Arbeitsgruppe »Text und Ton« gegründet, die sich die Aufgabe gestellt hatte, »[...] unter der Devise ›aufspüren, sammeln, verbreiten‹« die Musik- und Textszene im Umfeld der evangelischen Jugendarbeit Mecklenburgs zu befördern. Insgesamt konnten unter den schwierigen Bedingungen – schon aufgrund der geringen Materialressourcen und der schlechten Papierqualität – immerhin 21 Magnetbandkassetten, zehn Texthefte (teilweise in Auflagen von 1000 Exemplaren) und etliche Informationsblätter hergestellt sowie verbreitet werden. (Barz/Boddien, 2000: 59) Diese Materialien hatten bei der Verbreitung neuen geistlichen Liedgutes – und damit des oppositionellen – unter der Jugend eine zentrale Funktion, um dies noch einmal hervorzuheben.

Karl Scharnweber ist als verantwortlicher Herausgeber dieser Materialien selbst als Komponist und Arrangeur hervorgetreten. Er hat zum Beispiel die *Liturgie zur Umkehr- ein Bußgottesdienst für Jazzensemble und Sänger* nach einem Text von Eckart Reinmuth (Uraufführung 1984) sowie *Bruder-Jona – Kantate in Rockbesetzung* (Uraufführung am 18. Juni 1986 in der Heilig-Geist-Kirche in Rostock) vertont. Beide Texte sind voller kritischer Zeitbezüge, darunter auch Konnotationen, die sich eindeutig auf die Situation in der DDR beziehen. Um wenigstens eine Passage aus der »*Bruder-Jona – Kantate*« zu zitieren [der biblische Jona beklagt den Zustand der Stadt Ninive, die hier als Metapher benutzt wird]:

> »In dieser Stadt wagt keiner Ja zu sagen keiner Nein zu sagen keiner für und keiner gegen was zu sein in dieser Stadt wird alles totgeschwiegen was uns mürbe macht was uns furchtsam was uns schuldig macht in dieser Stadt wird alles getan gegen die angst keiner soll sich beunruhigt fühlen. – In dieser Stadt denkt jeder was befohlen ist denkt niemand was verboten ist denkt keiner eigene Gedanken in dieser Stadt denkt jeder nur an sich und die Familie keiner traut hier seinen Nachbarn seinen Freunden seinen Brüdern. – In dieser Stadt gewöhnt man sich an alles mühelos lustlos kraftlos freudlos baumlos lautlos farblos schmerzlos blicklos wortlos bodenlos hier weiß keiner wo es hingeht die Fristen werden immer kürzer der Druck immer stärker der Hunger immer größer die Foltern immer üblicher die Lügner immer sicherer immer verbohrter immer erstarrter immer ergebener immer erbitterter immer mehr in Gefahr immer mehr mit Gewalt immer weniger Vernunft keiner weiß wie das endet. Weh weh Ninive [...].«[13]

[13] Karl Scharnweber hat mir freundlicherweise die Texte zur Einsichtnahme zur Verfügung gestellt, ebenso die dazugehörige Mitschnitt-Tonbandkassette. Darüber

In der »*Liturgie zur Umkehr*« heißt es u. a.: »Die Bäume leben im Frost/die Krähen verlernen die Fragen/Wurzeln mit bitterer Kost/sollen die Antwort ertragen/wer sind wir ach ich weiß es nicht/wer sieht sich ehrlich ins Gesicht/wir wohnen in einem Haus/daran ist Feuer gelegt/wer hat es entzündet/wir haben auch ein Dach/man kann den Himmel sehn/wer deckt es ab/wer sind wir ach ich weiß es nicht/ich sehr mehr Dunkelheit als Licht [...].«[14] Aussagen dieser Art, auch wenn sie in Metaphern gekleidet sind, widersprachen grundsätzlich der hohlen Phrasenhaftigkeit, mit der sich die DDR-Diktatur penetrant ständig selbst verherrlichte.

Im Neuen Geistlichen Jugendsingen spiegeln sich in besonderer Weise Bewegungen wider, die sich innerhalb der luth.-ev. Kirche im Verlauf der DDR-Geschichte herausbildeten. Dazu zählt vor allem die Friedensbewegung und hier speziell die Entwicklung unter dem Symbol »Schwerter zu Pflugscharen«. Ohne auf die komplexen Vorgänge, Begründungen, Ausprägungen, Konflikte mit dem SED-Staat etc. hier eingehen zu können, zu denen inzwischen eine umfangreiche Literatur vorliegt, seien nur einige kurze Hinweise eingefügt.

Die Aktion »Schwerter zu Pflugscharen« übernahm den Titel einer Bronzefigur des sowjetischen Bildhauers Jewgeni Wutschetitsch *Wir schmieden die Schwerter zu Pflugscharen*, die am 4. Dezember 1959 der UNO in New York von der Sowjetunion als Zeichen ihres Friedenswillen und ihrer Bereitschaft zur Koexistenz geschenkt wurde. Die Skulptur gestaltet im Stil des Sozialistischen Realismus den alttestamentarischen Text: »Ihre Schwerter schmieden sie zu Pflugscharen um und ihre Lanzen zu Winzermessern. Nimmer wird Volk gegen Volk das Schwert erheben [...].« (Buch Micha, 4,3)[15] Das Original steht in Moskau und ist Teil einer Schwertmotiv-Trilogie mit den Standorten Berlin, Moskau und Wolgograd.

Eine Lücke im Gesetz nutzend, wonach Textildrucke keiner Genehmigungspflicht unterliegen, ließ die Landeskirche Sachsen Lesezeichen für eine Friedensdekade mit einem Abbild der Skulptur bedrucken. Sehr schnell wurden

---

hinaus machte er mir weitere Materialien zugänglich (hektografierte Liedhefte, Tonbandkassetten von Mitschnitten der Liedermacher-Veranstaltungen) und stellte sich auch für ein Interview in Rostock am 9. Juli 2008 zur Verfügung. Ihm sei hier herzlich gedankt.

[14] Manuskript *Liturgie zur Umkehr – Bußgottesdienst für Jazzensemble und Sänger* (Text: Eckart Reinmuth, Musik: Karl Scharnweber).

[15] Vgl. Schwerter zu Pflugscharen, www.wikipedia.org [29.6.2009: 10], Hamp/Stenzel/Kürzinger 2002, S. 878.

diese Textildrucke mit dem Pflugscharen-Motiv zum Symbol der Friedensbewegung in der DDR. Als sie nun als Aufnäher von jungen Christen an Parkas, Taschen etc. auftauchten, wurde der Stasi misstrauisch, und der Konflikt Kirche–Staat verschärfte sich. Den Jugendlichen wurden gewaltsam die Symbole herausgeschnitten, wenn sie sich weigerten, sie zu entfernen. Sie mussten weiterhin damit rechnen, dass Entlassungen, Strafversetzungen, Nichtzulassung zum Studium, Verweigerung der gewünschten Lehrstelle, Schulverbot, Betriebsverbot u. a. erfolgten, d. h. massive Behinderungen ihrer schulischen oder beruflichen Entwicklung befürchtet werden mussten.[16]

Mit der Formel »Frieden *ohne* Waffen« stand die Friedensbewegung im schroffen Gegensatz zur Militärdoktrin der DDR, die vereinfacht lautete: »Frieden mit Pflugscharen *und* Waffen«. Da zugleich die Forderung nach Einführung eines »Sozialen Friedensdienstes« – anstelle des Wehrdienstes – erhoben wurde, sah sich der Staat in einem sensiblen, sicherheitsrelevanten Bereich und damit systemgefährdend angegriffen, denn man befürchtete eine Schwächung der Verteidigungsbereitschaft (vgl. Hohmann 53: 194 ff.). Entsprechend heftig waren die Reaktionen. Wenngleich sich die Friedensbewegung nicht auf die DDR beschränkte, sondern ihre Ziele grundsätzlich gegen das atomare Wettrüsten und Kriege überhaupt in aller Welt richtete, sind in einer Reihe von neuen geistlichen Liedern deutlich Konnotationen zu erkennen, die sich auf die DDR und ihre Militarisierungspolitik beziehen, wie sie auch in der katholischen Kirche beobachtet werden konnten (s. o.).

Sehr verbreitet im Geistlichen Jugendsingen waren Spirituals, die nach 1945 auch in Schulen und vielen Jugendgruppen gesungen wurden. Dazu gehört auch das Lied *Ain't gonna study war no more* (*Ich werde nicht mehr Krieg lernen*), das seit 1940 unter dem Titel *Down by the riverside* und seit 1945 durch zahlreiche Interpreten, wie Pete Seeger, Willie Dixon, Mahalia Jackson und anderen weltweite Verbreitung fand:

> »I'm going to lay down my sword and shield / Down by the riverside /
> Down by the riverside / Down by the riverside /
> Going to lay down my sword and shield / Down by the riverside /
> Ain't going to study war no more.«

Die Zeile »Down by the riverside« spielt zugleich auf die Taufe Jesu im Jordan, auf die Taufe überhaupt an, »die im Urchristentum eine Selbstverpflichtung zur Waffen- und Gewaltlosigkeit beinhaltete.«[17] Das Pflugscharen-Motiv wird

---

[16] Vgl. Schwerter zu Pflugscharen, ebd.: 12.2.
[17] Vgl. Schwerter zu Pflugscharen, ebd.: 13.

auch von Dieter Trautwein und Friedrich Karl Barth 1978 direkt angesprochen, die der Melodie eines israelischen Volksliedes zum Beispiel folgenden Text unterlegten, der auch in hektografierten Heften zu finden war:

> »Ein jeder braucht sein Brot sein' Wein/und Frieden ohne Furcht soll sein./Pflugscharen schmelzt aus Gewehren und Kanonen,/dass wir im Frieden beisammen wohnen.«[18]

Symbolträchtige Spirituals und Lieder aus der Bürgerrechtsbewegung sowie Friedensbewegung in den USA, die zum Repertoire des Neuen Geistlichen Jugendsingens gehören, sind daher regelmäßig in den hektografierten Liedheften zu finden. In dem bereits zitierten Textheft zum Beispiel sind folgende Lieder enthalten: *Go down Moses; Go, tell it on the mountain* (mit der deutschen Textfassung: *Komm, sag es allen weiter*); *Oh freedom* und *We shall overcome*. (Textheft a: 16; 27; 17) In einem Liedheft, auf dessen Vorderseite des Umschlags sich das Symbol der Friedenstaube befindet, wird auch eine deutsche Textfassung zu *We shall overcome* mitgeteilt: »1. Gut wird alles werden, gut wird alles werden, gut wird alles werden, Brüder! Ja, mit all meiner Kraft glaub ich daran: Eines Tages wird Friede sein./2. Hand in Hand geht's weiter [...]/3. Lasst uns furchtlos handeln[...]/4. Einst wird Friede bleiben [...]/5. Frei macht uns die Wahrheit[...]/6. Einer für den andern [...]«(Liedheft a: 10), ebenso Pete Seegers Lied *Where have all the flowers gone*, seinerzeit ein Welthit. (Liederheft a: 16)

Frieden schaffen, Hoffnung auf eine bessere Welt, Zuversicht im Glauben, Mut machen, Ermahnung, Angst überwinden oder Zukunft träumen sind auch die zentralen Themen in einem Textheft, auf dessen Vorderseite das Symbol »Schwerter zu Pflugscharen« aufgedruckt ist. In dem Lied *Weil wir noch so wenig sind* heißt es zum Beispiel:

> »1. Weil wir noch so wenig sind, die die Zeit sich nehmen, leben Menschen ohne Träume in dieser Stadt, Träume wollen die Menschen, Brot allein ist nicht genug./2. Weil es noch so wenig sind, die Angst vertreiben, leben Menschen ohne Hoffnung in dieser Welt. Hoffen wollen alle Menschen [...]/3. Weil es noch so wenig sind, die die Fesseln lösen, leben Menschen ohne Freiheit in dieser Zeit. Frei sein wollen alle Menschen [...]/4 Weil es noch so wenig sind, die den Hass besiegen, leben Menschen ohne Liebe in dieser Welt. Liebe wollen alle Menschen [...].« (Textheft b: 19)

[18] Vgl. Schwerter zu Pflugscharen, ebd.: 13.

oder in dem Lied *Stimm deine Laute*:

»Refrain: Stimm deine Laute, David spiel! Entlock den Saiten Lieder! Spiel, dass der böse Geist entflieht, zum Menschen mach mich wieder!/Fuhr der böse Geist in Saul, dann duckten sich die Leute. Bei Hofe hing der Segen schief, und so ist es wie heute./Fährt der böse Geist in mich, dann ducken sich die Leute. Zuhause hängt der Segen schief, – Wie war's denn wieder heute?/Fährt der böse Geist in den Betrieb, dann ducken sich die Leute. Am Fließband hängt der Segen schief. Ist das ein Elend heute./Fährt der böse Geist ins Volk, dann ducken sich die Leute. Im Lande hängt der Segen schief. Ein jeder schnappt nach Beute.«(Textheft b: 12)

Unter welchen inneren Spannungen junge Christen seinerzeit gestanden haben,[19] dokumentiert ein handschriftlich in schneller Schrift auf der Rückseite dieses Heftes – offenbar spontan – notierter Text:

»1 Wenn wir unsere Kinder schlagen/2 Wenn die offene Meinung stirbt/ 3 Wenn ich mich bespitzelt sehe/4 Wenn ein Freund in' Westen abhaut/ 5 Wenn man höchste Preise bietet/6 Wenn das Ideal im Arsch ist/7 Und ich denke an den Dichter/8 Wenn die Häuser uns erschlagen/9 Wenn ich ans Gefängnis denke/10 Wenn ich trotzdem weiter singe/11 Mensch solange Mensch solange«

Die Textzeile »Wenn die offene Meinung stirbt« ist unterstrichen. Die 10. Zeile, mit Kugelschreiber geschrieben, ist durchgestrichen und lautete ursprünglich »Mensch solange«. Sie wurde durch die Zeile »Wenn ich trotzdem weiter singe« ersetzt, mit Bleistift geschrieben, wie die letzte Zeile ohne Nummerierung. Eine möglicherweise dazugehörige Melodie war bisher nicht zu ermitteln.

---

[19] Ich habe dies selbst in vielfacher Weise erfahren. Als Lektor am Institut für Musikerziehung an der Humboldt-Universität Berlin bis August 1961 tätig, bin ich oftmals spätabends und nachts durch die Grünanlagen an der Marienkirche in Berlin-Mitte, damit uns niemand belauschen konnte, mit Studierenden spazieren gegangen, die der Jungen Gemeinde angehörten und das Kugelkreuzzeichen als bekennende Christen deutlich am Revers trugen. Sie standen in dem sie stark belastenden Konflikt – bis hin zu Depressionen –, auf der einen Seite die Dogmen des Marxismus-Leninismus in diesem obligatorischen Pflichtfach und damit auch die »Religion als Feindbild« lernen zu müssen und auf der anderen Seite zutiefst im Christentum verwurzelt zu sein. Ich habe es damals als meine Aufgabe angesehen, den jungen Menschen behilflich zu sein, diesen Konflikt so weit zu bewältigen, dass sie ihr Studium nicht in Gefahr brachten.

Eine bestimmte Gruppe von Liedern taucht in den dem Verfasser verfügbaren Lieder- und Textheften mehrfach auf, in denen DDR-sensible Formulierungen nicht gemerzt sind und deren Konnotationen besonders deutlich hervortreten. Dazu gehört u.a.. das schwedisches Lied *Herr, deine Liebe ist wie Gras und Ufer* (T.: Anders Frostenson, M.: Lars Ake Lundberg), das ursprünglich überhaupt nicht als oppositionelles Lied geschaffen wurde, aber in der DDR infolge seiner – zufällig – auf die Situation der DDR passenden Textgestaltung plötzlich konnotative Bezüge erhielt. Es ist in mehreren Textfassungen verbreitet, zum Beispiel:

« Herr, deine Liebe ist wie Gras und Ufer,/wie Wind und Weite und wie ein Zuhaus./Frei sind wir, da zu wohnen und zu gehen/frei sind wir, ja zu sagen oder nein./Herr, deine Liebe ist wie Gras [...]./Wir wollen Freiheit, um uns selbst zu finden/Freiheit, aus der man etwas machen kann./Freiheit, die auch noch offen ist für Träume/wo Baum und Blume Wurzeln schlagen kann./Herr, deine Liebe [...]./Und dennoch sind die Mauern zwischen Menschen/und nur durch Gitter sehen wir uns an./Unser versklavtes Ich ist wie ein Gefängnis/und ist gebaut aus Steinen unserer Angst./Herr, deine Liebe [...].« (Textheft a: 28; Textheft b: 3) In dem hektografierten Heft *Lieder für die Junge Gemeinde, Magdeburg* sind gleich zwei verschiedene Fassungen enthalten (Nr. 20; 47).

Zu dieser Liedgruppe zählt, um wenigstens ein weiteres Beispiel zu nennen:

»Refrain: Wenn das rote Meer grüne Welle hat, dann ziehen wir frei, dann ziehen wir frei heim aus dem Land der Sklaverei./1. Wenn unsre Tränen rückwärts fließen, dann bleiben wir hier, dann bleiben wir hier, weil sich das Land gewandelt hat./2. Wenn der Stacheldraht rote Rosen trägt, dann bleiben wir hier [...]/3. Wenn das Land für uns eine Bleibe hat, dann bleiben wir hier [...]/4. Wenn vor jedem Kind Macht die Waffen streckt, dann bleiben wir hier [...]/5. Wenn es dreizehn schlägt und die Zeit zerbricht, dann bleiben wir hier[...].« (Liedheft a: 24)

Wenngleich es im vorgegebenen Rahmen nur möglich war, einzelne Fragefelder anzusprechen, um anhand von Beispielen zu belegen, in welcher Weise und auch Vielfalt sich Opposition im Neuen Geistlichen Jugendsingen in der DDR artikulierte, hoffe ich doch, einen Einblick in ein tief gestaffeltes Forschungsfeld gegeben zu haben. Auch wenn es sich hier nur um einen kleinen Baustein handelt, sollte ein Impuls vermittelt werden, sich weiterhin – möglichst intensiv – mit der Aufarbeitung der DDR-Geschichte in unseren Fachgebieten zu befassen. Arbeiten dieser Art – so verstehe ich auch die vorliegende – sind nicht nur fachhistorisch wichtig, sondern haben vor allem dem Vergessen entgegenzuwirken. Viel zu schnell geht die Zeit über die Leiden und Opfer jener Menschen hinweg, die mutig genug waren, sich in der DDR-Diktatur zu ihrem christlichen Glauben zu bekennen. Die Wissenschaft hätte hierbei noch sehr viele Beiträge zur Aufklärung zu leisten.

Literatur

Barz, Ingo (1999): *Im Anfang war das Ohr – Lieder aus einem anderen Land.* Covertext zur gleichnamigen CD. Lühburg.
Barz, Ingo/Boddien, Jörg (Hg.) (2000): *Knospen am Baum – Liederleute ohne »Spielerlaubnis« in Mecklenburg 1979–1989. Eine Dokumentation in Texten und Bildern.* Lühburg.
Barz, Ingo (2005a): *Verbreitung pessimistischen Gedankengutes in Tateinheit mit Gitarrenspiel. Das Begleitbuch zur Doppel-CD.* Lühburg.
Barz, Ingo (2005b): *...und manchmal möcht' ich traurig sein – 51 »unerwünschte« Lieder 1979–1990.* CD-Covertext, SHV Schnitterhof-Verlag. Lühburg.
Deutscher Bundestag. Referat Öffentlichkeitsarbeit (Hg.) (1993 f.): *Sitzungsprotokolle der Enquete-Kommission »Aufarbeitung von Geschichte und Folgen der SED-Diktatur in Deutschland«.* Bonn.
Deutscher Bundestag (Hg.) (1995): *Materialien der Enquete-Kommission »Aufarbeitung von Geschichte und Folgen der SED-Diktatur in Deutschland« (12. Wahlperiode des Deutschen Bundestages).* Neun Bände in 18 Teilbänden. Baden-Baden.
Bundesstiftung zur Aufarbeitung der SED-Diktatur (Hg.) (2009a): *Errichtungsgesetz.* Online unter: http://www.stiftung-aufarbeitung.de [8.6.2009].
Bundesstiftung zur Aufarbeitung der SED-Diktatur (Hg.) (2009b): *Liste der von der Bundesstiftung Aufarbeitung geförderten und herausgegebenen Publikationen.* Stand: März 2009. Online unter: http://www.stiftung-aufarbeitung.de/publikationen/index.php [8.6.2009].
Hamp, Vinzenz; Stenzel, Meinrad; Kürzinger, Josef (Hg.) (2002): *Die Bibel. Vollständige Ausgabe des Alten und Neuen Testamentes nach den Grundtexten übersetzt und herausgegeben.* München.
Heinecke, Herbert (2002): *Konfession und Politik in der DDR. Das Wechselverhältnis von Kirche und Staat im Vergleich von evangelischer und katholischer Kirche.* Leipzig.
Herrnhut. Wer druckte die »gefährlichen« Aufnäher? (2009). Online unter: http://www.mdr.de/damals/6233977-hintergrund-6220469.html [29.6.2009].
Hohmann, Martin (1998): *Schwerter zu Pflugscharen.* Berlin.
Jank, Birgit (2006): Geschützte Lieder unterm Kirchendach. In: *Musikforum, 4. Jg., Heft 3 Juli-September.* S. 37–39.
Knabe, Hubertus (Hg.) (2008) (unter Mitarbeit von Sandra Gollnest): *Gefangen in Hohenschönhausen – Stasi-Häftlinge berichten.* Berlin.

Landesjugendpfarramt Schwerin (Hg.) [1984]: *Aufwach-Lieder. Ingo Barz – Texte. Nur zum innerkirchlichen Dienstgebrauch.* o. O. [Schwerin].
Landesjugendpfarramt Schwerin (Hg.) [1989a]: *Zwischenzeit. Ingo Barz – Lieder – Gebrauchstexte –Lyrik. Nur zum innerkirchlichen Dienstgebrauch.* [Schwerin].
Landesjugendpfarramt Schwerin (Hg.) [1989b]: *Clemens Blaschek – Ein neues Spiel. Nur für den innerkirchlichen Dienstgebrauch.* o.O. [Schwerin].
Lieder für die Junge Gemeinde Magdeburg – Nur zum innerkirchlichen Gebrauch, o. J. [Magdeburg].
Liedheft a. hektografiert, o. J., o. O.
Liedheft b. hektografiert, o. J., o. O.
Liedheft RKW (1990): *Kleines Senfkorn Hoffnung. Nur für den innerkirchlichen Gebrauch.* [Dresden].
Noll, Günther (Hg.) (1994a): Musikalische Volkskultur und die politische Macht. Tagungsbericht Weimar 1992 der Kommission für Lied-, Musik- und Tanzforschung in der Deutschen Gesellschaft für Volkskunde e. V.(= Günther Noll/Wilhelm Schepping (Hg.), *Musikalische Volkskunde – Materialien und Analysen. Schriftenreihe des Instituts für Musikalische Volkskunde der Universität zu Köln, Band 11).* Essen.
Noll, Günther (1994b): Kinderlied und Kindersingen im Mißbrauch politischer Macht. In: Ders. (Hg.), *Musikalische Volkskultur und die politische Macht.* In: Günther Noll/Wilhelm Schepping (Hg.), *Musikalische Volkskunde – Materialien und Analysen. Schriftenreihe des Instituts für Musikalische Volkskunde der Universität zu Köln, Band 11.* Essen, S. 213-255.
Noll, Günther (1995): Musik und die staatliche Macht. Ausgewählte Beispiele aus der Geschichte der DDR zur Situation der Musiker, Musikpädagogik und Musikwissenschaft. In: DAAD (Hg.), *Landeskunde im Unterricht. Zur Einbeziehung der DDR. Texte des Fachseminars vom 31.3. bis 2.4.1995 in Tours.* Paris, S. 122–178. Wiederabdruck (1997) in: Georg Maas/Hartmut Reszel (Hg.): *Popularmusik und Musikpädagogik in der DDR (=Forum Musikpädagogik, Band 25.).* Augsburg, S. 9–51.
Noll, Günther (1996): Musikunterricht und die Wende in der DDR – Anmerkungen über die Befreiung von der ideologischen Zwangsjacke. In: Jürgen Feurich/Gerd Stiehler (Hg.), *Musikpädagogik in den neuen Bundesländern – Aufarbeitung und Neubeginn,* Essen, S. 66–73. Wiederabdruck (2002). In: Birgit Jank/Bernd Fröde (Hg.): *10 Jahre danach – Sichten –Impulse – Initiativen.* Essen, S. 65–73.
Noll, Günther (2002): Das Lied im Schulunterricht im Dienste ideologisch-politischer Erziehung. Untersuchungen zum Missbrauch Musikalischer Volkskultur. In: Bayerischer Landesverein für Heimatpflege e. V. (Hg.), *Volksmusik Forschung und Pflege. Vierzehntes Seminar: »Gelehrte« oder »geleerte« Volkskultur? – Musikalische Volkskultur in pädagogischer Vermittlung.* München, S. 17–47.
Noll, Günther (2003): Das Thema »Schule« im Kinderlied. In: Matthias Kruse/Reinhard Schneider (Hg.), *Musikpädagogik als Aufgabe – Festschrift zum 65. Geburtstag von Siegmund Helms (=Perspektiven zur Musikpädagogik und Musikwissenschaft, Band 29).* Kassel, S. 249–306.
Noll, Günther (2004a): Kinderlied und Kindersingen im 20. Jahrhundert – ein Spiegel ihrer Zeit. Anmerkungen anhand ausgewählter Beispiele. In: Marianne Bröcker

(Hg.): *Das 20. Jahrhundert im Spiegel seiner Lieder (=Schriften der Universitätsbibliothek Bamberg, Band 129)*. Bamberg, S. 143–201.

Noll, Günther/Probst-Effah, Gisela/Reimers, Astrid/Schepping, Wilhelm/Schneider, Reinhard (Hg.) (2004b): *40 Jahre Institut für Musikalische Volkskunde 1964–2004*. Köln.

Noll, Günther (2006): Neue Kinderlied-Produktionen in ihrer Präsentation durch elektronische Medien – anhand ausgewählter Beispiele aus der DDR. In: Gisela Probst-Effah (Hg.), *Tagungsbericht Köln 2004 der Kommission zur Erforschung musikalischer Volkskulturen in der Deutschen Gesellschaft für Volkskunde*. Osnabrück [epOs], S. 183–202.

Noll, Günther (2010): Das Neue Kinderlied in der religiösen Unterweisung der Kirchen in der DDR – Anmerkungen zu den religiösen Kinderwochen (RKW) in der katholischen Kirche. In: Manfred Seifert/Marianne Bröcker (Hg.), *Aspekte des Religiösen in populären Musikkulturen. Tagungsbericht Dresden 2008 der Kommission zur Erforschung musikalischer Volkskulturen in der Deutschen Gesellschaft für Volkskunde e. V.* Dresden, 29–52.

Ott, Thomas (2006): Musikinteressen von Immigrantenkindern in Kölner Schulen und ihre Erfahrungen im Musikunterricht. In: Günther Noll/Gisela Probst-Effah/Reinhard Schneider (Hg.) (2006) (unter Mitarbeit von Christiane Burmeister/Astrid Reimers), *Musik als Kunst – Wissenschaft – Lehre. Festschrift für Wilhelm Schepping zum 75. Geburtstag*. S. 359–374.

Sabrow, Martin/Eckert, Rainer/Flacke, Monika/Henke, Klaus-Dieter/Jahn, Roland/Klier, Freya/Krone, Tina/Maser, Peter/Poppe, Ulrike/Rudolph, Hermann (Hg.) (2007) (Bearbeitet von Irmgard Zündorf, Sebastian Richter und Kai Gregor): Wohin treibt die DDR-Erinnerung? Dokumentation einer Debatte. (=*Bundeszentrale für politische Bildung. Schriftenreihe Band 619*). Göttingen/Bonn.

Scharnweber, Karl/Reinmuth, Eckart [1986a]: *Liturgie zur Umkehr – Bußgottesdienst für Jazzensemble und Sänger. Musik: Karl Scharnweber, Text: Eckart Reinmuth, Manuskript*. [Rostock].

Scharnweber, Karl/Reinmuth, Eckart [1986b]: *Bruder-Jona – Kantate in Rockbesetzung, Manuskript*. [Rostock].

Schwerter zu Pflugscharen, aus Wikipedia, der freien Enzyklopädie. Online unter: http://de.wikipedia.org/wiki/Schweter_zu_Pflugscharen [29.6.2009].

Gisela Probst-Effah
Barbara, Barbara, komm mit mir nach Afrika. Das Afrikabild in deutschen Schlagern der Nachkriegszeit

Als eine Hommage an Thomas Ott und seinen langjährigen Einsatz für afrikanische Musik und Kultur möchte der folgende Beitrag das Thema »Afrika« innerhalb eines musikalischen Sektors beleuchten, der sich wohl nicht mit den wissenschaftlichen Interessensgebieten und künstlerischen Vorlieben des Jubilars deckt: dem des deutschen Schlagers der Nachkriegszeit. Vermutlich jedoch ist der einst populäre Schlager *Barbara, Barbara, komm mit mir nach Afrika* aus dem Jahr 1949, der den Ausgangspunkt und das Zentrum meiner Reflexionen bildet, dem Jubilar – wie vielen seiner Zeitgenossen – vertraut und Teil seiner persönlichen Erinnerungswelt.

Zwischen 1933 und 1945 bekämpften die Nationalsozialisten die sogenannte »entartete« und besonders die »Negermusik«, als die sie u.a. Bereiche des Jazz und der Unterhaltungsmusik stigmatisierten. Der deutsche Musikmarkt war weitgehend isoliert von internationalen Einflüssen, geduldet wurden nur die Unterhaltungsmusik »artgemäßer« oder »befreundeter« Völker. (Worbs 1963: 62) Dennoch boomte die Schlagerproduktion auch während des Krieges und kam erst an dessen Ende zum Erliegen, als bis auf das Werk der »Deutschen Grammophon« in Hannover alle größeren Schallplattenproduktionsstätten und der Filmkonzern Ufa zerstört waren. Der Rundfunk als das entscheidende Medium zur Verbreitung von Schlagern wurde nun von den alliierten Siegermächten kontrolliert, denen die Förderung solcher Musik zunächst fern lag.

Deutschland wurde seitdem von Wellen ausländischer Unterhaltungsmusik überwiegend aus den USA überschwemmt. Für das Jahr 1945 nennt die *Chronik deutscher Unterhaltungsmusik* nur einen einzigen deutschen Titel, der sich in die Trümmerlandschaft verirrt hatte und dort deplaciert und verloren wirkt: *Wenn ich dich seh', dann fange ich zu träumen an* (SPIDEM 1991, XLII). Eine von Polydor herausgegebene LP-Box, die eine Sammlung von Schlagern aus der Zeit zwischen 1941 und 1950 enthält[1], lässt nach Kriegsende einen deutlichen Umschwung im Repertoire gegenüber den Vorjahren erkennen: Es dominieren Titel amerikanischen Ursprungs.

Nach nur wenigen Jahren belebte sich die deutsche Schlagerbranche wieder. Die Erfahrungen mit Flucht, Vertreibung und Kriegsgefangenschaft schlugen sich in zahlreichen Heimat- und Heimwehschlagern nieder. Andererseits wurden exotische Paradiese auf der italienischen Insel Capri[2] und in der Südsee besungen, obgleich damals »die tatsächlichen Träume vornehmlich um ausreichend Nahrung und Wohnraum kreisen«. (Bardong/Demmler/Pfarr 1993: 23)

In dem Schlager *Barbara, Barbara, komm mit mir nach Afrika* – 1949 getextet von Willi-Tom Stassar[3] und komponiert von Willy Berking[4] – wird Afrika den darbenden Zeitgenossen als ein Schlaraffenland und kulinarisches Paradies präsentiert, wo Kokosnüsse, Ananas und Bananen – alles damals in Deutschland kaum erschwingliche Früchte – frei wachsen, wo man der täglichen Mühsal der Nahrungsbeschaffung enthoben ist und sich aus der Realität eines monotonen und reizlosen Speiseplans fortträumt (»du brauchst keine Bohnen ziehn«).

Die erste und prominenteste Sängerin dieses Schlagers war Evelyn Künneke (1921–2001), Tochter des Operettenkomponisten Eduard Künneke, Star der Berliner Kabarett- und Varietészene und bekannte Stepptänzerin. Sie fiel oftmals durch freche, fröhlich schamlose Texte auf und galt als die »Großmeisterin« der Zweideutigkeiten. (Alsmann 2008: 175) Während des »Dritten Reiches« erregte sie wegen »nichtarischer Versippung« und durch ihre Offenheit und Respektlosigkeit Anstoß. 1944 wurde sie wegen Wehrkraftzersetzung verhaftet und im Januar 1945 in die Haftanstalt Berlin-Tegel eingeliefert, kurz vor Kriegsende jedoch wieder freigelassen.

Die Künneke-Version des Schlagers *Barbara*[5] wird eingeleitet durch ein Instrumentalvorspiel mit Trommeln, zu denen »wilde«, ekstatische Rufe (»U-A!«,

---

[1] *10 Jahre Schlagerparade 1941–1950.*
[2] Der Schlager *Capri-Fischer* (Musik: Gerhard Winkler, Text: Ralph Maria Siegel) wurde zwar bereits 1943 geschrieben, avancierte jedoch erst 1946 mit Rudi Schuricke als Sänger zur Erfolgsnummer.
[3] Öfter findet sich die falsche Namensangabe Willy Strasser als Texter.
[4] Willy Berking war seit 1946 Leiter des Tanzorchesters des Hessischen Rundfunks.
[5] Evelyn Künneke: Audio CD *Allerdings, sprach die Sphinx*. Membran Music. 2008. – Evelyn Künneke. Edition Günter Discher Vol. 28. Ceraton (Fenn Music Service) 2004. Künneke singt eine gekürzte Version, in der die erste Strophe weggelassen ist.

Gisela Probst-Effah

Barbara, Barbara, komm mit mir nach Afrika

Foxtrott

Abb. 1: Notenbeispiel *Barbara, Barbara, komm mit mir nach Afrika*

»U–E!«), vermischt mit einem Singsang aus (vermutlich) pseudoafrikanischen Sprachfetzen, ausgestoßen werden – alles Klänge und Geräusche, die ein exotisches Flair erzeugen sollen.[6]

Das »Afrika« dieses Schlagers erscheint jedoch als ein austauschbarer Ort ohne einen konkreten geografischen Bezug. Bei der Wahl dieses Kontinents waren wohl klangliche Reize und lautmalerische Effekte – zum Beispiel der Gleichklang der Vokale (Barbara – Afrika, Affen – gaffen) – mit ausschlaggebend. Aus dem spielerischen Umgang mit der Sprache bei gleichzeitiger Bindung an ein strenges Reimschema ergibt sich eine assoziative Aneinanderreihung von Wörtern, Begriffen und Bildern anstelle eines logischen Handlungs- und Sinnzusammenhangs. Dieses »Afrika« ist so irreal wie die anderen Sehnsuchtsorte des Schlagers: Südamerika, Hawaii oder auch der italienisch anmutende »Hafen von Adano«, den der Texter Kurt Feltz 1948 nur wegen des exotischen Klanges kreierte, den es aber auf keiner Landkarte gibt. (Mezger 1975: 154) Solche idealen Orte und Landschaften, wo die Sonne von einem ewig blauen Himmel lacht und abends glutrot »im Meer versinkt« und wo in lauen Mondnächten die Herzen höher schlagen, fungieren meist als Kulissen für das zentrale Thema deutscher Schlager: die Liebe, die im Schlager *Barbara* in einer fröhlichen und unsentimentalen Variante, dem exotischen Ort entsprechend aber umgeben von einem Hauch von Rätselhaftigkeit, erscheint: Was bedeutet »und wo man ›schwarz‹ nur küsst«?

Großzügig ist dieses fiktive Afrika mit ihm ortsfremden Requisiten ausgestattet: So hat sich die vor allem in Mittel- und Südamerika beheimatete Riesenschlange Boa hierher verirrt. Sie taucht im Zusammenhang mit dem Motiv Liebe – entfernt an die Versuchung von Adam und Eva im Paradies erinnernd – als ein Paar, Boa und (männlicher) »Boarich« – wohl in Anlehnung an die heimischen »Ente« und »Enterich« –, auf.

Ein weiteres Element, das der Schlager *Barbara* unrechtmäßig für Afrika vereinnahmt, ist der Swing. Der Liedtext behauptet, er sei in Afrika »geboren«. Sein Herkunftsland sind jedoch die USA, wo er sich seit den 1920er-/30er-Jahren als eine populäre Stilrichtung des Jazz entfaltete und von wo aus er sich weltweit verbreitete. »Afrikanisch« ist er nur insofern, als er ursprünglich von Afroamerikanern entwickelt wurde.

Im »Dritten Reich« war »Swing« ein Reizwort. Vor allem das Swing-Tanzen wurde als »artfremd«, »blöde und affenartig« (Prieberg 2004: 3397) diffamiert

---

[6] Weitere Interpretationen des Schlagers Barbara gibt es mit den Sängerinnen Dorle Rath (*10 Jahre Schlagerparade 1941–1950*; 9. Schallplatte, Polydor 2437944) und Rita Paul (*Amiga-Schlagerarchiv 1947–1957*; CD 3, Nr. 20).

und offiziell verfemt. Evelyn Künneke erinnert sich: »*Swing*, das war bei den Nazis ein Schimpfwort, ein obszönes Laster. Swing war fast schon Feindpropaganda«. (Künneke 1982: 58) Das konnte dessen Beliebtheit aber keinen Abbruch tun. Sogar die Soldaten an der Front – so Künneke – »gierten« nach den Swingnummern, »nicht nach dem deutschen Heidekraut und der sattsam bekannten Erika«. (Künneke 1991: 73) Jazz und Swing bedeuteten vielen »mehr als nur Musik: einen Ruf der Freiheit und das letzte Urpersönliche, was der gleichgeschaltete NS-Staat noch nicht beseitigen konnte«. (Lange 1996: 123)

Nach der hermetischen Abgeschlossenheit vor allem der Kriegsjahre seit 1943, als das zuvor siegestrunkene Deutschland zunehmend in die militärische Defensive geriet, suggerierte der Schlager *Barbara* in den ersten Nachkriegsjahren das Gefühl, nicht mehr von der Welt feindselig abgeschnitten zu sein und deren Vielfalt endlich befreit von den engen, borniertenn nazistischen Wertvorstellungen und Normen genießen zu dürfen.

Einen Großteil seiner Wirkung bezog der Schlager aus seiner Bindung an den Tanz, den Foxtrott, der sich von Nordamerika ausgehend nach dem Ersten Weltkrieg in Europa verbreitet hatte. 1920 glaubte Hans Pfitzner in seiner Schrift *Die neue Ästhetik der musikalischen Impotenz* vor der »Jazz-Foxtrott-Flut«, die Ausdruck eines Europa bedrohenden »Amerikanismus« sei, warnen zu müssen. 1938 betonte Karl Cerff, damals Leiter des Hauptamtes Kultur der NSDAP-Reichsleitung, in einer Ansprache anlässlich der Tagung der deutschen Tanzlehrer die Bedeutung von Tänzen vor allem für die Jugend: Zu deren Erziehung zu »frohen Menschen mit edler Gesinnung« seien internationale Tanzformen wie Tango und Foxtrott durch ihre »nichtdeutsche Musik« und »wesensfremde Art« nicht geeignet. (Prieberg 2004: 877)

Seit 1945 waren Künstler und Publikum endlich unbehelligt von rassistischer Zensur. »Nach all den Jahren des Krieges, der Verbote, der Bespitzelungen tanzten wir jetzt über Bühnen und durch Atelierhallen, befreit von allen Zwängen.« (Künneke 1991: 106) Der Musikwissenschaftler und Jazz-Experte Werner Sellhorn (geboren 1930) erinnert sich, wie die neue Unterhaltungsmusik auf die damaligen Jugendlichen wirkte: »Die Schlager klangen uns neuartig und amüsant, die gar nicht so geringen Einflüsse von Jazz und Swing in der Musik wirkten auf uns elektrisierend.« (Sellhorn 1997, Booklet zu CD 1: 2 f.) Meine inzwischen 89-jährige Mutter erinnert sich noch nach vielen Jahrzehnten an ausgelassene Feste im Freundeskreis am Ende der 40er-Jahre: »Wir haben die ganze Nacht bis zum Morgen den Schlager *Barbara* abgespielt und dazu getanzt. Solche Musik gab es bei den Nazis nicht.«[7]

---

[7] In einem Gespräch am 22. März 2009.

Die Vorstellungen von Afrika mussten damals vage bleiben, weil es – entgegen der Behauptung des Liedtextes, es sei »nicht weit« – für die meisten Deutschen in unerreichbarer Ferne lag. Nur wenige von ihnen lernten afrikanische Länder kennen: so zum Beispiel auf den Expeditionen des Deutschen Afrikakorps im Zweiten Weltkrieg oder danach als Freiwillige in der französischen Fremdenlegion – alles Situationen, die wenig Anlass boten, die Fremde zu besingen. Darüber hinaus war deren Wahrnehmung geprägt von einer durch die nationalsozialistische Propaganda angeheizten Xenophobie. In dem *Afrikalied* von 1941 mit dem Refrain »Ich denk an dich, mein deutsches Mädchen« fungiert der »dunkle« Kontinent denn auch nur als ein hässlicher, unwirtlicher Kontrast zur intakten heimatlichen Idylle.

»In Afrika ist's höllisch heiß. Heia!
Es gibt hier weder Schnee noch Eis. Heia!
Es gibt kein hübsches Mägdelein;
Drum muß man stets alleine sein.
Es sind nur Schwarze da in Afrika!

Refrain:
Ich denk an dich, mein deutsches Mädchen!
Ich trag dich treu in meinem Sinn.
Ich grüße dich und auch das Städtchen,
wo ich, wie du, zuhause bin!«[8]

Wer keine Gelegenheit zu reisen hatte, kannte Afrika eventuell aus sogenannten Völkerschauen im Zoo, Zirkus, auf Jahrmärkten und in Varietés, die es bis ca. 1940 gab. In seiner Autobiografie erinnert sich der Deutsch-Liberianer Hans Jürgen Massaquoi (geboren 1926), wie er als Kind mit seiner Mutter Hagenbecks Tierpark in Hamburg besuchte, wo zu seinem Entsetzen zwischen Tiergehegen ein »afrikanisches Dorf« aufgebaut und mit »echten« Afrikanern bevölkert war. (Massaquoi 2002: 45 ff.)

Die Zurschaustellung außereuropäischer Menschen wurde im Kino fortgesetzt, vor allem in der Nazi-Zeit in diskriminierender Weise. »Die Brüder, die kenne ich doch, die habe ich schon mal im Berliner Zoo gesehen [...]. Willkommen, willkommen, ihr Trottel, wo sind die Gastgeschenke?« So begrüßt Otto Groschenbügel alias Quax, dargestellt von Heinz Rühmann in dem Film *Quax in Afrika*, die ersten Schwarzen, die er nach seiner Ankunft auf dem

---

[8] *Afrikalied*, 1. Strophe mit Refrain. Zitiert nach Prieberg 2004: 642.

afrikanischen Kontinent antrifft.[9] In diesem Film, der 1943–1945 als Fortsetzung von *Quax, der Bruchpilot* (1941) gedreht wurde, kommt die unerträgliche Arroganz des »Herrenmenschen« zum Ausdruck. Die Schauspielerin Bruni Löbel erinnert sich, dass die Szenen in Afrika in Brandenburg gedreht wurden, wo man ein paar Palmen aus dem botanischen Garten aufgestellt hatte. Die »Afrikaner« im Film waren schwarze Deutsche, die zum Mitspielen verpflichtet waren.[10] Um den Klischee-Vorstellungen des Publikums von den »Primitiven« zu entsprechen, mussten sie halbnackt auftreten und ein Fantasie-Afrikanisch sprechen, auch wenn sie die deutsche Sprache fehlerlos beherrschten. (vgl. Bos 2002: 1)

Nach einem kurzen Verbot durch die alliierten Siegermächte wurden beide *Quax*-Filme 1949 von der Freiwilligen Selbstkontrolle der Filmwirtschaft (FSK) wieder freigegeben.[11] Der Rassismus der Nazi-Jahre war anscheinend so sehr verinnerlicht, dass die darin enthaltenen Kränkungen und Diffamierungen das Unterhaltungsbedürfnis des Publikums nicht irritierten.

Afrikaner wurden auch nach 1945 als »rückständig« verachtet. Schwarze US-Amerikaner hingegen, an deren Anblick sich zumindest die Bevölkerung in der amerikanischen Besatzungszone gewöhnte, begegneten gelegentlich einem ins Positive gewendeten Rassismus: Plötzlich konnte es – wie Massaquoi in seiner Autobiografie berichtet – vorteilhaft sein, wie ein schwarzer Amerikaner – jedoch nicht wie ein Afrikaner! – auszusehen. So wurde er 1946/47 engagiert, in einer Band, die in einem Hamburger Etablissement auftrat, als Saxophonist mitzuspielen. Es sei offensichtlich gewesen, dass man ihn mehr zu dekorativen Zwecken gebraucht habe als wegen seiner musikalischen Fähigkeiten (Massaquoi 2002: 331). Er wurde auch Mitglied eines Musik- und Stepptanzensembles, obwohl er nicht tanzen, aber etwas Saxophon spielen konnte. Ein Saxophon spielender schwarzer Amerikaner gehörte nun zu den vom Publikum begehrten Raritäten (Massaquoi 2002: 351). Nur wenige Jahre zuvor hatte die Karikatur eines schwarzen Saxophonisten mit affenähnlichen Gesichtszügen und einem Davidstern am Revers als negatives Leitbild der Ausstellung über *Entartete Musik* 1938 in Düsseldorf fungiert.

Das Lied *Barbara, Barbara, komm mit mir nach Afrika* kontrastiert wohltuend zum Bombast und der Sentimentalität vieler Schlager vor und nach 1945. Mit seinem spielerischen Nonsens-Text erhebt es keinen Anspruch auf

---

[9] *Quax in Afrika*. Transit Film-Gesellschaft mbH/ Friedrich Wilhelm Murnau-Stiftung. Ufa 1992.
[10] http://www.heidecker.eu/Ruehmann/Ruehmann_DQuaxAfrika.htm.
[11] »Quax, der Bruchpilot«. In: *www.wikipedia.org* [2.11.2008].

einen Hintersinn oder gar Tiefsinn, sondern es möchte unbeschwert unterhalten. Trotz seiner »Harmlosigkeit« und Leichtigkeit perpetuiert es jedoch mit verblüffender Naivität einige alte Stereotypen und Vorurteile. Es handelt sich hierbei nicht um die Auswüchse des hasserfüllten, fanatischen Rassismus der Nazi-Ära, sondern um die gedankenlose Reproduktion traditioneller Klischees.

So ruft etwa die Zeile »Wo die kleinen Negerlein« die Assoziation des populären Liedes von den *Zehn kleinen Negerlein*, die allesamt in der zivilisierten Welt untergehen, hervor. Dieses Lied tauchte seit 1884, dem Jahr der Kongo-Konferenz, deren Schlussdokument die Grundlage für die Aufteilung Afrikas in Kolonien bildete, in deutschen Sammlungen für Erwachsene auf, seit 1911 auch in Kinderliederbüchern. Es entsprach dem damaligen »überheblichen eurozentristischen Denken«. (Noll 2004: 144)

Lange Zeit ohne bewusst abwertende Absicht im allgemeinen Sprachgebrauch üblich, ist bereits der Begriff »Neger« heutzutage im Sinne einer Political Correctness, die sogar den Sarotti-Mohr erbleichen ließ, tabuisiert. Im Lied von den *Zehn kleinen Negerlein* potenziert der Diminutiv die Diskriminierung, die auch früher nicht unbemerkt bleiben konnte: Er degradiert Afrikaner zu unmündigen Kindern, die nur tanzen, singen und trommeln können und im übrigen faul und lernunfähig sind. Im Schlager *Barbara* tanzen »die kleinen Negerlein [noch immer] Ringelreihn« – das heißt: sie haben nichts dazugelernt. Die Schrumpfung von Menschen, die als fremd wahrgenommen werden, auf ein Kleinformat betraf vor allem, aber nicht nur Afrikaner. Sie entspricht der verbreiteten Unsitte, Ausländer prinzipiell zu duzen. Noch am Anfang der 60er-Jahre sang Conny Froboess den Schlager von den *Zwei kleinen Italienern*, zwei (erwachsenen) Italienern, die es als »Gastarbeiter« nach Deutschland verschlagen hatte, wo sie sich nach ihrer Heimat sehnten. 1962 war dieser Schlager Sieger beim Deutschen Schlagerfestival Baden-Baden.[12]

Das Pendant zur Verachtung kann Mitleid sein. Friedrich Nietzsche nannte es ein »Bedürfnis der Unglücklichen«, welche mit ihrem Mitleid letztlich die eigene Überlegenheit zum Ausdruck bringen. (Nietzsche 1980: 70f.) In einigen deutschen Schlagern der Nachkriegszeit wird Schwarzen ein Mitleid entgegengebracht, in dem sich zugleich das schlechte Gewissen gegenüber den Bemitleideten zu äußern scheint: Eventuell wohlwollend und naiv-solidarisch gemeint, ist es zwiespältig, weil es Afrikaner zu hilflosen, versklavten

---

[12] *Zwei kleine Italiener* wurde komponiert von Christian Bruhn und getextet von Georg Buschor.

Geschöpfen degradiert. In *Negermamas Wiegenlied*[13] aus dem Jahr 1948 wird die »Negerfamilie« als zwar idyllisch und liebenswert, aber auch als arm, leidend und rückständig dargestellt. Ihr einziger »Reichtum« besteht aus einer großen Kinderschar:

>»Die Negermama singt ein uraltes Lied,
>zwei Negerlein zärtlich im Schoß.
>Der Negerpapa in die Dämmerung geht,
>er denkt an sein trauriges Los.
>Die Heimat ist schön, wenn die Baumwolle blüht,
>doch nicht eine Blüte ist sein.
>Die Negermama singt ein uraltes Lied,
>dann schlafen die Negerlein ein.
>Ein ganz kleines, zwei kleine, drei kleine, vier kleine Negerlein
>schlafen dann ein.«

Ähnliche Emotionen transportiert der Schlager *Schwarze Engel*, eine deutsche Version von Raúl Lavistas und Nacho Garcías *Angelitos Negros*, ein ursprünglich mexikanisches Lied von 1948 aus dem gleichnamigen Film:

>»Warum denkt ihr denn nie daran,
>dass leicht ein Engel schwarz sein kann?
>Die vielen kleinen Neger sehn euch bittend an.
>Denn ob wir arm oder reich sind,
>wir werden alle vergehn.
>Das zeigt, dass wir alle gleich sind,
>wenn wir vor dem Himmel stehn.«

Als Caterina Valente dieses Lied 1954 sang[14], müsse – so schreibt Dieter Bartetzko – »jeder auch nur einigermaßen wache deutsche Schallplattenproduzent [...] gewusst haben, dass ein Text wie dieser die Republik mitten ins Herz – und ins schlechte Gewissen – treffen würde«. Denn hier sei die Rede von den sogenannten Besatzungskindern, den Kindern schwarzer amerikanischer GIs und weißer deutscher Frauen, die häufig ausgegrenzt waren. (Bartetzko 2008: 163) Zwei Jahre vorher hatte der Spielfilm *Toxi*[15] viele Deutsche zu Tränen gerührt. Er erzählt die Geschichte von dem fünfjährigen schwarzen

---

[13] Verfasser: Friedrich Schröder und Günther Schwenn, gesungen von Detlev Lais (*Amiga-Schlagerarchiv 1947–1957*; CD 2, Nr. 17).
[14] Caterina Valente – Edition 1 (1954/55): *Schwarze Engel*. Deutsche Grammophon Schallplatten GmbH. Bear Family Records 1986.
[15] Regie: Robert A. Stemmle.

»Besatzungskind« Toxi, dessen (weiße) Mutter verstorben ist. Nach anfänglichen Ressentiments erliegen selbst die voreingenommensten Bekannten und Verwandten seinem Charme.

Eine 1998 entstandene Filmcollage von Martin Baer mit dem Titel *Befreien Sie Afrika!* gibt einen Einblick in die Vorstellungen vom »Schwarzen Kontinent«, die die deutschen Medien und die deutsche Öffentlichkeit in den 50er- und 60er-Jahren vermittelten, und geht der Frage nach dem Ursprung der damaligen und heutigen Bilder von Afrika nach. In über fünfhundert Ausschnitten aus Spielfilmen (einschließlich Filmschlagern), Dokumentationen, Reportagen, Comics und Werbefilmen beschreibt sie die deutsche Afrikapolitik in der Zeit vom Zweiten Weltkrieg bis heute und deckt dabei erschreckende Menschenbilder von Soldaten, Journalisten und Entwicklungshelfern auf. Dass Vorurteile aus der Kolonialzeit noch in der Gegenwart den Umgang mit Afrika und den Afrikanern bestimmen, ergab auch das Forschungsprojekt *Köln-Postkolonial* des Instituts für Afrikanistik an der Universität zu Köln, das auf die Beziehungen bekannter Unternehmer, Politiker und Journalisten aus Köln zu den deutschen Kolonien fokussierte. Das Fazit der Forschungsgruppe lautet: »Unser Umgang mit dem ›Fremden‹ ist von Bildern und Vorurteilen bestimmt, die aus der Kolonialzeit stammen.« (Meier 2008)

Selbstverständlich muss differenziert werden: Die Annahme einer ungebrochenen Kontinuität des Rassismus von der Kolonialzeit bis in die Gegenwart würde dessen traurige Höhepunkte wie das »Dritte Reich« unzulässig verharmlosen. Außerdem verläuft der Umgang mit dem Fremden auf unterschiedlichen Ebenen. Schlagerautoren begegnen ihm in anderer Weise als Unternehmer, Politiker und Journalisten. Niemand erwartet, dass sie ihn textlich und musikalisch reflektieren und analysieren. Trotz allen kommerziellen Kalküls in dieser Musikbranche ziehen sie sich gern in der Sphäre der Irrealität und Träumerei zurück. Dies gilt in besonderem Maße für die Nachkriegsschlager, die in einem aus den Fugen geratenen Land für Trost und Ablenkung sorgen wollten. Doch es gelingt Schlagern selten, auf den Flügeln des Pegasus die Erdenschwere abzustreifen und in ein Fantasiereich zu entschweben. Es fehlt ihnen die Kraft der Utopie, und sie bleiben den Klischees und Stereotypen ihrer Zeit verhaftet.

Literatur

Alsmann, Götz (2008): »Ein Festival der Liebe«? Der erotische Schlager. In: *Melodien für Millionen. Das Jahrhundert des Schlagers*. Bielefeld/Leipzig, S. 172–179.

Bardong, Matthias/Demmler, Hermann/Pfarr, Christian (Hg.) (²1993): *Das Lexikon des deutschen Schlagers*. Mainz/München.

Bartetzko, Dieter (2008): »Jede Farbe ist schön«. Ausländer. In: *Melodien für Millionen. Das Jahrhundert des Schlagers*. Bielefeld/Leipzig, S. 162–169.

Bos, Christian (2002): Beruf: Exot. Schwarze Komparsen wurden in Ufa-Filmen zur Propaganda missbraucht. In: *Wochenendbeilage des Kölner Stadt-Anzeiger. 23./24.Februar 2002*, S. 1.

Helms, Siegmund (Hg.) (1972): *Schlager in Deutschland. Beiträge zur Analyse der Popularmusik und des Musikmarktes*. Wiesbaden.

Herkendell, Andreas W. (2008): »Ich war noch niemals in New York«. Fernweh. In: *Melodien für Millionen. Das Jahrhundert des Schlagers*. Bielefeld/Leipzig, S. 134–139.

Kühn, Volker (2008): »Mit Musik geht alles besser«. Schlagermacher im Nationalsozialismus. In: *Melodien für Millionen. Das Jahrhundert des Schlagers*. Bielefeld/Leipzig, S. 94–105.

Künneke, Evelyn (1991): *Mit Federboa und Kittelschürze. Meine zwei Leben*. Frankfurt am Main/Berlin.

Künneke, Evelyn (1982): *Sing, Evelyn, sing. Revue eines Lebens*. In Szene gesetzt von Walter Haas. Hamburg.

Lange, Horst H. (1996): *Jazz in Deutschland. Die Deutsche Jazz-Chronik bis 1960*. Hildesheim u.a.

Massaquoi, Hans J. (1999): *»Neger, Neger, Schornsteinfeger!« Meine Kindheit in Deutschland*. Bern u.a.

Meier, Kerstin (2008): Pioniere der Forschung über die Kolonialzeit. In: *Kölner Stadt-Anzeiger vom 18. November 2008*.

Melodien für Millionen. Das Jahrhundert des Schlagers (2008). Begleitbuch zur Ausstellung im Haus der Geschichte der Bundesrepublik Deutschland, Bonn, 9. Mai bis 5. Oktober 2008, hg. von der Stiftung Haus der Geschichte der BRD. Bielefeld/Leipzig.

Mezger, Werner (1975): *Schlager. Versuch einer Gesamtdarstellung unter besonderer Berücksichtigung des Musikmarktes der Bundesrepublik Deutschland*. Tübinger Vereinigung für Volkskunde e.V. Schloss.

Nietzsche, Friedrich (1980): Menschliches, Allzumenschliches I, 50. In: Ders., *Sämtliche Werke. Kritische Studienausgabe, Bd. 2*, hg. von Giorgio Colli u. Mazzino Montinari. München.

Noll, Günther (2004): Kinderlied und Kindersingen im 20. Jahrhundert – ein Spiegel ihrer Zeit. Anmerkungen anhand ausgewählter Beispiele. In: Marianne Bröcker (Hg.), *Das 20. Jahrhundert im Spiegel seiner Lieder*. Bamberg, S. 143–201.

Prieberg, Fred K. (2004): *Handbuch Deutsche Musiker 1933–1945*. CD-ROM.

Saldern, Adelheid von (2008): »Der Schlager ist grundsätzlich ein Politikum«. Populäre Musik in der DDR. In: *Melodien für Millionen. Das Jahrhundert des Schlagers*. Bielefeld/Leipzig, S. 106–111.

Sellhorn, Werner (1997): *Amiga Schlagerarchiv 1947–1957*. 5 CDs u. Booklets. Vorwort.

SPIDEM – Spitzenverband Deutsche Musik (Hg.) (1991): *Chronik deutscher Unterhaltungsmusik*. Bonn.
Worbs, Hans Christoph (1963): *Der Schlager. Bestandsaufnahme – Analyse – Dokumentation. Ein Leitfaden*. Bremen.

Christoph Richter
Musik – ein immer schon fächerübergreifender Gegenstand

Vorbemerkungen

Die Fächerordnung der Schule stellt, als Abbild der universitären Wissenschaftsgliederung, eine künstliche Welt dar, eine Abstraktion der Wirklichkeit – vor allem eine Abstraktion der Wirklichkeit von Schülerinnen und Schülern. Die Rede vom fachübergreifenden oder vom fächerverbindenden Unterricht beschreibt nicht, wie zumeist angenommen wird, einen Sonderfall oder Ausnahmezustand, der mühsam zu organisieren ist. Ausnahmezustand (gegenüber der zu erlebenden und erfassenden Wirklichkeit) ist vielmehr die durch künstliche Grenzen gefächerte Schule.

Die Konzentration aufs fachliche Detail und die Genauigkeit der Sachergründung gelten ebenso als Ideale schulischer Bildung wie andererseits die Weite des Blickes, die Vielfalt des Handelns, die Komplexität der Vorstellungen, das Denken und Erleben in Ähnlichkeiten, die Fülle der Verknüpfungen. Beide Ideale erfüllen sich in der Balance und im spannungsvollen Hin und Her zwischen der konzentrierten Zuwendung zu Details und dem breit und aspektreich angelegten Umgang mit den Dingen und Fragen der Welt und des Lebens.

Im Musikunterricht zeigt sich die Weite des Blicks über das Fachliche hinaus im vielfältigen Gebrauch von Umgangsweisen, in der vielseitigen Anknüpfung an die immer schon mitgebrachten und überlieferten Erfahrungen aller Beteiligten (Schüler wie Lehrer), in der Einbettung der Musik in ihre Kontexte, im Vergleich mit anderen, fremden oder ähnlichen Dingen oder Bereichen, vor allem aber in der Balance zwischen praktischem Tun und nachdenklicher Reflexion, zwischen spontanem Zugriff, ruhiger Hingabe und im Gebrauch aller Sinne bei der Beschäftigung mit Musik.

Als ein besonders nützlicher Weg zur Erfüllung oder Vermittlung dieser Ideale bietet sich üblicherweise der sogenannte fachübergreifende oder fächerverbindende Unterricht an. Viele Musiklehrer halten ihn für wichtig, und für die Schüler ist er interessanter als ein Unterricht, der sich auf die Erkundung und den Erwerb musikalischer Fähigkeiten, Sachverhalte und deren Regeln beschränkt.

Viele Lehrer aber halten sich für überfordert von den (angenommenen)

Ansprüchen fachübergreifenden Unterrichts. Sie meinen, er sei nur in Zusammenarbeit mit Kollegen anderer Fächer möglich und in gemeinsamen Projekten. So kommt es, dass fachübergreifender Unterricht, der mehr ist als die Verabredung gleicher Themen oder sich berührender Inhalte, als etwas Außergewöhnliches angesehen wird, als etwas also, was vom Schulalltag weit entfernt ist. Bisweilen scheinen auch Schüler einem fachübergreifendem Unterricht eher skeptisch gegenüber zu stehen. Sie fühlen sich in der vertrauten Ordnung der zugeschnittenen Fächer wohler als gegenüber der Zumutung, sich im Musikunterricht mit Fremdsprachenproblemen, mit Fragen aus der Literatur oder der Politik, mit naturwissenschaftlichen Denkweisen und Erkenntnissen beschäftigen zu sollen.

In den folgenden Überlegungen versuche ich, den Forderungen und Möglichkeiten fachübergreifenden Musikunterrichts grundsätzlich nachzugehen.

Das Fachübergreifende – ein 100-jähriges Jubiläum

Diese Forderungen sind mittlerweile fast 100 Jahre alt. Sie werden bereits in den großen Schulreformen nach dem ersten Weltkrieg laut. So enthält Leo Kestenbergs Konzept des Faches Musik in einer allgemeinbildenden Schule die Aufforderung, (auch) im Fach Musik einen Beitrag zur Erschließung von »Welt« (von Geschichte, Kultur, menschlicher Selbstvergewisserung) zu leisten. Der Umgang mit Musik soll über das Fachliche, über das Musikimmanente hinausgehen. Kestenberg fordert eine Einfügung und Anbindung der Musik in und an die Gegenstände und Fragestellungen der anderen Fächer. Dabei geht es ihm um einen erweiterten Musikbegriff, welcher die historischen und gesellschaftlichen Aspekte der Werke einbezieht. Es geht um eine Schule, die sich als Bildungseinheit versteht und die engstirnige Autonomie der Fächer überwindet. (Kestenberg 1990: 79, 132, 156; Richter 2008: 170f.) Fachübergreifenden Unterricht haben auch die verschiedenen Konzepte der Reformpädagogik in ihre Programme aufgenommen. Im »Epochenunterricht« der Waldorfschulen sind fachübergreifende Bestandteile fest integriert. Seit den Schulreformen der 70er-Jahre stehen fachübergreifende Konzepte, zumindest als Anspruch, in allen Richtlinien und Lehrplänen. Auch die fachdidaktische Literatur hat sich diesem Ruf immer wieder angenommen. (Forsbach 2006; 2008) Als Ableger der sogenannten didaktischen Interpretation von Musik hat schließlich das Konzept der Lebensweltorientierung fachübergreifende Themen- und Fragestellungen ins Zentrum der Musikinterpretation gestellt. (*Musik und Bildung* 6/1993; Ehrenforth 2001) So scheint die alte Forderung nach einer allgemeinbildenden Schule, die Fach- und Fächergrenzen abschmilzt, zunehmend in Erfüllung zu gehen.

Überlegungen zu den Begriffen: das (Schul-)Fach, das Fachliche, das Übergreifende

Unter einem Fach oder Schulfach verstehen wir einen Teilbereich aus dem Leben, der einerseits aus sachlichen (zum Beispiel wissenschaftlichen) Gründen gegen andere Fächer getrennt (also durch Grenzen geschieden) ist, und der andererseits durch spezifisch Eigenes einen relativ selbständigen Zusammenhang und eine Einheit bildet. Dieses Eigene unterscheidet sich von dem Eigenen anderer Fächer durch seine Fragestellungen, durch das verwendete Material, durch die Arten des Umgangs mit dem Material und durch die Art des Handelns. Es unterscheidet sich bisweilen auch durch die Art der Wahrnehmung (etwa mehr hören, mehr sehen, mehr sich bewegen) und durch die Möglichkeiten des sprachlichen Erfassens und Denkens (mehr logisch-kausales Denken oder mehr Denken, Erleben und Verstehen in Ähnlichkeitsbeziehungen).[1] Zu fragen ist, wo und wie die Beschäftigung in einem fachübergreifenden Musikunterricht »hinüber«-greift, also nach den Tendenzen und Zielen solcher »Übergriffe«. Im Folgenden unterscheide ich zwei Arten und Tendenzen des fachübergreifenden Musikunterrichts: einen künstlich-pädagogisch veranstalteten und einen, welcher für die Beschäftigung mit Musik »natürlich« und selbstverständlich ist.

Das »künstliche« und pädagogisch »veranstaltete« Übergreifende: übergreifend »nach nebenan«, »nach oben« und »nach unten« und in das Leben der Beteiligten:

Allein schon das Wort »fachübergreifend« regt mehrere Überlegungen an:

1. Übergreifend »nach nebenan«:
- Ich greife von etwas über seine Fachgrenze zu etwas anderem hinüber, entweder um die Sache (das Ereignis) durch Vergleich oder Begründung (anschaulicher und) besser verständlich zu machen, oder um die Zusammengehörigkeit mit etwas anderem und die Einheit beider darzustellen.
- Das ist zum Beispiel der Fall, wenn musiktheoretische Regeln aus mathematischen oder physikalischen Sachverhalten erklärt werden, etwa harmonische Regeln aus der Obertonreihe, oder Melodien, Intervallstrukturen und Formmodelle aus der »fibunaccischen« Zahlenreihe. Das ist auch der Fall, wenn die Einbindung des Raums in die Komposition in einen Zusammenhang mit der (erneuten) Entdeckung der Zentralperspektive in der Renaissance-Zeit gestellt wird (mehrchöriges Musizieren, konzertierendes Prinzip, Spiel mit Lautstärken, die Entdeckung der Instrumentation);

---

[1] Die beiden grundsätzlichen Weisen des Sprechens und Denkens hat Ursula Brandstätter in ihrer Schrift *Grundfragen der Ästhetik* (2008) betrachtet und unterschieden.

oder wenn die wachsende Beliebtheit der Monodie mit der »Entdeckung« des Individuums und seiner Gefühlswelt in derselben Zeit (bei Petrarca und Monteverdi) in Beziehung gebracht wird. Und das ist auch der Fall, wenn die Künstlichkeit und strenge Ordnung des höfischen Tanzes mit der Mode, dem »höfischen« Verhalten, und dem gekünstelten Menschenbild im Absolutismus als zusammengehörig gesehen wird.

- Ich versuche, Musik in geschichtliche Situationen oder Ereignisse einzuordnen – entweder, um Geschichtsbilder aus der Musik zu entwickeln, oder umgekehrt um das Besondere einer Musik aus dem geschichtlichen und gesellschaftlichen Kontext zu verdeutlichen.
- Ich versuche, Gemeinsamkeiten und Unterschiede zwischen den Künsten herzustellen,
- zum Beispiel musikalische Strukturen aus Sprachstrukturen oder sprachlicher Syntax zu erklären, Farbgebung oder Farbenspiele in Musik und Malerei zu vergleichen, die Arten der Weltdeutung und der Mitteilung in den verschiedenen Künsten hervorzuheben. (vgl. Maur 1985)

Dies alles sind »Übergriffe« von der Musik in andere Bereiche der Wirklichkeit. Ich nenne sie Übergriffe »nach nebenan«, in Fächer wie Mathematik, Physik, Sozialkunde, Ästhetik, Ethik, Geschichte o. a.

2. Übergreifend »nach oben« oder »von oben«:

»Übergriffe nach oben« werden wirksam, wenn der Unterricht in den Sachfächern an übergreifende, allgemeine Ziele und Methoden gebunden wird: an die Schlüsselprobleme und Schlüsselverhaltensweisen, wie sie einst Wolfgang Klafki gefordert und zusammengestellt hat. Beispiele sind: die Friedenserziehung, die Erziehung zum sorgsamen Umgang mit der Umwelt, das Zentralproblem der Ungleichheit, Erziehung zum menschlichen Umgang mit der Technik, Erziehung zur Liebe; der Umgang mit der Technik; Formen der Gemeinsamkeit, Erziehung zur Wahrnehmungs-, Gestaltungs- und Urteilsfähigkeit, ethische und politische Handlungsfähigkeit. (Klafki 1991: 52–60)

3. Übergreifend »von oder nach unten«:

Von fachübergreifend »von unten« rede ich, wenn Unterricht dazu dient, die allgemeinen Grundlagen oder Fundamente der Gegenstände deutlich zu machen. Es geht darum, die Erfahrungen herauszuarbeiten, die hinter bzw. unter den Gegenständen liegen.

Dafür gibt es mehrere Möglichkeiten und Bildungsvorstellungen:

- Unterricht kann sich mit Gemeinsamkeiten zwischen der Musik (und dem

Musizieren) auf der einen Seite und grundlegenden Lebenserfahrungen von Menschen auf der anderen Seite beschäftigen. Es geht darum, in einer Musik ihr allgemeines Gestaltungsprinzip zu erkennen und umgekehrt, ein allgemeines Gestaltungsprinzip des Lebens in der Musik aufzufinden.

- Ich habe dieses Verhältnis an anderer Stelle »Allgemeine Gestaltungsprinzipien« (der Musik wie des Lebens) genannt. Solche Prinzipien sind »Öffnen und Schließen« »Wiederholung – Veränderung«, »sich an Regeln halten – Regeln verletzen (oder erneuern)« und viele andere. (Richter 2001; Hüttmann 2009)
- Musik kann daraufhin befragt werden, in welcher Weise und als welcher Ausdruck sie Auskunft darüber gibt, wie Menschen (auch) mit ihr ihr (kulturelles) Leben gestalteten oder gestalten. Etwa: Wie drückt sich mittelalterliches Denken, Fühlen und Handeln in der Musik zwischen 900 und 1300 n. Chr. aus?
- Musikunterricht kann danach fragen, was einer Musik als »Elementarem« und »Fundamentalem« zugrunde liegt, d. h. als musikalisch »Einfachem« und als menschlich Berührendem. Die beiden Begriffe hat Wolfgang Klafki als Grundlage der Bildung ausführlich erörtert und Martin Wagenschein konkretisiert. (Klafki 1964; Wagenschein 1970; Richter 1996)

Wenn man das fachübergreifende Lernen »von und nach unten« ernsthaft betreibt, ergeben sich gleichsam von selbst auch Übergriffe »von nebenan«. Denn die anderen Fächer oder Lebensbereiche sind ebenfalls den Grundlagen und Fundamenten der Gegenstände und Ereignisse auf der Spur. Sie sind gleichzeitig die Fundamente unserer Welt und Fundamente von Bildung.

4. Übergreifend in das Leben und in die Lebenserfahrung der Beteiligten:

Dieser Übergriff über das Fachliche fragt nach der Bedeutung der Musik für die, die sich mit ihr beschäftigen. Diese Bedeutung muss nicht mit der historischen oder musiktheoretischen Bedeutung übereinstimmen. Dieser Übergriff bezieht außerdem die stets mitgebrachten Erfahrungen ein, die dazu anregen, eine Musik für sich selbst zu »konstruieren«.

Nach dem »pädagogisch«, also »künstlich« veranstaltetem Übergreifenden behandle ich

Das »natürliche« oder selbstverständliche Fachübergreifende

Es ist möglich und weithin wohl auch üblich, das Inhaltliche eines Faches und seine Grenzen zu betonen und sie ernst zu nehmen, und dennoch fachübergreifend zu denken und zu handeln. Das zeige ich im Folgenden an vier fachlichen Bereichen des Faches Musik:

- an der analytischen (oder synthetischen) Untersuchung von Musik,
- am Kennenlernen, Benutzen und Üben musiktheoretischer Regeln und Systeme,
- am Musizieren,
- an der geschichtlichen Betrachtung der Musik, ihrer Gattungen, ihrer Biografien und anderen Interessen.

Sehen wir uns diese vier Bereiche einmal genauer, um zu zeigen, dass wir mit ihnen schon immer und selbstverständlich fachübergreifend umgehen.

1. Das Analysieren von Musik

Wer Musik analytisch untersucht, fahndet nach dem Material, aus dem ein Stück gebaut ist. Das Material kann aus Figuren, Bausteinen, Klängen und Rhythmen bestehen. Er betrachtet die Gestalten und Formen, denen das Material zugrunde liegt und die aus ihm zusammengesetzt (zur »Gestalt« gebildet) sind. Er ist auf der Suche nach Beziehungen, Unterschieden, Entwicklungen, Veränderungen zwischen dem Material und den einzelnen Gestalten. Er interessiert sich möglicherweise auch für Anregungen, die der Komponist aus anderer Musik aufgenommen hat (aus anderer eigener, früherer oder zeitgenössischer Musik).

Schaut man aber noch genauer hin (und das ist für den Musikunterricht in der allgemeinbildenden Schule geboten), dann wird man feststellen, dass die Phänomene, Ereignisse und Sichtweisen ohne eine methodische und bildende Durchlöcherung der Fachgrenzen gar nicht zu erschließen und zu verstehen sind. An drei Tendenzen des analytischen Vorgehens lässt sich dies zeigen:

Die eine Tendenz ist die Sprache der Analyse, die hochgradig metaphorisch ist, zum Beispiel wenn wir etwas Musikalisches als Phrase, Zeile, hoch, tief, Satz benennen (selbst wenn es sich in vielen Fällen um abgeschliffene, eingefrorene Metaphern handelt), also um Übertragungen aus anderen Gebieten und Vergleiche, deren metaphorischen Ursprung wir gar nicht mehr zur Kenntnis nehmen. Das Sprechen über und von Musik durchlöchert die Fachgrenzen immer schon – mit Bildern, inneren Vorstellungen aus anderen Bereichen, Bewegungsvorgängen, Kommunikationsmustern, und zwar deshalb, weil wir uns ein anschauliches und vertrautes Bild von der Musik machen wollen. Da ist die Rede vom stürmenden Läufen, von unbeweglichen Klangflächen, von gehackten Begleitungen, absinkenden Schlüssen – und anderen Gegebenheiten, die subjektiv empfunden oder objektiv vergleichend eine lebendige Vorstellung vom Erleben und vom Wesen einer Musik anbieten.

Eine zweite Tendenz, das anschaulich zu machen, was eine Analyse zutage fördert, ist der Vergleich mit einer Architektur (also mit Erscheinungen aus der Baukunst). Ein solcher Vergleich kann (mit Hilfe von Metaphern) zeigen, wie eine Musik gebaut ist, mit Entsprechungen, Veränderungen, Symmetrien, Kontrasten, Schichten und anderen Mitteln. Architektur-Vorstellungen bleiben nicht bei der Bauanleitung und -erläuterung stehen. (Sie sagen auch etwas über den Charakter, über die ästhetische oder gesellschaftliche Funktion einer Musik aus, ebenso über bestimmte Stile, Epochen und Denkweisen.) Der Vorteil des Architekturvergleichs besteht darin, dass man die klingende Musik gleichsam umwandeln kann in Klangkörper, in weiträumige Gestaltanlagen, in ausgeschmückte Räume und Naturanlagen. Man kann sichtbare Skizzen vom Hörbaren herstellen. Auch hier handeln wir immer schon fachübergreifend. Wir müssen nur Fantasie dafür einsetzen, wir müssen es lernen und üben und uns selbstverständlich machen.

Die dritte Tendenz, mit der die Fachgrenzen (zum Nutzen des Erlebens und Verstehens von Musik) durchlöchert oder sogar aufgehoben werden können, sind dramaturgische Vorstellungen, die den dramatisch sich entwickelnden Verlauf einer Musik entdecken, beschreiben und deuten, indem man sich die ablaufende Musik in Szenen vorstellt und anordnet. Da gibt es kontrastierende Szenenfolgen, sich (verändernde) Wiederholungen von Szenen oder ihre spätere Wiederaufnahme. Man kann sich Musik als mit mehr oder weniger handelnden Personen vorstellen, mit Änderungen der szenischen Ausstattung und Beleuchtung, mit verschiedenen Funktionen: zum Beispiel Katastrophen, Höhepunkten, Besinnungsphasen, lyrischen oder sehr prosaischen Teilen, Massenszenen, Monologen und viele andere Arten von Szenen, wie sie in Filmen und auf dem Theater vorkommen. Gegenüber den architektonischen Vorstellungen haben die dramaturgischen den Vorteil, dass sie die Entwicklung und Bewegung durch die Zeit als Handlungen anschaulich machen.

2. Die Musiktheorie

Musiktheorie ist bei vielen Schülerinnen und Schülern hochgradig unbeliebt (verstanden als »Theorie« anstatt »Musikmachen«). Sie beschäftigt sich und die Schüler mit Skalen und Tonleitern, mit Intervallen und dem Zusammenklang von Tönen in Akkorden verschiedener Art und mit Akkordfolgen (zum Beispiel als Kadenzen, Sequenzen und Modulationen). Zum Gebiet der Musiklehre gehören die Instrumentenkunde und die Eigenschaften des Klanges, der Aufbau von Tonsystemen. Ein weiteres Gebiet der Musiktheorie ist das weite und komplizierte System der musikalischen Zeitgestaltung aus Metrum, Taktordnungen, Rhythmus, Tempo, Notenwerten und ihren vielen Erscheinungen.

Schließlich sind auch die Formen und Modelle der musikalischen Architektur als Teil der Musiktheorie zu verstehen.

Alle Aspekte der Wissenschaft und der Ordnungen vom Klingenden gelten als besonders fachimmanent (ganz gleich, ob sie als theoretisch und abstrakt, als zu übendes Handwerk oder in praktischen Anwendungen betrieben werden). Sie scheinen resistent und abgeschottet gegen fach- oder fächerübergreifende Grenzöffnungen oder gar gegenüber fächerverbindenden Erscheinungen zu sein.

Was aber ihr Erleben, ihr Verstehen, ihr Lernen, Üben und Anwenden in der Schule betrifft – also in pädagogischem Zusammenhang steht –, ist es sinnvoll (und seit langem üblich), die »theoretischen« Sachverhalte der Musik durch »Ähnlichkeitsbeziehungen« anschaulich zu machen. (Brandstätter 2008: 31–38) Die Welt und die Ordnungen des musikalisch Fachlichen lassen sich durch »Übergriffe« und Übertragungen aus dem Bereich des Klingenden (des Akustischen) in die Bereiche des Raumes, des Lichtes (also des Sichtbaren), der Bewegung und des Zählens (der Zahlenverhältnisse) anschaulich und (sinnlich) vorstellbar machen:

- Skalen und Intervalle sind als Treppen, Wege oder Schritte verschiedener Art und Weite erfahrbar – also räumlich.
- Zusammenklänge und Instrumentenklänge lassen sich mit verschiedenen Arten von Beleuchtung vergleichen: als hell, düster, dunkel oder abgeschattet; als Farben und Farbmischungen, als Beleuchtungsregie, als ungegenständliche Bilder.
- Takt- und Betonungsordnungen, Betonungsmuster können körperlich veranschaulicht werden, als Bewegungsfiguren und Ausdrucksgestaltungen.

3. Das Musizieren

Gemeinsam oder alleine für sich musizieren kann – konzentriert auf das Instrument, den Körper und die Noten – als eine eng sach- und fachbezogene Tätigkeit betrieben werden. Die Aufmerksamkeit des Denkens und Handelns ist streng auf die Intonation, die Klangschönheit, die Genauigkeit im Rhythmischen, Melodischen, Formgliedernden, im Harmonischen und im Ausdruck gerichtet und durch Spieltechnik abgesichert (oder gedrillt). Ein solches Musizieren, das vor störenden Blicken über die Noten und ihre klangliche Darstellung hinaus abgeschottet ist, ermöglicht sicher gute spieltechnische und ausdrucksstarke Ergebnisse. Viele Schulkonzerte sind dafür zu loben.

Reichere und weiter ausladende Erfahrungen für das Musizieren und für das Erleben und Verstehen von Musik bieten jedoch Blicke über die Zellenwände des Übens, Probens und Aufführens hinaus, so wichtig auch der Rückzug, die

Beschränkung und die Konzentration auf das richtige und genaue Spiel gelegentlich sind.

Da sind, als überfachliche Blicke des Musizierens, die Einbettung der Musik in ihre Kultur- und Gesellschaftsgeschichte und Hinweise auf die angemessene historische Aufführungspraxis zu nennen, also ihre Zugehörigkeit zu einer früheren oder derzeitigen Lebensart. Vor allem aber sind es die Vorstellungen des Spiels und der Kommunikation, mit denen Musizieren in ein Beziehungsnetz überfachlicher Lebendigkeit eingebunden wird.

Spiel wird hier verstanden als die gegenseitige Anregung zwischen der Komposition und dem Spieler, zwischen der Komposition und dem Hörer, zwischen dem Spieler (dem Spielen), und dem Hörer (dem Hören), zwischen dem Spieler (bzw. dem Körper des Spielers) und seinem Instrument. Und auch Kommunikation ist, ebenso wie das Spiel, zu verstehen als eine Beziehung innerhalb des Fünfecks: Komposition, Spieler, Hörer, Instrument und Körper. Diese Fünferspiele können weit über das Fachliche hinausgehen – also über das richtige Darstellen der Töne, des Rhythmischen, der musikalischen Struktur –, zum Beispiel in die immer schon mitgebrachte Erlebnis- und Erfahrungswelt der Spieler und Hörer, in Vorstellungen und Erfahrungen aus anderen Künsten und Medien: der Bildkunst, der Sprache, der sprachlichen Artikulation, der körperlichen Bewegung, der Alltagskommunikation zwischen Menschen oder anderen Lebenswesen.

Das Spiel des Musizierens besteht in der Übertragung des Erklingenden und Gestalteten in die Erlebnisse der Erfahrungswelt (als ein Wiederfinden, Anwenden oder Neu-Entdecken) oder umgekehrt: der Erfahrungswelt in der Musik. Das Spiel der Musik und mit der Musik greift auch über in andere Bereiche und Medien – in die Welt der Farben und Formen, in dramaturgische Vorstellungen und Alltagshandlungen.

So strebt das Musizieren stets aus dem engen Käfig des Nur-Fachlichen heraus in die Welt der Spieler und Hörer. Und umgekehrt tragen die Spieler und Hörer ihre Erfahrungen und Vorstellungen in die Musik hinein und machen sie auf diese Weise lebendig. Es ist dringend anzuraten, dieses Hin- und Herspiel in der künstlerisch-pädagogischen Arbeit zu nutzen, zu fördern und bei Proben zur Sprache zu bringen. Damit das Musizieren an Lebendigkeit, an Wirklichkeitsfülle gewinnt, sollte der Blick über das Fachliche hinaus zur Grundlage des Musizierens gemacht werden: Musizieren ist, mit Sinn und Verstand betrieben, ein Modellfall für fachübergreifenden Musikunterricht.

4. Die Musikgeschichte

Fachübergreifend wird Musikgeschichte dann, wenn sie als allgemeine Kultur- und Gesellschaftsgeschichte betrieben wird. Das ist der Fall, wenn Musikgeschichte sich nicht auf biografische Daten, Epochen- und Gattungsfakten, auf die Entwicklung von Kompositionsweisen oder gar auf musikwissenschaftliche Denkweisen beschränkt, sondern danach fragt, was um die Komponisten, die Gattungen, die Komponierweisen, die Entwicklung von Formen herum aus der Lebenswelt auf die Musik einwirkt: der Geist einer Zeit, die Religion, die Wissenschaften, die Lebensumstände, der Alltag der Menschen, Einflüsse aus anderen Kulturen …

Fachlehrer oder überfachliche Lehrer?

Schaut man die in Kapitel IV beschriebenen vier Bereiche der Musik genauer man, so zeigt sich, dass sie in Wahrheit nur fachübergreifend zu verstehen und zu benutzen sind. Nicht das fachübergreifende Erleben, Verstehen und Handeln sind die Ausnahme – wie uns das Fächersystem der Schule glauben machen will –, sondern der Rückzug ins angeblich Fachliche sollte die Ausnahme sein, die gelegentlich freilich höchst notwendig ist. Diese Einsicht verlangt, die künstlichen Fachgrenzen andauernd zu durchlöchern und auszufransen. Nur wenn Musik übergreifend gelehrt und gelernt wird, wird auch das Fachliche an ihr deutlich, verstehbar und für das Musikleben aller sinnvoll.

Daraus aber folgt ferner, dass das »natürlich« und übergreifend Fachliche in erster Linie vom »Fach-Lehrer« behandelt werden muss. Die Übergriffe über das künstlich eingesperrte Fach hinaus sind der Normalfall für das, was wirklich bildend ist.

Die Möglichkeiten, die Lehrerinnen und Lehrer ergreifen können, um fachübergreifenden Musikunterricht zu geben, trenne ich im Folgenden – der bisherigen Gliederung entsprechend – in solche, die auf den bewusst pädagogisch veranstalteten fachübergreifenden Unterricht zielen, und in solche, die dem »natürlichen«, selbstverständlichen fachübergreifenden Unterricht gelten.

1. Zum Lehrerverhalten und seiner Ausbildung (oder Ausprägung) für bewusst veranstalteten fachübergreifenden Unterricht

Fachübergreifender Unterricht, der mit der Verbindung mehrerer Fächer in kleineren oder größeren Projekten arbeitet, empfiehlt die Zusammenarbeit mit Kollegen anderer Fächer. Das jeweils gewählte Thema – vielleicht eine geistes- oder gesellschaftsgeschichtliche Epoche, vielleicht akustische Phänomene, vielleicht Fragen des wissenschaftlichen Arbeitens – verlangt Einsichten oder Methoden mehrerer gleichberechtigter Fächer. Das gewählte Thema kann aber auch vom Fach Musik ausgehend Hilfsdienste anderer Fächer suchen, zum Beispiel das Wort-Ton-Verhältnis, die Inszenierung einer Oper, die Frage nach

Eigenheiten religiöser Musik, die Voraussetzungen für die erfolgreiche Arbeit einer Band. In beiden Fällen sollten die Lehrer nicht selbständig nebeneinander agieren und sich jeder nur für seine Profession zuständig fühlen.

Für eine sinnvolle fach- oder fächerübergreifende Arbeit sind vielmehr vier Schritte wichtig:

- Der einzelne Lehrer sollte sich in die Fragestellung, die Denk- und Argumentationsweisen und Sachverhalte im Gespräch mit den Kollegen der anderen Fächer einarbeiten, so gut es ihm möglich ist. Er sollte aber bewusst die Rolle des interessierten Laien einnehmen.
- Er sollte im Kontakt mit den Kollegen der anderen Fächer die fachübergeordneten Fragen und Ziele erörtern und bestimmen.
- Er sollte gemeinsam Methoden der fachübergreifenden Erarbeitung festlegen und sowohl die Vergleichbarkeit wie die Verschiedenheit der Betrachtungs- und Argumentationsaspekte verdeutlichen.
- Dabei sollte klar gestellt werden, dass verschiedene Wege und Fragen zu (ohnehin stets vorläufigen) Zielen führen.

Diese vier Schritte oder Handlungsweisen der Vorbereitung sollten den Schülern transparent gemacht werden, sollte die Schüler beteiligten und den Gang der gemeinsamen Arbeit bestimmen.

Für die Ausbildung eines Lehrers, der zu fach- oder fächerübergreifender Arbeit befähigt ist, sind zu fordern:

- Ringvorlesungen oder Seminare, in denen Vertreter verschiedener Fächer ihre Arbeits-
- und Sichtweisen offen legen und in die Methodik ihrer Fächer einführen;
- Projekte fachübergreifender Arbeit, die als Beispiele für fachübergreifenden Unterricht gelten können, durchführen und dokumentieren; Möglichkeiten der Präsentation erproben;
- Schon in den fachlich ausgerichteten Veranstaltungen (Musikwissenschaft, Musiktheorie, Instrumentalspiel) Blicke über die Fächer hinaus anbieten, die über die enge Wissenschaftlichkeit hinaus allgemeinbildend und »laiengerecht« angelegt werden.

2. Zum Lehrerverhalten und seiner Ausbildung für »natürlichen« und selbstverständlichen fachübergreifenden Musikunterricht

Für dieses ursprüngliche Verhalten sind einige Fähigkeiten und Interessen unabdingbar, die Lehrern gleichsam stets zur Verfügung stehen und die darum in allen Studienfächern im Zentrum der Ausbildung stehen sollten.

a) Das Hören betreffend:
- die Fähigkeit und das ständige Bemühen, auf andere zu hören;
- hören auf das, was »zwischen den Zeilen« (mit)gemeint ist, auf den Hinter- und Untergrund des Gesagten hören und es aufnehmen;
- Musik häufig genug ohne Noten und ohne eng analytischen Blick hören;
- nicht sogleich und ständig auf musiktheoretische Details hören;
- Hören in Beziehungen und im Vergleich zu ähnlichen Phänomenen und Ereignissen;
- nicht hören, um Regeln der Musiktheorie zu bestätigen – entdecken ist wichtiger als bestätigen.

b) Ähnlichkeitsbeziehungen aufbauend:
- Bilder, Metaphern auf Musik anwenden (in Musik finden);
- Anleihen aus anderen Lebensbereichen nutzen;
- Musik auf Alltagserfahrungen und eigene Erfahrungen beziehen.

c) Musik als Handlungen, als Inszenierungen verstehend:
- Musik als Szenenfolge beschreiben;
- Musik als Flächen und Farbenfolgen beschreiben;
- architektonisch denken.

d) Musizieren als Gespräch, als Kommunikationsform, als Handlung ausführend.

Um in dieser Weise mit Musik umgehen zu können, sollten Lehrer zum »Überfachlehrer« ausgebildet werden. Die Ausbildung in allen Fächern sollte ihnen Mut machen, Musik mit Fantasie, Neugier, Weitblick und Hören in Ähnlichkeitsbeziehungen (statt in logisch-kausalen Zusammenhängen) verstehen zu lernen. Sie sollten Geschichtenerzähler, Erzähler von Musikgeschichten werden und die Musik als nur einen von anderen Bereichen menschlicher Kultur betrachten.

Eine solche, immer schon die Fachgrenzen sprengende Ausbildung und Haltung sind die Voraussetzungen dafür, dass Musikunterricht in natürlicher und selbstverständlicher Weise stets fachübergreifend ist.

Beide, hier künstlich getrennten, Möglichkeiten des fachübergreifenden Unterrichts stehen unter der allgemeinen Voraussetzung, dass fast alles, was ein Lehrer in geistiger, handwerklich-praktischer und methodischer Hinsicht unternimmt, in einer und aus einer Haltung der Zuwendung, der Vermittlung, der Verantwortung und des Vorbildes tut. Diese Haltung, die einen Lehrer mehr auszeichnet als seine fachlichen Fähigkeiten, kann ein Ergebnis seiner eigenen Beschäftigung mit den Dingen und mit Menschen sein. Umgekehrt kann diese Haltung die überfachliche und menschenzugewandte Beschäftigung erst prägen und steigern.

Fazit

Das Fachübergreifende ist die natürliche und selbstverständliche Weise des Unterrichts; das Fachimmanente ist die Ausnahme.

Literatur

Brandstätter, Ursula (2008): *Grundfragen der Ästhetik.* Köln.
Ehrenforth, Karl Heinrich (Hg.) (2001): *Musik – unsere Welt als andere. Phänomenologie und Musikpädagogik im Gespräch.* Würzburg.
Forsbach, Beate (2006): *Konzeption des fächerübergreifenden Unterrichts mit Musik.* Augsburg.
Forsbach, Beate (2008): *Fächerübergreifender Musikunterricht.* Augsburg.
Hüttmann, Rebekka (2009): *Wege der Vermittlung. Ein Konzept auf der Grundlage allgemeiner Gestaltungsprinzipien.* Regensburg.
Kestenberg, Leo (1990): *Denkschrift über die gesamte Musikpflege in Schule und Volk (1921).* Reprint. Frankfurt am Main, S. 79, 132, 156.
Klafki, Wolfgang (1991): *Neue Studien zur Bildungstheorie und Didaktik.* Weinheim. S. 52–60.
Klafki, Wolfgang (1964): *Das pädagogische Problem des Elementaren und die Theorie der kategorialen Bildung.* Weinheim.
Musik und Bildung (1993): *Themenheft zur Lebensweltorientierung des Musikunterrichts.* Heft 6.
Maur, Karin von (1985): *Vom Klang der Bilder.* Stuttgart. (Verkürzte Buchfassung München 1999)
Richter, Christoph (1996): Das Elementare ist das Letzte. In: *Musik und Bildung,* 3/1996. S. 37–41.
Richter, Christoph (2001): Bewegungsspiele, erörtert am ersten Satz der Sonate in A-Dur für Klavier und Violine, KV 526 (1787). In: Ortwin Nimczik (Hg.), *Musik – Vermittlung – Leben (Festschrift Ernst Klaus Schneider).* Essen, S. 183–204.
Richter, Christoph (2008): Leo Kestenbergs Reformutopien als Anregung und Aufgabe für die Gestaltung unseres Musiklebens. In: Susanne Fontaine/Ulrich Mahlert et al. (Hg.), *Leo Kestenberg. Musikpädagoge und Musikpolitiker in Berlin, Prag und Tel Aviv.* Freiburg, S. 170f.
Wagenschein, Martin (1970): Zum Begriff des exemplarischen Lernens. In: Ders., *Ursprüngliches Verstehen und exaktes Denken, Band 1.* Stuttgart, S. 297–316.

Wilhelm Schepping
Ein Liederbuch schreibt Geschichte: *die mundorgel*

Das 1953 erstmals erschienene Nachkriegs-Jugendliederbuch *die mundorgel* soll im Folgenden Gegenstand einer Thomas Ott gewidmeten Betrachtung sein. Dieses Jugendliederbuch kann insofern als ein besonders bedeutsames Untersuchungsobjekt auch der von Thomas Ott in Köln gelehrten Musikpädagogik – insbesondere für ihr Feld der Lied- und Liedrezeptionsforschung – angesehen werden, als es zumindest drei »Alleinstellungs-Merkmale« aufweist, mit denen es bereits »Geschichte schrieb« – teils im realen, teils im übertragenen Sinn: Es hat eine höchst ungewöhnliche Entstehungsgeschichte; es ist mit bis heute ca. 14 Millionen Exemplaren das verbreitetste Gebrauchsliederbuch der Bundesrepublik überhaupt; und es ist zugleich auch das statistisch wie im Kontext am gründlichsten erforschte deutsche Liederbuch.

Abb. 1: *Die Mundorgel. Ein Liederbuch für Fahrt und Lager.* Herausgeber: Evangelisches Jugendwerk, Kreisverband Köln (CVJM). Zusammenstellung: Hans-Günther Tötemeyer, Peter Wieners u.a. Umschlagentwurf: Dieter Corbach. 3. Auflage 1954.

Abb. 2: *Die Mundorgel. Ein Liederbuch für Fahrt und Lager.* Herausgeber: Evangelisches Jugendwerk, Kreisverband Köln (CVJM), o.J. [1956].

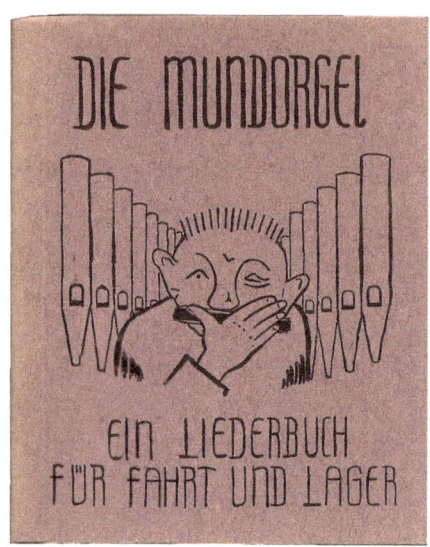

Abb. 3: *Die Mundorgel. Ein Liederbuch für Fahrt und Lager.* Herausgeber: Christlicher Verein Junger Männer, Kreisverband Köln e.V., o.J. [1960].

Abb. 4: *die mundorgel. lieder für fahrt und lager.* Herausgeber und Verlag: Christlicher Verein Junger Männer, Kreisverband Köln e. V. o. J. [1964].

Abb. 5: *die Mundorgel. leder für fahrt und lager.* Alle Rechte bei: Mundorgel-Verlag GmbH Köln, o. J. [1966].

Abb. 6: *die mundorgel* © Mundorgel Verlag GmbH, Köln in Zusammenarbeit mit Fidula Verlag, Boppard. Erweiterte und überarbeitete Neuauflage 1968, herausgegeben von Dieter Corbach im Auftrag des CVJM Kreisverband Köln e. V. Titelvignette: Johannes Holzmeister. Zeichnungen Jürgen Flimm.

Ein Liederbuch schreibt Geschichte: *die mundorgel*

Abb. 7: *die mundorgel*. Neubearbeitung 1982, 2. verbesserte Auflage 1984. © 1982 mundorgel verlag gmbh Köln/Waldbröl in Zusammenarbeit mit dem Fidula-Verlag, Boppard. Herausgegeben von Dieter Corbach, Ulrich Iseke, Hans-Günther Toetemeyer und Peter Wieners im Auftrag des CVJM Kreisverbandes Köln e. V. Titelvignette: Johannes Holzmeister. Zeichnungen: Jürgen Flimm.

Abb. 8: *die mundorgel* 2001. Neubearbeitung 2001. © 2001 mundorgel verlag gmbh Köln/Waldbröl in Zusammenarbeit mit dem Fidula-Verlag, Boppard. Herausgegeben von Dieter Corbach †, Irene Corbach, Ulrich Iseke, Hans-Günther Toetemeyer und Peter Wieners im Auftrag des CVJM Kreisverband Köln e. V. Titelvignette: Johannes Holzmeister. Zeichnungen: Jürgen Flimm.

Zur Entstehung der *mundorgel*

die mundorgel »erfanden« (Dierkes 2003: 1)[1] 1953 vier Freunde, die damals als Schüler und Studenten in der evangelischen Jugendorganisation »Christlicher Verein junger Männer« (CVJM) besonders aktiv waren: Dieter Corbach, Ulrich Iseke, Hans-Günther Toetemeyer und Peter Wieners. Das Manuskript hatte von diesem Team am 20. Juli 1953 in einer abschließenden Redaktionssitzung den letzten Schliff erhalten; dann aber wurde eine Veröffentlichung dieses »Sammel-

---

[1] Informationen zur Entstehung der Mundorgel gewann der Verfasser u. a. 2003 in einer Gesprächsrunde mit drei der »*mundorgel*-Väter« im Institut für Musikalische Volkskunde der Kölner Universität [seit 2010: Institut für Europäische Musikethnologie] sowie aus Mitteilungen und Texten, die Irene Corbach, die Witwe Dieter Corbachs, des 1994 verstorbenen wichtigsten *mundorgel*-Autors und späteren -Verlegers, dem Verfasser zugänglich machte.

suriums« vom damaligen Kölner Kreisverbands-Vorsitzenden des CVJM[2] zunächst abgelehnt – möglicherweise auch wegen einiger wenig seriöser bzw. übermütiger Lieder –, erhielt jedoch auf Dieter Corbachs Drohung hin, es auf eigene Rechnung zu veröffentlichen, widerstrebend die Druckgenehmigung des Vereins. Daraufhin ging es sofort in Druck und erschien – nur anderthalb Wochen später – am 1. August 1953 in einer Erstauflage von 500 Exemplaren als reine Liedtext-Edition, für die im Impressum nur drei jener »Erfinder«[3] verantwortlich zeichneten. Der Drucker von Firma Heise, Waldbröl – bis heute das Druckhaus des Liederbuchs – transportierte, wie berichtet wurde (Dierkes 2003: 2) eine große Zahl von Exemplaren sogleich per Fahrrad ins CVJM-Zeltlager Altburg im Nistertal der Kroppacher Schweiz, wo es beim Singen der Jugendlichen ab sofort intensiv genutzt wurde. Nach Ende des Lagers boten einige CVJM-Mitarbeiter die *mundorgel* darüber hinaus in einer geschickten Werbemaßnahme für 50 Pfennig das Stück (laut eingedruckter Preisangabe kostete es bald »0,60 DM«) gleich noch in von ihnen betreuten Jugendsonderzügen an, die von Köln aus nach Süddeutschland fuhren. Die Folge war, dass die Erstauflage schon im gleichen Monat August vergriffen war. Damit hatte – wie sich schon bald erwies – eben jener erstaunliche und einzigartige Siegeszug begonnen, der die *mundorgel* weit über den CVJM hinaus verbreitete, sie zum auflagenhöchsten Liederbuch überhaupt machte – und der offensichtlich immer noch nicht zu Ende ist.

Von jenen vier *mundorgel*-Gründern waren bei einer 2003 in Kooperation des Mundorgel Verlags und des Instituts für Musikalische Volkskunde an der Universität zu Köln in der Aula der Erziehungswissenschaftlichen Fakultät veranstalteten Jubiläumsveranstaltung zum 50-jährigen »Geburtstag« der *mundorgel*, woran u. a. auch der mit diesem Beitrag[4] zu ehrende Thomas Ott teilnahm, noch drei der Mitglieder zugegen. Es fehlte Dieter Corbach, der wichtigste und aktivste *mundorgel*-Partner und ihr späterer Bearbeiter und Verleger im eigenen Mundorgel-Verlag GmbH Köln: Er war bereits 1994 verstorben. Bei der Tagung wurde er jedoch würdig vertreten durch seine Gattin Irene Corbach: Bereits mehrere Jahrzehnte der Geschichte dieses Liederbu-

---

[2] Da er Horst Mundt hieß, erhielt das Liederbuch dann auch prompt den Spitznamen »Mund(t)orgel« (Siehe Dierkes 2003: 2).
[3] Evangelisches Jugendwerk Kreisverband Köln (Hg.), *Die Mundorgel. Ein Liederbuch für Fahrt und Lager*. Zusammenstellung Hans-Günther Tötemeyer, Peter Wieners u. a. Umschlagentwurf Dieter Corbach. Satz und Druck: Druckerei Heise, Waldbröl. Preis 0,50 DM« (o. J., 48 Seiten, 132 Lieder, ohne Verfasserangaben). Siehe Abb. 1.
[4] Basis des vorliegenden Beitrags ist zum Teil der Festvortrag gleichen Titels des Verfassers zu dieser Veranstaltung.

ches hatte sie durch aktive Mitarbeit begleitet und zuletzt noch das posthume Erscheinen der von ihrem Mann bereits weitestgehend abgeschlossenen, seine jahrzehntelangen Bemühungen um stetige Aktualisierung der *mundorgel* krönenden letzten Neuausgabe 2001[5] ermöglicht und maßgeblich betreut.[6] Sie verstarb im Februar 2005 – zwei Jahre nach jenem Goldjubiläum.

Zum »Erfolgsgeheimnis« der *mundorgel*

Sucht man ein »Erfolgsgeheimnis« der *mundorgel* zu ergründen, so kann man vielleicht bereits bei ihrer von Dieter Corbach gewählten plastischen Titelgebung (erinnert sei an die »Mund(t)orgel«-Benennung) beginnen. Zu ihr gehört aber auch ihr bis 1968 variiert beibehaltener (siehe Abb. 1–5), seit 1964 ebenfalls in Minuskeln (siehe Abb. 4 u. 5) gesetzter Untertitel *lieder für fahrt und lager*; ebenso ihre eingängige und bis heute im Kern beibehaltene, jedoch mehrfach durchaus selbstironisch variierte Titelgrafik mit ihrem (instrumentenkundlich ja eigentlich nicht dem Titel entsprechenden) Mundharmonika-Spieler: zunächst vor, dann ohne Orgelpfeifen und zuerst mit gescheiteltem Haar, dann mit

---

[5] *die mundorgel 2001*. mundorgel verlag gmbh Köln/Waldbröl in Zusammenarbeit mit dem Fidula-Verlag Boppard. Herausgegeben von Dieter Corbach †, Irene Corbach, Ulrich Iseke, Hans-Günther Toetemeyer, Peter Wieners im Auftrag des CVJM Kreisverband Köln e. V. Musikalische Bearbeitung und Gitarrensatz Volker Hempfling und Rudolf Rienau. Titelvignette Johannes Holzmeister. Zeichnungen Jürgen Flimm«, 250 Seiten, 278 Lieder. Köln/Waldbröl 2001 (siehe Abb. 8).

[6] Irene Corbach kommt auch das Verdienst zu, alle für dieses Jubiläumsfest noch erreichbaren *mundorgel*-Freunde und mehrere Liedautoren informiert und eingeladen, Schulkinder und ihre Lehrer für ein Mitsingen im Ansingechor eingeworben und kompetente Helfer gewonnen zu haben, die Materialien für zwei informative Ausstellungen zur *mundorgel* im Aula-Foyer des Fakultätsgebäudes in der Gronewaldstraße in Köln-Lindenthal vorbereiteten und exponierten. Einen musikalischen Rahmen bot das *mundorgel*-verbundene Familienensemble Hans Werres aus der Region Montabaur. Der Direktor des diese Jubiläumsfeiern mit ausrichtenden Instituts für Musikalische Volkskunde, Prof. Dr. Reinhard Schneider, wie auch Irene Corbach begrüßten die Gäste, der Verfasser hielt den Festvortrag. Michael Reif, Leiter der Kölner Kurrende, gestaltete zusammen mit von ihm vorbereiteten jungen Mitgliedern eines Ansingechores am frühen Nachmittag ein Offenes Singen mit Mundorgelliedern in der Aula (auch Reif hatte indirekte Beziehungen zur *mundorgel*: Bei Prof. Volker Hempfling, der bei der Tagung ebenfalls zugegen war und zusammen mit Rudolf Rienau seit der vorletzten *mundorgel*-Auflage 1992 für deren musikalische Bearbeitung und speziell für die Harmonisierung der Lieder durch Akkordsymbole zuständig war, hat Reif das Fach Chorleitung studiert und 1994 auch dessen Nachfolge als Gürzenich-Chorleiter angetreten.) – Das prominente Rossi-Folklore-Ensemble

»Mecki«-Schnitt (Abb. 3–5), beides noch von Dieter Corbach entworfen und ab 1968 von Johannes Holzmeister abstrahierend variiert (Abb. 6–8).

Ein weiterer Erfolgsfaktor dürfte ihr angesichts der relativ großen Zahl von 132 Liedern erstaunlich günstiger Preis von anfangs 0,50 und später viele Jahre lang 0,60 DM sowie die erwähnte geschickte Einführungs-Verkaufsstrategie gewesen sein. Es kam hinzu, dass die *mundorgel* mit ihrem kleinen, in den reinen Textausgaben bis heute beibehaltenen 11 mal 9 Zentimeter-»Hemdtaschenformat« ein besonders handliches, vom Herausgeberteam bewusst auf die Brusttaschengröße der beim CVJM – wie bei anderen Jugendorganisationen – getragenen Fahrtenhemden abgestimmtes Heft war. Auch ihre zeitstilistisch beeinflusste und sich dementsprechend im Lauf der Jahre wandelnde Wahl von Papier, Farbe und Drucktype; die seit 1964 das Liederbuch durchziehenden, von keinem Geringeren als CVJM-Mitglied Jürgen Flimm geschaffenen pointierten Federzeichnungen (siehe S. 292: Abb. 9 u. 10); selbst die nur geringfügig wechselnde Rubrikengliederung mit ihrer liedgebundenen Benennung und die zunächst alphabetische Liedanordnung innerhalb jeder Rubrik: all dies sind Spezifika, die zweifellos Bedeutung für den als »historisch« gewerteten Erfolg der *mundorgel* hatten. Schließlich war sicherlich von besonderem Einfluss, dass man das Erstrepertoire in mehrjährigen Abständen einer Revision unterzog, Lieder austauschte, ihre Zahl – zumal seit der Kooperation mit dem Fidula-Verlag ab 1968 – stark ausweitete, das Liedgut stets geschickt aktualisierte und – 1982 noch sporadisch, 2001 schon häufiger – Lieder zeit- und sozialgeschichtlich kommentierte, Wortbedeutungen erklärte und Bewegungslieder mit Spielanweisungen versah: ein nachahmenswertes Modell für Liededitoren!

Solche Formalia allerdings können nicht wirklich ausschlaggebend gewesen sein für den so konstanten Erfolg dieses Liederbuches. Vielmehr kann dieser letztlich nur in ihrem offensichtlich besonders attraktiven Repertoire seine Ursache haben.

Zum Liedrepertoire der *mundorgel*

Die Erstauflage der *mundorgel* war mit ihrem vom mittelalterlichen bis zum damals neuen Lied, vom religiösen bis zum profanen Lied, vom Wander- und

> unter Leitung von Henner Diederich – längjähriger Musikdozent am Institut für Musikpädagogik der Kölner Universität, der auch die Instrumentalsätze zu den Liedern geschrieben hatte – begleitete dieses Offene Singen, dessen Moderation der Kölner Universitätskollege und CVJM- wie *mundorgel*-Insider Prof. Dr. Volker Neuhaus übernahm. Darüber hinaus gab es eine Filmdarbietung sowie Medien- und Promotion-Aktivitäten mit zahlreichen Presse-, Funk- und Fernseh-Interviews.

Fahrtenlied bis zum Scherzlied reichenden Repertoire in fünf nach aussagestarken Liedtiteln des Buches treffsicher benannte Rubriken gegliedert: »Jeden Morgen geht die Sonne auf«; »Abend wird es wieder«; »Wir sind jung, die Welt ist offen«; »Der Globus quietscht und eiert«; »Herr, wir stehen Hand in Hand«.

In welcher Folge das Repertoire bei den Neuauflagen nach und nach verändert und dabei jeweils aktualisiert und erweitert wurde, lässt sich aus einer 2003 erstellten Statistik (Corbach 2003) präzise ablesesen, die Irene Corbach anlässlich des 50-jährigen Jubiläums der *mundorgel* verfasste und mit der sie auch ein Stück *mundorgel*-Geschichte schrieb: Schon 1956 variierte man das Repertoire, wobei man die Liederzahl von 132 auf 148 erweiterte, indem man 20 Lieder gegen 36 neu aufgenommene austauschte. Vier Jahre später wuchs deren Zahl bereits auf 181, wenig danach auf 186, und die ursprünglich fünf Inhalts-Rubriken erweiterte man nun durch die beiden Liedgruppen »Wiegende Wellen auf wogender See« und »Wir ziehen über die Straßen« auf sieben. Letztere Rubrik wurde 1968 im Zuge einer eingreifenden Revision mit 47 Streichungen und 136 Neuaufnahmen fallen gelassen und stattdessen die auffallende neue Liedsparte »Kum ba yah, my Lord« eingeführt. Die nächste große Revision erfolgte 1982, wobei 109 Streichungen 123 neue Lieder gegenüberstanden und die Gesamtzahl damit auf 270 anwuchs. Es blieb jedoch bei sieben Inhalts-Rubriken, von denen allerdings zwei umbenannt worden waren. Eine der beiden Umbenennungen allerdings erscheint als symptomatisch: Man ersetzte die Bezeichnung der Rubrik geistlicher Lieder, die 1953 zunächst »Herr, wir stehen Hand in Hand« und seit 1964 – einem anderen Liedtitel folgend – »Jesus Christus, König und Herr« gelautet hatte, 1982 durch die ebenfalls einem Liedinzipit entnommene Benennung »Gott liebt diese Welt« – unter gleichzeitiger Streichung aber fast sämtlicher anderer in dieser Rubrik zuvor enthaltenen geistlichen Lieder der 30er-Jahre: jenes politisch so schicksalsschweren ersten Jahrzehnts der NS-Epoche. Die zweite Umbenennung betraf die Rubrik »Kum ba yah, my Lord«, die man durch »Wer jetzig Zeiten leben will« ersetzte – nach dem wichtigen Lied benannt, das seit der Startauflage ununterbrochen auch *mundorgel*-Lied war.

Für die jüngste Neuauflage von 2001 entfernte man 43 Lieder und fügte 56 neu ein. Zugleich tauschte man bei der einzigen Rubriken-Änderung die zuvor gerade neu eingeführte Rubrik »Wer jetzig Zeiten leben will« gegen die Rubrik »Die Gedanken sind frei« aus, wobei dieses in die *mundorgel* erst jetzt erstmals aufgenommene, in einer Anmerkung historisch gut kommentierte bedeutsame Preislied der Gedankenfreiheit nun dieser Rubrik nicht nur den Namen gibt, sondern sie – wie bei den Rubriken-Benennungen üblich – auch eröffnet.

Nimmt man die Gesamtheit des *mundorgel*-Repertoires einmal statistisch vergleichend in den Blick, wie dies aufgrund jener Mundorgel-Statistik von Irene Corbach möglich wurde, deren Informationen im übrigen noch dadurch wesentlich ergänzt und hinterlegt wurden, dass der Mundorgel Verlag 2009 dem damaligen Institut für Musikalische Volkskunde[7] durch Vermittlung seines Direktors Prof. Dr. Reinhard Schneider ca. 250 Liederbücher – darunter Belegexemplare fast aller *mundorgel*-Auflagen – sowie ein Liedblatt-Archiv mit ca. 12000 Liedern überließ, so ergibt sich, dass von den 132 Liedern der Erstauflage immerhin noch gut die Hälfte – nämlich 68 Lieder – in die nun allerdings um ein Drittel vergrößerte, jetzt 278 Lieder enthaltende jüngste Auflage von 2001 übernommen wurden. Schon aus diesen Belegen sowohl für die Konstanz des Repertoires als auch für dessen Varianz wird absehbar, dass jede *mundorgel*-Auflage Produkt wie Zeugnis des jeweiligen Revisionszeitraums ist.

In der Anfangsetappe waren die weitaus meisten Lieder Zeugnisse der florierenden, historisch, gattungsmäßig, thematisch, stilistisch, funktional, formal und epochal sehr vielfältigen aktuellen – gruppenspezifischen – CVJM-Liedkultur jener *mundorgel*-Gründer-Epoche in der Kölner Region: ein Faktum, das aus dem Tradierungsprozess resultiert, den das *mundorgel*-Repertoire durchlaufen hatte, ehe es ins Liederbuch übernommen wurde. Wie das Anfangs-Repertoire schon durch seinen Zuschnitt erkennen lässt, resultierte dieses Liedspektrum der frühesten *mundorgel*-Auflagen vor allem daraus, dass die vier singfreudigen Liederbuchautoren im Grunde fast ausschließlich ihr eigenes, in den Gruppen bereits breit praktiziertes und dabei als beliebt bzw. als inhaltlich oder funktional besonders geeignet und erwünscht erlebtes Liedrepertoire ins Liederbuch aufnahmen, das ihnen ganz offensichtlich überwiegend durch im CVJM vereinigte ältere, noch zur Vorkriegs- und Kriegsgeneration gehörende Mitglieder evangelischer Jugendgruppen überwiegend personal und oral vermittelt worden waren. Den Anstoß dazu, diese Lieder in einem Liederheft zu vereinigen, hatte letztlich eine immer wiederkehrende Negativerfahrung aus der Singpraxis dieser der Zielgruppe vertrauten Lieder gegeben: »Beim gemeinsamen Singen war nach der ersten Strophe oft Schluss.« (Dierkes 2003: 2) Eben dieses immer wieder bedauerte Defizit sollte nun das neue Liederbuch zu tilgen verhelfen.

Zu einem anfangs weit geringeren, später allmählich wachsenden Anteil waren *mundorgel*-Lieder aber auch schon damals Zeugnisse einer über das Bekannte und Vertraute hinausgehenden, für die Zielgruppe zunächst nur

---

[7]   Seit 2010 Institut für Europäische Musikethnologie.

angestrebten Singkultur, die durch die Ausweitung des bisherigen Singrepertoires unter Aufnahme auch von teils noch wenig oder gar nicht bekannten Liedern erst noch entstehen sollte. Diese Tendenz wurde fortgesetzt, indem das Repertoire auch später durch Streichungen bestimmter Lieder wie durch Neuaufnahmen immer wieder aktualisiert wurde, was dazu beitragen sollte, auch im Singen eine eigene, im Sinne des CVJM ggf. neu ausgerichtete und von Zeit zu Zeit immer wieder umgeprägte soziale, politische, kulturelle, ästhetische und religiöse Botschaft zu vermitteln.

Für die *mundorgel*-Herausgeber waren bei diesen beiden soeben umrissenen Fallgruppen von Liedern deren Entstehungszeit und Autorschaft zunächst völlig irrelevant für die Liedauswahl. Dementsprechend enthielt ihr Erstling noch keinerlei Angaben zur Text- und Melodieautorschaft und keine Datierungen, was die damaligen Editoren zwar nachträglich als jugendliche Naivität bekannten, dennoch überraschend spät korrigierten. Denn erst ab 1964, nach gut zehn Jahren also, sind den Liedern in den *mundorgel*-Textauflagen jeweils – undatierte – Quellen- bzw. Autorenangaben beigefügt. Bei den nun erstmals benannten Verfassern handelte es sich in diesen Textausgaben natürlich ausschließlich um die Textautoren: Die Schöpfer der den Liedern nicht beigegebenen Melodien blieben unerwähnt. Bei diversen Liedern hatte man zusätzlich zur Autoren-Angabe aber doch ein Liederbuch als Quelle bezeichnet, und im Liederbuch-Anhang empfahlen die Herausgeber darüber hinaus etliche damals käufliche, hier mit Verlags- und Preisangabe aufgelistete Liederbücher: beides wohl auch Gegenleistungen für nun erst eingeholte Abdruckgenehmigungen.

Es überrascht kaum, dass in den Verfasserangaben zumal bei den profanen Liedern neben vielen vertrauten alten oder älteren auch zahlreiche bekannte Namen von frühen, meist bündischen Jugendlied-Textautoren begegnen, darunter zum Beispiel Werner Gneist, Walter Hensel, Alfred Tschiesche, Alo Hamm, Hans Riedel, Richard Grüßung, Hannes Kraft, Werner Helwig, Jürgen Riel, Walter Gättke, Jens Rohwer, Fritz Sotke, Manfred Hausmann. In einigen Fällen kannte man sogar nur deren Rufnamen oder Pseudonym, die teils gar nicht, teils später erst identifiziert und den Verfassern zugeordnet werden konnten. Auch dies war ein Zeichen dafür, dass es sich bei diesem Repertoire großenteils um fast in der gesamten Jugendbewegung gesungene, aber weitgehend oral tradierte Lieder handelte, die teils bereits seit dem von Hans Breuer ab 1908 herausgegebenen »Wandervogel«-Liederbuch *Der Zupfgeigenhansl* und dem von Walter Gollhardt edierten, im Plauener Wolff-Verlag letztmalig noch 1935 vor der brutalen Liquidation dieses beliebten Jugendverlags durch das NS-Regime erschienenen 445-seitigen *Liederbuch St. Georg* mit seinen mehr als 300 Jugendliedern – dem umfangreichsten Kompendium bündischer Lieder dieser Epoche überhaupt – verbreitet worden waren.

Nur aus dieser dominierenden unreflektierten Mündlichkeit der Tradierung auch im frühen Nachkriegs-CVJM und der erwähnten naiven Irrelevanz der Liedautorschaft für das jugendliche *mundorgel*-Gründungsteam wie für die Singenden lässt sich erklären, dass sogar Hans Baumann zu den nun erstmals namentlich genannten Liedautoren gehörte: Er begann zwar ursprünglich als »Bündischer«, mutierte dann aber bekanntlich zu einem der führenden NS-Liedermacher. Dennoch war er mit drei von ihm getexteten (wie auch vertonten), allerdings quasi unpolitischen Liedern in der *mundorgel* vertreten: mit *Gute Nacht, Kameraden; Und die Morgenfrühe, das ist unsere Zeit; Von allen blauen Hügeln reitet der Tag ins Land*. Dies gilt selbst noch für die erstmals mit Autorennennung versehene Neuauflage von 1964. Aus der grundlegend veränderten Auflage von 1968 dagegen waren zumindest die beiden letztgenannten Baumann-Lieder entfernt worden; das naturschwärmerische Abendlied *Gute Nacht, Kameraden* von 1935 dagegen verblieb konstant im *mundorgel*-Repertoire – sogar einschließlich der letzten Neuauflage von 2001 (Lied 31), wobei man allerdings wohl Baumanns Neuorientierung nach dem Krieg in seiner intensiven schriftstellerischen Tätigkeit als – preisgekrönter – Buch- und Kinderbuchautor wie als Übersetzer sogar überwiegend russischer Literatur berücksichtigen darf.

Bei fast einem Drittel der 186 Lieder jener Neuauflage von 1964 war als Liedherkunft übrigens noch »mündlich überliefert« vermerkt: auch dies eine deutliche Bestätigung jener eben nicht nur beim »Volkslied«, sondern auch bei den Liedern der Jugendbewegung absolut üblichen freien oralen bzw. personalen Tradierung, der auch das *mundorgel*-Team seine Liedkenntnis verdankte.

Die erste *mundorgel mit noten*

Im Juli des Jahres 1964 erschien zusätzlich zu den weiterhin beibehaltenen reinen Liedtextausgaben der *mundorgel*, von der bis 2003 nicht weniger als elf Millionen Exemplare erschienen waren, erstmals *die mundorgel mit noten*[8], in der neben den Verfassern der Texte nun eben auch die Melodieautoren

---

[8] »*die mundorgel mit noten. lieder für fahrt und lager*. Verlag: Christlicher Verein Junger Männer/Kreisverband Köln e. V. Köln. Zusammenstellung Dieter Corbach unter Mitarbeit von Manfred Basso, Johann Christoph Leverkus und Peter Wieners. Musikalische Bearbeitung und Gitarrensatz: Anneliese Schöneberger. Umschlagentwurf: Dieter Corbach und Gerhard Henschel. Zeichnungen Jürgen Flimm. Notentypie: C.L Schultheiß, Werkstätte für Notentypie,

benannt waren. Manche hier zunächst noch ergänzungs- bzw. korrekturbedürftige Angaben wurden in späteren *mundorgel*-Editionen zumal auf der Basis von Dieter Corbachs konstanten Recherchen weitmöglichst korrigiert, wo nötig auch von Auflage zu Auflage immer wieder präzisiert, sodass die *mundorgel* schließlich zu einer in der Regel verlässlichen Datierungs- und Verfasser-Bestimmungshilfe für die in ihr enthaltenen Lieder wurde. Dies hatte für die Herausgeber dann allerdings zur Folge, nun immer penibler auch alle Urheberrechte berücksichtigen, Abdruckgenehmigungen einholen und für sie zahlen zu müssen. Fallweise ergab sich daraus allerdings eine so hohe Lizenzgebühr, dass auf das eine oder andere Lied verzichtet werden musste. So hätte man sich beispielsweise – wie zu erfahren war – bei der so grundlegend revidierten und aktualisierten Ausgabe von 1982 den beabsichtigten Abdruck des durch Pete Seeger berühmt gewordenen Protestsongs *We Shall Overcome* der amerikanischen Bürgerrechtsbewegung beinahe nicht leisten können.

Schon nach einem Vierteljahr erreichte diese neue Notenedition eine Auflagenhöhe von 40 000 und bis April 1967 sogar von nicht weniger als 145 000 Exemplaren. Dieser so rasante Anstieg der Auflagenhöhe innerhalb eines derart kurzen Zeitraums belegt, dass die These, die *mundorgel* schreibe auch in dieser Hinsicht Geschichte, eben sogar im landläufigen, jedoch anspruchsvollen Verständnis dieser idiomatischen Wendung zutrifft: nämlich als Ausdruck des Einmaligen und besonders Herausgehobenen. Inzwischen hat allein diese Notenausgabe eine Zahl von drei Millionen erreicht. Es gibt in Deutschland, vielleicht auch in Europa oder sogar darüber hinaus in der Tat wohl kein anderes profanes Liederbuch, das – Text- plus Notenausgaben zusammen – in 50 Jahren seiner Existenz schließlich jene Auflagenhöhe von nicht weniger als 14 Millionen Exemplaren erreichte. Das ist – man kann nur sagen – gigantisch und eben damit ein auch in jenem übertragenen Sinne als »historisch« zu wertendes Ergebnis.

Zur »Geschichtlichkeit« des *mundorgel*-Repertoires

Erst für die Benutzer der ab 1964 publizierten Textausgaben mit Textautoren-Nennung und zumal der Notenausgaben mit ihrer Angabe der Text- wie der Melodieautoren bot und bietet sich seitdem die Möglichkeit, einen konkreten

---

Tübingen. Umschlag: Silbond (synthetisches Papier). Satz und Druck: Druckerei Heise, Waldbröl. Alle Rechte vorbehalten. Preis DM 3,20.« Der Einband aus »synthetischem Papier« wurde bald ersetzt durch einen flexiblen haltbaren Kunststoffumschlag, der Preis stieg auf 3,95 DM.

Eindruck von den im Grunde durch jedes Lied vermittelten, im eigentlichen Sinne »geschichtlichen« Dimensionen des *mundorgel*-Repertoires zu gewinnen.

Die seit 1964 bestehenden *Autorenangaben* und Lied*datierungen* eröffnen eine erste wichtige geschichtliche Dimension, da sie die Zuordnung von Liedern zu ganz bestimmten historischen Zeiträumen ermöglichen. Dies ließ ja schon jenes Beispiel der Baumann-Lieder erkennen. Mit jedem *mundorgel*-Lied schaut man nun eben in ganz konkrete Zeit- und Lebensräume hinein, und dies sogar in doppelter Hinsicht: nämlich einerseits im Blick auf die für den Text wie für die teils ja zeitlich divergierende Vertonung gesondert datierte Entstehungszeit, andererseits auf die nun benannten Menschen – Texter wie Komponisten –, die es geschaffen haben.

Eine weitere historische Dimension kommt – wie ebenfalls schon das Baumann-Beispiel belegte – durch den aufgrund der fallweise beigegebenen *Auflagen*-Datierungen der *mundorgel* bestimmbaren Zeitpunkt der Aufnahme eines Liedes ins Liederbuch wie ggf. auch seiner Entfernung aus einer späteren *mundorgel*-Auflage ins Spiel, wobei dies meist ebenfalls auch epochenbezogene Veranlassung hat.

Sehr wichtige historische Dimensionen kommen sodann im Lied*text* zum Vorschein und sind aus ihm anhand seiner temporären Bezüge, Zusammenhänge und Charakteristika im Grunde teils *direkt* erschließbar. Denn jeder Text blendet ja ein in eine bestimmte Epoche – oft die seiner Entstehungszeit; er kann ggf. aber auch in gänzlich andere Epochen und Lebensräume versetzen (Beispiel Landsknechtslieder). Er handelt von darin agierenden und empfindenden Menschen, schildert Situationen, Geschehnisse und Handlungen, vergegenwärtigt persönliche, historische, politische oder gesellschaftliche Zustände und Konstellationen und schreibt damit jeweils ein Stück nachlesbarer und ersingbarer Geschichte. Nicht von ungefähr sind Lieder deshalb inzwischen z. T. auch von der Geschichtsforschung in ihrem historischen Quellenwert erkannt worden, und man hat sich bei Historiker-Tagungen (Niedhart 1999) speziell damit – teils auch unter Beteiligung von Liedforschern aus dem Institut für Musikalische Volkskunde[9] – auseinandergesetzt. (Noll 1999; Schepping 1999) Zum angemessenen Verstehen bedarf solche historische Substanz in der Regel allerdings einer Erschließung und Kommentierung durch Kundige: Auftrag nicht etwa nur an Historiker, sondern auch an die Liedvermittler und zugleich ein wichtiger Ansatz für eine auf tieferes Verstehen von Menschen, Zeiten und Kulturen ausgerichtete Lieddidaktik.

Darüber hinaus treffen sich in jedem Lied aber auch noch die unterschied-

---

[9] Seit 2010 Institut für Europäische Musikethnologie.

lichen Geschichtsebenen all derjenigen, die dieses Lied ggf. in den verschiedensten Zeitepochen sangen und bis heute singen. Und damit verbunden lässt sich zugleich ein weites Spektrum von *Funktionen* erkennen, welche Lieder im Leben von Menschen wahrnehmen können. Einerseits sind es die Funktionen, die ein Lied bei und nach seiner Entstehung für den Autor wie auch ggf. für Mit- und Nachsingende hat – und dies in sehr unterschiedlichen Situationen, Befindlichkeiten und Lebensstadien; zum anderen sind es – wie nachfolgend aufzuweisen ist – davon oft ganz unabhängige Funktionen, die dieses Lied in gänzlich anderen Zeiten, Lebensräumen und Umständen für diejenigen haben kann, die es aufgreifen und singend zu »ihrem« Lied machen. Denn Lieder werden bei jedem Singen ja nicht nur in verschiedenste neue menschliche Bezüge, Lebenskreise und Epochen, sondern eben auch in neue Funktionen einbezogen, »machen« und »schreiben« auch damit also – im Wortsinn verstanden – immer wieder neu »Geschichte«.

Jedes der *mundorgel*-Lieder birgt jedoch auch noch gänzlich andere, weniger offensichtliche, aber ebenfalls aus den Liedtexten erschließbare – und dieser Erschließung für die Singenden auch bedürfende und lohnende – Dimensionen der Geschichtlichkeit. Sie vermittelt der Text nur *indirekt*: Sie kommen in formalen Phänomenen wie Reim, Versform, Rhythmus u. a. zum Ausdruck und sind herauslesbar aus der Epochen-, der Sozial- und Altersgruppen- wie auch der Person-, Regional- und National-Gebundenheit der Sprache. Darüber hinaus haben vor allem Wortwahl und Metaphorik eine besondere epochenbezogene Bedeutung, zumal da, wo eine etwa aus politischen Gründen chiffrierte, verdeckte, doppel- bzw. hintersinnige Begriffs- und Bildwahl Lieder zu Trägern kaschierter Botschaften und damit ggf. auch zu aussagestarken Zeitdokumenten einer »Oral History« macht.

In solcher Funktion werden Lieder für die Liedvermittlung und damit auch für die (nicht nur schulische!) Lieddidaktik insofern besonders bedeutsam, als sie Brücken zum tieferen Verständnis von politischer Geschichte und oft auch für politisch bedingtes menschliches Schicksal werden können. Dies soll im folgenden exemplarisch an ganz bestimmten Liedern und eben auch an solchen *mundorgel*-Liedern aufgezeigt werden, die bereits ein Liedleben unter der NS-Diktatur aufzuweisen haben.

mundorgel-Lieder als Zeitzeugen der NS-Epoche

1. Geistliche Lieder

Im Grunde kennt man eine Code-Funktion von Liedern gerade in der evangelischen Kirche bereits seit Jahrhunderten. Dafür ist das (in der *mundorgel* – wie alle anderen Kernlieder des Evangelischen Gesangbuches – nicht abgedruckte) Luther-Lied *Ein feste Burg ist unser Gott* der prominenteste und zugleich ein geradezu exemplarischer Beleg – und dies eben auch für die NS-Ära, weshalb dieses Phänomen anhand dieses Liedes aufgezeigt werden soll. Nach Hitlers »Machtergreifung« 1933 wurde es nämlich immer wieder einmal demonstrativ bei Protesten gegen antikirchliche Maßnahmen des NS-Regimes gesungen[10], so zum Beispiel – bezeichnenderweise im Wechsel mit dem Lied *Lever dot as Slav* – am Pfingstmontag 1933 gegen die gewaltsame Auflösung eines Pfingstlagers von 15 000 Mitgliedern des »Großdeutschen Jungenbundes« durch Polizei und SA-Sturmtrupps. (Laqueur 1962: 219) Im September 1934 war es Ausdruck des Protestes bei Kundgebungen aus Anlass einer Kampagne des NS-Regimes gegen die evangelische bayerische Landeskirche und die drohende – dann auch vollzogene – Verhaftung ihres Landesbischofs Meiser. Eine evangelische Gemeinde in Dortmund brachte bei innerkirchlichen Auseinandersetzungen mit den NS-hörigen »Deutschen Christen« sogar einen von deren Predigern mit dem Singen dieses Liedes zum Schweigen. In Hannover und sogar im norwegischen Trondheim (Holzapfel 1998: 37) protestierte man damit gegen eine Kirchenschließung durch die NS-Behörden. Und in Gemeinden, die der regimekritischen »Bekennenden Kirche« nahe standen, stimmte man *Ein feste Burg* sogar ggf. spontan an, sobald man in der Kirche irgendwo einen Gestapo-Spitzel erkannte, der sich bei der Predigt Notizen machte, und warnte auf diese Weise den Prediger.

Auch in der *mundorgel* ist zumindest für ein ebenso historisches Lied des Protestantismus eine analoge Funktion in der NS-Diktatur nachweisbar: für das hier 14 Jahre lang abgedruckte Lied *Allein Gott in der Höh' sei Ehr'* von 1523: In einer evangelischen Gemeinde an der Saar nämlich stellte man mit diesem Lied und Text ganz gezielt die Alleinherrschaft Hitlers und den Absolutheitsanspruch der NS-Ideologie infrage.[11] Noch facettenreicher lässt sich das Phänomen codierter politischer Botschaften in der *mundorgel* wohl an deren stattlicher Reihe von eindeutig gegen den Allmachtsanspruch des NS-Regimes gerichteten, teils kämpferischen christlichen Bekenntnisliedern aus den 30er-Jahren ablesen, die in der Erstausgabe von 1953 in der 30 Lieder umfassenden fünften Rubrik »Herr wir stehen Hand in Hand« und ab 1964 – teils noch ergänzt – in der Rubrik »Jesus Christus, König und Herr« gebündelt waren. Im

---

[10] Zahlreiche Belege dafür erbrachte das Projekt »Lieder gegen Hitlers Regime« des Kölner Instituts für Musikalische Volkskunde [jetzt: Institut für Europäische Musikethnologie], so u. a. in den Akten NS 1, 3 und 89.

[11] Siehe Anm. 10, NS 1.

Folgenden seien einige ihrer Inzipits, an denen die entsprechenden »Codeworte« (Schepping 1996) und die verdeckten brisanten politischen Botschaften im Grunde fast schon eindeutig ablesbar sind, alphabetisch aufgelistet:

Auf, auf, Ihr Männer, steht bereit – Auf, denn die Nacht wird kommen – Auf, Kameraden, tapfer geschlagen, unsere Fahne wehet noch – Das Reich ist Dein, Herr Jesu Christ – Dass Jesus siegt, bleibt ewig ausgemacht – Dein Ruf hat uns getroffen, Herr Gott, in aller Welt – Der Glaube ist ein trutzig Schiff – Die Fahne weht, sie lockt zum Kampf – Ein Feur hat Er entzündet, das brennen muss – Es geht in diesen Tagen durch Gnade und Gericht um völlig neue Fronten – Es klingt ein Ruf in deutschen Gauen: Wer will ein Streiter Christi sein? – Gott ruft nach einer Jugend in sturmbewegter Zeit – Herr, lass deine Fahnen wehen einmal noch in unserm Land – Herr, wir stehen Hand in Hand (1932)[12] *– Jesus Christus herrscht als König, alles wird ihm untertänig*[13] *– Jesus Christus, König und Herr, sein ist das Reich, die Kraft, die Ehr – Kreuzesfahnen sollen uns bahnen den Weg durch die finstre Nacht – Seht, wie die Wetter sich ballen, horcht, wie uns Stürme umdrohn – Wir fangen ein neues Streiten an, ein jeder reihe sich ein – Wir wollen Treue halten, bis unser Werk vollbracht.*

Bereits anhand dieser Inzipits lässt sich ablesen, dass es sich hierbei um Lieder der evangelischen Jugendarbeit handelt, die – in ähnlicher Weise unmissverständlich chiffriert wie *Ein feste Burg* –, gegen das NS-Regime gesungen worden waren. Aus ihrer Entstehungszeit geht hervor, dass dies bereits vor 1933 begann, aber – wie u.a. drei der mutigsten evangelischen Liederbücher[14] aus den Anfangsjahren der NS-Diktatur noch 1935 und 1936 belegen – durchaus auch nach Hitlers »Machtergreifung« unbeirrt fortgesetzt wurde. Und das ge-

---

[12] Dieses Lied Otto Riethmüllers (1932) fand auch Aufnahme in dessen Heft: *Wehr und Waffen. Lieder der kämpfenden* [im Vorwort: »und bekennenden« !] *Kirche*, Berlin-Dahlem 1935 (Lied Nr. 25; die 2. Auflage des Heftes erreichte bereits 40000 Exemplare!).

[13] Hillers Text stammt zwar aus dem 18. Jahrhundert und wurde auch nach einer alten Melodie von J. Löhner gesungen, das Lied erschien aber nun in: *Ein neues Lied. Ein Liederbuch für die deutsche evangelische Jugend*, hg. v. Evangelischen Reichsverband weiblicher Jugend, Berlin 3/1936, 496; desgleichen im weitestgehend identischen Liederbuch: *Der helle Ton. Ein Liederbuch für die deutsche evangelische Jugend*, hg. v. Reichsverband der evangelischen Jungmännerverbände und verwandter Bestrebungen e. V. im Eichenkreuz-Verlag Wuppertal, o. J., Nr. 87; und Alfred Stier vertonte ihn 1932 neu, in: *Wehr und Waffen* (siehe Anm. 12), Lied Nr. 3.

[14] Siehe Anm. 12 und 13.

schah sogar noch nach der durch den als Hitler-Vertrauter von den »Deutschen Christen« im September 1933 zum »Reichsbischof« gewählten Militärpfarrer Ludwig Müller im selben Jahr diktatorisch verfügten, letztlich aber nie wirklich durchsetzbaren Zwangseingliederung der gesamten Evangelischen Jugend in die Hitlerjugend. Auch dieses Singen lebte nun nämlich in verschiedensten, oft sich geschickt tarnenden illegalen Organisationsstrukturen und wechselnden Gruppierungen weiter (Priepke 1960; Riedel 1976; Meier 1976/84; Klönne 2003), die teils auf Gemeindebasis, teils über diese hinaus agierten, verbunden, motiviert und ermutigt u. a. durch die bis zu ihrem Verbot 1938 zuletzt mit 15 000 Exemplaren (Klönne 2003: 172) umlaufende mutige Zeitschrift *Jungenwacht* und in zunehmendem Maße auch in engem Kontakt zur oppositionellen Bekennenden Kirche. Diese kirchliche Jugendarbeit war allerdings enorm schwierig und gefahrvoll, zumal man ja mit jenen »Deutschen Christen« den Feind sozusagen »im eigenen Hause« hatte.

Daher nutzte man nun dort auch mit besonderer Findigkeit die Möglichkeit der Chiffrierung von religiös motivierter politischer Gegengesinnung durch entsprechende Liedtexte und Liedwahl, weshalb gerade solche Lieder – zusammen mit weiteren, deren demonstratives Singen für die NS-Zeit belegt ist – auch heute besonders geeignete Verstehensbrücken für Nachgeborene bilden können.

So machte man sich zum Beispiel mit dem Lied *Auf, Kameraden, tapfer geschlagen, unsere Fahne wehet noch* immer wieder Mut für den täglichen Kampf um die Freiheit – die eigene wie die von Kirche und Religion, von Jugendbund und Heimatland. Dieses Lied wurde damals übrigens auch von der katholischen Jugend gesungen und dabei u. a. Ostern 1944 in deren Jugendzentrum Altenberg im Bergischen Land durch die Geheime Staatspolizei bei verhafteten Jugendlichen beschlagnahmt.[15] – Ähnliche »Mutmach«-Lieder waren *Dass Jesus siegt, bleibt ewig ausgemacht* und *Ein Feur hat er entzündet* – letzteres vor allem mit seiner unbeirrt trotzigen und zuversichtlichen dritten Strophe »Du führst auf dieser Erde für uns die Schlacht. So sprich dein mächtig Werde, bis alles Volk erwacht [...]«.

Mit dem 1931/32 und damit »zur Zeit der ersten harten Auseinandersetzungen der konfessionellen Jugendverbände mit der damals noch zahlenmäßig unterlegenen HJ«[16] vom CVJM wie auch von katholischen Jugendlichen – in Gelsenkirchen bis kurz vor dem Verbot sogar bei gemeinsamen Zeltlagern und Sportveranstaltungen – gesungenen und von Posaunenchören bei CVJM-

---

[15] Gestapo-Akte Az. 43730/2 (1-8) im Staatsarchiv Düsseldorf.
[16] Auskunft des Melodieautors auf eine Umfrage Dieter Corbachs; auch in: NS-Projekt (siehe Anm. 10), NS 3.

Aufmärschen gern intonierten Lied *Seht, wie die Wetter sich ballen, horcht, wie uns Stürme umdrohn* assoziierte das christliche CVJM-»Jungvolk« mit den typischen Codeworten »Wetter« und »Stürme« und mit seiner Textpassage »von Verführung umnachtet, blieb schon so mancher zurück« auch die Gefährlichkeit und Verführungskraft des NS-Regimes. Umso trotziger sang man deshalb im Schlussvers der Kopfstrophe: »Unter dem Banner des Siegers schreiten wir mutig voran«. Auch das Regime erkannte die Schlagkraft dieses beliebten Liedes und okkupierte es prompt für die Hitlerjugend. Möglich war dies aber nur bei seinen beiden ersten Strophen, und dies auch nur unter krasser Umdeutung seiner Verse »[...] schreitet das [evangelische] Jungvolk voran!« und »[...] nur auf den Führer [Christus] den Blick [...]«, die – nun im NS-Sinne gelesen – sogar wörtlich beibehalten wurden.

In den Liedern *Jesus Christus, König und Herr* sowie *Jesus Christus herrscht als König* stellte man der Hitlerherrschaft umso deutlicher die Überlegenheit der »Königs«-Herrschaft Christi entgegen. 1982 wurde letzteres Lied allerdings aus der *mundorgel* herausgenommen, weil man – wie zu erfahren war – meinte, es könne als »monarchistisch« missverstanden werden und sei demnach in einer Demokratie nicht mehr singbar. Das geschah zweifellos in Unkenntnis seines politischen Kontextes im Dritten Reich, wo es nämlich nicht von ungefähr in einem politischen Prozess als Corpus delicti eine belastende Rolle spielte, weil ein Pfarrer der Bekennenden Kirche in Wuppertal es zusammen mit anderen Chorälen am 19. Mai 1936 mit seiner Gemeinde aus einem (der Prozessakte beigelegten) gedruckten Lieddoppelblatt mit zehn Chorälen gesungen hatte.[17] Gegen ihn wurde Predigtverbot verhängt. Auch für Essen ist es noch 1937 als von evangelischen Jugendlichen gesungen erwiesen.[18] – Das Lied *Jesus Christus, König und Herr* mit seinem sehr provokanten, in der ersten wie der letzten Strophe auch noch analogen zweiten Vers »Sein (Dein) ist das Reich [...]« war sogar erst 1937 entstanden. Belegt ist, dass die evangelische weibliche Jugend es 1937 in Essen und eine Berliner Bekenntnisgemeinde es bei – offiziell eigentlich verbotenen – Jugendtagen der Bekennenden Kirche sang.[19] Da hätte in der *mundorgel* also eine diese Lieder in ihrem historisch-politischen und religiösen Kontext erläuternde Anmerkung leicht Klarheit schaffen und das Verbleiben zumindest eines dieser beiden Zeugnisse jener dunklen Epoche auch in der *mundorgel 2001* begründen können.

Unter diesen geistlichen Kampfliedern der 30er-Jahre befindet sich – sogar

---

[17] Hauptstaatsarchiv Düsseldorf, Az.27702, S.8–18.
[18] NS-Projekt des Instituts, NS 3, 40.
[19] Ebda., NS 1, 43 und 50.

durchgehend von der ersten bis zur jüngsten Neuauflage von 2001 – schließlich noch ein ursprünglich katholisches Kampflied, das demnach in der NS-Zeit offenbar vom CVJM ebenso gesungen wurde wie in der katholischen Jugend: eine frühe Lied-Ökumene, wie sie übrigens auch schon für *Auf, Kameraden, tapfer geschlagen* galt und ganz ähnlich bei verschiedenen anderen, zumal älteren geistlichen *mundorgel*-Liedern festzustellen war. Hier aber betraf sie das Lied *Wir sind die Jungen, Herr und Gott, auf ewig dir verschworen*. 1934 entstanden, war dies ursprünglich ein Kernlied des noch im gleichen Jahr publizierten kämpferischsten Liederbuches der Katholischen Jugend: des »*Grauen Singeschiffs*«.[20]

Hätte der Mundorgel Verlag schon früher Dieter Corbachs Bestreben umsetzen können, den Liedern ähnlich aufschlussreiche Kommentare beizugeben, wie er dies in einigen Fällen noch in jener posthum erschienen jüngsten *mundorgel*-Ausgabe vollzog, so hätte darin – natürlich in Kurzfassung – etwa folgende denk-würdige, auch für unsere Kern-Thematik des »Historischen« aufschlussreiche Anmerkung stehen können: (Schepping 2010)

> »Ursprünglich lautete der Liedanfang dieses von Adolf Lohmann vertonten Georg Thurmair-Textes: ›Wir sind *dein Jungvolk*, Herr und Gott‹, so wie er u. a. noch auf einer der nach 1934 erschienenen Schallplatten *Stimmen der Jugend* des Katholischen Jungmännerverbandes Deutschlands gesungen und in deren Begleitheften abgedruckt wurde. Um die dann aber zu riskant gewordene Polarisierung des Christus-›Jungvolks‹ mit dem Hitler-›Jungvolk‹ zu vermeiden, das ja längst diese verbreitete bündische Benennung ›Jungvolk‹[21] okkupiert hatte, und um eine Bestrafung wegen des streng verbotenen Gebrauchs solcher ›NS-Bezeichnungen‹ zu umgehen, entschärfte man den Liedanfang durch Umtextierungen: Teils sang man nun – wie schon in der Zweitauflage des kämpferischen »*Grauen Singeschiffs*« von 1934 gedruckt: ›Wir sind *die Jungschar* [...]‹; und als auch dies nicht mehr geduldet und bestraft wurde, weil auch ›Jungschar‹ zum NS-Terminus geworden war, hieß es: ›Wir sind *die Deinen* [...]‹ oder eben – wie auch in der ›*mundorgel*‹ – ›Wir sind *die Jungen*, Herr und Gott‹[22].

---

[20] *Das Singeschiff. Lieder deutscher katholischer Jugend*, 2. Teil. *Das graue Singeschiff. Im Auftrag des Jugendführungsverlages G.m.b.H. bearbeitet von Adolf Lohmann und Josef Diewald*. Düsseldorf 1934: 125.

[21] Sie findet sich vor 1933 – ähnlich wie im erwähnten CVJM-Lied *Seht wie die Wetter sich ballen* – u. a. im Liederbuchtitel *Jungvolker. Lieder der Neudeutschen Jugend*, Köln ¹1922, ²1932 (116 000 Exemplare), ferner in dem bis 1981 auch in der *mundorgel* verbliebenen bündischen Lied *Jung Volker ist unser Räuberhauptmann* sowie in einer von Adolf Lohmann Anfang der 30er-Jahre edierten katholischen Liedblatt-Reihe *Jungvolk singt*.

[22] Außer im kämpferischen *Grauen Singeschiff* 1934 erschien das Lied auch in dem –

Dass gerade die oben genannten, mehr als 20 geistlichen Lieder auch nach dem Ende des NS-Regimes noch eine ganze Weile nachklangen, belegen die späteren *mundorgel*-Auflagen, bis dann bei der Revision 1968 schon elf dieser Lieder gestrichen wurden. Weitere Streichungen folgten in den Jahren 1982 (sieben Lieder) und 2001 (zwei Lieder), sodass in dieser jüngsten Neuausgabe nur noch zwei Lieder von dieser Verbotszeit zeugen: eben dieses Lied *Wir sind die Jungen; Herr und Gott* sowie das Lied *Es mag sein, dass alles fällt*. Letzteres mit so unverhüllten, dem jeweils analog wiederkehrenden Strophenanfang angefügten Zeit-Diagnosen wie: »[...] dass Trug und List eine Weile Meister ist« bzw.: »[...] dass Frevel siegt [...]«; und mit der Ermutigung am Lied-Ende: »Streite, du gewinnst den Streit!«

Wenn auch mit jener Entfernung der meisten dieser Liedzeugnisse der NS-Ära aus der *mundorgel* nun auch das Erinnern erschwert wurde und wichtige Verstehensbrücken zu dieser düsteren Epoche verloren gingen, war die allmähliche Streichung jener Lieder letztlich legitim: Sie hatten inzwischen ihre Funktion eingebüßt, ihre Zeit war eigentlich sogar schon mit dem NS-Regime zu Ende gegangen. Und so erscheint es auch richtig, dass sie durch andere, meist aktuelle, aber kaum weniger zeitkritische geistliche Lieder ersetzt wurden wie: *Kommt Gott als Mensch in Dorf und Stadt; – Ich rede, wenn ich schweigen sollte; – Wir haben Gottes Spuren festgestellt; – Herr, gib uns Mut zum Brückenbauen; – Wir leben nicht allein vom Brot; – Leben im Schatten, sterben auf Raten* u.v.a.m. Auch mit diesen Neuaufnahmen »schrieb« das Liederbuch dann also wiederum »Geschichte«.

2. Profane Lieder

Es erweist sich, dass nicht nur diese religiösen Lieder in der *mundorgel* noch als Nachklang jener Verbotszeit zu erkennen sind, sondern dass auch im profanen Singen des CVJM eine ganze Reihe von Liedern weiterlebte, die in der

> sogar mit einer der NS-Zensur abgerungenen Genehmigung – noch 1938 edierten, in hoher Auflage bis in die Kriegszeit hinein verbreiteten katholischen Liederbuch *Kirchenlied*; außerdem war es zusammen mit anderen religiösen Kampfliedern zwischen 1934 und 1938 durch eine Telefunken-Schallplattenserie *Stimmen der Jugend* verbreitet worden und wurde von der schon daran mitwirkenden, mit Lohmann dann auch noch in verschiedene Regionen Deutschlands unter der verharmlosenden Bezeichnung »Sing und Spielgemeinde Düsseldorf« auftretenden Chor- und Instrumentalgruppe in sogenannten religiösen Singstunden, Liedandachten oder Liedkatechese gesungen, obwohl dies der NS-Geheimdienst trotz eines vom Konkordat zwischen Katholischer Kirche und dem Regime eigentlich gewährten gewissen Freiraums im innerkirchlichen Bereich kritisch beobachtete und überwachte. [Schepping, 2010]

NS-Ära mit politischem Hintersinn gesungen worden waren. Denn wohl nicht von ungefähr finden sich auch in jenem genannten Projekt des Kölner Instituts zum oppositionellen Singen im Dritten Reich[23] mehr als 40 in der NS-Zeit zumal in der kirchlichen Jugendarbeit verbotene profane Lieder, die auch die *mundorgel* enthielt. Sogar noch in der Ausgabe von 1966 sind gut 20 Prozent der Lieder – also ca. jedes fünfte Lied – solche, die auch anderen teils getarnt agierenden kirchlichen wie freien Gruppen als Ausdruck ihrer Opposition und ihres Protestes oder sogar eines aktiveren Widerstehens gegolten hatten und deren Besitz wie deren Singen vom NS-Regime daher verfolgt und bestraft wurde. Insofern verwundert es kaum, dass sich nicht weniger als 28 der im KZ Sachsenhausen von deutschen Häftlingen 1942 insgeheim gesammelten 188 Lieblingslieder der Inhaftierten meist aus der Zeit vor ihrer Verhaftung, die von einem in der KZ-Schreibstube beschäftigten Gefangenen per Hand unter größter Gefahr der Entdeckung im *Lagerliederbuch* (Lagerliederbuch 1980) mit allen Strophen niedergeschrieben worden waren[24], bevor dieses auf abenteuerlichste Weise aus dem Lager herausgebracht werden konnte, auch in der *mundorgel* finden.

Eine solche Zeitmarke tragen viele profane Lieder der *mundorgel* aber auch darin, dass sie widerspiegeln, wie befreit man ab 1945 das zuvor unterdrückte oder durch die HJ pervertierte jugendbewegte Leben des ersten Jahrhundertdrittels mit seinem weit über die Grenzen des eigenen Bundes verbreiteten Jugendlied-Repertoire wieder aufgriff und zunächst versuchte, die Zeituhr quasi zurückzustellen und an jene lied-, fahrten- und abenteuerreiche Etappe der Jugendbewegung vor 1933 anzuknüpfen. Und an eben diesem, überwiegend schon zum in den 20er- und 30er-Jahren gängigen bündischen Jugendrepertoire gehörigen zumal frühen *mundorgel*-Liedgut ist wiederum sehr eindeutig erkennbar, dass die dargelegte Liedtradierung im CVJM und damit eben auch für das *mundorgel*-Herausgeberteam vor allem durch ältere Jugendführer erfolgte.[25]

Dass viele dieser Lieder der *mundorgel* in der NS-Epoche einen vergleichbaren historisch-politischen Kontext und eine ähnliche Code-Funktion wie jene

---

[23] Siehe Anm. 10.
[24] Schepping 2005, 204 ff.
[25] Ein analoger Beleg für diese Liedvermittlung durch ältere Jugendführer ist u.a. ein mehr als 230 Lieder enthaltendes Liederbuch *Unser Lied* (»Als Manuskript gedruckt«) des katholischen Jugendbundes. »Neudeutschland«, das – ebenfalls ohne Noten – schon um 1948 erschien und – wie die *mundorgel* – ein überwiegend aus den 20er- und 30er-Jahren tradiertes, zumal aus bündischen und religiösen Liedern gemischtes Liedrepertoire aufwies.

geistlichen Lieder der Verbotszeit aufwiesen und ebenso wie jene ein bedeutsames Stück Zeitgeschichte vergegenwärtigen, belegt etwa das *mundorgel*-Lied *Hohe Tannen weisen die Sterne*. Wegen dieses Liedes nämlich waren verschiedentlich bündische Jugendliche – darunter auch Kölner »Edelweißpiraten« – verurteilt worden,[26] weil sie den Refrain der letzten Strophe »Schlage Hader und Zwietracht entzwei« u. a. zu »Schlag den Nazis die Schädel entzwei« oder »Schlagt dem HJ-Streifendienst die Knochen entzwei« parodiert hatten. Letzteres war ein Ausdruck ihres Zorns auf Angehörige des »Streifendienstes« der Hitlerjugend, der sich darauf spezialisiert hatte, u. a. in Zivil und dadurch aufgrund seiner Jugendlichkeit besser getarnt als jeder ältere Gestapo-Spitzel, geheime Treffen von illegal weiterexistierenden regimekritischen Jugendgruppen auszuspionieren, sich in deren Runden einzuschleichen und belastendes Material von deren »Bündischen Umtrieben« zu sammeln, um diese der Gestapo anzeigen zu können. Andere Refrainversionen dieses Liedes wie zum Beispiel »Mach die Bündische Jugend wieder frei« oder sogar »Schlage Baldur von Schirach entzwei« wandten sich gegen diesen »Reichsjugendführer« Hitlers und obersten Chef der »Hitlerjugend« (HJ), der schon 1933 nicht nur veranlasst hatte, die freien Jugendverbände und mit ihnen u. a. zugleich ihre Liederbücher und Lieder zu verbieten und Widerstrebende gnadenlos zu verfolgen, sondern ihre Mitglieder wie schon bald auch alle Jugendlichen mit allen Mitteln zum Eintritt in die Hitlerjugend (HJ) zu zwingen versuchte.

Als sehr eindeutige Widerstands- und Durchhalte-Botschaften jener Krisenzeit der frühen NS-Jahre, in denen viele schwankten, ob sie der Jugendgruppe nun treu bleiben könnten oder sich unter diesem Druck der HJ anschließen sollten, sind ebenfalls ursprünglich bündische *mundorgel*-Lieder zu identifizieren wie *Weißt du, warum du mit uns gehst* – ein Lied, das u. a. 1938 belastendes Indiz in einem NS-Prozess gegen mehrere Jugendliche war;[27] ferner *Wer jetzig Zeiten leben will; Wer treu zur Seite mir geht; Wir hassen das Leben nach Zwergenart; Wir fangen ein neues Streiten an; Wir scharen uns zusammen* und das genannte Lied *Wir wollen Treue halten*.

Zu solchen Liedern gehörten auch zahlreiche ehemals allgemein bündische und scheinbar unpolitische *mundorgel*-Lieder, wie sie vor dem Verbot durch das NS-Regime, teils dann aber auch in der Illegalität gesungen worden waren: nämlich bündische Wander-, Marsch-, Lager- und Fahrtenlieder wie: *Es rufen uns die freien Wogen; Heiß brennt die Äquatorsonne; Über unend-*

---

[26] Az. 27702 im Hauptstaatsarchiv Düsseldorf: 8–18; Siehe dazu auch: Schepping 1993.
[27] Hauptstaatsarchiv Düsseldorf, Az. 43730/11–25.

liche Wege; Und wenn wir marschieren; Wildgänse rauschen durch die Nacht (Schepping 2007); Wir sind jung, die Welt ist offen; Wir wollen zu Land ausfahren; Wir wollten mal auf Großfahrt gehen sowie drei Lieder, die ebenfalls in diversen, von der Geheimen Staatspolizei (»Gestapo«) des Regimes veranlassten NS-Prozessen Jugendliche belasteten: *Wenn die bunten Fahnen wehen, Wir lagen vor Madagaskar* und *Wir sind Deine Jungen, uns ruft der Wald*.[28] In der Verbotszeit erinnerten sie an die freie Zeit der blühenden Jugendbewegung vor 1933 mit ihren weiten – teils internationalen – Fahrten, mit der Freiheit und Romantik ihrer Zeltlager, ihrer abenteuerlichen Wanderungen und Bergtouren. Daher waren auch diese Lieder dem NS-Regime ein Dorn im Auge, sobald kirchlich gebundene und bündische Jugendliche sie trotz Verbots noch sangen, zumal sie mit dazu verleiten konnten, solche unerlaubten Fahrten zu wagen. Auf einem dieser gewagten illegalen geheimen Lager entstand übrigens noch 1934 – wie Irene Corbach ermitteln konnte – auch Richard Grüssungs seit der ersten Auflage konstant in der *mundorgel* verbliebenes, langjährig aber fälschlich auf 1931 datiertes, in Wirklichkeit während der Verbotszeit 1934 geschaffenes Fahrten- und Fernwehlied *Die Weite, die grenzenlos in sich das Leben verschließt.*

Besonders verfolgt wurden auch die Lieder der »Donkosaken«, in der frühen *mundorgel* vertreten durch *Asien bebe, Die Steppe zittert* und vor allem durch *Platow preisen wir, den Helden*. Letzteres Lied war aus der Sicht des Regimes schon allein dadurch belastet und wurde deshalb in mehreren NS-Prozessen gegen Jugendliche zum Corpus delicti, dass es ein russisches Lied war und obendrein im ersten von zwei 1933 und 1934 noch nach Beginn der NS-Herrschaft erschienenen, bei allen Bünden einschließlich der christlichen Gruppierungen begeistert aufgenommenen *Liederbüchern der Eisbrechermannschaft* gestanden hatte, die im verhassten – weil äußerst erfolgreichen – Plauener Günther Wolff Verlag vom obendrein weit »links« stehenden Führer »tusk« der kämpferischen Gruppe »dj 1.11.« ediert worden waren. (Schepping 2005: 193–200)

Von den *mundorgel*- Liedern der unfrei gewordenen Jugend waren dem NS-Regime auch bündische Seemannslieder suspekt wie *Wir lieben die Stürme, die brausenden Wogen; Wiegende Wellen auf wogender See* oder *Es rufen uns die freien Wogen*, desgleichen Landsknechts- und Bauernkriegslieder wie *Wir zogen in das Feld, Die Glocken stürmten vom Bernwardsturm* oder *Der Tod reit' auf einem kohlschwarzen Rappen*. Sie lösten sogar Verfolgung aus, wenn sie von Jugendlichen außerhalb der HJ gesungen wurden, die manche dieser Lieder inzwischen nämlich selbst adaptiert hatte. Solche *mundorgel*-Liedbele-

---

[28] Hauptstaatsarchiv Düsseldorf, Gestapo-Akten 25893/1, 20.8.37; 6187/5 u.15,1939; 43730, 1–8,19.4.38.

ge, die sich außerdem übrigens in zahlreichen im Rahmen unseres NS-Projekts gesammelten, von Jugendlichen insgeheim hand- oder maschinenschriftlich erstellten, teils dann auch noch per Matrize oder Hektografie vervielfältigten Liederbüchern und -heften der Verbotszeit finden, lassen deutlich werden, wie umfänglich zumal im frühen *mundorgel*-Repertoire implizit auch Jugendgeschichte der NS-Zeit präsent ist und wie aufschlussreich es ist, gerade diese Lieder auch als Zeitzeugnisse zu identifizieren.

Geht dieser – ja teils sehr unmittelbare – Zeitbezug des Liedrepertoires vor allem vom Liedtext aus, so kommt ein solcher Bezug – worauf hier nur hingewiesen sei – ja ebenso in der Lied-*Melodie* zum Ausdruck, sei sie nun gedruckt oder auch nur »im Kopf« präsent. Denn Tonalität, Melos, Liedform, Rhythmik und – in den Liedern mit »Gitarrensatz« – auch die Harmonisierung schaffen ja jeweils Epochenbezüge, die den Singenden bewusst zu machen wären.

Neuauflagen der *mundorgel* zur Repertoire-Aktualisierung

Liegt der eigentliche Schwerpunkt des *mundorgel*-Repertoires – wie dargestellt – beim aufgewiesenen ersten Liedtypus: den fast unmittelbar aus einer relativ geschlossenen oralen Tradition übernommenen Liedern, so kam mit jeder Neubearbeitung der *mundorgel* zugleich der zweite Typus – neu hinzugenommene Lieder – immer mehr zur Geltung. Dieter Corbach erkannte die Notwendigkeit, das Liederbuch dadurch fortzuentwickeln, dass er immer wieder auch Zeugnisse vorwiegend – aber nicht ausschließlich – aktueller, meist zwar schon im Singen präsenter und als wichtig erkannter, aber in das soziokulturelle CVJM-Umfeld noch nicht integrierter, oft auch nur in verstreuten und weniger zugänglichen Quellen in Schriftform existierender Liedkultur in die *mundorgel* aufnahm. Dem vor allem verdankt das Liederbuch sein immer noch erstaunlich jung gebliebenes Gesicht und seine bleibende Aktualität.

Insbesondere die beiden wichtigen Neuauflagen von 1982 und noch mehr von 2001 führten – wie teils schon belegt – zu einer solchen Repertoire-Erneuerung der *mundorgel,* die sie im Liedangebot auch einer erstaunlichen ethnischen und sprachlichen Vielfalt öffnete. Denn neben deutschen Liedern wurden nun teils in größerer Zahl, teils als Einzelbelege auch Zeugnisse aus dem englisch-amerikanischen, israelischen und jiddischen, französischen, griechischen, afrikanischen und russischen Raum einbezogen. Thematisch führte diese Aktualisierung ebenfalls zu einer wesentlichen Ausweitung, die auch im Sinne unserer historischen Perspektive von Bedeutung ist. Dieter Corbach und sein teils noch durch andere Mitarbeiter verändertes Team schafften nämlich gerade durch solche neu aufgenommenen Lieder zugleich jeweils wesentliche

Zeitbezüge, wie dies u. a. charakteristische und gewichtige Liedbelege aus der Friedensbewegung und der Anti-Atom-Bewegung, aber auch Lieder, die soziale Spannungen, Freiheit und Demokratie, Gerechtigkeit, Emanzipation, Ökologie, Rassismus, Diktatur, Fremdenfeindlichkeit, Völkerverständigung und den Holokaust auf textlich wie musikalisch teils eindringliche Weise thematisieren, ohne in vordergründige Polemik abzugleiten. Dabei geschahen diese Hinzunahmen und der Lied-Austausch, ohne dass die alten Themen- und Liedrubriken völlig aufgehoben worden wären. Auch dies bewirkte dann trotz einer Streichung zahlreicher Lieder jene sinnvolle Anhebung der Liederzahl von 132 in der ersten Ausgabe 1953 auf nunmehr 278 Liednummern in der *mundorgel 2001*, die durch Doppelfassungen real sogar 301 Lieder erreichte.

Darunter befinden oder befanden sich nun u. a. auch Lieder von Berthold Brecht, Wolf Biermann, Pete Seeger, Franz Josef Degenhardt, Reinhard Mey, den Beatles sowie das Moorsoldaten-Lied, aber auch einige ihrer historischen Vorläufer wie jenes erstaunlicherweise erst 2001 erstmals aufgenommene Lied *Die Gedanken sind frei*, ferner die deutsche Nationalhymne mit ihrem Fallersleben-Text, kontrastiert jedoch durch die ironisch-kritische Parodie *Ja verzeihlich ist der Großen Übermut und Tyrannei* vom selben Textautor. Auch die demokratische »Prinz-Eugen«-Parodie »Ob wir rote, gelbe Kragen, Helme oder Hüte tragen, Stiefel tragen oder Schuh« sowie Heines *Mein Kind, wir waren Kinder*, Janssen-Schmölders *Sei nicht dumm, frag warum*, Fritz Baltruweits *Vom Frieden reden* sowie das israelische Antikriegs- bzw. Friedenslied *Schir laschalom* (auch in deutscher Fassung), das Jizchak Rabin 1995 kurz vor seiner Ermordung mit Tausenden Menschen gesungen hatte und auch als – durch den Todesschuss nun blutbeflecktes – Liedblatt in seiner Rocktasche mitführte, sind seitdem – auch – *mundorgel*-Lieder. Dass aber darüber hinaus weitere israelische und jiddische Lieder zur Auswahl gehören, versteht sich angesichts der unveränderten Bedeutsamkeit dieses Feldes und des intensiven Engagements vor allem von Irene Corbach, der 2003 sogar der »Obermayer German Jewish History Award« verliehen wurde, fast von selbst. Auch hiermit hat also die *mundorgel* erneut »Geschichte geschrieben«.

Da in der *mundorgel* als dem Liederbuch einer evangelischen Jugendorganisation von Beginn an – wie aufgezeigt – geistliche Lieder einen Raum von immer noch gut einem Drittel einnahmen und einnehmen, war es ebenso konsequent wie ausschlaggebend für die konstante Aktualität des Buches, dass darin neben zahlreichen älteren geistlichen Liedern auch die – weitgehend konfessionsübergreifende – Rubrik »Neues Geistliches Lied« eine wichtige Rolle spielt. Dies belegen u. a. ca. 20 Gospels und Spirituals – teils ins Deutsche übertragen (*Brüder ruft in Freude; O Herr, wir rufen alle zu dir*), teils zweisprachig (als neuer Beleg das von Corbach selbst als *Die Liebe ist so groß* auch deutsch getextete *Amazing grace*), teils aber sogar auch in ihrer afroamerikanischen bzw. sogar afrikanischen Originalsprache verbliebene Lieder wie jenes schon seit 1968 dazugehörige *Kum ba yah, my Lord*. Hinzu kommen einige Taizé-Gesänge sowie fast 50 Lieder aus dem deutschsprachigen Bereich des Neuen Geistlichen Liedes, darunter sowohl »Evergreens« wie Schneiders *Danke*-Lied, Willms-Janssens *Der Himmel geht über allen auf* oder auch *Laudato si* und *Hilf Herr meines Lebens* als auch ganz aktuelle landessprachige Lieder. Für ein so verbreitetes Liederbuch ist übrigens auch die insgesamt erreichte Zahl von 100 geistlichen Liedern ein als »historisch« im übertragenen Sinn wie im Wortsinn der sich darin abbildenden geschichtlichen Dimension zu sehendes Faktum. Zu betonen bleibt aber, dass über diese in den Texten wie den Kontexten vorhandene Geschichtsträchtigkeit hinaus die gleichen Lieder wie aber auch jedes der bisher nicht genannten Lieder, die in den insgesamt elf in unterschiedlichem Ausmaß verändernden Neuauflagen der *mundorgel* enthalten waren und sind, bei näherem Hinsehen auch noch diverse weitere geschichtliche Dimensionen erkennen lassen. (Die Gesamtzahl der in den 50 Jahren insgesamt in der *mundorgel* abgedruckten Lieder summiert sich übrigens, wie die statistische Auswertung aller Inhaltsverzeichnisse durch Frau Corbach und ihre Tochter ergeben hat, auf insgesamt 529.)

die mundorgel – das am intensivsten erforschte Jugendliedebuch

Schließlich ist nun noch die letzte – schon eingangs angedeutete – Einzigartigkeit der *mundorgel* zu verdeutlichen, die oben ebenfalls eine Hervorhebung als »historisch« erfuhr: *die mundorgel* ist das wissenschaftlich am intensivsten und gründlichsten erforschte deutsche Gebrauchsliederbuch überhaupt, und dies sowohl musiksoziologisch-statistisch und volkskundlich-liedmonografisch als auch rein liedstatistisch. Dies verdankt sie sowohl einem frühen Forschungsprojekt des Instituts für Musikalische Volkskunde (jetzt: Institut für Europäische Musikethnologie) an der Universität zu Köln (Klusen 1974; 1975), als auch jener im Juli 2003 von der damaligen *mundorgel*-Mitherausgeberin Irene Corbach erstellten aufschlussreichen Mundorgel-Statistik, deren Ergebnisse bereits in die hier vorgelegte Untersuchung eingeflossen sind. (Corbach 2003)[29] Mit diesen

---

[29] Außer dieser Statistik bildeten aber auch umfangreiche, dem Institut über seinen Direktor Prof. Dr. Reinhard Schneider 2009 überlassene Lied-Archivalia des Mundorgel Verlags aus dem Nachlass von Dieter Corbach eine wichtige Dokumenten- und Informationsquelle.

beiden Projekten wurde für die und mit der *mundorgel* in der Musikalischen Volkskunde und speziell in der Liedforschung methodisch wie inhaltlich eben durchaus auch noch ein Stück Forschungsgeschichte geschrieben.

Ernst Klusen, dem 1988 verstorbenen Begründer des ab 1964 zunächst Neusser, dann seit 1984 Kölner Instituts für Musikalische Volkskunde (jetzt: Institut für Europäische Musikethnologie), kommt das Verdienst zu, als einer der ersten die Bedeutung empirisch-statistischer Methoden der Musiksoziologie für die Liedforschung erkannt und in der Neusser Etappe seines Instituts auch als erster in vollem Maße genutzt zu haben. Dies geschah im Team zusammen mit dem damals in Neuss, später als Ordinarius in Hamburg lehrenden Musiksoziologen Dr. Vladimir Karbusicky und mit dem Verfasser. Die Teilhabe an diesem Projekt begann für den Verfasser unmittelbar nachdem ihn Ernst Klusen 1968 an die Neusser Pädagogische Hochschule und als Wissenschaftlichen Mitarbeiter in sein Institut berufen hatte und ihn sogleich intensiv an der Vorbereitung und der anschließenden Auswertung einer Repräsentativ-Erhebung über die »Situation des Singens in der Bundesrepublik Deutschland« beteiligte. Ausgangspunkt der Erhebung war die Frage nach der Bekanntheit, der Beliebtheit und der Vermittlung aller – einzeln aufgelisteten – 186 Lieder der damals 7. Auflage der *mundorgel mit noten,* die wegen der bis dahin erreichten, unvergleichlich großen und dadurch auch repräsentativen Auflagenhöhe des Liederbuchs für jene Befragung ausgewählt worden war. Sie wurde dann ja noch im gleichen Jahr 1968 von der gründlich überarbeiteten, unter Streichung von fast 50 Liedern um 140 Lieder erweiterten und dabei auch aktualisierten Neuauflage abgelöst.

Was waren die aus dem Aspekt der *mundorgel* wichtigsten, 1974 und 1975 in zwei Bänden »Zur Situation des Singens in der Bundesrepublik Deutschland« (Klusen 1974/75) veröffentlichten Fakten und Ergebnisse dieser bundesweiten Erhebung? Ausgewertet werden konnten nicht weniger als 1460 und damit dem Repräsentativitäts-Anspruch der Soziologie voll entsprechende, da obendrein nach dem Quoten-Verfahren auf die Befragten beider Geschlechter, der verschiedenen Altersstufen ab 14 Jahren, die verschiedenen sozialen Gruppen und die damaligen Bundesländer aufgeteilte Fragebögen.

Die Interviewer waren mit Exemplaren der Notenausgabe jener *mundorgel* ausgestattet und benutzten Fragebögen, denen diese Liedliste beigegeben war. Zu jedem Lied wurden drei Fragen gestellt: ob es vom Befragten »gekannt«, ob es von ihm »gelegentlich« auch »gesungen« werde und welches der gesungenen Lieder ihm ggf. »besonders gut« »gefällt«. In einem nächsten Schritt wurde u.a erfragt, seit wann ungefähr der Befragte das von ihm jeweils als gesungen benannte Lied kannte, ob er sich ferner daran erinnere, durch wen es ihm vermittelt wurde und bei welcher/n Gelegenheit/en er das Lied gesungen habe.

Da den Autoren der Untersuchung bewusst war, dass in der *mundorgel* beliebtere tradierte Volkslieder selten vorkamen und stattdessen eben jene Jugendlieder die Dominanz hatten, schloss sich die Frage nach weiteren vom Befragten selbst gekannten bzw. gesungenen, im *mundorgel*-Repertoire aber nicht enthaltenen Liedern an, verbunden mit der Bitte um ganz analoge Zusatzauskünfte zu diesen frei genannten Liedern. Hinzu kamen dann noch Fragen zur Liederbuchbenutzung, zu ggf. im Eigenbesitz befindlichen Liederbüchern, zu Singgelegenheiten und zu der jedem dieser Lieder am ehesten entsprechenden Gattungszugehörigkeit.

Die Untersuchung ergab, dass fast die Hälfte aller Befragten *die mundorgel* kannte und ein Viertel aller sie sogar besaß. Hochgerechnet auf die gesamte Bevölkerung der damaligen Bundesrepublik bedeutete dies, dass also mehr als 20 Millionen Menschen sie kannten und ca. die Hälfte von ihnen sogar eine engere Beziehung zu diesem in ihrem Besitz befindlichen Liederbuch dokumentierte. Wie unvergleichlich groß diese Zahl ist, kann man vor allem daraus ersehen, dass sich bei keinem der anderen hier erfragten und bei den im Eigenbesitz befindlichen Liederbüchern eine Bekanntheits- und Nutzungszahl ergab, die mehr als 2,1 Prozent aller Befragten ausmachte.

Für die ja als Jugend- und mehr auch Jungenliederbuch konzipierte *mundorgel* ist ferner erstaunlich, dass sich für sie bei nicht weniger als 45 Prozent der Befragten ein Bekanntheitsgrad von 21 bis 50 *mundorgel*-Liedern ergab; über 50 bis zu 100 Liedern kannten immerhin noch gut 20 Prozent der Interviewten, wobei sich diese Ergebnisse auf alle Alterskategorien und beide Geschlechter fast gleichmäßig verteilten.

Als Singgelegenheiten wurden zu den *mundorgel*-Liedern mit gut 22 Prozent die Kategorie »Gesellschaft/Gruppe« angegeben, von 21 Prozent sodann »Urlaub/Ausflug«, von immerhin 9 Prozent noch »Familie« und von knapp 6 Prozent »Kirche«. Letzteres ist wohl auch eine Folge des hohen Anteils an religiösen – jedoch nicht nur in der Kirche gesungenen – Liedern, der – wie festgestellt – von Anfang bis heute bei einem Drittel lag und liegt, was angesichts der hohen Zahl von inzwischen eben 298 Liedern zum einen eine Steigerung auf die doppelte Zahl gegenüber der Erstausgabe 1953 bedeutet. Auf der anderen Seite besagt dies, dass heute fast 100 Lieder einen starken, ggf. durch fremdsprachliche Texte und jene popularen Gattungen und Themen – Israel, Amerika (Gospel und Spiritual), Frankreich (Taizé) und popular beeinflusste Neue Geistliche Lieder – einen teils auch verdeckten religiösen Bezug besitzen.

Zum Einfluss der *mundorgel* auf das Schulrepertoire gibt es zwei sich in gewisser Weise widersprechende und doch aufschlussreiche statistische Datenbereiche: Als Singgelegenheit für *mundorgel*-Lieder wurde die Schule bei den

14- bis 18-Jährigen von nur 13 Prozent der Interviewten angegeben, von den übrigen nur zu 4,3 Prozent. Bei der Frage nach den Vermittlern der aus dem *mundorgel*-Repertoire als bekannt benannten Lieder jedoch wird die Schule von nicht weniger als 51,6 Prozent benannt, der Vermittler Gesellschaft/Gruppe dagegen von 34,5 Prozent der Befragten.

Schließlich geben die Interviewten bei der Frage zur Singhäufigkeit bei den ihnen bekannten Liedern aus dem *mundorgel*-Repertoire zu 60,5 Prozent pauschal an, sie »zuweilen« zu singen; und immerhin 32 Prozent Befragte stellten fest, sie »oft« oder sogar »immer« – d. h. also sozusagen ausschließlich – zu singen. Auch aus all diesen Einzeldaten bestätigt sich die hohe Präsenz derjenigen Lieder, die (ggf. *auch*) *die mundorgel* enthielt, in der allgemeinen Singpraxis zu Anfang der 1970er-Jahre.

Zu ergänzen ist, dass der zweite Band dieser Buchveröffentlichung der Befragungsergebnisse – Untertitel »Die Lieder« – eine Analyse der meistgenannten Lieder und ihres historischen Kontextes bietet und damit auch ihre Geschichtlichkeit noch besonders ins Bewusstsein hebt.

Nur so weit seien damit hier wenigstens einige Basisinformationen zu dieser bundesweiten Repräsentativbefragung zu Lied und Singen auf der Grundlage des *mundorgel*-Repertoires gegeben.

Wären möglicherweise Folgerungen aus den hier insgesamt mitgeteilten Informationen und gewonnenen Erkenntnissen abzuleiten?

Beim Verfasser jedenfalls wecken sie vor allem Wünsche, nämlich: schulische wie außerschulische Liedvermittlung möchten – vielleicht u. a. auch hieraus – die Einsicht gewinnen, wie ergebnis- und erkenntnisreich, aber auch – was Verfasser selbst oft erleben konnte – wie motivierend für das Singen ein Hinterfragen und Durchleuchten von Lied-Kontexten sein kann; Musikdidaktiker und Lied- bzw. Liederbuch-Editoren möchten die Bedeutung und die Vermittlung solchen Wissens für die Lied- und Singpraxis dementsprechend angemessen berücksichtigen; möglichst viele – weibliche wie männliche – Pädagogen: Erzieher, Lehrer, Musikpädagogen, Jugendleiter, Gesangspädagogen sowie Sozialbetreuer möchten in ihrer Liedvermittlung und Singpraxis Kindern, Jugendlichen und Erwachsenen immer wieder auch etwas von der Hintergründigkeit des mit ihnen und von ihnen Gesungenen erkennbar und miterlebbar machen; und diese wiederum möchten dadurch erfahren, welche Bereicherung und welche Vielfalt an Perspektiven sie gewinnen können, wenn sie neben Musikhören und ggf. auch eigener instrumentaler Musikpraxis sowohl die Wirkkraft des Singens als auch die Aussagekraft von Liedern als Zeitzeugnisse – teils über Jahrhunderte und über Kontinente hinweg – wie auch als Lebenszeugnisse und als Widerspiegelungen menschlichen Denkens, Fühlens, Erlebens und Erleidens entdecken.

Zwei Belege für Zeichnungen von Jürgen Flimm, wie sie seit 1968 in allen *mundorgel*-Ausgaben an einzelnen Stellen wiederkehrten:

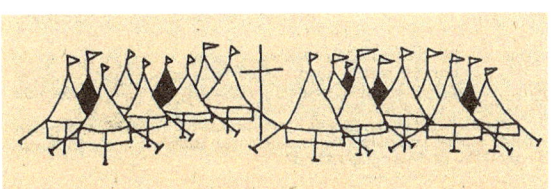 

Abb. 9: Aus der Liederbuch-Rubrik »Jesus Christus, König und Herr«   Abb. 10: »Sind wir nicht die Musikanten«

Literatur

Corbach, Irene (2003): *Mundorgel-Statistik*. Stand Juli 2003, 10 plus 14 Seiten. Als Manuskript gedruckt (im Archiv des Instituts für Europäische Musikethnologie, Köln).

Dierkes, Yvonne (2003): Die Mundorgel wird 50. Vier Kölner Studenten erfanden das beliebte Liederbuch. In: *WDR.de* [4.2.2003], S. 1.

Holzapfel, Otto (1998): *Religiöse Identität und Gesangbuch*. Bern.

Klönne, Arno (2003): Die kirchliche Jugend abseits der NS. In: Ders., *Jugend im Dritten Reich. Die Hitlerjugend und ihre Gegner*. Köln, S. 171–185.

Klusen, Ernst (1974/75) (unter Mitarbeit von Vladimir Karbusicky und Wilhelm Schepping): *Zur Situation des Singens in der Bundesrepublik Deutschland. Bd 1: Der Umgang mit dem Lied; Bd. 2: Die Lieder*. Köln.

Lagerliederbuch (1980): *Das Lagerliederbuch. Lieder, gesungen, gesammelt und geschrieben im Konzentrationslager Sachsenhausen bei Berlin 1942* [Faksimile]. Dortmund.

Laqueur, Walter Z. (1962) (Hg.): *Die Deutsche Jugendbewegung*. Köln.

Meier, Kurt (1976/84): *Der evangelische Kirchenkampf*. 3 Bände. Halle/S./Göttingen.

Niedhart, Gottfried/Broderick, George (1999) (Hg.): *Lieder in Politik und Alltag des Nationalsozialismus*. Frankfurt am Main

Noll, Günther (1999): Kinderlied und Kindersingen in der NS-Zeit. In: Gottfried Niedhart/George Broderick (1999) (Hg.), *Lieder in Politik und Alltag des Nationalsozialismus*. Frankfurt am Main, S. 115–132.

Priepke, Manfred (1960): *Die evangelische Jugend im dritten Reich 1933–1936*. Hannover/Frankfurt.

Riedel, Heinrich (1976): *Kampf um die Jugend. Evangelische Jugendarbeit 1933–45*. München.

Schepping, Wilhelm (1993a): *»Menschen seid wachsam«. Widerständisches Liedgut der Jugend in der NS-Zeit [mit Tonkassette]*. München.

Schepping, Wilhelm (1993b): Oppositionelles Singen Jugendlicher im Dritten Reich. In: Hinrich Siefken/Hildegard Vieregg (Hg.), *Resistance to National Socialism. Second Nottingham Symposium*. University of Nottingham, Nottingham, S. 89–109.

Schepping, Wilhelm (1996 u. 1999): Codeworte der Gegengesinnung. In: Thomas Pfeffermann (Hg.), *Gegen den Strom. Lieder aus dem Widerstand gegen den Nationalsozialismus. Eine Dokumentation zur Geschichte der Deutschen Jugendbewegung*. Bergisch Gladbach/Köln, S. 12f.

Schepping, Wilhelm (1999): Lieder des »Politischen Katholizismus« im Dritten Reich. In: Gottfried Niedhart/George Broderick (1999) (Hg.), *Lieder in Politik und Alltag des Nationalsozialismus*. Frankfurt am Main, S. 229–278.

Schepping, Wilhelm (2004): Zur Bedeutung des vogtländischen Günther-Wolff-Verlags für Lied und Singen der Bündischen Jugend in den 30er und 40er-Jahren des 20. Jahrhunderts. In: Marianne Bröcker (Hg.), *Das 20. Jahrhundert im Spiegel seiner Lieder*. Bamberg, S. 234–258.

Schepping, Wilhelm (2005): Deutsche Jugendbünde in der ersten Hälfte des 20. Jahrhunderts als Sammler und Vermittler russisch-slawischen Liedgutes – im politischen Kontext der NS-Epoche. In: Heike Müns (Hg.), *Musik und Migration in Ostmitteleuropa*. München, S. 183–242.

Schepping, Wilhelm (2007): »Wildgänse rauschen durch die Nacht«. Neue Erkenntnisse zu einem alten Lied. In: *Barbara Stambolis/Jürgen Reuleke (Hg.), Good-Bye-Memories? Lieder im Generationengedächtnis des 20. Jahrhunderts*. Essen, S. 99–114.

Schepping, Wilhelm (2010): Kirchenlieder gegen Hitlers Regime. In: *Düsseldorfer Jahrbuch 2010. Beiträge zur Geschichte des Niederrheins, Bd. 80*. Düsseldorf S. 239–286 [S. 263 ff.].

Reinhard Schneider
Musikpädagogik und Präsenzkultur

In den theoretischen und praktischen Bemühungen um Begründung, Ausrichtung und Inhalte des Musikunterrichts in der allgemein bildenden Schule sind in Geschichte und Gegenwart unterschiedliche, z. T. sogar disparate Prinzipien, Ansprüche, Erwartungen und Zielvorstellungen geltend gemacht worden. Mit Hilfe der von Hermann J. Kaiser vorgeschlagenen Gruppierung lässt sich ein Überblick gewinnen, der die Vielfalt auf vier Paradigmen konzentriert bzw. reduziert:

- das Erziehungs- und Therapieparadigma
- das anthropologische Paradigma
- das kulturtheoretische Paradigma
- das ästhetische Paradigma (Kaiser 2005: 167 f.)

Kaiser weist jedoch auch darauf hin, dass im musikpädagogischen Schrifttum diese Paradigmen selten in Reinform bestimmend auftreten, sondern eher anteilig und in durchmischten Zusammenstellungen anzutreffen sind. Überdies ist fraglich, ob mit diesen vier Punkten die grundsätzlichen musikpädagogischen Perspektiven oder Denkweisen, die bisher zur Geltung gebracht wurden, zur Gänze erfasst sind.

Wäre nicht die Akzentuierung des musikalischen Lernens als Zentrum des Musikunterrichts eine plausible Erweiterung dieses Paradigmenquartetts? Die Konzentration in musikpädagogischer Theorie und Praxis auf Prozesse des Lehrens und Lernens, die teils (musik-)psychologisch ausgerichtet ist, aber auch als eine fachdidaktische Konzeption im Anschluss an die Allgemeine Didaktik erfolgt, ist jedenfalls nicht ohne weiteres unter eine der vier Rubriken einzuordnen. Als Folge des sogenannten PISA-Schocks bzw. als Reaktion darauf hat sich in den letzten Jahren das lehr- und lerntheoretische Paradigma als eigenständige Größe (abermals) durchgesetzt. Es dominiert die fachdidaktischen Diskurse, wird von der Schulpolitik und der Schuladministration durchgesetzt und muss in den Schulen umgesetzt werden. In den schulischen Kernfächern ist diese »Reform« bereits durchgreifend erfolgt, der Zuschnitt weiterer Fächer nach diesem Muster erfolgt schrittweise. Diese Ausrichtung des schulischen Lehrens und Lernens im Zeichen der Kompetenzorientierung wird zunehmend auch für die Formatierung des Musikunterrichts genutzt. Musikalische Kompetenzen sind jedoch nicht in einem kulturfreien Raum situiert und können dementsprechend nicht als eine universale Systematik abgerufen werden, sondern sind durch und durch kulturell bestimmt.

Das zeigt sich auch in der doppelten Zielformulierung des derzeitigen Konzepts eines aufbauenden Musikunterrichts, der einerseits mit ausgeprägten lehrgangsmäßigen Zügen eine musikalische Kompetenzentwicklung der Schülerinnen und Schüler anstrebt und andererseits die Intention verfolgt, Musik als kulturelles Phänomen zu erschließen.[1] Im Hinblick auf diese Konzeption stellt sich aber nicht nur die Frage, wie diese beiden Bereiche (musikpraktische Kompetenzorientierung und Kulturerschließung) miteinander verbunden werden können, wie und wo methodisch begonnen werden soll,[2] sondern auch welche Kulturen wie erschlossen werden sollen. Weil Ansatz und Richtung einer pädagogisch motivierten musikalischen Kompetenzentwicklung Art und Weise der kulturellen Erschließungsperspektive auf entschiedene Weise mitbestimmen, ist es geboten, das kategoriale Kompetenzgefüge von kulturellen Praxen her zu entfalten, wobei die Anknüpfungsrelevanz keineswegs selbstverständlich ist. Entsprechende kulturtheoretische Auseinandersetzungen in pädagogischen Diskursen folgen einerseits gesellschaftlichen und – im engeren Sinne – kulturellen Veränderungen und Wandlungen (nach), können aber andererseits auch mit dem Ziel geführt werden, Veränderungs- und Gestaltungspotenzial und damit normative Kraft zu entfalten. So ist beispielsweise in den vergangenen Jahrzehnten die Interkulturelle Pädagogik als Kritik und Entwurf mit Bezug auf Heterogenität, Alterität und Diversität in heutigen Gesellschaften entwickelt worden. (Ott 2008)

Einen bedeutenden Beitrag auch zur Diskussion kulturtheoretischer Fragen hat beispielsweise Heinz Antholz in seiner Musikdidaktik mit der Unterscheidung von subjektiver und objektiver Musikkultur, die als sich ergänzende Perspektiven verstanden werden müssen, geleistet. (Antholz 1976: 118) Thomas Ott bezieht sich in einem kurzen Plädoyer für die Relevanz von »Unterricht in Musik« und musikalischer Bildung und gegen eine Vernutzung von Musik

---

[1] Ein Konzept eines aufbauenden Musikunterrichts (auch mit dieser Bezeichnung) ist für den Musikunterricht in der Grundschule allerdings schon in den 1950er-Jahren entwickelt worden. (Höckner 1953, 1958) In der Musikdidaktik von Heinz Antholz ist dieses Prinzip ebenfalls von Bedeutung, ihm kommt hier allerdings nicht der Rang einer titelprägenden Exklusivität zu, sondern wird neben anderen Prinzipien zur Geltung gebracht. (Antholz 1976)

[2] Vgl. hierzu beispielsweise die Diskussion zwischen Werner Jank und Wolfgang Martin Stroh. (Jank/Stroh 2006)

explizit auf dessen Didaktik, wobei er ebenfalls die beiden schon erwähnten Kategorien (Aufbau, Kulturerschließung) als Zentren heutigen Musikunterrichts benennt: Die Musik (als Kunst) bedürfe einer Pädagogik, »die in Vor- und Grundschule ansetzt, tendenziell alle Kinder erreicht und die Musik in aufbauender Weise erschließt – in möglichst vielen ihrer Erscheinungsformen und Handlungsangebote«. (Ott 2007: 3)

Thomas Ott fragt dann weiter: »Soll das Schulfach Musik, das er [Heinz Antholz, R.S.] konzeptionell mit begründete – und zwar gegen den Widerstand derer, die damals immer noch an der ›gemeinschaftsbildenden Kraft‹ des Singens und Musizierens festhielten – eine Episode bleiben? Nein. Denn skurrile Charismatiker wie Monsieur Mathieu, quer einsteigende Dirigenten wie der Chorpädagoge im Film ›Wie im Himmel‹, Education-Programme der Orchester und Opernhäuser, gut gesponserte Großprojekte wie ›Jedem Kind ein Instrument‹ können – so willkommen sie sind – den kulturerschließenden Musikunterricht in unseren Schulen nicht ersetzen.« (Ott 2007: 3)

Mit einer Überlegung von Heinz Antholz lässt sich überdies plausibel machen, dass schon auf der Ebene der Unterrichtsmethodik die Idee der Kulturerschließung greifen kann, er würde sagen: greifen muss. Damit wird die Methodik in seiner Konzeption zur Schnittstelle von Musikunterricht und Musikkultur. Derart akzentuierte Methoden hebt er deshalb auch terminologisch von einem neutralen Methodenbegriff ab und spricht von Verfahren, womit »musikkulturelle Verhaltens- und Umgangsweisen« gemeint sind: »Die ›Technizität‹ der Musik sperrt sich einer scharfen Trennung von Stoff und Methode. Auch ist nicht auszumachen, ob etwa Proben oder Aufführen, Probieren oder Erfinden höheren Bildungswert besitzen. Verfahren sind Inhalte der Musik und des Musikunterrichts, ihre Inhalte sind Verfahren, Prozesse. Was wir als Verfahren bezeichnen, sind nicht eigentlich schulische oder schulmusikalische Methoden, sondern musikkulturelle Verhaltens- und Umgangsweisen (wie der Mensch mit Musik ›verfährt‹): Üben und Proben, Vorführen, Aufführen und Aufnehmen (mit Ohr und technischem Mittler), Interpretation und Analyse, Besuchen von Veranstaltungen sowie Sprechen und Diskutieren darüber, Probieren und Experimentieren mit musikalischem Material usw. Unterricht in Musik, der Musik lernen lehrt, hat diese Umgangs- und Verhaltensweisen einzuüben.« (Antholz 1976: 136f.)

Die von Antholz aufgewiesene Schnittstelle zwischen Musikkultur und Methoden bzw. Verfahren im Musikunterricht der allgemein bildenden Schule ist nicht nur in unterrichtstechnologischer, sondern auch in inhaltlicher Hinsicht von Bedeutung, denn die Art und Weise, wie Musik gebraucht, wie mit ihr verfahren wird, ist bekanntlich nicht für alle Zeiten und Gelegenheiten fixiert, sondern weist ein breites Spektrum an grundsätzlichen Möglichkeiten auf und ist zudem erheblichen historischen Wandlungen unterworfen. Deshalb bleiben im musikpädagogischen Diskurs kulturtheoretische Fragen dauerhaft virulent. Nicht nur die schnelllebigen Jugendmusikkulturen seit Mitte des 20. Jahrhunderts sorgen für entsprechende Anstöße, sondern auch kulturelle Tendenzen, die sich gesamtgesellschaftlich durchsetzen, wie etwa in der Gegenwart eine ausgeprägte Erlebnisorientierung. (Schulze 1997) Anders als der Soziologe, der durch die Interpretation umfangreicher empirischer Datensätze zu dieser pointierten Charakterisierung mit durchaus kritischem Unterton gelangt, stellt der Kulturwissenschaftler Hans Ulrich Gumbrecht die Erlebnisorientierung als ein grundlegendes Bedürfnis des Menschen dar, das im Zeichen einer über lange Zeit dominierenden Interpretations- bzw. Sinnkultur nicht zur Geltung gekommen sei, in der Gegenwart sich aber nachdrücklich in vielen kulturellen Bereichen durchsetze. Im Zentrum dieses Denkens steht der Begriff der Präsenz bzw. der Präsenzkultur. Hans Ulrich Gumbrecht ist nicht der einzige Kulturwissenschaftler, der an der Ausarbeitung dieser konzeptionellen Ideen arbeitet,[3] dessen Denken aber seit geraumer Zeit in der Denkfigur der Präsenz sein Zentrum gefunden hat, auch mit Ausstrahlungen in die Musikpädagogik:

> »Meine eine Idee aus gut vierzig Jahren Denk- und Schreibarbeit, die möglicherweise etwas verändert hat, artikuliert sich in dem störrischen Hinweis, daß – trotz unserer alltäglichen wie geisteswissenschaftlichen Konzentration auf Interpretation und Sinn – die Dinge der Welt, so wie wir auf sie stoßen, auch eine – in unserer Kultur fast immer übersehene – Dimension der Präsenz haben.« (Gumbrecht 2010: 9)

Die in dieser ein wenig kapriziösen Selbsteinschätzung herausgestellte Idee der Präsenz ist inzwischen vielfach rezipiert worden und hat zahlreiche kulturwissenschaftliche Studien methodisch, aber auch hinsichtlich der thematischen Orientierung beeinflusst, ist aber auch entschieden kritisiert worden. In dem Buch *Diesseits der Hermeneutik. Die Produktion von Präsenz* aus dem Jahre 2004 hat Hans Ulrich Gumbrecht seine Grundidee ausgearbeitet, gefolgt von einer Reihe von Veröffentlichungen, in denen er ihre interpretative (!) Leistungsfähigkeit demonstriert hat. (Gumbrecht 2010, 2011)

Es handelt sich in gewisser Weise um eine Schrift gegen die von ihm diagnostizierte Dominanz der Interpretation in den Geisteswissenschaften, gegen die Dominanz einer Sinnkultur, in der hermeneutisch geführte Prozesse des Ver-

---

[3] Vgl. auch Fischer-Lichte 2004 und Mersch 2002.

stehens den Ton angeben.⁴ Damit ist aber keineswegs eine radikale Abkehr von interpretierenden und verstehenden Verfahren gemeint, sondern vor allem die Fokussierung auf eine Dimension kultureller Praxen, die Hans Ulrich Gumbrecht als »Produktion von Präsenz« kennzeichnet.

Die Begriffe Präsenz und Produktion gebraucht Hans Ulrich Gumbrecht auf eine spezifische Art und Weise. Präsenz bedeutet für ihn kein zeitliches, sondern ein räumliches Verhältnis und Produktion versteht er nicht als Herstellung von Gegenständen, sondern als den Akt, »bei dem ein Gegenstand im Raum ›vor-geführt‹ wird«. (Gumbrecht 2004: 11) Nicht Sinn und Bedeutung, sondern Körper und Unmittelbarkeit sind grundlegende Kategorien dieses (auch) kulturtheoretischen Ansatzes. Dabei ist sich Hans Ulrich Gumbrecht selbstverständlich darüber im Klaren, dass Wahrnehmungs- oder Erfahrungsprozesse nicht als direkte Zugriffe auf Welt gedacht werden können, aber dennoch gebe es »das Verlangen nach solcher Unmittelbarkeit«. (Gumbrecht 2004: 11) Auf dieser Linie bewegt er sich weiter, wenn er behauptet, dass die Präsenz der Dinge geschwächt werde, dass sie nicht voll wirksam werden könne, sobald die Dinge mit Bedeutungen belegt werden, also einem expliziten Reflexionsprozess unterzogen werden. Weil er aber erklärtermaßen Präsenz und Sinn nicht gegeneinander ausspielen will, stellt sich die Frage, wie das Verhältnis von Sinngenerierung und Präsenzeffekten, von Bedeutungszuschreibung und Wirkungsquanten zu verstehen ist, wie die unterschiedlichen Prozesse miteinander kommunizieren können. Er bedient sich hier eines naturwissenschaftlichen Begriffs, und zwar des Begriffs der Oszillation oder des Oszillierens, der in einer kultur- oder erkenntnistheoretischen Umgebung nicht über den Status einer Metapher hinauskommt und nur einen schwachen Erklärungsansatz bietet: »Letzten Endes wird in diesem Buch ein Verhältnis zu den Dingen dieser Welt befürwortet, das zwischen Präsenz- und Sinneffekten oszillieren könnte. Präsenzeffekte richten sich jedoch ausschließlich an die Sinne.« (Gumbrecht 2004: 12) Es ist vor allem sein Anliegen, den Blick auf kulturelle Gegenstände (zum Beispiel Musik, Gedichte) zu lenken, bei denen beide Dimensionen mitei-

---

4   Thomas Ott hat sich der Verstehensproblematik ebenfalls mit einer kritischen Haltung genähert, indem er fragt, »ob Nicht-Verstehen lehrbar ist«. (Ott 1999: 18–21) Diese Frage hat für ihn angesichts der möglichen Vereinnahmungs- und Beherrschungstendenz des Verstehens im Umgang mit dem uns Fremden jedoch vor allem eine ethische Perspektive, und zwar »eine Ethik des Umgangs mit dem, was uns am Fremden notwendig fremd bleiben muß, anstelle eines universellen und grenzenlos zirkulären Verstehensanspruchs, der gerade auch gegenüber anderen Kulturen etwas Imperiales, um nicht zu sagen Imperialistisches hat.« (Ott 1999: 21)

nander verschränkt sind, die aber in der vorherrschenden Interpretationskultur nicht gleichermaßen zur Geltung kommen. Für die Eigenart des ästhetischen Erlebens sei diese Verschränkung (Oszillation) aber geradezu charakteristisch. Diese recht geheimnisvolle Oszillation zwischen körperlich-materieller und geistig-sinnhafter Sphäre ereigne sich in einem Zwischenraum, sie vermittle zwischen den Räumen, die Vermittlung erfolge erlebnismäßig oder als Erlebnis, was Hans Ulrich Gumbrecht im Schlusskapitel seines Buches noch einmal hervorhebt: »Wie bereits erwähnt, benutze ich den Begriff ›Erleben‹ zur Bezugnahme auf das Intervall zwischen der physischen Wahrnehmung eines Objektes und der (endgültigen) Sinnzuschreibung.« (Gumbrecht 2004: 149, Anm. 36)

Damit rückt eine psychische Funktion in den Mittelpunkt des Geschehens, nämlich das Erleben, die von Hans Ulrich Gumbrecht jedoch nicht psychologisch expliziert, sondern in einem Begriffsfeld mit »Epiphanie« als Zentrum platziert wird, die damit das von ihm als für unsere kulturelle Gegenwart charakteristische Verlangen nach ästhetischen Präsenzerlebnissen als ein existentielles oder religiöses Phänomen akzentuiert. In dem mit »Epiphanie/Präsentifikation/Deixis. Zukünfte für die Geisteswissenschaften« überschriebenen Kapitel wird dieser Aspekt der präsenzkulturellen Wende besonders deutlich: »Mit dem Wort ›ästhetisch‹ nehmen wir Bezug auf Epiphanien, die es bewirken, daß wir zumindest für Momente nicht nur mit dem Geist, sondern auch mit dem Körper davon träumen, es ersehnen und uns vielleicht sogar daran erinnern, wie vortrefflich es wäre, in unserem Leben im gleichen Rhythmus zu schwingen wie Dinge dieser Welt.« (Gumbrecht 2004: 138 f.)

Diese Art der Nobilitierung des Ästhetischen bringt zugleich eine Verengung des ästhetischen Erfahrungs- und Gestaltungsraums mit sich, die von Roberto Sanchiño Martínez u. a. mit Bezug auf das obige Zitat herausgearbeitet worden ist: »Der religiös konnotierte Ausdruck Epiphanie ist von Hans Ulrich Gumbrecht nicht zufällig gewählt und reiht sich in eine Folge weiterer religiöser Termini ein, die ästhetische Erfahrung als Präsenzerfahrung konturieren sollen, wie zum Beispiel ›Erlösung‹, ›Ekstase‹, ›Präsentifikation‹ etc. Zugleich reaktiviert er die jüdisch-christliche Vorstellung von der ›Realpräsenz Gottes‹, um ein alternatives semiotisches Modell zu umreißen, in dem Zeichen substantiell gedacht werden, und nicht auf Repräsentation basieren. Ziel dieser Verwendung scheint mir, ästhetische Erfahrung oder ästhetische Erlebnisse auratisch aufzuladen und auf ihre epiphanische und religiöse Grundlage zurückzuführen, ohne freilich kryptotheologisch zu werden.« (Sanchiño Martínez 2006: 7)

Somit ergibt sich ein Resümee, das nicht zustimmungspflichtig ist, aber doch eine Ausrichtung im Denken Hans Ulrich Gumbrechts aufdeckt, die keineswegs beiläufig ist, sondern die sich deutlich in seiner Terminologie und Argumentation zeigt: »Es handelt sich [...] bei Gumbrecht weniger um eine Ästhetisierung des Religiösen als vielmehr um eine religiöse Aufladung des Ästhetischen, das (sic!) ein existentielles Bedürfnis ausdrückt.« (Sanchiño Martínez 2006: 8)

Wenn ich es richtig sehe, beschränkt sich der explizite Bezug von Seiten der Musikpädagogik auf Hans Ulrich Gumbrechts Präsenzdenken bisher auf Überlegungen und Praxisvorschläge für den außerschulischen Bereich, und zwar zur Entwicklung konzertpädagogischer Perspektiven und Programme, die es sich u. a. zur Aufgabe gemacht haben, das sogenannte klassische Konzert mit Konzepten und Initiativen für Menschen jeden, aber vorzugsweise jungen Alters attraktiv(er) zu machen. Man vermutet, dass die vorherrschende Art der Aufführung von Musik nicht-populärer Genres in mehr oder weniger etablierten Aufführungsstätten hinter den Erwartungen des Publikums zurückbleibt oder sie ganz einfach nicht erfüllt. Das Erfüllungsdefizit wird vor allem auf der Erlebnisebene und damit im Bereich der Präsenzkultur vermutet. Diese Ansicht wird somit zum Movens einer Strategie, die auf Präsenzsteigerung hinausläuft. Matthias Rebstock wählt genau diesen Ausgangspunkt für seinen Beitrag zu einem Sammelband, der sich mit Fragen der Aktualisierung der traditionellen Konzertform widmet und nimmt mit der Titelformulierung »Strategien zur Produktion von Präsenz« unmittelbar auf Gumbrechts Untertitel Bezug: »Blickt man auf die verschiedenen Spielarten, wie gegenwärtig die Konzertform modifiziert wird, so wird man förmlich zu dem Schluss gedrängt, dass die Krise des Konzerts offenbar in dessen mangelnder Präsenz erzeugender Kraft besteht. Die verschiedenen Ansätze laufen alle darauf hinaus, die Präsenz der Musik bzw. ihrer Aufführung zu steigern. Wenn dem aber so ist und die Krise des Konzerts in der Krise ihrer präsentifizierenden Kraft besteht, so stellt sich die Frage, was die jeweiligen präsenzsteigernden Mittel für das Hören bedeuten. Denn jedes Aufführungsformat definiert letztlich, wie jeweils gehört wird.« (Rebstock 2009: 144)

Der Autor schlägt »vier Verfahren« vor, die eine Präsenzsteigerung im Konzert bewirken können oder sollen, wobei das erste nicht auf das Erleben der Musik selbst zielt, sondern den oder die ausführenden Musiker zum Mittel oder Instrument der Präsenzsteigerung nutzt, was als »Auratisierung der Musiker« bezeichnet wird. Das zweite Verfahren, genannt »Spiritualisierung«, setzt ganz auf die räumlich-klangliche und atmosphärische Wirkung von Musik, die aber nicht das zu Hörende in seinem präsentischen Wert steigern soll, sondern das Hören selbst als Präsenzerfahrung, wohingegen durch den Einsatz von visuellen

Medien, etwa durch die Verwendung von Bild, Video und Licht »die Präsenz des Gesamtereignisses« erhöht werden soll. (Rebstock 2009: 148) Das vierte Verfahren wird an Beispielen zeitgenössischer Musik, die theatrale Aktionen einschließt, erläutert. Es ist allerdings mehr als fraglich, ob man künstlerische Prozesse, wie sie etwa in der »Neo-Dada- und Fluxusbewegung« als Aktionskunst, die hier neben Kagels instrumentalem Theater herangezogen werden, überhaupt unter dem Stichwort »Präsenzsteigerung« rubrizieren kann.

Auch die im Sonderheft S2 von *Diskussion Musikpädagogik* abgedruckten Beiträge zum Musikvermittlungs-Symposion im Jahre 2008 in Detmold zum Thema »Was lässt uns Zeit vergessen? Präsenzerfahrungen – Chancen der Musikvermittlung« beziehen sich in theoretischer Hinsicht überwiegend auf die Gedanken Hans Ulrich Gumbrechts, und vor allem auf dessen Generalfaktor »Intensität«, genauer gesagt auf die Intensität des Erlebens, die es zu steigern gelte. Zu diesem Zwecke werden verschiedene Szenarien diskutiert und durchgespielt, um die übergreifend gestellte Frage, was Zeit vergessen lasse, zu beantworten: Eine derart ausgerichtete Musikvermittlung hebt ab auf körperliche Präsenz, Heraustreten aus dem Alltag, atmosphärische Aspekte und Momente selbstvergessenen Erlebens.

Zumindest Oliver Krämer geht in seinem Symposionsbeitrag auf die Frage ein, wie das Zeitvergessen und damit das angestrebte intensivierte Erleben musikalisch induziert werden kann. Er nennt drei Verfahren (»exzessive Wiederholung, strukturelle Zusammenhanglosigkeit und extreme Reduktion«), die in konsequenter Befolgung zu einer Aus- oder Überblendung eines gerichteten Zeitempfindens führen und eine unbegrenzte Öffnung des normalerweise getakteten Zeitfensters oder eine Implosion dieses Zeitfensters bewirken. (Krämer 2009: 49)

Die genannten Verfahren nutzen dabei systematisch Eigentümlichkeiten menschlicher Wahrnehmung und Kognition – man könnte auch sagen: bestimmte Systemeigenschaften wie Verarbeitungsgeschwindigkeit, Angewiesenheit auf Außenreize etc. –, um Ausnahmesituationen zu provozieren oder zu produzieren. Alle drei Verfahren sind nicht auf den akustischen Modus beschränkt, die »exzessive Wiederholung« allerdings ist ein musikalischer Zeitgenerator par excellence. Damit wird nun der Blick frei für die zeitliche Verfassung der Musik selbst, die in Hans Ulrich Gumbrechts Ansatz überhaupt keine Rolle spielt.[5]

---

[5] Wer Hans Ulrich Gumbrecht zum Referenzautor für Präsenz im musikalischen Feld erhebt, muss sich überdies mit seiner These auseinandersetzen, dass das Phänomen Zeit gerade nicht der Präsenz-, sondern der Sinnkultur zugehört:

Musik ereignet sich in der Zeit – Zeit könnte man in dieser Hinsicht als Medium bezeichnen – und zugleich emulgiert sie mit Zeit zur Musikzeit, worin sich »die Angewiesenheit der Zeit auf das, was in ihr geschieht« zeigt. (Gülke 2001: 11) Damit ist ein Ausgangspunkt markiert, von dem aus Musik als Präsenzkultur begriffen werden kann und von dem aus auch zentrale Gesichtspunkte für ein vielseitiges pädagogisches Kulturerschließungskonzept entwickelt werden könnten. Angesichts dieser Verheißungen mag der Rekurs auf eine Überlegung – oder besser gesagt – Einsicht von Dahlhaus als ein unerlaubter Rückzug erscheinen, wird hier doch lediglich ein, wenn auch global genutzter, musikalischer Spezialfall oder eine spezielle Konfiguration des Zeitprozessors Musik – um eine zeitläufige Metapher zu nutzen – thematisiert, nämlich der Konsonanz-Dissonanz-Gegensatz: »Daß das Nacheinander der Zusammenklänge als ein Auseinander-Hervorgehen erscheint, bedeutet nun aber nichts Geringeres, als daß Musik nicht nur in der Zeit lokalisiert ist, sondern einen Prozeß darstellt, der gewissermaßen die Zeit, in der er sich ereignet, von sich aus konstituiert.« Der Konsonanz-Dissonanz-Gegensatz ist jedoch nur ein Beispiel dafür, wie Materialeigenschaften des Klingenden – oder in

>»Sofern der Körper in einer Präsenzkultur der wichtigste Gegenstand des Selbstbezugs ist, muß sechstens der Raum, also jene Dimension, die sich im Umkreis der Körper konstituiert, der ureigentliche Bereich sein, in dem das Verhältnis zwischen verschiedenen Menschen und das Verhältnis zwischen den Menschen und den Dingen dieser Welt ausgehandelt werden. Die Zeit hingegen ist die ureigentliche Dimension jeder Sinnkultur, denn zwischen Bewußtsein und Zeitlichkeit scheint eine unumgängliche Verbindung zu bestehen (man denke etwa an Husserls Begriff des ›Bewußtseinsstroms‹). Vor allem jedoch ist die Zeit deshalb die Urdimension jeder Sinnkultur, weil Zeit nötig ist, um jene Umgestaltungshandlungen durchzuführen, durch die Sinnkulturen das Verhältnis zwischen den Menschen und der Welt definieren.« (Gumbrecht 2004: 103)

In Hans Ulrich Gumbrechts neuester Buchpublikation *Stimmungen lesen* folgt auf ein theoretisches Einleitungskapitel eine Reihe von beispielhaften Stimmungs-Lektüren. In einer davon, der einzigen in der musikalische Phänomene angesprochen werden, widmet er sich der Stimme von Janis Joplin und dem Song *Me and Bobby McGee*. Gumbrecht ist von der Körperlichkeit dieser Stimme beeindruckt und beschreibt sie (»dunkles Metall«, »Moment rauher Ekstase«) eindrucksvoll. Über den Schluss des Songs schreibt er: »Man hört von fern ein oder zweimal noch ihre Stimme, bevor sie am Ende – wie ein Abschied und ein Zauber zugleich – seinem Namen noch einmal ihren Körper gibt, um ihn gegenwärtig zu machen.« (Gumbrecht 2011: 131) Diese Lesart des Liedes bestätigt einmal mehr, dass Hans Ulrich Gumbrecht ästhetische und religiöse Erfahrungen ineinanderfließen lässt. Bobby McGee gewinnt »reale Gegenwart« (Steiner 1990) in der Verkörperung durch Janis Joplin.

anderer Sicht – Auffassungsdifferenzen (»Sonanzgrade«) musikalisiert werden können: »Das musikalische Faktum des Konsonanz-Dissonanz-Gegensatzes, das durch kompositorische Entscheidung aus dem psychologischen Sachverhalt der Sonanzgrade erwächst, ist insofern konstitutiv für das im engeren Sinne ›Musikalische‹, als es zu den Mitteln gehört, durch die sich die ›gegebene‹ Zeitlichkeit der Musik als ›hergestellte‹ Prozessualität realisieren läßt.« (Dahlhaus/Eggebrecht 1985: 208)

Mit diesen Sätzen von Carl Dahlhaus endet die von ihm mit Hans Heinrich Eggebrecht gemeinsam verfasste Schrift *Was ist Musik?*. Diese Sätze bilden jedoch keinen Schlusspunkt, sondern öffnen weitreichende Perspektiven, auch für eine Diskussion musikalischer Präsenzkulturen, die zunächst oder (möglicherweise) überhaupt nicht im Fokus der beiden Musikologen gestanden haben.

Der Poptheoretiker Diedrich Diederichsen lässt seinen kenntnisreichen Blick über die Popmusik schweifen und kommt dabei – vielleicht ein wenig zu summarisch – zu der Einschätzung, dass es in dieser Kultur zwei dominante Ausrichtungen oder Funktionen gebe: und zwar einerseits Song und Erzählung und andererseits Tanz und Gegenwart: »Die beiden großen Funktionen der Pop-Musik haben sich immer wieder lebensfähige Gattungen gesucht: Musik des Moments und Musik der Erzählung. Beides sind wichtige und oft auf einander bezogene Funktionen von Pop-Musik. Grob kann man sagen, dass Techno von verschiedenen Tanzmusik-Vorläufern die Funktion übernommen hatte, den Moment zu organisieren: das intensive, vergängliche Jetzt, jenseits von Ich und Geschichte. Songs sind hingegen für die Erzählung zuständig, für die Rückblicke auf genau diese großen Momente von Befreiung, Körperlichkeit und Hier und Jetzt – nun aber im Medium eines Ichs mit Geschichte. Der Song ist für die Geschichtsschreibung zuständig. Songs versprechen, reflektieren, gehen Gespräche mit ihresgleichen ein. Sie sind sentimental, moralisch oder auch unvernünftig und böse – Tanzmusik hingegen ist die Sache selbst. Songs sind bei der Geschichte, Techno auf der der Geschichte abgewandten Seite totaler Gegenwärtigkeit.« (Diederichsen 2008: 185)

Musik vermag aber nicht nur Momente der Ekstase, Versenkung und Zeitvergessenheit zu organisieren. Auf der Basis ihrer Ereignis- und Prozesshaftigkeit, die an die temporale Verfassung des Menschen zurückgebunden ist, ist sie in den Musikkulturen der Welt zu vielgestaltigen Zeit- und Klangspielen entfaltet worden, die ganz unterschiedliche temporale Erfahrungsmöglichkeiten eröffnen, zu denen zweifellos auch die Erfahrung des Aufgehens im Hier und Jetzt, das Erlebnis des intensiven Moments gehört, aber auch der Vollzug dieses Spiels selbst als Prozess.

Die Weichen sind gestellt, Musikkultur (auch) als Zeitkultur zu verstehen und die musikpädagogische Perspektive der Kulturerschließung in diesem Sinne zu entwickeln. Mit einer tendenziellen Eventisierung pädagogischer Inszenierungen ist es dann aber nicht schon getan.

Literatur

Antholz, Heinz (³1976): *Unterricht in Musik. Ein historischer und systematischer Aufriß seiner Didaktik.* Düsseldorf.
Dahlhaus, Carl/ Eggebrecht, Hans Heinrich (1985): *Was ist Musik?* Wilhelmshaven.
Diederichsen, Diedrich (2008): Moment und Erzählung. In: Kaspar Maase (Hg.), *Die Schönheiten des Populären. Ästhetische Erfahrung der Gegenwart.* Frankfurt am Main, S. 184–191.
Fischer-Lichte, Erika (2004): *Ästhetik des Performativen.* Frankfurt am Main
Gülke, Peter (2001): Tönende Zeitbäume. Vom musikalischen Umgang mit einer undefinierbaren Kategorie. In: Ders., *Die Sprache der Musik. Essays zur Musik von Bach bis Holliger.* Kassel, S. 11–20.
Gumbrecht, Hans Ulrich (2004): *Diesseits der Hermeneutik. Die Produktion von Präsenz.* Frankfurt am Main
Gumbrecht, Hans Ulrich (2010): *Unsere breite Gegenwart.* Berlin.
Gumbrecht, Hans Ulrich (2011): *Stimmungen lesen. Über eine verdeckte Wirklichkeit der Literatur.* München.
Höckner, Hilmar (1953): »Aufbauender« Musikunterricht in der Grundschule. In: *Musik im Unterricht (Juniheft).* S. 183.
Höckner, Hilmar (1958): Das Lied im »aufbauenden« Musikunterricht der Grundschule. In: Hans Fischer (Hg.), *Musikerziehung in der Grundschule.* Berlin-Zehlendorf, S. 85–116.
Jank, Werner/Stroh, Wolfgang Martin (2006): Aufbauender Musikunterricht – Königsweg oder Sackgasse? In: Wolfgang Pfeiffer/ Jürgen Terhag (Hg.), *Musikunterricht heute 6. Schülerorientierter Musikunterricht – Wunsch und Wirklichkeit,* Bd. 6. Oldershausen, S. 52–64.
Kaiser, Hermann J. (2005): Musikerziehung/Musikpädagogik. In: Siegmund Helms/ Reinhard Schneider/Rudolf Weber (Hg.), *Lexikon der Musikpädagogik.* Kassel, S. 166–169.
Krämer, Oliver (2009): Was lässt uns Zeit vergessen? Präsenz als Erlebnisdimension im Umgang mit Musik. In: *Diskussion Musikpädagogik (S 2),* S. 46–60.
Mersch, Dieter (2002): *Ereignis und Aura. Untersuchungen zu einer Ästhetik des Performativen.* Frankfurt am Main
Ott, Thomas (1999): Zur Begründung der Frage, ob Nicht-Verstehen lehrbar ist. In: Franz Niermann (Hg.), *Erlebnis und Erfahrung im Prozess des Musiklernens. Festschrift für Christoph Richter.* Augsburg, S. 18–21.
Ott, Thomas (2007): Unterricht in Musik – eine Fußnote der Bildungsgeschichte? In: *Diskussion Musikpädagogik (35).* S. 3.

Ott, Thomas (2008): »Interkulturelle Bildung«. In: Bernd Clausen/Anne Niessen/ Christian Rolle (Hg.), *Musikpädagogik vor neuen Herausforderungen. Beiträge und Berichte 2005 bis 2007*. Bielefeld, S. 147–158.

Rebstock, Matthias (2009): Möglichkeiten der Präsenzsteigerung in der Neuen Musik. In: *Diskussion Musikpädagogik (S 2)*. S. 30–38.

Sanchiño Martínez, Robert (2006): ›Die Produktion von Präsenz‹. Einige Überlegungen zur Reichweite des Konzepts der ›ästhetischen Erfahrung‹ bei Hans Ulrich Gumbrecht. In: Sonderforschungsbereich 626 (Hg.), *Ästhetische Erfahrung: Gegenstände, Konzepte, Geschichtlichkeit*. Berlin, Online verfügbar unter http://www.sfb626.de/veroeffentlichungen/online/aesth_erfahrung/aufsaetze/sanchino.pdf [23.05.2010].

Schulze, Gerhard (^{7}1997): *Die Erlebnisgesellschaft. Kultursoziologie der Gegenwart*. Frankfurt am Main

Steiner, George (1990): *Von realer Gegenwart. Hat unser Sprechen Inhalt?* München u. a.

Wolfgang Martin Stroh
Der erweiterte Schnittstellenansatz

Seit 2006 verwalte ich die Domain *www.interkulturelle-musikerziehung.de* und stelle unter dieser Adresse kontinuierlich Materialien ins Netz. Da alle Musiklehramtsstudierenden während ihres Studiums irgendwann mit interkultureller Musikerziehung konfrontiert werden, manche möglicherweise sogar ein Referat zu diesem Thema halten, und dabei fast immer Google zu Rate ziehen, landen sie zunächst auf dieser Seite. Dort ist an prominenter Stelle von einem »erweiterten Schnittstellenansatz« die Rede, und so werde ich regelmäßig mit studentischen E-Mails zu diesem Phänomen konfrontiert. Ich habe bemerkt, dass dieser Ansatz, der zunächst nur die Methode und Vorgehensweise interkultureller Musikerziehung betrifft und zudem scheinbar unverbrüchlich mit szenischer Interpretation von Musik verknüpft ist, mehr Implikationen hat, als ich intendiert hatte. Diese Implikationen betreffen meinen Musikbegriff, meine impliziten Zielvorstellungen von Musikunterricht, meine Auffassung von Konstruktivismus und meine persönlichen Erfahrungen mit sinnlosem Musikunterricht. Ich möchte daher im Folgenden die Ebene des rein Rezeptologischen verlassen und die Implikationen und Hintergründe des erweiterten Schnittstellenansatzes systematisch darstellen.

Der (noch nicht erweiterte) »Schnittstellenansatz« (Merkt 1993) verbindet eine in den 1990er-Jahren aktuelle Vorstellung von Handlungsorientierung mit einer spezifischen Lösung des Problems, Schüler und Schülerinnen für interkulturelle Lernprozesse zu motivieren. Die Grundidee des Ansatzes ist, dass auch bei noch so fremder Musik versucht werden soll, die Schülerinnen und Schüler musikpraktisch – singend, spielend, tanzend – dafür zu motivieren, sich mit »kultureller Differenz«, mit dem Fremden, dem Anderen und Unbekannten auseinander zu setzen. Da erfolgreiche Handlungsorientierung nicht ohne Schülerorientierung abgeht, musste in der (musikpraktischen) Motivationsphase musikalisches Material verwendet werden, das den Schülerinnen und Schülern so vertraut ist, dass sie sich aufs Musizieren einlassen, das zugleich aber so fremd ist, dass es für interkulturelle Lernprozesse motiviert. Das Material musste somit so beschaffen sein, dass die bei fremdem Material spontan auftretende Abwehr und Angst der Schüler und Schülerinnen durch sinnliche Erlebnisse in Interesse und Neugier verwandelt wird.

Formuliert wurde der Schnittstellenansatz für den Fall einer Schulklasse, in der Kinder oder Jugendliche mit unterschiedlichem Migrationshintergrund versammelt sind. Daher bestand die erste Aufgabe des Musiklehrers bzw. der Musiklehrerin darin, musikalisches Material zu finden, das von Schülern und Schülerinnen mit unterschiedlichem kulturellen Background als vertraut verstanden wird, das sich somit in der Schnittmenge unterschiedlicher kultureller Codes befindet. Daher das Kürzel »Schnittstellenansatz«.

Der Schnittstellenansatz war so eng mit interkultureller Musikerziehung verknüpft, dass er oft selbstredend als Wesensmerkmal interkultureller Musikerziehung genannt wurde (zum Beispiel Schütz 1998: 3). Das Prinzip bzw. die Grundidee des Schnittstellenansatzes ist aber allgemeiner als nur für den Spezialfall explizit multikultureller Schulklassen zu sehen und bezieht sich auf *jeden* Musikunterricht. Man kann ihn als ganz allgemeines Prinzip von Musikunterricht betrachten. Denn selbst wenn es eine Schulklasse gäbe, die musikkulturell vollkommen homogen ist, so wäre es dennoch – oder gerade deshalb – notwendig, eine Auseinandersetzung mit kulturell Unbekanntem, Fremdem und Andersartigem zu initiieren. Denn das Ziel interkultureller Erziehung, für ein aktives, bewusstes, selbstbestimmtes und soziales Leben in einer kulturell globalisierten Welt und in einer multikulturellen Gesellschaft – so brüchig und widersprüchlich diese auch sein mag – zu qualifizieren, gilt für *jeden* Musikunterricht. Der kulturelle Mix einer Schulklasse kann die eingesetzten Methoden und Gegenstände, nicht jedoch dieses Ziel beeinflussen.

Szenisches Spiel statt Singen, Spielen und Tanzen

Im Schnittstellenansatz ist die gelungene Musikpraxis ein Mittel zum Zweck so, wie es Thomas Ott bereits 1984 anlässlich der ersten systematischen Forschung zum Musikmachen im Klassenunterricht formuliert hat: »Spaß ist sicher eine wichtige Voraussetzung für gelingende Lernprozesse; zur Begründung reicht er allein nicht aus«. (Ott 1984: 16) Beobachtungen von Musikunterricht, Erfahrungen mit und in Lehrerfortbildungsveranstaltungen sowie die Analyse marktgängiger Unterrichtsmaterialien zu interkulturellem Lernen haben mir gezeigt, dass, je besser die Musikpraxis gelingt, die Tendenz umso eher besteht, den Schritt von der Motivation zum eigentlich interkulturellen Lernen zu vernachlässigen. Die Erfahrung von kultureller Differenz kann ganz im Gegensatz zum Musikmachen auf der Schnittstelle auch desillusionierend oder schmerzhaft sein. Wenn im Musikunterricht auf eine flotte Samba-Phase mit viel Körperarbeit und mitreißendem Groove nun die Lehrerin bzw. der Lehrer zu erklären versucht, welche Funktion inszenierte Freude für die Favelas Brasiliens hat und wie viele Kinder nicht so fröhlich, wie es das Fernsehen zeigt, tanzen können, weil sie Adidas-Schuhe als Billiglohnarbeiter produzieren müssen, dann ist aller Spaß des Tanzens dahin. (Vom moralischen Anspruch, keine Adidas-Schuhe mehr zu kaufen, ganz abgesehen.) Selbst die Tanz-Freuden einer türkischen Hochzeit sind recht häufig mit Leid und Resignation einer fremdbestimmten Braut verknüpft – nicht nur in Ostanatolien, sondern auch in Köln. Wer wagt es da, das Thema »türkische Tanzmusik« als Teil eines ernsthaften interkulturellen Problems zu behandeln, obgleich türkische und kurdische Hochzeiten in Deutschland *die* Brennpunkte von Selbstvergewisserung der Parallelgesellschaft sind?

Die Lösung des hier anliegenden Problems, dass der Schnittstellenansatz mit seiner einleuchtenden Phasenabfolge nicht richtig funktioniert, hat Ingo Scheller vorgezeichnet, als er methodische Ansätze von Rollenspiel oder Psychodrama in der Schule kritisiert und in sein Konzept des »Erfahrungslernen durch szenisches Spiel« überführt hat. (Scheller 1981: 53–73) Auch beim Rollenspiel in der Schule sind die Phasen Spiel und Reflexion zeitlich getrennt und werden oft als frustrierend erlebt: die Freude am Spiel wird abgetötet im analytischen Sezieren dessen, was Freude gemacht hat. Scheller hat daher auf Modelle professioneller Theaterarbeit zurückgreifend Verfahren entwickelt, in denen die beiden Phasen Spiel und Reflexion zusammenfallen. Seine Kernidee war: »spielend reflektieren«. Im Laufe von 25 Jahren wurden diese Verfahren nicht nur auf den Gegenstand Musik übertragen, sondern auch zu einem kulturerschließenden Konzept, der »szenischen Interpretation« weiter entwickelt.[1]

Die »Erweiterung« des Schnittstellenansatzes bestand somit zunächst – kurz gesagt – darin, die Motivationsphase der Musikpraxis durch eine Phase des erfahrungsorientierten szenischen Spiels zu ersetzen. Wenn auch die ersten Publikationen zur szenischen Interpretation von Musik zu Arnold Schönbergs *2. Streichquartett* (Stroh 1982) als »interkulturell« hätten bezeichnet werden können, so war doch die erste der interkulturellen Musikerziehung im engeren Sinne zuzuordnende Unterrichtseinheit, die den Schnittstellenansatz »erweiterte«, ein szenisch-musikalischer Vergleich von Regenliedern aus vier unterschiedlichen Kulturkreisen und Klimazonen. (Lozano/Stroh 2001) Die Methoden der szenischen Interpretation machen es möglich, Musikpraxis mit Reflexion zu verknüpfen. Sie machen Spaß, obgleich die gespielten Inhalte oft sehr ernst und unangenehm sind, da die szenische Interpretation nach dem Rollenschutz-Prinzip arbeitet. Sie fassen zudem von Anfang an die gesamte kulturelle Dimension

---

[1] Zu weiteren Aspekten des auf Musik bezogenen Scheller-Konzepts siehe: *www.musiktheaterpaedagogik.de*. Eine wichtige, relativierende Perspektive bei Jank/Ott 1994.

des Gegenstandes (»fremde Musik«) ins Auge und zerlegen nicht die Musik in äußere Abläufe (»äußere Haltung«) und Bedeutung (»innere Haltung«).

Die häufigste Frage, die mir von Musikstudierenden auf die Erörterungen zum erweiterten Schnittstellenansatz auf *www.interkulturelle-musikerziehung.de* gestellt wird, lautet: Ist die Erweiterung zwingend an das Konzept der szenischen Interpretation gebunden? Bei der verneinenden Antwort auf diese Frage bemerke ich, dass eine rein methodologische Erörterung des geschilderten Prozesses einer Kulturerschließung zu kurz greift, und es stellt sich mir die weitergehende Frage, welche allgemeinen Voraussetzungen erfüllt sein müssen, damit die intendierte Art von Kulturerschließung erfolgen kann. Im Laufe der praktischen Arbeit haben sich als Antwort zwei tiefer liegende Grundideen herausgeschält: das Prinzip, dass sich schulisches Lernen stärker an Lernprozessen im Alltag orientieren kann und soll, und die Tatsache, dass Musik von Menschen gemacht wird und daher der Gegenstand des Musikunterrichts nicht »die« (fremde) Musik, sondern das musikalische Handeln in (fremden) Verwendungs-, Funktions- und Erlebniszusammenhängen sein kann und soll.

Musiklernen wie im Alltag

Im erfahrungsbezogenen szenischen Spiel, das derzeit (noch?) den Kern des erweiterten Schnittstellenansatzes darstellt, wird musikalisches Handeln in einem konkreten soziokulturellen Zusammenhang rekonstruiert. Nicht die Einstudierung korrekter Tanzschritte, Melodiefolgen oder Rhythmen steht am Anfang des Lernprozesses, sondern die szenische Interpretation einer Verwendungssituation des Tanzes, des Gesanges oder der Session.

Beispiele aus publizierten Unterrichteinheiten: (Meinig/Stroh 2008; Sorrentio/Stroh 2007; Stroh 2007: Kapitel 6)

Bei Capoeira fangen wir nicht mit der Einübung von Schritten an, sondern mit dem Spiel einer Situation, in der (mutmaßlich) Capoeira entstanden ist – der tänzerischen Ausgestaltung der Mittagspause während der Sklavenarbeit auf einer Zuckerrohrplantage in Brasilien. Bei der süditalienischen Tarantella rekonstruieren wir spielerisch ein von der katholischen Kirche verbotenes Trance-Heilungsritual, das von Priestern ›aufgelöst‹ wird. Bei der Guantanamera beziehen wir uns auf die Improvisationen, die José Fernandéz in den 1930er-Jahren am Rundfunk in der Sendung Onda Roja ausgeführt und dabei das »Guajira-Modell« verwendet hat.

Im szenischen Spiel gehen die Schüler/innen mit dem musikalischen Material so um, wie Kinder es im Alltag stets tun – nicht nur in Afrika, wie es Thomas

Ott überzeugend dargestellt hat (Ott 2000), sondern auch in Deutschland. (Stroh 2006) Sie fühlen sich in eine Atmosphäre ein, ahmen Erwachsene (oder sonstige Vorbilder) gestisch nach, nehmen musikbezogene Haltungen ein, gestalten auf unbeholfene Art ein Ritual mit usw. Kurz gesagt: der Inhalt ist Kindern wichtiger als die Form. Zwischen dem szenischen Spiel und dem alltäglichen Umgang von Kindern mit Musik besteht aber ein entscheidender Unterschied, den der erweiterte Schnittstellenansatz berücksichtigen muss. Das szenische Spiel ist eine Rekonstruktion und nicht die Wirklichkeit selbst, es enthält das Moment des »Handelns im Schutze fremder Rollen«. (Eine zentrale These von Ingo Schellers Konzept besagt, dass bezüglich des Lernens zwischen gespielter und »wirklicher« Realität eine produktive Wechselwirkung besteht und sich Schülerinnen und Schüler auch dieser Differenz bewusst sind, obgleich sie sie in der Regel »überspielen«.) Während sich alltägliches musikalisches Handeln und Lernen aber auf ein unausgesprochenes, selbstverständlich vorhandenes kulturelles Wissen bezieht, muss eine Vorahnung von solchem Wissen bei der schulischen und szenischen Rekonstruktion von den Lehrenden künstlich bereit gestellt werden. Ich nannte diesen Prozess »Basiserfahrung« und habe ihn bekanntlich auch für die Musiklehrerausbildung an deutschen Hochschulen eingefordert (Stroh 2000).

Die Phase der Basiserfahrung geht im erweiterten Schnittstellenansatz der Rekonstruktion des kulturellen Kontextes (zum Beispiel mittels szenischem Spiels) voran. Sie kann archetypische musikalische Phänomene aktivieren, beispielsweise den Rhythmusarchetypus im TaKeTiNa-Verfahren oder den Klangarchetypus durch eine Gongmediation. Freilich sind derart inszenierte Basiserfahrungen nur ein Annäherungsversuch. Dies erkennt man dann, wenn man einen TaKeTiNa-Rhythmuskreis mit dem vergleicht, was Thomas Ott und Meki Nzewi über das Musiklernen von Babys im ersten Lebensjahr aus Ghana schreiben: »Die musikalisch-kulturelle Sensibilisierung beginnt sofort nach der Geburt, wenn das Baby (auf den Rücken gebunden) viele Male an einem Familientag zum regelmäßigen Pulsieren der Musik hin- und herbewegt wird – je nachdem ob es glücklich oder missmutig ist [...]. So beginnt das Kind in den spezifischen gesellschaftlichen Rhythmus seiner Kultur hineinzuwachsen [...]. Das Empfinden für den Grundpuls und für das regelmäßige Fließen der Musik in der Zeit wird ihm über den ganzen Körper mitgegeben.« (Ein übersetztes Nzewi-Zitat nach Ott 2000: 28)

Die didaktische Entwicklung von Basiserfahrungen, die *nicht* archetypisch sind, hängt stark vom konkreten Gegenstand ab.

Beispiele von Basiserfahrungen, die keine archetypischen Erfahrungen sind: Bei Capoeira haben wir ein meditatives »Schattenboxen« gewählt, weil die spiegelsymmetrischen Boxbewegungen den Kern der Capoeira-Grundfigur »Ginga« darstellen und die Schüler/innen in die Langsamkeit und Geschmeidigkeit von Körperhaltungen einführen. Bei Tarantella habe ich eine Situation rekonstruiert, die einem Italienurlauber widerfahren kann, wenn er unversehens in eine Tanzveranstaltung hineingerät und sich einfach ins allgemeine Durcheinander fallen lässt, weil er gerne dabei sein und mitmachen möchte. Oft sind es auch Rhythmus-Grooves (Off-Beat bei Klezmer, Body-Percussion bei Lateinamerikanischer Musik).

Basiserfahrung und szenisches Spiel sollen die Schüler und Schülerinnen für weitergehendes, systematisches Lernen motivieren. Auf das »analoge« Lernen (Einfühlen in die Verwendungssituation von Musik) folgt später das »digitale« Lernen: Wie singt man eine Melodie so richtig, dass der Gesang nicht als Kinderkram abgetan wird, wie spielt man einen Rhythmus so, dass er öffentlich aufgeführt werden kann und andere Musiker nicht durcheinander bringt, wie bewegt man Becken, Hände und Beine so, dass es auch schön aussieht? Erfahrungsgemäß entwickeln die Schülerinnen und Schüler beim analogen musikalischen Handeln stets ein Interesse am digitalen Lernen. Sie haben die gesellschaftlichen Erwartungshaltungen an Professionalität schon gut verinnerlicht. (Wahrscheinlich weitgehend durch massenmediale Vorbilder – *Deutschland sucht den Superstar.*)

Das vollständige Phasenmodell des erweiterten Schnittstellenansatzes entspricht fast vollständig dem Lernpozess, den Meki Nzewi für Westafrika schildert (Nzewi 1997)[2]:

Alter	Lernphase nach Nzewi	Phase des erweiterten Schnittstellenansatzes	Verallgemeinerung
Baby	Sinn für das Pulsieren und den unterteilen Zeitablauf.	Basisübungen (inhaltlich erfülltes WarmUp).	Basiserfahrung.
Kind	Das Kind wird nicht in künstliche Lernsituationen gebracht, sondern lernt im Mitvollzug dessen, was die Erwachsenen tun.	Szenisches Spiel von Verwendungssituationen im Schutze der Rolle.	»Analoge« Lernphase, Erwerb von Einstellungen, Motivationsphase.
jugendlicher-/ erwachsener Laie	Die Gemeinschaft erwartet die Fähigkeit, an den musikbestimmten Situationen des Gemeinschaftslebens teilzunehmen. Man wird nun in besondere Musik- und Theatergruppen aufgenommen.	Motiviert durch das szenische Spiel lernen die Schülerinnen und Schüler konkrete Schritte, Bewegungsabläufe, Melodien, Rhythmen, Lieder usw.	»Digitales« Lernen, Erwerb von Fertigkeiten.

[2] Die Kurzcharakterisierungen in Spalte 2 der Tabelle nach Ott 2000.

erwachsener Profi	Hier nun wird das Gelingen eines Auftritts entsprechend den kulturellen Standards zum Maßstab einer kritischen Bewertung. Besondere Fähigkeiten führen nun auch zu einer Rollendifferenzierung im Musikalischen, im Organisatorischen und bei den Leitungsaufgaben.	Veröffentlichung, Dokumentation usw. einer weiter entwickelten szenischen oder sonstigen Darstellung.	Produkt oder zweite Stufe eines spiralenförmigen Lernprozesses.

Wenn Erwartungen an digitales Lernen schon in das analoge Lernen hineingetragen werden, kann es zu unproduktiven Kultur-Konflikten kommen. So habe ich auf einem Workshop zu Schwarzafrikanischer Musik, den Meki Nzewi und Volker Schütz gemeinsam und arbeitsteilig durchgeführt haben, erlebt, dass der afrikanische Lehrer uns Teilnehmende dadurch verwirrt hat, dass er bei seinen Rhythmusvorführung ständig das Muster gewechselt hat mit dem Argument, in der Vielfalt und Variation könne man am Besten das immer gleiche Grundprinzip erkennen. Wir jedoch wollten nur einen einzigen Rhythmus hören, nachahmen und lernen. Volker Schütz hat in einem anderen Teil des Workshops auf deutsche Art das »immer gleiche Grundprinzip« auch immer gleich gespielt: Call and Response (bösartig »Papageienmethode«). Die Teilnehmenden waren zufrieden und konnten so lernen, wie wir es gewohnt waren. Ihre vorübergehende Frustration hätte vermieden werden können, wenn klar gewesen wäre, dass Nzewi zunächst eine analoge gemeinsame Trommel-Session durchführt, aus der dann Schütz digitale Übungen heraus entwickelt.

Die Arbeitsphasen des erweiterten Schnittstellenansatzes zeigen, wie sich Schülerinnen und Schüler fremde Wirklichkeiten effektiv aneignen können. Trotz der Analogie zum Lernen im Alltag, handelt es sich hier um einen künstlich inszenierten, pädagogisch systematisierten Lernprozess, der in der Regel auch weiter führt als es bei alltäglichem Lernen der Fall ist. (So jedenfalls die Hoffnung aller, die sich für einen Musikunterricht an allgemeinbildenden Schulen politisch stark machen.) Der Weg führt von der szenischen Rekonstruktion einer fremden Situation bis zur eigenverantwortlichen Veröffentlichung, vom Spiel zum Ernstfall. Im Laufe des Lernprozesses wird der Schutz der Rolle in dem Maße abgelegt wie die Professionalisierung zunimmt.

Aneignungspraxis, Medien und Globalisierung

Der erweiterte Schnittstellenansatzes macht als sein zentrales Anliegen deutlich, dass Musik von Menschen gemacht wird. Daher liegt das Augenmerk der Musiklehrenden nicht auf »der« Musik, sondern auf den musikalisch handelnden Menschen. Das Paradigma, das hinter dieser Prioritätensetzung steht, ist die Auffassung, dass Musik eine dialektische Aneignung von Wirklichkeit ist: die Menschen eignen sich Wirklichkeit mit musikalischen Mitteln an und sie verändern diese Wirklichkeit auf musikalischem Wege, sie »transzendieren« ihre Lebensrealität. Für den Musikethnologen Bruno Nettl gehörte die Funktion des Transzendierens zum weltweit gültigen Alleinstellungsmerkmal von Musik. Schüler und Schülerinnen soll(t)en durch den Musikunterricht befähigt werden, sich die Wirklichkeit einer kulturell globalisierten Welt und der multikulturellen Gesellschaft aktiv, bewusst, selbstbestimmt und sozial aneignen zu können.

Nun ist dieser Aneignungsprozess heute nicht mehr kulturell homogen und auf eine Situation eingrenzbar, wie sie das szenische Spiel des erweiterten Schnittstellenansatzes in der Regel rekonstruiert. Auch Meki Nzewi's Kinder hörten »fremde«Musik über Kassetten und hatten eine Vorstellung von afrikanischer Popmusik, von Reggae, von großen Stars, die in London Musik produzieren, von einer attraktiven, bunten Welt »außerhalb«. Jedem alltäglichen musikalischen Lernprozess ist diese Erfahrung einbeschrieben, wenn sie nicht sogar eine Zielvorstellung oder Motivationsgrundlage darstellt.

Musikalische Wirklichkeitsaneignung ist heute zwingend mit der medialen Vermittlung und den darin abgebildeten Erfahrungen von Globalisierung verknüpft. Im Falle der süditalienischen Tarantella kann man beispielsweise von vier Erscheinungsformen sprechen, die ich mit Videos unter *www.musik-for.uni-oldenburg.de/vortraege/singen-als-aneignung.html* dokumentiert habe:

1. Ältere Menschen beherrschen noch die authentischen Lieder in Grico und spielen dazu die Tamburello.
2. Folkloregruppen spielen ›alte Weisen‹ auf Dorffesten nach, wozu alle Altersgruppen mehr oder minder authentische Tanzbewegungen vollführen.
3. In Workshops unterrichten Musikethnologen und andere Insider die ›alten Techniken‹ und stellen das Arbeitsergebnis alljährlich in Melpignano vor 100 000 begeistert klatschenden Menschen vor.
4. Die Fernsehübertragung des Festivals von Melpignano amüsiert jene Bevölkerung, für die die Tarantella als Jugenderinnerung noch präsent ist, aber als veraltet längst ad acta gelegt war.

Alle vier Aneignungsstufen (bzw. Erscheinungsformen) sind uns in Deutschland über Youtube und andere Medien (wie CD, DVD, Funkhaus Europa, Doku-Filme) zugänglich und spekulieren auch explizit auf diese Art globaler Zugänglichkeit (einschlägige Links bzw. Clips über: *www.musik-for.uni-*

oldenburg.de/videos). Es stellt ein für den erweiterten Schnittstellenansatz bislang nur ansatzweise und exemplarisch gelöstes Problem dar, wie man mit dieser Aneignungs-Vielfalt und -widersprüchlichkeit pädagogisch umgehen kann. Der Schnittstellenansatz ist noch weitgehend einem homogenen Kulturbegriff verhaftet. Freilich bietet der Rollenschutz des erfahrungsbezogenen szenischen Spiels und der szenischen Interpretation viele Möglichkeiten, musiknah widersprüchliche Verwendungssituationen und Aneignungsprozesse zu bearbeiten. Einschlägige Ausarbeitungen gibt es aber noch kaum. Ausgenommen einige thematische Glücksfälle, bei denen die massenmediale Aneignungs-Vielfalt von Musik der Schülerperspektive auf diese Musik von vornherein einbeschrieben ist.

Der Gospelsong *Oh Happy Day* ist ein derart glückliches Beispiel. Die Schüler und Schülerinnen kennen ihn aus dem Film *Sister Act 2*, wo er von einem Schulchor gesungen wird. Der dabei auftretende Solist ist mit einem lang ausgehaltenen hohen Ton ein breit zelebriertes Thema im Youtube-Chat-Sektor. Der erweiterte Schnittstellenansatz kann hier die Brücke von einer szenischen Rekonstruktion des Gospelgesanges in einer »schwarzen Kirche« zur Schulvorführung im aktuellen Schul-Film schlagen (siehe ausführlich Stroh 2009).

Vielschichtige (und sperrige) Gegenstände wie beispielsweise Tango bieten sich einem modifizierten erweiterten Schnittstellenansatz an und implizieren fast alle Aspekte massenmedialer Globalisierung. Der Tango selbst ist nicht nur zwischen den Kontinenten hin und her gewandert. Diese Wanderung hat ihn auch beeinflusst und sogar vor dem Aussterben bewahrt. Neben diesem historischen Aspekt ist Tango heute in Deutschland als eine Art Rollenspiel zu sehen, wobei sich die Tänzerinnen und Tänzer mittels akrobatischer Figurationen in eine imaginäre Argentinien-Erotik einfühlen, die mehr mit deutschen Sehnsüchten und Defiziten als mit argentinischem Alltag zu tun hat. Denn dort ist Tango primär eine Inszenierung für Ausländer und Touristen. Diese Komplexität globaler Inszenierungen und (Miss-)Verständnisse können mit Jugendlichen durch bloße Haltungsübungen zu Tangomusik erarbeitet werden. Vollkommen abwegig wäre ein »Tango-Miniaturkurs« im Klassenzimmer oder gar eine Gesellschaftstanz-Stunde. Tango ist gewiss keine Jugendmusik, der in Deutschland praktizierte Tanz »geht« im Sinne Jugendlicher Körperlichkeit auch nicht »ab« und die sublimierte Erotik des Tango kann von Jugendlichen nicht nachvollzogen werden. Die Unterrichtserfahrung zeigt aber, dass an dieser auch in Deutschland in Nischen präsenten Subkultur durchaus ein lustvolles Interesse besteht und die Schülerinnen und Schüler nach einer ersten szenischen Interpretation artifizieller Tango-Haltungen zu Musik mehr über Tango und seine Absonderlichkeiten wissen wollten (siehe: *www.musik-for.uni-oldenburg.de/forschungsbericht*).

Fazit

Der erweiterte Schnittstellenansatz ist mehr als ein methodologischer Kniff, um musikalische Praxis den hohen Zielen interkulturellen Lernens zu unterwerfen. Er überschreitet die Grenze der interkulturellen Musikerziehung oder – was gleichbedeutend ist – zeigt, dass jede Musikerziehung Ziele interkulturellen Lernens verfolgt. Darüber hinaus bannt die Forderung, den kulturellen Kontext von Musik und die musikalisch handelnden Menschen als Ausgangspunkt von Musiklernen zu nehmen, jede Gefahr musischen Tuns. Denkt man an die Projekte, die Thomas Ott in Oldenburg Anfang der 1980er-Jahre zum Musikmachen im Klassenunterricht begleitet und evaluiert hat (Günther/Ott 1984), so erkennt man leicht, dass der erweiterte Schnittstellenansatz auf elegante Weise das einlöst, was seinerzeit gesucht und in vielfältig spontaneistischen Formen auch schon gefunden worden ist: ein Musikunterricht, der handlungsorientiert ist, ohne sich in Musikmachen aufzulösen und sich damit selbst als Einrichtung des Lernens aufzugeben.

Literatur

Günther, Ulrich et al. (1982; 1983): *Musikunterricht 1-6; Musikunterricht 5-11.* 2 Bände. Weinheim.

Günther, Ulrich/Ott, Thomas (1984): *Musikmachen im Klassenunterricht – 10 Unterrichtsreihen aus der Praxis.* Wolfenbüttel.

Jank, Birgit/Ott, Thomas (1994): Erfahrungen mit Figaro – Ein Oldenburger Hochschul- und Schulprojekt. In: *Musik und Bildung 5/1994.* S. 30–38.

Lozano, Maria Pilar/Stroh, Wolfgang Martin (2001): »Es regnet überall anders« – Szenische Interpretation von Liedern im interkulturellen Musikunterricht. In: *Grundschule Musik 1/01.* S. 22–30.

Meinig, Melanie/Stroh, Wolfgang Martin (2008): *Capoeira für Kinder. Eine multimediale Lernumgebung für den Gebrauch an Schulen.* Oldershausen.

Merkt, Irmgard (1993): Interkulturelle Musikerziehung. In: *Musik und Unterricht 22,* S. 4–7.

Nzewi, Meki (1997): Teaching and Learning in African Cultures. In: Johannes Bähr/Volker Schütz (Hg.), *Musikunterricht heute 2. Beiträge zur Praxis und Theorie.* Oldershausen, S. 16–34.

Ott, Thomas (2000): Zurück zur Papageienmethode? Oder: Was kann unsere Musikpädagogik von einer schriftlosen Musikkultur lernen? In: Jürgen Terhag (Hg.), *Populäre Musik und Pädagogik 3.* Oldershausen, S. 22–33.

Scheller, Ingo (1981): *Erfahrungsbezogener Unterricht.* Königstein, S. 53–73.

Schütz, Volker (1998): Transkulturelle Musikpädagogik. In: Martina Claus-Bachmann (Hg.), *Musik transkulturell erfahren. Anregungen für den schulischen Umgang mit Fremdkulturen.* Bamberg.

Sorrentino, Wencke/Stroh, Wolfgang Martin (2007): Te Pizzicau von Santu Paulu. Süditalien: Szenische Interpretation von »Tarantella«. In: *Grundschule Musik 41*. S. 13–21.
Stroh, Wolfgang Martin (1982): Szenisches Spiel im Musikunterricht. In: *Musik und Bildung 6/1982*. S. 403–407.
Stroh, Wolfgang Martin (2000): »eine welt musik lehre« – Begründung und Problematisierung eines notwendigen Projekts. In: Niels Knolle (Hg.), *Kultureller Wandel und Musikpädagogik (Musikpädagogische Forschung 21)*. Essen, S. 138–151.
Stroh, Wolfgang Martin (2006): »Aus Fehlern wird man klug« – Zum Verhältnis von alltäglichem und schulischem Musiklernen. In: Niels Knolle (Hg.), *Lehr- und Lernforschung in der Musikpädagogik (Musikpädagogische Forschung 27)*. Essen, S. 223–238.
Stroh, Wolfgang Martin (2007): *Szenische Interpretation von Musik. Eine Anleitung zur Entwicklung von Spielkonzepten anhand ausgewählter Beispiele*. Paderborn.

Jürgen Terhag
Wie interkulturell ist die Musik(pädagogik)?
Launige und spitze Bemerkungen zu einer ungeklärten Selbstverständlichkeit

Ein internationaler Flughafen zeichnet sich durch weltweite Verbindungen aus, das Internet verbindet unser globales Dorf, doch die Interkulturelle Musikpädagogik ist für viele immer noch erklärungsbedürftig. Es ist auch beileibe nicht einfach, den Begriff und seinen Gegenstand befriedigend zu beschreiben. So weist beispielsweise Rainer Schmitt zu Recht auf den inter-multi-transkulturellen Begriffswirrwarr hin, wenn auch seine Beschreibung der Interkulturellen Musikpädagogik als »Schimäre« neben einer gesunden Distanz zum terminologischen Chaos den Eindruck erweckt, ihm passe die gesamte Richtung nicht. (vgl. Schmitt 2000) Aber auch jenseits einer weithin ungeklärten Terminologie stellt sich die Frage, was um aller Welt(musik) die unterrichtliche Begegnung von Migrantenkindern mit Bach oder Beethoven und eine schulische Sambagruppe miteinander verbindet, oder was eine der regionalen Musikkulturen von rund einhundert ghanesischen Ethnien mit irischer Volksmusik zu schaffen hat.

Dennoch werden alle diese Themen und noch viel mehr unter dem Etikett »Interkulturelle Musikpädagogik« (IKM) behandelt. Der Begriff wurde in der Musikpädagogik zunächst vor allem im Zusammenhang mit der schulischen Berücksichtigung von »Gastarbeiter«kindern (vgl. Merkt 1983) benutzt; Thomas Ott und Volker Schütz haben das interkulturelle Augenmerk seit Mitte der 1980er-Jahre exemplarisch auf die Vielfalt afrikanischer Musikkulturen und den unterrichtlichen Gewinn durch deren praktisches Nachvollziehen gelenkt (vgl. Schütz 1992; Detterbeck/Schütz 1993; Ott 1995, 1998, 2000; Konaté/Ott 1997). Vor allem Schütz hat in Anlehnung an Wolfgang Welsch (1990) von der transkulturellen Verfasstheit unserer Gesellschaft gesprochen (vgl. Schütz ²1996; 1997), nach der jedes Individuum Teil mehrerer Kulturen ist: Wenn uns auf der Taxifahrt zur Oper auffällt, dass Michael Jacksons *Heal the world* aus dem Autoradio zwar textlich nah am Kitsch, aber fantastisch gesungen ist, oder wenn Studierende nach der Mitwirkung bei einer gelungenen Aufführung von Haydns *Schöpfung* sich noch bis zum Morgengrauen bei der Erstsemesterparty vergnügen, wird deutlich, dass hier durchaus ein zutreffendes Alltagsphänomen beschrieben wurde. Wolfgang Martin Stroh hat trotz der weiterentwickelten Terminologie ganz bewusst noch 2001 von »multikulturellem« Musikunterricht gesprochen (vgl. Stroh 2001).

Angesichts dieser unterschiedlichen Dimensionen der IKM besteht die einzige Möglichkeit einer – zwangsläufig sehr weiten – definitorischen Klammer in der Betrachtung des Dualismus zwischen Fremd- und Vertrautheit, denn mit Begriffen wie »Weltmusik« kommt man musikpädagogisch sicherlich nicht weiter. Es wird vermutlich immer ungeklärt bleiben, warum die Musik eines Georg Friedrich Händel nicht zur »Weltmusik« zählt, obwohl sie dort komponiert wurde und bisher auch nur dort gespielt wurde. Die so griffigen wie eurozentristischen Bezeichnungen »Weltmusik« oder »Worldwidemusic« werden wir im allgemeinen Sprachgebrauch wohl nicht mehr los, denn sie haben sich trotz berechtigter Bauchschmerzen der Fachwelt – auch diese nur ein Teil der Welt – längst eingebürgert. Zugegeben, der passendere Begriff »Dritteweltmusik« ist nicht political correct, aber auch das politisch korrektere »Eineweltmusik« wäre wie der »Eineweltladen« ein Etikettenschwindel, denn in Letzterem kann ich mir auch keine Cola kaufen, obwohl deren historischer Ursprung dies durchaus nahe legte.

So bleiben zahlreiche Fragen unbeantwortet: Auch wenn die europaweit führende Weltmusikabteilung des Konservatoriums Rotterdam mit ihrer interessanten Mischung an weltweit renommierten Lehrenden, zielstrebigen Studierenden und einem künstlerisch äußerst ambitionierten Studienprogramm faszinierende Einblicke in die künstlerisch-pädagogischen Möglichkeiten bietet (vgl. http://www.codarts.nl), muss trotzdem die Frage erlaubt sein, warum zurzeit allerorten ein derart großer Aufwand betrieben wird, damit es beispielsweise am Niederrhein eine handvoll mittelmäßiger Tablaspieler gibt. Bestünde stattdessen nicht ein wichtiges interkulturelles Anliegen darin, im (weltweiten) Musikunterricht die regionalen Musikkulturen zu thematisieren, damit die Welt nicht in einigen Jahren in einer musikalischen Einheits(pop)musiksoße ertrinkt? Die Musik der Bläck Fööss als heimatkundliches Thema der IKM in Kölner Schulen? Andererseits ist die Beschäftigung mit Musik fremder Kulturen in einer globalisierten Welt eine absolute Selbstverständlichkeit. Wer käme im Geografieunterricht auf die Idee, nur sein eigenes Land zu thematisieren? Auch die Beschäftigung mit abendländischer Kunstmusik ist unter diesem Aspekt ein »heimatkundliches« Thema, bei dem jedoch die auch heute noch anzutreffende eurozentristische Haltung, mit dieser Musik für etwas »Besseres« einzutreten, völlig fehl am Platze ist.

Besonders eurozentristisch sind häufig ungewollt die selbst ernannten Weltmusikfans, wenn sie die vermeintliche Naturverbundenheit und Ursprünglichkeit, auch gerne einmal die heilende Unversehrtheit einer von ihnen oft unverstandenen Musikkultur betonen. Zynisch bis zur Unerträglichkeit ist die bei jedem öffentlichen Auftritt von Ilse Storb geäußerte Bemerkung, in Afrika sei sie Kindern »mit appen Armen und appen Beinen« begegnet, die mehr Zufriedenheit ausgestrahlt hätten als deutsche Computerkids. Hier lässt sich nur noch so fassungslos wie zynisch zurückfragen, in welcher Klasse wir unseren Grundschulkindern denn nun die Arme abschneiden sollten, damit sie auch so glücklich werden. Der naive Glaube an das unverdorbene musikalische Gut aus fernen Ländern übersieht gerne, dass die Menschen »in Afrika« nicht überall mit nackten Füßen faszinierende polyrhythmische Gesänge produzieren, sondern sich auch auf dem Weg zur Börse schnell die aktuellen Dow-Jones-Werte auf ihr Mobiltelefon laden und dass die »heile Welt« der »Naturvölker« längst überholte Ethnofolklore ist. In diesem Zusammenhang hat nicht zuletzt Thomas Ott, der eine Menge an äußerst wertvollen Beiträgen zur IKM geliefert hat (vgl. u. a. Ott 1995, 1996, 2000), auch auf seine Ernüchterung angesichts eigener aktueller Erfahrungen mit dem Schulsystem in Guinea hingewiesen.

Eine ganz spezielle Facette der IKM ist die zunehmende interkulturelle Orientierung des Wettbewerbs *Jugend musiziert*: Nachdem sich der Wettbewerb in den fast 50 Jahren seines Bestehens über lange Zeit auf einen verhältnismäßig kleinen Ausschnitt jugendlicher Lebenswelten konzentriert hatte, bemüht man sich seit geraumer Zeit, die gesamte Breite des jugendlichen Umgangs mit Musik abzubilden, und dies nicht nur durch die Integration von Instrumenten aus dem Bereich der Populären Musik, sondern zunehmend auch durch den Einbezug von Instrumenten wie der Bağlama, die als wichtigstes der türkischen Saz-Instrumente kaum noch das Instrument einer »anderen« Kultur darstellt, sondern eines, das viele der auch türkisch sprechenden deutschen Kinder und Jugendlichen mit großer Begeisterung spielen.

Hier sei ein kurzer Exkurs erlaubt, der interessante Einblicke in ein interkulturelles Segment heutiger Musikpädagogik ermöglicht: Wie bereits in Berlin und Duisburg üblich, war auch beim diesjährigen Kölner Regionalwettbewerb die Bağlama erstmals als Wettbewerbskategorie vorgesehen. Der Ansturm auf diese neue Kategorie war mit 24 Kindern und Jugendlichen unerwartet hoch, wodurch die Bağlama-Kommission von morgens bis abends beschäftigt war. Schnell stellte sich der normale Wettbewerbsraum als viel zu klein heraus, da auf jeden der jungen Instrumentalist/innen mindestens fünf Familienmitglieder kamen, die den Raum in jeder Hinsicht sprengten. So entstand ein dichtes Bild einer generationsübergreifenden, engagierten Zuhörerschaft, die einige der üblichen Konzert- und Wettbewerbsrituale auf erfrischende Weise durcheinander brachte, als beispielsweise ein kleiner Junge vom Schoß des älteren Bruders quer durch den Raum an der spielenden Schwester vorbei zum mütterlichen Schoß wechselte. Alles in allem war die Atmosphäre entspannt und gleichzeitig von einer gespannten Erwartung geprägt, die durchaus die Ambivalenz der Situation unterstrich.

Die musikalische Qualität war durchweg überzeugend und das Spektrum erfreulich breit: Es gab Musik aus nahezu allen Regionalstilen der türkischen Musik zu hören; besonders ungewöhnlich für abendländische Ohren war der *Turkmarsi* eines gewissen W. A. Mozart in einer atemberaubenden Arabeskunisono-Version. Viele der Programme waren jedoch viel zu kurz für die durch die Wettbewerbsregularien gesetzten Bedingungen, sodass ein Jurymitglied mich etwas verunsichert fragte: »Soll er noch eine Strophe spielen?« – und wie bei jeder neuen Wettbewerbskategorie hatten auch hier die Bewertungen eher motivierenden Charakter und waren noch zu wenig differenziert. Ein Novum: trotz der instrumentalen Kategorie wurde zwischenzeitlich gesungen – ein eindeutiger Verstoß gegen die (in diesem Punkt fragwürdigen!) Wettbewerbsregularien –, da viele Stücke für Bağlama instrumentale Versionen von Vokalmusik darstellen. Man sieht, hier bleibt noch einiges zu optimieren, aber es wird bereits deutlich, dass der Wettbewerb *Jugend musiziert* durch solche Erweiterungen seinem allumfassend klingenden Titel zunehmend mehr gerecht wird. Gleiches ist dem Musikunterricht und den musikbezogenen Studiengängen ebenfalls zu wünschen.

Durch den Exkurs wird Folgendes deutlich: einen gangbaren Weg aus dem terminologischen Minenfeld weist die Betrachtung von fremder Musik unter historischem und biografischem statt unter geografischem Blickwinkel; unter dem Aspekt von Fremd- und Vertrautheit erhält dann konsequenterweise fast jedes Unterrichtsthema einen interkulturellen Aspekt. Aus diesem Grund beleuchtete der im Jahr 2002 in Berlin vom Arbeitskreis für Schulmusik (AfS) veranstaltete Bundeskongress für Musikpädagogik unter der Überschrift »Musikkulturen – fremd und vertraut« den damaligen Stand der IKM, obwohl dieser Dualismus zuvor als »Modethema« kritisiert worden war (vgl. Vogt 1998). Auch wenn diese Kritik nicht von der Hand zu weisen ist, war ein solches Kongressthema überfällig, ließen sich doch damals bereits angesichts wachsender gesellschaftlicher Probleme mit Ghettobildungen und Parallelgesellschaften zahlreiche folgenschwere Versäumnisse der Vergangenheit konstatieren: Wäre den frühen Diskussionen sowie den ersten Veröffentlichungen zu diesem Thema in der (Musik-)Pädagogik mehr Aufmerksamkeit geschenkt worden, hätten wir heutzutage vermutlich einige gesellschaftliche Probleme weniger.

In der Vor- und Nachbereitung dieses Kongresses (vgl. Ansohn/Terhag 2004) wurde deutlich, dass wir bereits seit einigen Jahrzehnten einen historischen musikkulturellen Umbruch erleben, der im Zeichen eines allgemeinen Kulturwandels durch Globalisierung und Medialisierung steht: Der »Sonderfall Abendland« (Rösing 1994) neigt sich nach einem Jahrtausend musikalischer Höchstleistungen und fast weltweiter Dominanz – auch und vor allem durch die Möglichkeit zur Verschriftlichung von Musik entstanden – seinem historischen Ende zu. Damit wird die Musikpädagogik vor die schwierige Aufgabe gestellt, die »Musik der zwei Kulturen« (vgl. Lug 1983) miteinander zu verbinden. Gemeint sind mit dieser überspitzten Gegenüberstellung mündlich überliefernde und schriftlich fixierende Musikkulturen. Auch wenn weltweit zahlreiche oral tradierende Formen von Kunstmusik ebenso existieren wie verschriftlichte Volksmusik, ist die angesprochene Trennung in zwei Kulturen innerhalb des abendländischen Kulturraums immer noch wirksam – und dies trotz der zunehmenden funktionalen Einbindung jeglicher Form von Musik, trotz der verschwimmenden Grenzen zwischen »Kunst« und »Unterhaltung« und trotz beständig neuer Akkulturationsformen.

Die abendländische Musikkultur war im vergangenen Jahrhundert bestimmt durch den Übergang der hier rund eintausend Jahre dominierenden Schriftkultur in eine noch ungewisse Zukunft: So griff man in der Kunstmusik auf Musizierformen oral tradierter Kulturen wie Improvisation zurück, wandte sich fremden Tonsystemen und Instrumentarien zu oder versuchte, sich durch die Entwicklung grafischer Notationsformen, durch Multimedia o. Ä. von der schriftlichen Fixierung zu befreien; andererseits knüpfte die Populäre Musik des letzten Jahrhunderts an längst verschüttete abendländische Traditionen aus der Zeit *vor* der Entwicklung der Notenschrift an (vgl. Lug 2002; Lugert 1994). Durch solche musikkulturellen Wandlungsprozesse wird heutzutage beispielsweise das Bedürfnis nach rhythmisch-körperlich komplexer Musik nicht nur in funktionalen Zusammenhängen, sondern in allen Bereichen von Musikproduktion und -rezeption zunehmend anspruchsvoller befriedigt: Die körperliche Seite der Musik verlangt auch im abendländischen Kulturraum erneut nach ihrem Recht, nachdem sie hier über Jahrhunderte vor allem durch Kirche und Musikpädagogik unterdrückt worden war. Diese Unterdrückung war einhergegangen mit einer Verkümmerung der körperlich-rhythmischen Komplexität im Vergleich zu vielen anderen Kulturen der Welt: Andernorts wurden und werden musikbezogene Körperlichkeit, musikalische Spontaneität und Improvisation vielfältiger gelebt, wohingegen abendländische Musikkulturen als systemimmanent kaum zu übertreffender Höhepunkt schriftlich fixierender Werk-Kultur gelten können.

Die äußerst lebendigen Entwicklungslinien von Musikkulturen gestalten sich dabei oft völlig anders, als es die schubladenartige Terminologie zu ihrer Beschreibung vermuten lässt. So hat sich die Musik, die in Verkennung ihrer historischen Entwicklung immer noch häufig als »Pop/Rock« oder »Popularmusik« vom Jazz getrennt wird, in einer direkten Linie aus archaisch-europäischen und afro-amerikanischen Wurzeln entwickelt: Diese direkte historische Linie reicht von Gospel, Blues, Rhythm & Blues und Rock'n'Roll bis zu Soul, Funk und Hip-Hop. (Heuger 1994; Dauer 1994; Hoffmann 1996) Hier lässt sich unter dem Motto »Fremd und vertraut« die vertraut klingende Behauptung, der Jazz sei in New Orleans entstanden, mit der fremd wirkenden Feststellung kontrastieren, auch im abendländischen Kulturraum habe es so etwas wie Jazz seit Jahrhunderten bereits gegeben (vgl. Dauer 1994). Auch die Entwicklungslinien der abendländischen Musiktheatertradition werden von einer über den europäischen Tellerrand hinausblickenden historischen Musikwissenschaft längst neu vermessen. Das europäische Musiktheater wurde demnach im Anschluss an das Wagner'sche Gesamtkunstwerk im Verlauf des letzten Jahrhunderts ebenso von Komponisten wie Weill, Korngold und Bernstein in den USA weitergeführt wie von Hindemith, Berg oder Kagel in Europa. (Geuen 1997; Mungen 2000) Nach Broadway-Opera, Minstrel-Show, Musical und Filmmusik wird eine an Handlung gebundene Musik inzwischen eher von Kinofilm und Videoclip geprägt als vom traditionellen Musiktheater, dessen Repertoire weniger um bedeutende Werke ergänzt als durch zeitnahe Inszenierungen aktualisiert wird.

In der skizzierten Umbruchsituation erhält vor allem die IKM die Aufgabe, das durch die Abstinenz körperorientierter Musik entstandene Vakuum verantwortungsvoll und stilistisch authentisch zu füllen, um beispielsweise den stilistisch möglichen und kulturhistorisch sinnvollen Anschluss an verschüttete abendländische Volksmusik-Traditionen zu unterstützen. In vielen Kulturen der Welt findet ein häufig bruchloser Übergang zwischen einer lebendigen volksmusikalischen Tradition und aktueller Populärer Musik statt, der in Deutschland zurzeit völlig unvorstellbar wäre. Bei uns war nach der »Säuberung« volksmusikalischer Traditionen mittels einer körperfeindlichen und verklemmten Musikerziehung im 19. Jahrhundert sowie nach dem Missbrauch dieses Repertoires im Nazifaschismus jenes musikkulturelle Vakuum der 1950er-Jahre entstanden, in das die angloamerikanische Populäre Musik flächendeckend einbrechen konnte. In ein vergleichbares Vakuum konnte gegen Ende des 20. Jahrhunderts die »volkstümliche« Musik eindringen. Dieser Begriff für den eklektizistischen Schlager im volkstümelnden Gewand ländlicher Fernsehkulissen bezeichnet wie die Bezeichnung »Unterhaltungsmusik« eine deutschsprachige Spezialität, die sich nur schwer in andere Sprachen übersetzen lässt. Auch die in der »volkstümlichen« Musik vermarktete, pseudo-vertraute heile Welt lädt zu einer Auseinandersetzung mit dem Fremden ein. Vor diesem Hintergrund ist ein heute noch nutzbares, deutschsprachiges Volkslied-Repertoire vorerst unvorstellbar: Bei internationalen Jugendtreffen werden französische oder italienische Jugendliche weiterhin völlig selbstverständlich ein Volkslied in ihrer jeweiligen Muttersprache singen, bevor die Deutschen einen angloamerikanischen Popsong anstimmen.

Wie hier deutlich wird, weitet der Blick auf die globalen Musikkulturen unter dem Dualismus von Fremd- und Vertrautheit das interkulturelle Thema aus. Unter diesem Blickwinkel wird der Umgang mit dem Fremden, verbunden mit einer neuen Betrachtung des scheinbar Vertrauten zum entscheidenden Fokus für den Umgang mit Kultur, für die Begriffe wie Veränderung, Anpassung, Entwicklung und gegenseitige Beeinflussung stets bestimmend waren. So wird in zahlreichen Aufsätzen zum Thema IKM darauf verwiesen, dass einerseits der Blick auf fremde Kulturen den Blick für die je eigene Kultur schärfen kann, andererseits die Kultur im eigenen Land längst nicht immer als »vertraut« gelten kann. Hier wird deutlich, dass Fremd- und Vertrautheit biografisch bestimmt und damit subjektiv (veränderbar) sind. So wird der Umgang mit dem Fremden zu einem zentralen Thema im Musikunterricht, denn eine der wesentlichen Aufgaben der Musikpädagogik bestand und besteht darin, Kindern und Jugendlichen fremde Musik vertrauter zu machen.

In diesem Zusammenhang erhält der Umgang mit fremder Musik eine entscheidende psychologische Funktion, denn nicht nur Kinder und Jugendliche entwickeln gegenüber dem Fremden eine Haltung, die sich stets aus einer Mischung von Neugierde und Skepsis speist. Nur durch eine gezielte Motivation kann hier die Neugierde wach gehalten und gleichzeitig die Skepsis zurückgedrängt werden. Wenn diese Motivation jedoch stillschweigend vorausgesetzt wird, wird es nur schwerlich gelingen, die Neugierde auf fremde Musik welcher Art auch immer zu übertragen. Hier wird erneut deutlich, dass die Grenzen zwischen dem Fremden und dem Vertrauten nicht zwischen abendländischer Musik und dem als »Weltmusik« davon abgesetzten »Rest« verläuft, sondern dass sowohl abendländische als auch neue, Neue, alte, exotische Musik fremd *oder* vertraut sein kann.

Nicht zuletzt erfordert die (leider!) zunehmende musikpädagogische Bedeutung rechtsextremer und neofaschistischer Jugendmusikszenen – in ihrer gesellschaftlichen Bedeutung weit über die unterrichtliche Berücksichtigung exotischer Musikkulturen hinausgehend, aber dennoch mit dieser zusammenhängend – einen intensiveren schulischen Umgang mit dem Fremden. So umfasst die Betrachtung gegenwärtiger Musikkulturen unter dem Blickwinkel von Fremd- und Vertrautheit auch diese Szene, die sich häufig geradezu durch den Hass auf alles Fremde konstituiert. Nach Dollase geht der teilweise unerklärliche Hass auf das Fremde häufig mit verstecktem Selbsthass einher (vgl. Dollase 2000).

Abschließend bleibt zu betonen, dass die hinter bzw. »unter« der interkulturellen Thematik liegenden Probleme und die sich bei diesem Thema bietenden Möglichkeiten es nahe legen, dass wir uns ganz selbstverständlich und noch intensiver als bisher mit diesem Thema befassen, auch wenn wir bei seiner Bezeichnung fachspezifische Bauchschmerzen bekommen.

Literatur

Ansohn, Meinhard/Terhag, Jürgen (Hg.) (2004): *Musikunterricht heute Bd. 5: Musikkulturen – fremd und vertraut*. Oldershausen.

Dauer, Alfons Michael (1994): Don't Call My Music Jazz. Zum Musiktransfer von der Alten zur Neuen Welt und dessen Folgen. In: Jürgen Terhag (Hg.): *Populäre Musik und Pädagogik Bd. 1*. Oldershausen, S. 13 ff.

Detterbeck, Markus/Schütz, Volker (1993): *Mbube. Chormusik aus Schwarzafrika*. Oldershausen.

Dollase, Rainer/Kliche, Thomas/Moser, Helmut (1999): *Politische Psychologie der Fremdenfeindlichkeit. Opfer – Täter – Mittäter*. Weinheim.

Dollase, Rainer (2000): Besser antworten. Lehrer und Erwachsene können verhindern, dass Kinder rechtsextrem werden. In: *Die Woche*, 11. August 2000. S. 29.

Konaté, Famoudou/Ott, Thomas (1997): *Rhythmen und Lieder aus Guinea*. Oldershausen.

Lug, Robert (1983): Nichtschriftliche Musik. In: Aleida Assmann et al. (Hg.), *Schrift und Gedächtnis (Archäologie der literarischen Kommunikation I)*. München, S. 245 ff.

Lug, Robert (2002): Tausend Jahre Popmusik? Die Erben der Troubadours. In: *AfS-Magazin 14/2002*. Burscheid, S. 5 ff.

Merkt, Irmgard (1983): *Deutsch-türkische Musikpädagogik in der Bundesrepublik Deutschland*. Berlin.

Lugert, Wulf-Dieter (1994): Populäre Musik. Eine ›unendliche Geschichte‹. In: Jürgen Terhag (Hg.), *Populäre Musik und Pädagogik Bd. 1*. Oldershausen, S. 26 ff.

Ott, Thomas (1995): Der Körper als Partitur. Erfahrungen mit Musik und Musikern aus Westafrika. In: *Musik und Bildung 2/95*. Mainz, S. 14–19.

Ott, Thomas (1996): Didaktische Überlegungen zu afrikanischer Musik. In: Reinhard C. Böhle (Hg.), *Aspekte und Formen Interkultureller Musikerziehung: Beiträge vom 2. Symposium zur Interkulturellen Ästhetischen Erziehung an der HdK Berlin*. Frankfurt am Main, S. 48–51.

Ott, Thomas (1998): Rhythmische Vexierspiele. Der Tanz der starken Männer bei den Malinké in Guinea. In: *Musik und Unterricht. H. 50*. Oldershausen, S. 6–13.

Ott, Thomas (2000): Zurück zur Papageienmethode? Orale Tradierung von Musik als Modell für Lernprozesse in Hochschule und Schule. In: Jürgen Terhag (Hg.), *Populäre Musik und Pädagogik Bd. 3*. Oldershausen, S. 22–33.

Rösing, Helmut (1994): Sonderfall Abendland. In: Herbert Bruhn/Rolf Oerter/Helmut Rösing (Hg.), *Musikpsychologie. Ein Handbuch*. Reinbek, S. 74–85.

Schmitt, Rainer (2000): Interkultureller Musikunterricht – eine Schimäre? In: Siegmund Helms (Hg.), *Musikpädagogik zwischen Regionalisierung, Europäisierung und Globalisierung*. Kassel, S. 80–94.

Schütz, Volker (1992): *Musik in Schwarzafrika. Arbeitsbuch für den Musikunterricht in den Sekundarstufen*. Oldershausen.

Schütz, Volker (¹1996): Über das außergewöhnliche Interesse von Musikpädagogen an schwarzafrikanischer Musikkultur. In: Reinhard C. Böhle (Hg.), *Aspekte und Formen Interkultureller Musikerziehung: Beiträge vom 2. Symposium zur Interkulturellen Ästhetischen Erziehung an der HdK Berlin*. Frankfurt am Main, S. 76–83.

Schütz, Volker (1996; 1997): Welchen Musikunterricht brauchen wir? Perspektiven eines brauchbaren Musikunterrichts. Teil 1 & 2. In: *AfS-Magazin 1/1996*, S. 3–8; *AfS-Magazin 3/1997*. S. 3–10, Lüneburg.

Stroh, Wolfgang-Martin (2001): Ein schlechtes Gewissen macht noch keinen guten Musikunterricht – Über die Motivation, multikulturell Musik zu unterrichten. In: *Diskussion Musikpädagogik 4/2001*. Oldershausen, S. 6–19.

Terhag, Jürgen (1996): Fremd und vertraut. Der außerasiatische Beethoven. In: *Musik und Bildung 4/96*. Mainz, S. 52–55.

Terhag, Jürgen (1994; 1996; 2000): *Populäre Musik und Pädagogik Bd. 1–3*. Oldershausen.

Vogt, Jürgen (1998): Das Eigene und das Fremde – Ein Modethema der Musikpädagogik? In: *AfS-Magazin 5/1998*. Lüneburg, S. 3–9.

Welsch, Wolfgang (1990): Identität im Übergang. Philosophische Überlegungen zur aktuellen Affinität von Kunst, Psychiatrie und Gesellschaft. In: Ders., *Ästhetisches Denken*. Stuttgart, S. 168–200.

Jürgen Vogt
Gerechtigkeit und Musikunterricht – eine Skizze

In den gegenwärtigen bildungspolitischen Diskussionen »nach PISA« wird nicht nur die mangelnde Leistungsfähigkeit des deutschen Schulsystems im internationalen Vergleich beklagt, sondern auch die »Disparitäten, die unser Schulsystem nach wie vor in besonderem Maße kennzeichnen: zwischen Regionen, zwischen Kindern aus unterschiedlichen sozialen Schichten, zwischen in Deutschland Aufgewachsenen und Zugewanderten«. (Klieme et al. 2003: 11) Zu den erklärten Zielen, die durch eine Output- und Kompetenzorientierung erreicht werden sollen, gehört demnach auch der »Abbau von Disparitäten, die Förderung von Kindern und Jugendlichen mit Benachteiligungen, die Integration von Migranten und die Begabtenförderung oder die Flexibilität von Bildungsverläufen«; insgesamt dient dies »der kulturellen Selbstverständigung und dem sozialen Zusammenhalt der Gesellschaft«. (Klieme et al. 2003: 12)

Der Abbau von Disparitäten hat also eine doppelte Funktion: Zunächst einmal ist er eingebunden in eine allgemeine Leistungssteigerung des Schulsystems. Darüber hinaus geht es aber auch um den »sozialen Zusammenhalt«, der offenbar durch das Vorhandensein eklatanter Ungleichheiten gefährdet ist.[1] Auffällig ist, dass beide Funktionen gleichsam in einem »moralfreien« Raum angesiedelt sind – es geht um internationale Konkurrenzfähigkeit und um sozialen Frieden –, dass aber die öffentliche Diskussion über »PISA« den Abbau von Ungleichheiten »moralisch« thematisiert, nämlich als Kampf gegen Ungerechtigkeit. Historisch gesehen ist dies aber keine Überraschung, denn die Diskussion um die Gerechtigkeit des Bildungssystems, in der Form, in der sie seit der Bildungsreform der 1960er-Jahre durchgeführt wurde, lässt sich gleichfalls als fragile Verknüpfung von Gerechtigkeits- und Leistungszielen, von Struktur- und Unterrichtsreformen beschreiben – mit charakteristischen Folgen für die weitere Entwicklung (vgl. etwa Friedeburg 1992: 334 ff.; im Hinblick auf die bundesdeutsche Musikpädagogik Weber 2005).

Festzuhalten bleibt, dass als Folge diagnostizierter Ungleichheiten *Gerechtig-*

---

[1] Weshalb der Abbau von Ungleichheiten der »kulturellen Selbstverständigung« dient, bleibt einigermaßen unklar, da nicht erläutert wird, wer denn hier das »Selbst« ist – etwa »die deutsche Kultur«?

keit in erster Linie in Form von *Chancengleichheit* eingeklagt wurde und wird, ohne dass in der Regel Klarheit darüber herrscht, was denn hier eigentlich genau unter »Gerechtigkeit« verstanden werden soll.[2] Es kann an dieser Stelle natürlich nicht darum gehen, den Begriff der Gerechtigkeit auch nur annähernd angemessen auszuleuchten; die semantische Vieldeutigkeit des Begriffes legt es nahe, zunächst einmal auf typologische Art und Weise einen Überblick zu gewinnen. Nach gängiger Lehrbuchmeinung lassen sich zum Beispiel in der philosophischen Diskussion sieben Grundtypen von Gerechtigkeit unterscheiden, die sich als »institutionenethisch« kennzeichnen lassen und daher auch für die Institution Schule als relevant erscheinen:[3]

> »(I) politische Gerechtigkeit, verstanden als angemessene Verteilung von Rechten, Freiheiten, Ämtern und Chancen, (II) soziale und ökonomische Gerechtigkeit, mit Blick auf die Verteilung materieller Güter, Arbeitsstellen und Ressourcen einschließlich medizinischer Versorgung, (III) Gerechtigkeit zwischen den Geschlechtern, (IV) Gerechtigkeit gegenüber gesellschaftlichen Minderheiten, (V) intergenerationale Gerechtigkeit, (VI) juridische Gerechtigkeit einschließlich der Strafgerechtigkeit sowie (VII) internationale bzw. globale Gerechtigkeit […].« (Horn & Scarano 2002: 9)

Schon ein erster Blick zeigt, dass sich hinsichtlich der Institution Schule in unterschiedlicher Gewichtung alle Grundtypen wiederfinden lassen, die aber oftmals allesamt unter dem Label »Chancengerechtigkeit als Chancengleichheit« diskutiert werden, was mindestens verwirrend ist. So wird zum Beispiel intergenerationale Gerechtigkeit u. a. dort thematisch, wo es um Fragen der Zukunftssicherung der jungen Generation durch Schulbildung geht, und Geschlechtergerechtigkeit sowie Gerechtigkeit gegenüber Minderheiten werden im Hinblick auf Schule immer dann eingefordert, wenn – in der Regel – Mädchen und Schüler mit Migrationshintergrund bei formaler Chancengleichheit mehr oder weniger subtile Benachteiligungen erfahren etc.

---

[2] »Gerechtigkeit« spielt als musikpädagogisch relevanter Terminus bislang keine sonderliche Rolle. Erste gehaltvolle Ansätze finden sich im anglophonen Raum u. a. in der von W. Bowman (2007) edierten Ausgabe (6. Jahrgang, Heft 4) von *Action, Criticism, and Theory for Music Education (ACT)*.

[3] Fragen nach einer *personalen* Gerechtigkeit, etwa in Form der Frage nach »dem gerechten Musiklehrer«, treten demgegenüber zurück, denn es ist weniger relevant, ob der Musiklehrer als Person gerecht ist, als vielmehr, ob er sich innerhalb des institutionell gesteckten Rahmens gerecht verhält. Über ungerechte Lehrer kann man sich mit Rechtsgründen beschweren, über ungerechte Eltern in der Regel nicht.

Chancengleichheit

Im Begriff der Chancengleichheit schwingt noch seine Herkunft aus den bildungspolitischen Debatten und Reformen der 1960er- und 1970er-Jahre mit. Chancengleichheit wurde überwiegend so verstanden, dass es niemandem verwehrt sein sollte, aufgrund struktureller Benachteiligungen wie Wohnort, Herkunft, Geschlecht etc. Bildungsangebote zu nutzen, bestimmte Schulabschlüsse zu erreichen und soziale Aufstiegsmöglichkeiten ergreifen zu können. Kurzum: Dem sprichwörtlichen »katholischen Arbeitermädchen vom Lande« sollte es ermöglicht werden, höhere Schulen zu besuchen und anspruchvollere Bildungskarrieren einzuschlagen – nicht zuletzt zum Wohle des Wirtschaftsstandortes Deutschland. »Chancengleichheit« bedeutete also hier in erster Linie »formelle Gleichbehandlung«, und es kann auch kein Zweifel daran herrschen, dass in dieser Hinsicht erhebliche Anstrengungen unternommen wurden. Ebenso unzweifelhaft ist es aber, dass der Begriff der Chancengleichheit von vornherein wenig geeignet dafür war, diese Anstrengungen semantisch gehaltvoll zu unterfüttern.

So kann von Anfang an ein Schwanken des Begriffes zwischen »Gleichheit der Chancen *zur Bildung*« und »Gleichheit der Chancen *durch Bildung*« konstatiert werden (vgl. Hilgenberger 2005). Formelle Gleichbehandlung ist Gleichheit der Chancen *zur* Bildung, aber dies setzt voraus, dass alle auch willens und in der Lage sind, das gleiche oder mindestens gleichwertige Bildungsangebot auch entsprechend anzunehmen. Mindestens für Kinder und Jugendliche, zumal aus »bildungsfernen« Familien, ist dies aber zu bezweifeln. Oder: Man muss schon in einem gewissen Umfange »gebildet« sein, um die Chancen zur Bildung überhaupt als solche erkennen zu können. Gleichheit der Chancen *durch* Bildung bedeutet demgegenüber die jedem zustehende Möglichkeit, (schulische) Bildung für den sozialen Aufstieg gezielt nutzen zu können. Es ist jedoch fragwürdig, inwieweit Schule überhaupt in der Lage ist, abgesehen von formalen Schulabschlüssen soviel »kulturelles Kapital« im Sinne Bourdieus bereit zu stellen, dass damit sozialer Aufstieg erreichbar ist; vielmehr scheint es so zu sein, dass Schule allenfalls imstande ist, eine Ergänzung zu bereits vorhandenem kulturellen (und sozialen) Kapital zu liefern.[4]

Eine typische Verquickung dieser Semantiken findet sich zum Beispiel in Michael Alts *Didaktik der Musik* von 1968. Nach Alt

> »gewinnt die demokratische Forderung ständig an Gewicht, jeden Menschen an Kultur und Kunst teilhaben zu lassen und ihm die Gleichheit

---

[4] Zur Begrifflichkeit vgl. u. a. Bourdieu 1992.

der Chancen durch eine breite Streuung der Bildung zu ermöglichen. Bildung ist nicht mehr eine sozialständische Kategorie exklusiver Art, sie ist auf Mitmenschlichkeit und Gesellschaftlichkeit des Menschen gerichtet und erstrebt einen Austausch zwischen den Niveaus und den unterschiedlichen Gruppen der Gesellschaft mit aufwärts gerichteter Tendenz« (Alt 1968: 17).

Alt wendet sich explizit gegen die Trennung von »Volksbildung« (inklusive »volkstümlicher Musik«) und »höherer Bildung«; er vermutet in der »Volksbildung« nachgerade eine »Gefahr für den sozialen Aufstieg und das notwendige Selbstverständnis«. (Alt 1968: 18) Chancengleichheit bedeutet hier »gleicher Zugang für alle zu den großen Werken bürgerlicher Kunstmusik«. Die so verstandene musikalische Bildung wird von Alt zugleich aber auch noch ganz selbstverständlich als unverzichtbares Mittel sozialen Aufstiegs gesehen. Es ist aber im Rückblick mehr als zweifelhaft, ob die Chancengleichheit *zur* musikalischen Bildung überhaupt auch von allen genutzt werden konnte, und ob die Chancengleichheit *durch* musikalische Bildung jemals ihren Zweck erfüllte. Es ist vielleicht bezeichnend für die musikdidaktische Diskussion, dass die Kritik an Alt sich fast ausschließlich auf seine Kunstwerkorientierung und mithin gegen sein Bildungskonzept richtete, ohne dabei die Idee der Chancengleichheit an sich dabei in Frage zu stellen.

Fast zur gleichen Zeit postulierte Heinz Antholz in *Unterricht in Musik* wohl als erster Musikpädagoge in Anlehnung an Ralf Dahrendorf das ausgesprochene Recht von Kindern und Jugendlichen auf Musikunterricht:

»Wer das Recht auf Unterricht in Musik als verbindlichem Lehrfach der Pflichtschule einfordert, muß sich auf ein Grundrecht des Schülers berufen können. Wir begründen es mit der ›Leistung‹ der Musik für die Anthropogenese und mit ihrer soziofunktionellen Bedeutung für die Bewährung in der Industriekultur. Musikalische Bildung als Aus-Bildung personaler Existenz und als sinnvoll disponiertes Kulturverhalten ist ein demokratisches Bürgerrecht.« (Antholz [3]1976: 115)

Auch Antholz klagt also Chancengleichheit *zur* musikalischen Bildung als Bürgerrecht ein, wobei er sowohl anthropologisch als auch sozialisatorisch argumentiert. Der Kultur- und Musikbegriff von Antholz ist dabei breiter gefächert und differenzierter als derjenige Alts, aber auch Antholz versteht Chancengleichheit in erster Linie als gleiches, wenn auch vielseitiges Angebot für alle. In welcher Weise Kinder und Jugendliche dann von diesem Angebot überhaupt Gebrauch machen und Gebrauch machen *können*, bleibt offen; Chancengleichheit zeigt sich hier als liberalistisches Konzept, das es vor allem der Tüchtigkeit bzw. Leistungsbereitschaft der Einzelnen überlässt, was er oder sie aus diesem Angebot macht:[5]

> »Jeder Bürger hat ein Recht auf ›seine‹ Musik und kulturelle Lebenserfüllung. Musikalische Ausbildung hat deshalb verschiedene musikalische Verhaltensformen und disparate Sinnbezüge der Musik in der heutigen Gesellschaft einzubeziehen. [...] Didaktische Offenheit bedeutet vielseitige und differenzierte Anregung der Lern- und Leistungsbereitschaft. ›Music for every child‹ zielt auch nicht auf gleiche Leistungshöhe jedes Kindes, sondern meint zunächst die Chance gleichen Angebots.« (Antholz [3]1976: 117)

Verteilungsgerechtigkeit

So unbefriedigend die Lösung also ist, Gerechtigkeit ausschließlich als formelle *Chancengleichheit* zu begreifen, so unsinnig wäre es wiederum, formelle Chancengleichheit und Gleichheit des Angebots als »ungerecht« abzuqualifizieren: (formell) gleiche Ausbildungschancen für alle gehören zu den Grundbedingungen gesellschaftlicher Gerechtigkeit; sie garantieren aufgrund vorhandener realer Ungleichheit diese aber nicht (vgl. Rawls 2002[1967]: 368f.). Das Konzept der *Verteilungsgerechtigkeit* stellt demgegenüber den Versuch dar, bei schon vorhandener formeller Chancengleichheit bestehende Ungleichheiten, die im Ergebnis als Ungerechtigkeit empfunden werden, durch entsprechende Maßnahmen so weit wie irgend möglich zu kompensieren. Im Bildungsbereich ist es offensichtlich, dass mit diesen Ungleichheiten vor allen Dingen solche herkunftsbedingter Art gemeint sind. Es wird zum Beispiel als ungerecht eingeschätzt, wenn ein Schüler aufgrund seiner sozialen oder ethnischen Herkunft sprachlich gegenüber seinen Mitschülern gehandicapt ist. Daher erscheint es als gerecht, wenn Teile des Schuletats darauf verwendet werden, sprachliche Fördermaßnahmen zu finanzieren, obgleich dieses Geld der gesamten Schülerschaft dann nicht mehr zur Verfügung steht; allerdings darf diese Förderung dann nicht so weit gehen, dass sie andere Schüler wiederum ersichtlich benachteiligen würde.[6]

---

5   Diesem Grundproblem der Chancengleichheit ist auch nicht zu entkommen, wenn man, wie es die Auditive Wahrnehmungserziehung versuchte, Chancengleichheit durch das gleiche Angebot für alle und durch einen enggeführten methodischen Lehrgang gewaltsam didaktisch herzustellen. Das Ergebnis ist dann mindestens Langeweile.

6   Die Herstellung sozialer Gerechtigkeit wird in diesem Verständnis dem Staat überantwortet, der aber nur zu »sekundären und subsidiären Leistungen fähig ist« (Höffe 2002[1996]: 457), da er lediglich Steuergelder zu verteilen hat, deren

Verteilungsgerechtigkeit verstößt damit gegen zwei Grundprinzipien der Institution Schule, nämlich gegen das der formellen Gleichbehandlung und gegen das des Leistungsprinzips; sie verfährt gleichsam in Maßen ungerecht, um damit größere Ungerechtigkeit zu verhindern. Wie ist so etwas überhaupt zu rechtfertigen? Wirft man einen Blick etwa auf die wohl prominenteste Theorie der Verteilungsgerechtigkeit, auf John Rawls' *Theorie der Gerechtigkeit* (Rawls 1999[1971]), so wird schnell ersichtlich, dass hier sehr viel mehr Vorannahmen gemacht werden müssen, als dies beim liberalistischen Modell der Chancengleichheit der Fall ist. So muss Rawls vor allem eine Theorie des *Gesellschaftsvertrags* ins Spiel bringen, nach der eine fiktive Ursituation vorausgesetzt wird, in der alle Mitglieder einer Gesellschaft die Regeln des gerechten Zusammenlebens aushandeln. Die Vertragstheorie geht davon aus, »daß ihre Prinzipien aus einer Übereinkunft von freien und unabhängigen Personen in einem ursprünglichen Zustand der Gleichheit entstehen und daher die Integrität und gleiche Souveränität der rationalen Personen widerspiegeln, welche die Vertragspartner sind«. (Rawls 2002[1967]: 357)

In dieser fiktiven Ursituation darf es natürlich nicht sein, dass hier schon Ungleichheiten die Diskussion prägen; daher muss Rawls weiterhin voraussetzen, dass alle Teilnehmer einen »Schleier des Nichtwissens« (Rawls 2002[1976]) hinsichtlich des sozialen Rangs etc. der anderen Personen tragen, durch den Bevorzugungen und Benachteiligungen schon bei Herstellung des Gesellschaftsvertrages verhindert werden sollen. Auf diese Weise kommt Rawls zum Ergebnis, dass ein Gesellschaftsvertrag, der auf solche Weise zustande kommt, durch das Prinzip der Verteilungsgerechtigkeit gekennzeichnet sein *muss*: Niemand wird nach Rawls zum Beispiel vernünftigerweise für Gerechtigkeitsprinzipien optieren, die Ungleichheiten einfach durch das Glück der Geburt legitimieren; ebenso wenig dürfte es tragbar sein, dass in einer solchen Gesellschaft sich bestimmte Gruppen zu Lasten anderer Lebenschancen selbst zuschreiben können und dürfen. Die Idee der Verteilungsgerechtigkeit beruht damit auf einem sogenannten Differenzprinzip, das wirksam wird,

> »wenn wir den Wunsch haben, die Grundstruktur der Gesellschaft so einzurichten, daß niemand aufgrund seines Glücks bei der natürlichen Lotterie um Talente und Fähigkeiten oder von seiner Startposition in der Gesellschaft Vorteil (oder Nachteile) hat, ohne ausgleichende Vorteile im Gegenzug zu gewähren (oder zu erhalten)«. (Rawls 2002[1967]: 368)

Einnahme bereits auf anderen Formen der Gerechtigkeit beruht. Da in diesem Text aber nur von Musikunterricht innerhalb der staatlichen Institution »Schule« die Rede ist, vernachlässige ich diesen Punkt an dieser Stelle.

Rawls geht also sogar so weit, Verteilungsgerechtigkeit auch dort ins Spiel zu bringen, wo es sich um Ungleichheiten durch Begabungsunterschiede handelt – für den liberalen Vertreter von Chancengleichheit ebenso ein offensichtliches Unding wie für den Verfechter statischer Begabungskonzepte. Gerade aber die letzteren haben nur noch wenige musikpädagogische Argumente auf ihrer Seite; die musikpsychologische Diskussion der letzten Jahre weist zum Beispiel darauf hin, dass frühe Förderung durch Unterstützung kontinuierlichen Übens ein wesentlicher Faktor späterer »Expertise« im musikalischen Bereich ist. Auch hier spielen also herkunfts- und sozialisationsbedingte Ungleichheiten mindestens eine gewichtige Rolle, ohne dass man deswegen den Begriff der Begabung ganz fallen lassen müsste. Verteilungsgerechtigkeit zielt ja auch nicht auf die Abschaffung von Ungleichheiten, sondern auf den möglichst gerechten Umgang mit ihnen.

Was spricht also dagegen, Verteilungsgerechtigkeit als übergeordnete Idee schulischer Gerechtigkeit auch im Hinblick auf den Musikunterricht zu postulieren? Hier kann man ganz verschiedene Einwände ins Feld führen.[7] So unterstellt Rawls ja, verkürzt gesagt, dass in der fiktiven Vertragssituation alle Beteiligten auch wissen müssen, was denn überhaupt in ihrem Lebensinteresse liegt, sodass erst dann angemessen über die gerechte Verteilung von »Gütern« aller Art verhandelt werden kann. Auch müssen sie in der Lage sein, eine rationale Wahl zwischen verschiedenen Optionen zu treffen. Stojanov (2007) macht in diesem Zusammenhang vor allem den Punkt stark, dass Kinder und Jugendliche ja (noch) gar nicht in der Lage sind, ihre Lebensinteressen so rational zu artikulieren, wie Rawls dies idealiter voraussetzt; es ist vielmehr das Ziel von Schule, eine solche Rationalität bei Individuen erst zu entwickeln. Eltern und Lehrer könnten hier also nur gleichsam advokatorisch *anstelle* der Schüler entscheiden, was wiederum die Unmündigkeit von Kindern und Jugendlichen in diesem Punkt unterstellt. Macht man sich diesen Einwand zu eigen, so wäre

---

[7] Unberücksichtigt soll hier der Ansatz der Teilhabegerechtigkeit bleiben, der ein Minimum an Eigenschaften und Fähigkeiten postuliert, über die jedes Mitglied einer demokratischen Gesellschaft verfügen sollte, um aktiv an gesellschaftlichen Prozessen teilnehmen zu können (vgl. dazu auch Maedler [Hg.] 2008). Problematisch ist hier, dass damit bereits die Idee von Gleichheit im Ansatz fallen gelassen ist: Ist das gesellschaftlich akzeptierte Minimum erreicht, erlischt jede weitere Frage nach Gerechtigkeit. Mit einigem Wohlwollen lässt sich die derzeitige Ausrichtung an Bildungsstandards, die ein Minimum an grundlegenden Kompetenzen sicherstellen will, als eine Variante von Teilhabegerechtigkeit interpretieren. Dies würde aber sehr viel stärkere kultur- und gesellschaftspolitische Begründungen erfordern, als dies in der derzeitigen Diskussion erkennbar ist.

davon auszugehen, dass Schüler sich zum Beispiel ganz zu Recht einem denkbaren Musik-Förderunterricht verweigern, wenn dieser (a) nicht unmittelbar der Verbesserung der Benotung in einem abschlussrelevanten Fach dient, und darüber hinaus, wenn sie (b) gar nicht einsehen, weshalb bestimmte kompensatorische Maßnahmen im Bereich der Musik ihrem Lebensinteresse dienen sollen.

In den derzeitigen Diskussionen um Bildungsstandards und Kompetenzen wird demgegenüber der Anspruch erhoben, die im Unterricht zu vermittelnden Kompetenzen seien dazu geeignet, »bestimme Probleme zu lösen« (Klieme et al. 2003: 72), die wiederum nur fachspezifisch im Hinblick auf Bildungsziele des Faches zu formulieren seien. Wer also Verteilungsgerechtigkeit auch für den Musikunterricht einfordert, muss immer schon über ein Konzept von Ungleichheit und damit verbundener Ungerechtigkeit auf der Basis eines oder mehrerer konsensfähiger musikspezifischer Bildungsziele verfügen. Ein solcher Konsens über Bildungsziele des Musikunterrichts existiert aber nicht, und es ist auch keineswegs klar, um welche zu lösenden »Probleme« es sich hier eigentlich handeln soll. Welche musikalischen »Güter« ungleich und zugleich ungerecht verteilt sind, lässt sich nicht aus dem existierenden Musikunterricht und seinen Zielen ableiten, wenn dieser in seinen Grundstrukturen selbst ungerecht konstituiert ist. Zu einer solchen Bestimmung von Ungerechtigkeit liefert das Konzept der Verteilungsgerechtigkeit aber vermutlich nur unzureichende Mittel.

Anerkennungsgerechtigkeit

Auch die philosophische Kritik an Rawls hat aus verschiedenen Perspektiven darauf aufmerksam gemacht, dass Verteilungsgerechtigkeit erst das *Ergebnis* grundsätzlicherer Formen eines vorprädikativen »gerechten« Zusammenlebens sein kann, die nicht in einer idealtypischen Vertragssituation aufgehen.[8]

[8] Unübersehbar ist, dass Rawls für die Beschreibung der idealen Vertragssituation schon Bestimmungen heranziehen muss, die Elemente der gerechten Gesellschaft bereits präjudizieren. Es handelt sich also um eine gewisse Zirkularität der Argumentation: Eine gerechte demokratische Gesellschaft kann nur durch eine Vertragssituation hergestellt werden, die selbst schon Züge demokratischen Zusammenlebens trägt. Das ist zwar sympathisch, aber logisch nicht zwingend. Jürgen Habermas (2002[1996]) hat diesen Punkt denn auch besonders hervorgehoben und demgegenüber auf die Vorzüge seiner Diskursethik verwiesen. Ob sich allerdings Gerechtigkeit im Diskurs durch »gegenseitige Kritik an der Angemessenheit von [...] Bedürfnisinterpretationen« (Habermas 2002[1996]: 449) einstellt und dem »mehr oder weniger aufgeklärten Engagement der Beteiligten überlassen« werden kann (Habermas 2002[1996]: 454), mag dahingestellt bleiben.

Sofern man also vom tatsächlichen Fortbestand basaler Ungerechtigkeiten ausgehen muss, kann Verteilungsgerechtigkeit nicht der Königsweg zur Herstellung von Gerechtigkeit sein – wenn diese Ungerechtigkeiten auch zu Verteilungsungerechtigkeiten führen können, die nicht einfach hinzunehmen sind. In den Diskussionen der letzten Jahrzehnte wird für die Sicherstellung dieser Form basaler Gerechtigkeit vor allem der Begriff der *Anerkennung* ins Spiel gebracht: Gerechtigkeit unter Ungleichen, so die These, kann sich überhaupt nur einstellen, wenn zuvor schon der jeweils Andere als Anderer in Form wechselseitiger Wertschätzung *anerkannt* worden ist.

Die wohl prominenteste Position in dieser Diskussion nehmen vermutlich die zahlreichen Arbeiten Axel Honneths ein, deren Grundzüge ich hier nur andeuten kann. In einer weit ausholenden Rekonstruktion der Intersubjektivitätstheorie des jungen Hegel und ihrer Naturalisierung durch G. H. Meads Theorie *Symbolischer Interaktion* kommt Honneth zur Aufstellung von drei wesentlichen »Mustern intersubjektiver Anerkennung«, nämlich Liebe (Empathie), Recht (moralischer Respekt) und Solidarität (soziale Wertschätzung). Ein Individuum, das in diesem Sinne anerkannt ist, erfährt sich also in familiären und anderen persönlichen Beziehungen als *geliebt*, als Rechtssubjekt als *respektiert* und *geachtet*, und als Angehöriger einer sozialen Gruppe *geschätzt*. Diesen Dimensionen der Anerkennung entsprechen aber auch Formen der Missachtung, nämlich Vergewaltigung, Entrechtung und Entwürdigung (vgl. ausführlich Honneth 1994: 148 ff.). Diese Missachtungen führen nach Honneth zu gesellschaftlichen Konflikten, da sie notwendig als Ungerechtigkeiten erfahren werden.[9] Die Realisierung dieser verschiedenen Formen von Anerkennung ist somit die Bedingung gesellschaftlichen Zusammenlebens und der Gewinnung individueller Autonomie, die im »Kampf um Anerkennung« historisch stets neu hergestellt werden muss. Honneth versucht also das Kunststück, zugleich eine rein formale und kulturell neutrale Bedingungsanalyse zu leisten, die aber dennoch inhaltlich gehaltvoll im Sinne eines »gelingenden Lebens« (Honneth 1994: 279) bleibt:

> »Die Anerkennungsformen der Liebe, des Rechts und der Solidarität bilden intersubjektive Schutzvorrichtungen, die jene Bedingungen äußerer und innerer Freiheit sichern, auf die der Prozeß einer ungezwungenen Artikulation und Realisierung von individuellen Lebenszielen angewiesen ist;

---

[9] Der Frage, ob Verteilungsgerechtigkeit bereits in Anerkennungsverhältnissen impliziert ist, oder ob sie neben Anerkennungsgerechtigkeit eine eigene, selbständige Rolle spielt, kann ich hier nicht nachgehen; vgl. dazu die Debatte zwischen Fraser & Honneth 2003.

weil sie zudem nicht etwa schon bestimmte Institutionengefüge, sondern nur allgemeine Verhaltensmuster darstellen, lassen sie sich von der konkreten Totalität aller besonderen Lebensformen als strukturelle Elemente abheben.« (Honneth 1994: 279)

Es wäre nun ein typisch pädagogisches Missverständnis zu meinen, man könne im direkten Anschluss an Honneth Liebe, Recht und Solidarität in institutionelle Zusammenhänge sozusagen korrektiv einspeisen, um diverse Missachtungen zu kompensieren, die im Schulsystem anzutreffen sind.[10] Das geht schon deshalb nicht, weil es sich hier um rein *formale* Bedingungen gelingenden Lebens handeln soll, die aber in der Realität immer schon kulturell gefüllt sind,[11] und die in wechselseitigen Auseinandersetzungen zwischen allen Beteiligten erst konkret produziert werden müssen. Oder: Die von Honneth beschriebenen Formen der Anerkennung müssen, sofern sie inhaltlich und material gehaltvoll sein sollen, als das *Ziel* von Kämpfen angesehen und beschrieben werden; keineswegs können sie zum Beispiel von Pädagogen ihren Schülern einseitig verordnet werden.

Wenn man nun Anerkennung vor allem als Zielperspektive im Blick behält, so verschiebt sich das Interesse auf die von Honneth beschriebenen Formen der Missachtung, die dann aber nicht als Abweichung von einer vorgegebenen positiven Norm einzuschätzen wären, sondern als trauriger Regelfall. So bestimmt beispielsweise Iris Marion Young diese grundlegenden Ungerechtigkeiten als »Unterdrückung« und »Herrschaft«, deren Nichtvorhandensein zum Beispiel bei Rawls immer schon vorausgesetzt wird:

»Gerechtigkeit sollte nicht nur die Verteilung betreffen, sondern sich auch auf die für die Entwicklung und Ausübung individueller Fähigkeiten sowie die für die kollektive Kommunikation und Kooperation notwendigen institutionellen Bedingungen beziehen. Der Begriff ›Ungerechtigkeit‹ verweist bei

---

[10] Vgl. zur aktuellen und differenzierten erziehungswissenschaftlichen Diskussion u. a. Hafeneger et al. (Hg.) 2002. Zu den Einwänden vgl. u. a. Mecherill 2005.

[11] Es ist in diesem Kontext Hermann J. Kaiser zu danken, als erster innerhalb der deutschen Musikpädagogik den Begriff der Anerkennung – besonders unter Rekurs auf den Symbolischen Interaktionismus' G. H. Meads – ins Spiel gebracht zu haben (vgl. Kaiser 2008; Kaiser 2008a). Kaiser konzentriert sich aber gleichfalls auf Anerkennung als unhintergehbare Bedingung von Sozialität, vor allem im Hinblick auf das gemeinsame Musikmachen. Musikdidaktische Konsequenzen – etwa im Sinne einer Forderung nach Unterstützung positiver Anerkennungsprozesse im Unterricht – lassen sich aus diesen formalen Bestimmungen nicht direkt ziehen.

dieser Gerechtigkeitsvorstellung primär auf zwei Formen von starken Beschränkungen: auf Unterdrückung und Herrschaft. Diese Beschränkungen enthalten distributive Muster, darüber hinaus betreffen sie auch Bereiche, die sich nicht so leicht unter die Verteilungslogik subsumieren lassen: Entscheidungsprozesse, Arbeitsteilung und Kultur.« (Young 2002[1996]: 428)

Für die Musikpädagogik sind hier sicherlich Unterdrückung und Herrschaft im Bereich der *Kultur* von besonderem Interesse. Von all den *Formen der Unterdrückung*, die Young in diesem Kontext beschreibt – Ausbeutung, Marginalisierung, Machtlosigkeit und Gewalt – kann der von ihr sogenannte »Kulturimperialismus« hier als besonders relevant angesehen werden. Dazu muss man allerdings wissen, dass es sich hier um eine sehr breite Verwendung des Wortes handelt:

»Unter Kulturimperialismus zu leiden heißt, zu erfahren, wie durch die in einer Gesellschaft herrschenden Werte die besondere Perspektive der eigenen Gruppe unsichtbar gemacht und wie zugleich die eigene Gruppe stereotypisiert und als das Andere gekennzeichnet wird.« (Young 2002[1996]: 439)

Es geht hier also um drei Aspekte: (a) Das Unsichtbar-Machen besonderer Perspektiven, (b) Stereotypisierung und (c) die Stilisierung als »das Andere«. In allen Fällen erscheint der Kulturimperialismus gar nicht als offensichtliche Ungerechtigkeit, da die Perspektive der je eigenen Gruppe (a) überhaupt nicht thematisiert wird, (b) durch eine besondere Form der Außenperspektive überdeckt oder (c) sogar als etwas »Besonderes« herausgestellt wird.

Das Unsichtbar-Machen ist dabei naturgemäß eine besonders unauffällige Form der Unterdrückung. Wenn, wie in der Vergangenheit der Musikpädagogik die Regel, zum Beispiel Musik bestimmter ethnischer Gruppen im Unterricht schlicht nicht vorkommt, so erscheint dies nicht als aktive Unterdrückung. Wenn diese Gruppen dann auch noch Förderunterricht in der ihnen fremden Musik bekommen sollten, so handelte es sich zwar um eine Form von Verteilungsgerechtigkeit, aber diese würde sich auf ein kulturelles »Gut« konzentrieren, das von den »Benachteiligten« gar nicht wirklich gewollt würde; die Förderung, gedacht als Ausgleich von Ungerechtigkeit, ist dann selbst subtile Unterdrückung.

Offensichtlicher sind Stereotypen. Im Hinblick auf den Musikunterricht könnte man hier eine ganze Liste entwerfen, etwa so:

- Mädchen singen und tanzen sehr viel lieber als Jungen; naturgemäß kön-

nen sie dies auch wesentlich besser.
- Jungen können besser mit Technik (Computer) umgehen als Mädchen; sie komponieren auch lieber und besser.
- Homosexualität gibt es nur als Verweiblichung bei Männern (Singen, Tanzen) oder als Vermännlichung bei Frauen (E-Bass, Saxophon etc.).
- Afrikaner (egal, woher genau) sind rhythmisch besonders begabt (und trommeln daher besonders gut).
- Afrikaner leben in Dörfern und Hütten; meistens sind sie arm, aber guter Dinge.
- Türken sind gesellige und fröhliche Leute, die gerne und viel feiern; dazu wird selbst auf traditionellen Instrumenten Musik gemacht.
- Türken kommen fast immer vom Land; ihre Musik ist daher in erster Linie folkloristisch.

Man sollte nicht meinen, dass es sich hierbei (nur) um eine Satire handelt. So spärlich das vorliegende empirische Material auch sein mag, so deutet es doch darauf hin, dass solche und ähnliche Stereotypen innerhalb der Musikdidaktik immer noch wirksam sind.[12] Das Besondere solcher Stereotypen besteht nun darin, dass sie keineswegs nur als negativ erscheinen, sondern dass es auch Formen der Ungerechtigkeit gibt, die darin bestehen, dass das »Andere« als besonders positiv hervorgehoben wird. So wäre etwa ein »mädchenorientierter Musikunterricht«, in dem die angeblichen Stärken der Mädchen besonders unterstützt würden, in erster Linie dazu geeignet, heteronormative Stereotypen festzuschreiben, auch wenn die Mädchen im Unterricht mit besonders guten Zensuren abschneiden sollten.

Die reale Nicht-Anerkennung kann also subtile und differenzierte Formen annehmen; es gibt sogar Formen der Nicht-Anerkennung, die als Anerkennung firmieren. Wenn man sich trotzdem des Begriffes der Anerkennung in musikdidaktischen Kontexten bedienen möchte, so ist man gut beraten, sich auch die Ambivalenz der Anerkennung zu vergegenwärtigen (vgl. Ricken 2006; Balzer 2007).

Ambivalenz der Anerkennung

Diese besteht, grob gesagt, darin, dass man nur durch Anerkennung Anderer überhaupt jemand wird (also Ich-Identität gewinnt), dass diese »Anerkennung-als-jemand« aber zugleich auch eine Festschreibung durch Außendefinition dar-

---

[12] Ausführliche Literaturhinweise erspare ich mir, da dies den Rahmen des vorliegenden Beitrages sprengen würde. Ich nenne hier nur exemplarisch: Green 1997; Sollinger 1995.

stellt (und damit Individualität und Autonomie konterkariert). Es geht also im Anerkennungsprozess immer auch um *Macht* qua Definitionshoheit: wer definiert hier wen als was und mit welchem Recht (wenn auch in bester Absicht)?

Diese Grundfrage wird von pädagogischen Applikationen des Anerkennungsbegriffes unterlaufen, die immer schon mit bereits gegebenen bzw. vorausgesetzten Differenzen operieren, die doch im Zuge von schulischen Anerkennungsprozessen erst entstehen sollten. Diese existierenden bzw. auch nur präsupponierten Differenzen sollen dann (positiv) anerkannt werden, sodass die Entstehung von Identitäten vor allem durch soziale Wertschätzung in der Schule pädagogisch unterstützt wird. Da solche Ansätze aber den Anerkennungsprozess bereits voraussetzen, bestätigen und verstärken sie immer nur die »Anerkennung-als-x«, die sich außerhalb von Schule bereits vollzogen hat, d. h. sie fungieren grundsätzlich affirmativ und reproduktiv.

Schlimmstenfalls entsteht bei den solcherart ›anerkannten‹ Subjekten dann ein ausgeprägter »Sinn für Grenzen« (Bourdieu 1987: 734), d. h. sie tendieren dazu, »sich das zuzuschreiben, was ihnen qua Distribution ohnehin verwehrt ist [...], sich damit abzugeben, was ihnen aufgezwungen wird, ihre Hoffnungen auf das Maß ihrer Chancen zurechtzustutzen, sich so zu definieren, wie die herrschende Ordnung sie definiert« (Bourdieu 1987: 735) – eben *als*: Mädchen oder junge, deutschstämmig oder Migrant, Hetero- oder Homosexueller, bildungsfern oder bildungsnah etc.

Die Ambivalenz von Anerkennungsprozessen tritt aber deutlicher zutage, wenn man Anerkennung als einen Akt versteht, der *zugleich* subjektkonstituierende Machtausübung und ermächtigende Subjektkonstitution ist (vgl. u. a. Butler 2003). Der Auffassung, das Subjekt sei allein Resultat äußerer Determination wird auf diese Weise ebenso eine Absage erteilt, wie dem Glauben an ein ganz und gar autonomes Subjekt. *Was* dabei jeweils gesellschaftlich, kulturell und historisch als Anerkennung verstanden wird, bestimmt die Form der Konstitution des Subjekts entscheidend mit. Da dies aber nicht als reiner Determinismus verstanden werden darf, bleibt ein Rest: Das Subjekt kann sich auch gegen die ihm zugemuteten Normen wenden, indem diese selbst nicht von ihm anerkannt werden. Da es aber ohne Anerkennung auch kein Subjekt geben kann, fungiert der Widerstand selbst wiederum als eine *Suche* nach Anerkennung, die sich allerdings nicht auf existierende Normen stützen kann. Wird Anerkennung folglich nicht einfach nur affirmativ (oder eben als gescheitert) verstanden, so eröffnet sich die Vorstellung eines produktiven Raumes, welche die Notwendigkeit von Anerkennung nicht leugnet, aber mit der Unmöglichkeit rechnet, dass es zu einem rein positiven Anerkennungsprozess überhaupt kommen kann. Damit verliert Anerkennung allerdings auch ihre grundlegende

Funktion für die Bestimmung von Gerechtigkeit, da sie immer auch daran beteiligt ist, Ungleichheiten qua Definition überhaupt erst herzustellen, die es ohne sie gar nicht gäbe.

> »Weil Gerechtigkeit gerade nicht vorrangig erfordert, dass jeder so erkannt und anerkannt wird, wie er *wirklich* und *schon* ist, sondern vielmehr, dass niemand auf irgendeine Zu- oder Beschreibung festgelegt bzw. reduziert wird [...], erfordert sie nicht ein ›[immer] Mehr‹ an Anerkennung, sondern vielmehr ein Wissen um die Widersprüchlichkeit von Anerkennung und eine Reflexion über das ›Wie der Anerkennung‹.« (Balzer 2007: 67)

Ausblick: Anerkennung des Fremden

Wie ist es nun aber überhaupt möglich, jemanden anzuerkennen, ohne ihn »als-jemand« immer schon festzuschreiben? Gibt es so etwas wie eine »Musikdidaktik der Anerkennung«, die konzipiert, gelehrt und praktiziert werden könnte? Mit einem solchen Versuch würde man nun allerdings die Ambivalenzen der Anerkennung verleugnen. Dennoch gibt es wenigstens zwei Indizien dafür, dass die vorprädikative ›Anerkennung ohne Anerkennung‹ in besonderer Weise für den Musikunterricht relevant ist.

Dies ist zum einen die *grundsätzliche Unverfügbarkeit des Fremden* und damit auch der »fremden Musik«. Bernhard Waldenfels hat in seinem phänomenologischen Versuch einer »responsiven Ethik« (Waldenfels 2005: 14) noch einmal darauf insistiert, dass Fremdansprüche das eigene Tun immer schon durchziehen. Dies bringt mit sich, dass wir nie ganz wissen, wer wir selbst sind, weil beständig fremde Ansprüche an uns gerichtet werden. Wir wissen aber auch nie genau, wer oder was das Fremde ist, da wir immer nur auf solche Ansprüche *antworten*, d.h. das Fremde nicht von vornherein bestimmen und als Fremdes festlegen können. Zwischen Selbst- und Fremderfahrung klafft daher eine Lücke, die mit Waldenfels als »responsive Differenz« gekennzeichnet werden kann (vgl. Vogt 1998).

Im Begriff der Anerkennung erscheint diese Differenz aber als getilgt, da Anerkennung immer schon als ›gelungene Anerkennung‹ gedacht wird. Doch, so Waldenfels, »die Fremderfahrung, die mich mit dem fremden Anspruch konfrontiert, geht jeder ausdrücklichen Anerkennung voraus.« (Waldenfels 2005: 76) Es geht also auf dieser Stufe der Reflexion zunächst einmal nicht so sehr darum, ob Anerkennung gelingt oder scheitert, sondern darum, welche produktiven Anerkennungsspielräume der Anspruch des Fremden freisetzt, und dies gilt allemal für die »fremde Musik«, die uns begegnet. Damit lässt man sich allerdings auf ein Höchstmaß an Unsicherheit ein, das sich nur schlecht mit einem denkbaren Anspruch von Musikdidaktik als Unterrichtstechnologie verträgt, auch wenn diese in ›bester Absicht‹ konzipiert wird. Wie Thomas Ott der Interkulturellen Musikdidaktik im Hinblick auf die »fremde Musik« schon früh ins Stammbuch geschrieben hat:

> »Der Anspruch grenzenlosen Verstehens, die Hoffnung auf unbeschränkte Möglichkeiten des Aneignens und der Selbstergänzung müssen zu Enttäuschungen führen, wenn das Inkommensurable tatsächlich in den Blick kommt und sich dem Zugriff sperrt.« (Ott 1998: 313)

Neben der grundsätzlichen Unverfügbarkeit des Fremden kommt mit dem Konzept der (ästhetisch-)*musikalischen Erfahrung* noch ein anderer Aspekt ins Spiel. Musikalische Erfahrung, so ließe sich verkürzt sagen, ist ein unhintergehbar subjektiver Prozess, für den, stärker vielleicht als in anderen Erfahrungsmodi, die je eigene Biografie wesentlich ist. Damit entsteht aber eine konstitutive Schwierigkeit für einen erfahrungsorientierten Musikunterricht, in dem ja in irgendeiner Form diese genuin subjektiven Erfahrungen thematisch werden müssen. So subjektiv diese Erfahrungen aber auch sind, so sind sie doch auf der anderen Seite immer auch soziale Erfahrungen (vgl. zum Beispiel Kaiser 1992), da sie nie in prinzipieller Abwesenheit »der Anderen« gemacht werden können. Dieser soziale Konstitutionsgrund eröffnet somit einen kommunikativen Spalt, den es in der (fiktiven) solipsistischen Erfahrung von »ästhetischen Monaden« gar nicht geben könnte. Diese Möglichkeit von Kommunikation ist aber labil, da sie sich nicht auf gesellschaftlich eingespielte Formen der Verständigung stützen kann; wo sie dies tut, handelt es sich eben nicht um genuin ästhetische Erfahrungen. Mit anderen Worten: Die Anerkennung ästhetischer Erfahrung ist immer die Anerkennung der inkommensurablen Subjektivität des jeweils Anderen; der »generalisierte Andere« ist in ästhetischer Erfahrung immer der »singuläre Andere«. Der »thematische Schritt von der ästhetischen Erfahrung zum Anerkennungsbegriff«, den Thomas Ott jüngst eingefordert hat (Ott 2008: 13), ist somit nur folgerichtig. Fremdheitserfahrung und ästhetische Erfahrung sind Facetten eines Anerkennungsbegriffes, der in sich durch und durch ambivalent ist. Und Musikunterricht kann nur »gerecht« sein, wenn diesen Ambivalenzen Rechnung getragen wird.

Literatur

Alt, Michael (1968): *Didaktik der Musik. Orientierung am Kunstwerk.* Düsseldorf.
Antholz, Heinz ([3]1976): *Unterricht in Musik. Ein historischer und systematischer Aufriß seiner Didaktik* [1970]. Düsseldorf.

Balzer, Nicole (2007): Die doppelte Bedeutung der Anerkennung. Anmerkungen zum Zusammenhang von Anerkennung, Macht und Gerechtigkeit. In: Michael Wimmer/Roland Reichenbach/Ludwig Pongratz (Hg.) (2007), *Gerechtigkeit und Bildung*. Paderborn, S. 49–76.
Bourdieu, Pierre (1987): *Die feinen Unterschiede. Kritik der gesellschaftlichen Urteilskraft*. Übersetzt von Bernd Schwibs und Achim Russer [1979]. Frankfurt am Main
Bourdieu, Pierre (1992): *Die verborgenen Mechanismen der Macht*. Hamburg.
Bowman, Wayne (2007): Who's Asking? (Who's Answering?). Theorizing Social Justice in Music Education. In: *Action, Criticism and Theory for Music Education*, 4, S. 1–20, http://actmaydaygroup.org/articles/BowmanEditorial6_4.pdf
Butler, Judith (2003): *Kritik der ethischen Gewalt. Adorno-Vorlesungen 2002*, Frankfurt am Main
Fraser, Nancy/Honneth, Axel (2003): *Umverteilung oder Anerkennung? Eine politisch-philosophische Kontroverse*. Frankfurt am Main
Friedeburg, Ludwig von (1992): *Bildungsreform in Deutschland. Geschichte und gesellschaftlicher Widerspruch*. Frankfurt am Main
Green, Lucy (1997): *Music, Gender, Education*. Cambridge.
Habermas, Jürgen (2002): Versöhnung durch öffentlichen Vernunftgebrauch [1996]. In: Christoph Horn/Nico Scarano (Hg.) (2002), *Philosophie der Gerechtigkeit. Texte von der Antike bis zur Gegenwart*. Frankfurt am Main, S. 446–455.
Hafeneger, Benno/Henkenberg, Peter/Scherr, Albert (Hg.) (2002): *Pädagogik der Anerkennung. Grundlagen, Konzepte, Praxisfelder*. Schwalbach/Ts.
Hilgenheger, Norbert (2005): Gleichheit der Bildungschancen – eine Chimäre? In: *Vierteljahresschrift für wissenschaftliche Pädagogik*, 1. S. 3–20.
Höffe, Otfried (2002): Soziale Gerechtigkeit als Tausch [1996]. In: Christoph Horn/Nico Scarano (Hg.) (2002), *Philosophie der Gerechtigkeit. Texte von der Antike bis zur Gegenwart*. Frankfurt am Main, S. 456–465.
Honneth, Axel (1994): *Kampf um Anerkennung. Zur moralischen Grammatik sozialer Konflikte*. Frankfurt am Main
Horn, Christoph/Scarano, Nico (Hg.) (2002): *Philosophie der Gerechtigkeit. Texte von der Antike bis zur Gegenwart*. Frankfurt am Main
Horn, Christoph/Scarano, Nico (2002): Einführung. In: Christoph Horn/Nico Scarano (Hg.) (2002), *Philosophie der Gerechtigkeit. Texte von der Antike bis zur Gegenwart*. Frankfurt am Main, S. 9–13.
Kaiser, Hermann J. (1992): Meine Erfahrung – Deine Erfahrung?! Oder: Die grundlagentheoretische Frage nach der Mitteilbarkeit ästhetischer Erfahrung. In: Hermann J. Kaiser (Hg.): *Musikalische Erfahrung. Wahrnehmen – Aneignen – Erkennen*. Essen, S. 100–113.
Kaiser, Hermann J. (2008): Musikalische Praxis – Zur Ethik des symbolischen Austauschs. In: Martin Pfeffer/Christian Rolle/Jürgen Vogt (Hg.), *Musikpädagogik auf dem Wege zur Vermittlungswissenschaft? Sitzungsbericht 2007 der Wissenschaftlichen Sozietät Musikpädagogik (= Wissenschaftliche Musikpädagogik 2)*. Münster, S. 74–98.
Kaiser, Hermann J. (2008a): Anerkennungstheoretische Grundlagen gemeinsamen Musizierens. In: Andreas C. Lehmann/Martin Weber (Hg.), *Musizieren innerhalb und außerhalb von Schule (Musikpädagogische Forschung 29)*. Essen, S. 15–31.

Klieme, Eckhard et al. (2003): *Zur Entwicklung nationaler Bildungsstandards. Eine Expertise.* Hg. v. BMBF. Berlin.
Maedler, Jens (Hg.) (2008): *TeilHabeNichtse. Chancengerechtigkeit und kulturelle Bildung.* München.
Mecherill, Paul (2005): Pädagogik der Anerkennung. Eine programmatische Kritik. In: Franz Hamburger/Tarek Badawia/Merle Hummrich (Hg.), *Migration und Bildung. Über das Verhältnis von Anerkennung und Zumutung in der Einwanderungsgesellschaft.* Wiesbaden, S. 311–328.
Ott, Thomas (1998): Unsere fremde Musik. Zur Erfahrung des »Anderen« im Musikunterricht. In: Martin Pfeffer/Jürgen Vogt/Ursula Eckart-Bäcker/Eckhard Nolte (Hg.), *Systematische Musikpädagogik oder die Lust am musikpädagogisch geleiteten Nachdenken. Eine Festgabe für Hermann J. Kaiser zum 60. Geburtstag.* Augsburg, S. 302–313.
Ott, Thomas (2008): »Musikunterricht mit Immigranten – wie mögen Musikpädagogik und –didaktik damit fertig werden!« In: Thomas Ott/Jürgen Vogt (Hg.), *Unterricht in Musik – Rückblick und aktuelle Aspekte. Symposion der Wissenschaftlichen Sozietät Musikpädagogik zum 90. Geburtstag von Heinz Antholz.* Münster, S. 6–15.
Rawls, John (1999): *A Theory of Justice* [1971]. Harvard, Mass.
Rawls, John (2002): *Verteilungsgerechtigkeit* [1967]. Übers. von Corinna Mieth. In: Christoph Horn/Nico Scarano (Hg.), *Philosophie der Gerechtigkeit. Texte von der Antike bis zur Gegenwart.* Frankfurt am Main, S. 355–386.
Ricken, Norbert (2006): Erziehung und Anerkennung. In: *Vierteljahresschrift für wissenschaftliche Pädagogik*, 2. S. 215–230.
Sollinger, Irmgard (1995): *Da laß' dich nicht ruhig nieder! Rassismus und Eurozentrismus in Musikbüchern der Sekundarstufe I.* Frankfurt am Main
Stojanov, Krassimir (2007): Bildungsgerechtigkeit im Spannungsfeld zwischen Verteilungs-, Teilhabe- und Anerkennungsgerechtigkeit. In: Michael Wimmer/Roland Reichenbach/Ludwig Pongratz (Hg.), *Gerechtigkeit und Bildung.* Paderborn, S. 29–48.
Vogt, Jürgen (1998): Nötigung (Herbart) – Frage (Gadamer) – Antwort (Waldenfels). Von der »Ästhetischen Darstellung der Welt« zur »pädagogischen Responsivität«. In: Martin Pfeffer/Jürgen Vogt/Ursula Eckart-Bäcker/Eckhard Nolte (Hg.), *Systematische Musikpädagogik oder die Lust am musikpädagogisch geleiteten Nachdenken. Eine Festgabe für Hermann J. Kaiser zum 60. Geburtstag.* Augsburg, S. 83–103.
Waldenfels, Bernhard (2005): *Schattenrisse der Moral.* Frankfurt am Main
Weber, Martin (2005): *Musikpädagogische Theoriebildung im Zeitalter der bundesdeutschen Bildungsreform 1965-1973.* Hannover.
Wimmer, Michael/Reichenbach, Roland/Pongratz, Ludwig (Hg.) (2007): *Gerechtigkeit und Bildung.* Paderborn.
Young, Iris Marion (2002): *Fünf Formen der Unterdrückung* [1996]. Übers. von Michaela Adelberger. In: Christoph Horn/Nico Scarano (Hg.), *Philosophie der Gerechtigkeit. Texte von der Antike bis zur Gegenwart.* Frankfurt am Main, S. 428–445.